34×51

TRAITÉ

DE LA

SÉPARATION DE BIENS

JUDICIAIRE.

A

Monsieur Armand Dalloz,

Avocat à la Cour impériale de Paris,

Auteur du Dictionnaire général et raisonné de législation, de doctrine et de jurisprudence, l'un des auteurs de la Jurisprudence générale.

Faible hommage au jurisconsulte distingué, dont le suffrage bienveillant a daigné encourager la publication de cet essai, que je m'estime heureux d'être autorisé à placer sous son patronage.

G. DUTRUC.

Juin 1853.

INTRODUCTION.

J'ai cru faire une œuvre utile pour les jurisconsultes et les hommes de pratique, en réunissant dans un seul cadre tous les principes qui se rattachent à la séparation de biens judiciaire, cette cause de rupture du pacte matrimonial devenue malheureusement si ordinaire parmi nous. Quelques-uns de ces principes, établis avec netteté par le législateur moderne, échappent à toute discussion; mais le plus grand nombre est encore dans le domaine de la controverse et appelle l'examen des esprits sérieux. Les études profondes n'ont certes point fait défaut à cette partie de notre droit : mais qui pourrait se flatter d'avoir dit le dernier mot sur tant de questions délicates et intéressantes? Du reste, les développements dont la séparation de biens judiciaire a été l'objet se trouvent confondus dans des traités généraux où l'ordre logique des idées ne permettait pas de les grouper en un seul ensemble. C'est un inconvénient auquel j'ai voulu remédier.

L'entreprise était peut-être au-dessus de mes forces. Cependant j'ai été soutenu par la conviction que, si mes appréciations personnelles devaient être de peu de poids dans la balance de la doctrine, l'exactitude scrupuleuse de mes recherches et de mes exposés assurerait toujours à mon travail un caractère d'utilité qui serait un dédommagement assez précieux des efforts que me coûtait son exécution.

Ces explications données à mes lecteurs, j'entre immédiatement dans quelques détails préliminaires sur la matière que j'ai traitée.

La séparation de biens est d'origine romaine. Dans une législation où la dot des femmes était l'objet d'une si vive sollicitude, ce patrimoine sacré de la famille ne pouvait pas être livré sans défense aux abus de la puissance maritale. Maître de la dot, sous la condition de se montrer digne de cette souveraineté, le mari en perdait tout à la fois la propriété et l'administration, dès qu'il la dissipait ou que ses propres ressources cessaient d'être suffisantes pour la garantir (1).

Cette restitution anticipée de la dot, cette déchéance qui venait frapper le mari dans l'un des attributs les plus graves de son autorité, n'avaient rien d'exorbitant en droit romain, et découlaient, comme une conséquence naturelle, de ce grand principe de la loi *Julia : Reipublicæ interest dotes mulierum salvas esse.* La loi du mariage, qui devait être immuable, recevait bien ici une atteinte, mais celle-là était légi-

____

(1) Voy. *infrà,* nᵒˢ 52, 53.

time, car elle trouvait sa cause et sa justification dans l'intérêt de la famille.

En France, la séparation de biens fut admise, dans les pays de droit écrit, comme une dépendance nécessaire du régime dotal, et, dans les pays de coutume, comme un emprunt qu'il importait de faire à ce régime pour tenir en échec la puissance absolue du mari sur la communauté.

Ce fut donc une sauvegarde placée au-dessus de toutes les associations conjugales.

Mais la France ne fut pas seule à s'approprier cette institution du droit romain. L'Europe entière s'en trouva bientôt dotée. Dans l'Alsace, le mundat de Weissembourg l'avait d'abord proscrite par un statut local, mais un édit du mois d'avril 1774 l'y introduisit d'une manière définitive (1).

Les auteurs du Code Napoléon pouvaient-ils supprimer une garantie aussi universellement adoptée ? Ce ne fut pas même une question pour eux, et ils appliquèrent uniquement leur attention à prévenir les dangers que le remède de la séparation de biens, si salutaire en lui-même, pouvait néanmoins présenter sous certains rapports.

L'orateur du Gouvernement, M. Berlier, s'exprimait ainsi devant le conseil d'Etat (2) :

« Le secours de la séparation, dû à l'épouse

----

(1) Merlin, *Rép.*, v° *Sépar. de biens*, sect. 2, § 1, n° 1.
(2) Exposé des motifs du titre *du Contrat de mariage*.

« malheureuse d'un mari dissipateur, ce secours
« dû dans tous les systèmes, et sous le régime do-
« tal comme sous celui de la communauté, ne pou-
« vait disparaître de nos lois ; mais il est aussi du
« devoir du législateur de rendre la fraude plus dif-
« ficile, en appelant surtout la surveillance de ceux
« qu'elle peut blesser. »

C'est ici le lieu de dire que la séparation de biens judiciaire peut être définie : la dissolution de la société civile des époux prononcée en justice dans le but de rendre à la femme l'administration de ses biens devenue périlleuse entre les mains du mari.

La séparation de biens judiciaire devait d'autant mieux trouver place dans le Code Napoléon, qu'elle s'harmonise parfaitement avec les divers principes de ce Code auxquels elle peut toucher.

Ainsi, la séparation de biens entraîne la dissolution de la société civile des époux (art. 1441, Cod. Nap.) : mais les sociétés ordinaires ne sont-elles pas rompues par la déconfiture de l'un des associés (art. 1865)? Seulement, comme les intérêts de la famille méritent une protection toute particulière, la loi ne doit pas attendre, pour prononcer la rupture de l'association conjugale, que la ruine du mari soit consommée (1) : le remède serait alors inefficace.

Le mari ne peut être dépouillé des prérogatives

----

(1) Voy. *infrà*, n°s 58, 71.

dont la loi l'investit comme chef de la famille (art. 1388, Cod. Nap.). Or, nous verrons (1) que la séparation de biens ne détruit nullement la puissance du mari sur la personne de sa femme et de ses enfants, et qu'elle lui laisse la direction exclusive des affaires domestiques. Il n'est privé que de droits qui, malgré leur importance, ne sont pas nécessairement attachés à la qualité de chef de l'association conjugale.

Enfin, la séparation de biens constitue sans doute un changement au régime primitivement adopté par les époux, et cependant le Code défend que les conventions matrimoniales soient modifiées après la célébration du mariage (art. 1395). Mais cette défense ne s'applique qu'aux modifications capricieuses à l'aide desquelles les époux anéantiraient à leur gré l'immutabilité du statut matrimonial, commandée par l'intérêt public. Le changement qui résulte de la séparation de biens n'a ni ce caractère ni cette portée. Les précautions au milieu desquelles il s'accomplit permettent de le concilier avec le respect dû aux droits des tiers.

La séparation de biens, qui ne peut s'opérer d'une manière volontaire, doit être demandée en justice avec une certaine publicité.

Il faut qu'elle soit prononcée par un jugement porté lui-même à la connaissance du public.

---

(1) *Infrà*, n° 296.

Ce jugement produit entre les époux et à l'égard des tiers des effets importants.

Enfin, les conventions matrimoniales, anéanties par la séparation de biens, peuvent être ensuite rétablies.

Tels sont les quatre points de vue culminants de mon sujet. Chacun d'eux fera naturellement l'objet d'un chapitre particulier, où les développements pourront s'enchaîner avec ordre, à l'aide de quelques subdivisions.

DE LA

SÉPARATION DE BIENS

JUDICIAIRE.

CHAPITRE PREMIER.

De la demande en séparation de biens.

§ 1er.—De quelle manière la séparation de biens doit s'effectuer.

1. La séparation de biens est une ressource extrême à laquelle il ne doit être permis de recourir que dans le cas d'une impérieuse nécessité, car elle porte une atteinte profonde à l'immutabilité du pacte matrimonial. Elle change complétement la nature des rapports civils des époux, et cette transformation ne saurait se faire d'une manière capricieuse et clandestine : l'intérêt du crédit public s'y oppose. Sur quelles bases solides pourraient, en effet, reposer les transactions, s'il était permis de les faire évanouir à l'aide d'une séparation de biens tout à coup exhumée? D'un autre côté, le mari peut avoir des créanciers naturellement intéressés à empêcher le dessaisissement dont la séparation de biens le frapperait : ces créanciers ne sauraient être privés du droit de veiller à ce que la séparation ne soit pas le résultat d'une fraude concertée à leur préjudice. Enfin, ne serait-il pas à craindre que la séparation ne fût pour

la femme un moyen indirect d'assurer au mari des avantages réprouvés par la loi?

2. De ces considérations aussi simples que frappantes naît un principe qui n'aurait jamais dû être douteux : c'est qu'il ne saurait y avoir de séparation de biens volontaire.

On s'étonne donc de voir Justinien approuver ce genre de séparation (1).

3. Dans l'ancienne jurisprudence, on avait généralement compris qu'à cet égard il fallait abandonner la voie tracée par le législateur romain. Les auteurs (2), les arrêts (3) et les coutumes (4) proclamaient la nullité des séparations volontaires.

« Les séparations, soit de corps, soit de biens, dit De-« nizart, ne peuvent se faire valablement par des actes vo-« lontaires ; il faut qu'elles soient prononcées judiciairement « en connaissance de cause : la justice peut seule faire des « séparations légitimes, parce qu'un acte volontaire, dans « une matière de droit public, telle qu'une séparation, « est absolument sans effet.... »

4. On décidait même avec raison (5) que les séparations n'étaient pas valables, lorsque la sentence qui les prononçait n'intervenait que d'après le consentement des époux,

---

(1) Novelle 140.

(2) Chopin ; Charondas ; Louet, *Lettres*, nº 16 ; Brillon, vº *Séparation*, nº 46 ; Bardet, t. 1, liv. 4, ch. 11 ; Lebrun, *Communauté*, p. 280 ; Denizart, *Décisions*, vº *Sépar.*; nᵒˢ 18 et 19 ; Merlin, *Rép.*, vº *Sépar. de biens*, sect. 2, § 3, art. 1 et 2.

(3) Parlement de Dijon, 14 juillet 1662 (Raviot sur Perrier, *Quest.* 251, nº 54) ; Parlement de Paris, 14 déc. 1691 (Augeard, t. 1, nº 69) ; *Id.*, 14 mai 1695 (*Journal des audiences*, t. 5).

(4) Orléans, art. 198 ; Dunois, art. 58 ; Sedan, art. 97 ; Melun, art. 215 ; Berry, art. 49.

(5) Arrêt de Paris, du 27 mars 1708 (Denizart, vº *Sépar.*, nº 22).

« parce que cela ne serait toujours que volontaire, faisait
« observer Duplessis (1) ; il faut qu'il y ait nécessité et que
« la séparation soit prononcée en connaissance de cause,
« c'est-à-dire après information ou enquête de sévices,
« malversation ou mauvais ménage de l'un d'eux, qui en
« est le sujet seul légitime ; autrement toute séparation faite
« par le juge, en quelque forme que ce soit, est absolument
« nulle et n'a effet quelconque. »

5. Cependant l'opinion de Justinien n'avait pas été complétement sans écho. On peut citer quelques arrêts du parlement de Paris qui avaient consacré des séparations de biens volontaires (2) ; et même dans diverses provinces, l'Artois (3), la Flandre (4), le Brabant (5), le Piémont (6), il était de jurisprudence que les séparations de biens pouvaient avoir lieu sans décret du juge civil. Mais ce n'étaient là que des exceptions au droit commun de la France (7).

6. Toutefois, on s'accordait généralement à regarder les séparations volontaires comme irrévocables, lorsque la dissolution du mariage s'était opérée par le décès de l'un des époux (8).

---

(1) *Communauté*, liv. 2, chap. 2; *Adde* Denizart, *loc. cit.*, n° 21 ; Ferrière, *Dictionn. de droit*, v° *Sépar. de biens*, p. 593.

(2) 8 mars 1631 (Merlin, *loc. cit.*); 20 août 1724 (*id.*); 5 sept. 1761 (Denizart, *loc. cit.*).

(3) Cassation, 11 juillet 1809 (Dalloz, *Jurisp. génér.*, nouv. édit., t. 13, n° 1690).

(4) Merlin, *loc. cit.*

(5) Cassation, 30 germ. an 10 (Dalloz, *loc. cit.*, n° 1691).

(6) Turin, 28 mars 1806 (*id.*, n° 1694).

(7) Merlin, *loc. cit.*; Troplong, *Contrat de mariage*, n° 1337.

(8) Parlement de Paris, 1er déc. 1626 et 5 sept. 1635 (Bardet, t. 1, liv. 4, chap. 11); *Id.*, 26 janv. 1662 (Delaville, *Dictionn.*, n° 4691) ; Parlement de Dijon, 15 déc. 1644 et 1er juillet 1699 (Raviot sur Perrier, *Quest.* 251, n° 65) ; Parlement de Flandre, 26 mai 1746 (Merlin, *loc. cit.*; Brillon, v° *Sépar.*, n° 46).

« La raison de cette différence est sensible, dit Mer-
« lin (1) : tant que le mariage subsiste, chacun des époux
« a le droit d'exiger que l'autre le traite en mari ou en
« femme, et par conséquent qu'il le fasse jouir des effets
« d'une communauté que la loi attache en quelque sorte à
« leur état, et qui représente parfaitement l'union dans
« laquelle ils doivent vivre ; mais quand la mort a enlevé
« l'un ou l'autre des époux, quel motif peut engager, soit
« le survivant, soit les héritiers du décédé, à réclamer
« contre une séparation dans laquelle il n'y a eu ni dol,
« ni fraude, ni violence, ni contravention à la loi prohi-
« bitive des avantages entre mari et femme ? Le premier
« serait-il recevable à demander le partage d'une com-
« munauté qui s'est enrichie sans ses soins ni sa partici-
« pation ; et les autres doivent-ils être admis à dépouiller
« le survivant des biens qu'il a acquis seul et sans le con-
« cours de leur auteur ? Ecouter de pareilles réclamations,
« ce serait inviter les époux à se tendre des piéges à eux-
« mêmes et au public. »

7. Ces raisons spécieuses pouvaient obtenir quelque crédit
à une époque où nulle disposition législative ne proscrivait
d'une manière expresse les séparations de biens volontaires.
Mais elles sont sans force sous le Code Napoléon, comme
Merlin le reconnaît lui-même (2).

En effet, l'art. 1443 dispose formellement que la séparation de biens ne peut être poursuivie qu'en justice par
la femme dont la dot est mise en péril, et que toute séparation de biens volontaire est nulle.

L'article 870 du Code de procédure ajoute que les faits

---

(1) *Loc. cit.*
(2) *Ibid.*

qui servent de base à la demande en séparation de biens ne peuvent être prouvés par les aveux du mari, lors même que celui-ci n'aurait pas de créanciers. « Car, disait l'orateur du Gouvernement, M. Berlier (1), si, en ce cas, il n'y a pas un intérêt actuel qui s'y oppose, il reste l'intérêt prochain d'enfants ou autres héritiers qu'on pourrait dépouiller par cette voie ; il reste au législateur le devoir d'empêcher que la mère ne confère, par des voies indirectes, des avantages que la loi réprouve. »

Le législateur a donc absolument voulu proscrire les séparations de biens qui, sous une forme quelconque, seraient le résultat d'un concert des époux. Comment pourraient-elles mieux être sanctionnées après la dissolution du mariage qu'auparavant ? Les inconvénients qu'entraîne l'annulation d'une séparation de biens judiciaire après le décès de l'un des époux ne sauraient balancer un instant ceux que produirait son maintien : les premiers ne touchent qu'aux intérêts des époux ou de leurs héritiers ; les autres atteindraient l'intérêt public (2). Ainsi, on ne doit admettre aucune distinction. Quelque long qu'ait été l'intervalle pendant lequel la séparation volontaire a été exécutée, la nullité de cette séparation, qui n'a pas existé un seul moment aux yeux de la loi, pourra toujours être obtenue.

8. Mais ici se présente une question délicate. La nullité de la séparation de biens volontaire entraîne-t-elle la nullité du paiement de la dot que, par suite de cette séparation, le mari aurait fait à la femme, et autorise-t-elle celle-ci à réclamer de nouveau ses reprises en vertu du contrat de mariage ?

----

(1) Exposé des motifs.
(2) Troplong, nº 1340.

On cite comme ayant décidé la négative un arrêt de la Cour de Lyon, dont voici l'espèce :

Les époux Mainu avaient contracté mariage sous le régime de la communauté réduite aux acquêts : l'épouse s'était constitué son trousseau. Une séparation volontaire s'étant plus tard opérée, la dame Mainu souscrivit une déclaration portant qu'elle reconnaissait avoir reçu de son mari tout ce qui lui avait été constitué dans son contrat de mariage, et qu'elle lui en donnait quittance et décharge.

Mainu décéda en 1825, laissant pour héritier un enfant mineur. Les immeubles de sa succession furent licités ; un ordre s'ouvrit. La dame Mainu y fut colloquée, en vertu de son contrat de mariage, pour une somme de 1,450 fr. Le tuteur de l'enfant demanda le rejet de cette collocation, motivé sur la déclaration mentionnée plus haut. Mais la veuve Mainu opposa la nullité de cet acte, et soutint, en outre, qu'aucune remise d'effets ou d'argent ne lui avait été faite.

Le 23 janvier 1829, jugement du tribunal de Villefranche qui rejette sa collocation, par le motif qu'elle a passé décharge de son trousseau.

Appel, et le 17 décembre 1830, arrêt de la Cour de Lyon (1) qui confirme le jugement en ces termes :

« Attendu, en fait, que le trousseau de la femme Mainu a été retiré par elle et qu'il a tourné à son profit ; — Adoptant, au surplus, les motifs des premiers juges, etc. »

9. Cette décision, comme on le voit, ne tranche pas d'une manière bien doctrinale la question qui nous occupe. Elle rejette la demande de la femme, surtout parce qu'il est constaté que celle-ci a déjà reçu le trousseau

---

(1) Dalloz, *Rec. périod.*, 32.2.22.

qu'elle réclame une seconde fois, et qu'il lui a profité. Elle ne juge pas précisément en principe que la femme ne peut point réclamer contre la quittance qu'elle a donnée à son mari lors d'une séparation de biens volontaire.

10. Des arrêts plus formels ont été rendus dans le sens opposé.

Ainsi, la Cour de Caen a décidé, le 14 nov. 1825 (1), que la quittance de la dot passée par la femme à son mari, à la suite d'une séparation volontaire, est radicalement nulle, la femme n'ayant pas cessé d'être incapable de recevoir le paiement de sa dot.

La Cour de Grenoble a également jugé, par arrêt du 28 août 1847 (2), que le mari ne peut imputer sur les reprises dues à sa femme, en cas de séparation de biens, le montant du mobilier dont il lui a fait la remise avant le jugement de séparation, parce que la femme n'a pas capacité jusqu'à ce jugement pour donner quittance des valeurs qu'elle a reçues. La Cour a été déterminée par cette considération, que la séparation de biens, judiciairement prononcée, peut seule enlever au mari les droits qu'il tient du contrat de mariage et l'affranchir de la responsabilité qui en est la conséquence ; que jusque-là il conserve la faculté de disposer de la dot mobilière sans que son épouse puisse y apporter obstacle.

11. Cette dernière jurisprudence doit-elle prévaloir ? Nous ne pouvons résister à le croire, sauf à admettre un tempérament que nous indiquerons tout à l'heure.

12. Le droit romain ne peut être d'un grand secours pour la solution de notre difficulté : car, s'il proscrit le

---

(1) D.P., 30.2.76.
(2) D.P., 48.2.137.

paiement anticipé de la dot, ce n'est pas au point de vue de l'incapacité de la femme, mais uniquement dans l'intérêt du mari, et parce qu'il suppose que celui-ci a eu la faiblesse de faire à sa femme une donation par laquelle il s'est dépouillé des fruits de la dot (1).

Ce n'est donc pas la femme qu'il autorise à se prévaloir de ce paiement anticipé : le mari seul a une action pour se faire indemniser lors de la dissolution du mariage ou de la séparation de biens, à moins qu'il ne soit établi que la remise de la dot a eu quelque cause légitime, comme un paiement de dettes (2).

13. Cet oubli des intérêts de la femme a été réparé dans notre ancienne jurisprudence. Ce n'est pas seulement la crainte de voir le mari privé des fruits de la dot qui a fait annuler le paiement prématuré des reprises de la femme : on a été frappé surtout du péril que pourrait courir la dot, si un tel paiement était autorisé. En effet, ne serait-il pas probable que la dot, remise prématurément à la femme, reviendrait dans les mains du mari et que la femme en serait ainsi à jamais dépouillée ? Le mari n'était affranchi de toute répétition que dans le cas où il était constaté que le paiement avait tourné au profit de la femme (3).

14. Voyons si les mêmes principes doivent être admis sous l'empire du Code Napoléon.

D'abord, il ne peut être douteux que, s'il était démontré par les circonstances que la remise de la dot faite à la femme, après une séparation volontaire, constituât une

---

(1) L. unic., Cod., *si dos, constant. matrim. solv.*, nov. 22, chap. 39.
(2) Paul, l. 73, § 1, D., *de jure dotium* ; l. 20, D., *Solut. matrim.*
(3) Favre, *Cod., Solut. matrim.*, def. XI, lib. 5, t. 13 ; Despeisses, *de la Dot*, part. 1, tit. 15, sect. 3.

donation déguisée, cette remise serait complétement impuissante à libérer le mari (1).

15. Mais, en l'absence d'une preuve de cette nature, le paiement anticipé de la dot serait-il atteint de nullité ?

Plusieurs principes également certains doivent conduire à la solution affirmative de cette question.

Le premier, c'est que la nullité d'un acte s'étend nécessairement à son exécution. En effet, la sanction établie par la loi ne serait-elle pas complétement illusoire, si l'acte déclaré nul pouvait produire des effets valables ? Or, les séparations volontaires étant proscrites par la loi, comment pourrait-on consacrer leurs résultats ? Ne serait-ce pas détruire d'une main ce que l'on aurait édifié de l'autre ? A quoi bon défendre les séparations concertées entre les époux, si l'on valide le paiement de la dot, qui en a été le but ?

Le second principe, c'est celui de l'autorité maritale. Le mari est maître de la dot, mais sa responsabilité est une conséquence nécessaire de ses droits. Tant qu'une séparation de biens judiciaire ne l'a pas frappé de déchéance, c'est à lui seul que le dépôt de la dot est confié. S'il se montre gardien infidèle, n'est-il pas juste qu'il soit soumis à une réparation ? Vainement viendrait-il dire qu'il s'est dessaisi de la dot au profit de sa femme : car c'est là une faute. Le moment de la restitution n'était pas venu : la femme n'était pas capable de recevoir ; la dot pouvait périr entre ses mains. Il devait donc soigneusement retenir le dépôt dont il avait la garde jusqu'au moment où cesserait sa responsabilité.

Du reste, n'est-il pas permis de redouter l'influence du

____

(1) Troplong, n° 1346.

mari sur sa femme? La remise de la dot ne pourrait-elle pas être un vain simulacre? Serait-il bien invraisemblable que la quittance obtenue par le mari ne fût pas sincère, ou qu'après avoir effectué le paiement, il se ressaisît de la dot?

Enfin, sous le régime dotal, un troisième principe justifie notre opinion, c'est celui de l'inaliénabilité de la dot. Il est vrai que le mari a la libre disposition de la dot mobilière, mais il en répond sur ses immeubles, qui sont frappés de l'hypothèque légale de la femme, à laquelle celle-ci ne peut renoncer, et c'est en ce sens que la dot mobilière est aujourd'hui reconnue inaliénable (1). Autoriser le paiement anticipé de la dot, ce serait en faciliter l'aliénation : car le paiement éteint l'hypothèque (art. 2180, Cod. Nap.), et la femme pourrait dissiper les sommes dotales que le mari lui aurait remises, sans qu'il lui restât aucune garantie.

16. M. Troplong, obligé par la force de ces divers principes à embrasser l'opinion que nous venons d'exprimer, s'y résigne assez difficilement (2). Le droit accordé à la femme de réclamer une seconde fois sa dot lui paraît exorbitant : car, à ses yeux, le mari est victime d'un sacrifice qu'il s'est imposé, et tout profite, au contraire, à la femme, jusqu'à sa faute. Cependant la femme n'est pas incapable. Elle ne doit pas exagérer sa faiblesse pour faire tomber sur son mari la responsabilité d'une gestion qu'elle a désirée et obtenue.

Il y a dans ces observations plus de prévention que de justice. M. Troplong, ennemi déclaré du régime dotal,

----

(1) Voy. *infrà*, n° 420, *in fine*, n° 459.
(2) N°° 1348 et 1349.

ne peut condamner assez la protection toute spéciale dont la loi entoure les femmes mariées. Cela est-il raisonnable ? Peut-on méconnaître la faiblesse de la femme et l'ascendant que le mari exerce facilement sur elle ? Serait-il juste de la déclarer responsable de fautes qu'elle a le plus souvent commises sous l'empire d'une irrésistible influence ? Sans doute, les priviléges que la loi lui accorde pourront être la source de quelques abus ; mais, s'il fallait supprimer tout ce qui peut devenir abusif, que resterait-il dans notre législation ?

D'ailleurs, il n'est pas exact de considérer la remise anticipée de la dot comme un sacrifice arraché par la femme au mari. C'est là le point de vue du droit romain ; mais il nous a semblé que M. Troplong le repoussait lui-même (1). Il est bien peu présumable que le mari consente à se dessaisir de la dot sans nécessité ou sans avantage pour lui. Si donc il en fait le paiement avant d'y être contraint, il est naturel de croire qu'un intérêt l'y pousse et que ce paiement lui sera plus profitable qu'onéreux.

17. Cependant nous ne voulons pas aller trop loin. Si la femme doit être protégée contre sa faiblesse et contre les abus de l'autorité maritale, il ne doit pas lui être permis de s'enrichir au détriment de son mari. Ainsi, nous accordons avec quelques auteurs (2) que le mari serait à l'abri de toute répétition de la part de la femme, si cette dernière avait fait un emploi utile des sommes qui lui auraient été payées par anticipation, comme si elle les avait employées à une acquisition d'immeubles demeurés entre ses mains, ou qu'elle en eût fait un placement sûr

____

(1) N°s 1342, 1346.
(2) Toullier, t. 14, n° 262 ; Tessier, *de la Dot*, t. 2, p. 229 et 230.

2.

et avantageux. Ici, la situation est dominée par cette règle de haute équité, que le paiement fait au créancier incapable de le recevoir est néanmoins valable, si le débiteur prouve qu'il a tourné au profit de ce dernier (art. 1241, Cod. Nap.) (1).

On a vu que ce tempérament avait été déjà admis dans l'ancienne jurisprudence (2) et même dans le droit romain (3).

18. Mais nous ne saurions concéder davantage, et nous ne pouvons adhérer à la doctrine facile de M. Troplong, d'après laquelle le paiement fait à la femme devrait être validé toutes les fois que l'équité, la délicatesse et le vœu de la femme elle-même ont conspiré pour porter le mari à se dessaisir (4). Nous voulons admettre que, dans certaines circonstances, le mari ait obéi à un sentiment d'honneur en remettant à la femme sa fortune, par exemple, s'il a consenti à une séparation volontaire pour éviter des scandales fâcheux ; mais cette nécessité n'excluait pas la prudence. Le mari, responsable de la dot, ne devait pas la rendre à la femme sans exiger des sûretés. S'il a sacrifié les exigences de sa responsabilité à son amour-propre, il a peut-être bien agi au point de vue des convenances, mais il a volontairement couru des chances auxquelles rien ne peut le soustraire (5). M. Troplong veut que l'on prenne en sérieuse considération l'arrêt de la Cour de Lyon que nous avons cité plus haut (6), mais il

------

(1) Dalloz, nouv. édit., 13, n° 1711.
(2) *Suprà*, n° 13.
(3) *Suprà*, n° 12.
(4) N° 1349.
(5) Conf., Toullier, 14, n° 262.
(6) N° 8 et 9.

ne remarque pas que cet arrêt, consacrant le tempérament que nous avons nous-même admis, ne saurait être favorable à son système.

19. La remise de la dot faite à la femme après une séparation volontaire ne libérant pas le mari, celui-ci a le droit incontestable de se faire restituer tout ce que la femme a reçu, à l'exception cependant des fruits consommés. La femme ne peut être tenue de rendre ce qu'elle a employé à son alimentation ou à son entretien (1). Mais elle ne saurait conserver les fruits qu'elle a économisés et qui l'ont rendue plus riche : à quel titre les retiendrait-elle? Ne se trouve-t-elle pas dans une position moins favorable encore que le mari qui a joui des biens paraphernaux de sa femme, sans opposition de celle-ci, et que la loi oblige de rendre, à la première réclamation de la femme, tous les fruits non consommés (art. 1578, Cod. Nap.) (2)?

20. Puisque la séparation de biens ne peut pas être le résultat d'un accord des époux, il faut qu'elle soit prononcée par la justice : on sait que les anciens auteurs l'enseignaient ainsi (3), et que c'est le vœu formel de l'article 1443 du Code Napoléon.

21. Mais la demande en séparation de biens peut-elle être portée devant la juridiction arbitrale ?

On a pu décider l'affirmative sous l'empire de la loi du 24 août 1790, qui autorisait le compromis entre mari et femme (tit. 10, art. 12) (4). Mais il n'en saurait être de même sous le Code Napoléon. Il importe peu que le législateur n'ait pas maintenu la disposition expresse que le

---

(1) Rodière et Pont, *Contr. de mariage*, t. 2, nº 793.
(2) Rodière et Pont, *ibid.*; Dalloz, 13, nº 1709.
(3) Voy. *suprà*, nᵒˢ 3 et 4.
(4) Paris, 10 vent. an 13 (Dalloz, nouv. édit., t. 4, vº *Arbitrage*, nº 312).

projet du Code renfermait à cet égard, et qui était ainsi conçue : « La séparation de biens doit être ordonnée en justice, *sans qu'elle puisse être portée devant arbitres.* » Cette disposition n'était pas nécessaire, en présence du principe, que l'on peut seulement compromettre sur les objets dont on a la libre disposition, principe que le législateur devait proclamer dans le Code de procédure (art. 1003). Du reste, d'autres dispositions de ce Code sont venues lever toute espèce de doute. L'article 1004 dit, en effet, que l'on ne peut compromettre sur les séparations d'entre mari et femme, sans distinguer entre les séparations de corps et les séparations de biens (1). Le même texte, généralisant sa pensée, ajoute qu'il n'est permis de compromettre sur aucune des contestations qui seraient sujettes à communication au ministère public. Or, nous verrons (2) que les demandes en séparation se trouvent dans ce cas. Enfin, les termes de l'art. 1443, Cod. Nap. (§ 1ᵉʳ), et le mode de publicité prescrit par la loi relativement à la demande et au jugement de séparation de biens, suffiraient pour exclure toute idée d'arbitrage.

22. Il importe maintenant de signaler quelques conséquences du principe de la nullité des séparations volontaires.

D'abord, il n'est pas douteux que les époux ne peuvent réaliser indirectement une séparation qu'il leur est défendu d'opérer par une convention expresse. Les tribunaux devraient donc annuler tout traité par lequel le mari donne-

---

(1) Carré, *Quest.* 3262 ; Pigeau, t. 2, p. 715 ; Berriat-Saint-Prix, p. 28, note 12 ; Montgalvy, *Arbitrage*, nᵒ 296 ; Boitard, t. 3, p. 413 ; Bioche, vᵒ *Sépar. de biens*, nᵒ 11 ; Dalloz, nouv. édit., t. 4, vᵒ *Arbitrage*, nᵒ 312, et t. 13, nᵒ 1697 ; Paris, 24 avril 1813 (Dalloz, 13, *loc. cit.*).

(2) *Infrà*, nᵒ 130.

rait à sa femme une autorisation générale d'administrer et d'aliéner ses biens personnels (1). Mais il ne faudrait pas attribuer les effets d'une séparation volontaire à l'acte par lequel des époux, dans la vue de faire un partage testamentaire de leurs biens entre leurs enfants, procéderaient à la division de leur communauté encore existante, sans faire cesser cette communauté, ni déroger aux conventions matrimoniales. On ne devrait voir là qu'un partage provisionnel (2).

23. La séparation de biens ne peut être prononcée conditionnellement : car alors elle deviendrait facultative pour les époux, ce que l'immutabilité des conventions matrimoniales et l'intérêt des tiers ne sauraient permettre (3).

24. La sanction que les époux voudraient attacher à une séparation de biens volontaire serait évidemment nulle comme la séparation elle-même : car une convention illicite ne saurait engendrer une obligation valable. C'est donc avec raison qu'on a décidé que la nullité de la séparation volontaire entraîne celle de la clause pénale stipulée contre l'époux qui n'exécuterait point la convention (4), et que la disposition testamentaire par laquelle la femme défendrait à ses héritiers d'attaquer l'acte établissant une telle séparation ne donnerait aucune force à cet acte (5).

25. L'acquiescement donné par le mari au jugement qui prononce la séparation de biens par défaut contre lui ne produit point l'effet d'une séparation volontaire.

Nous avons dit plus haut (6) que dans l'ancienne juris-

---

(1) Riom, 9 juin 1817 (Dalloz, 13, n° 1698).
(2) Douai, 10 fév. 1828 (D.P., 28.2,165).
(3) Rouen, 24 nov. 1812 (D.P., 13.2.41 ; Dalloz, 13, n° 1703).
(4) Caen, 14 nov. 1825 (D.P., 30.2.76).
(5) Riom, 9 juin 1817 (cité *suprà*, n° 22).
(6) N° 4.

prudence on considérait comme nulles les séparations prononcées par le juge sur le consentement mutuel des époux. C'était fort sage. Mais il n'y a pas identité de raison dans l'hypothèse que nous venons de poser. Aussi Denizart fait-il l'observation suivante (1) : « On ne regarde pas comme « séparations volontaires celles que les maris laissent juger « par forclusion, et auxquelles ils acquiescent tacitement. « Il en est beaucoup, et ce sont les plus sages, qui, cédant « à la volonté impérieuse d'une femme, pour éviter un « éclat fâcheux...., laissent à la justice le soin d'examiner « les faits et de balancer les preuves, sans prendre le soin « de se défendre..... D'ailleurs, on ne peut forcer qui que « ce soit de résister à une demande juste.... »

La séparation de biens pouvant incontestablement être prononcée par défaut, qu'importe que l'exécution du jugement soit volontaire ou forcée, que l'acquiescement du mari soit tacite ou exprès ? La justice a prononcé en connaissance de cause (art. 150, Cod. proc. civ.) : cela suffit pour rassurer tous les intérêts. L'acquiescement n'ajoute rien à la décision. Du reste, l'art. 1444, Cod. Nap., d'après lequel le jugement de séparation de biens peut être exécuté volontairement (2), ne distingue pas entre les jugements contradictoires et les jugements par défaut. Ainsi, l'acquiescement du mari ne peut être critiqué par les tiers (3).

Le contraire a été jugé, en matière de séparation de corps, par la Cour de Colmar (4) ; mais, en cette même

---

(1) *Décisions*, v° *Séparation*, n° 20.
(2) V. *infrà*, n° 185.
(3) M. Dalloz approuve cette solution au mot *Contrat de mariage*, n° 1699, après l'avoir repoussée au mot *Acquiescement*, n° 189.
(4) 8 août 1833 (D.P., 38.2.204).

matière, les vrais principes ont été rétablis par la Cour d'Aix (1) et la Cour de cassation (2).

On lit dans l'arrêt de la Cour d'Aix :

« Attendu que l'acquiescement résultant de l'exécution volontaire d'un jugement rend la partie qui l'a ainsi exécuté non recevable à attaquer ce jugement par la voie de l'appel, et que ce principe de justice doit être appliqué aussi bien aux jugements prononçant la séparation de corps qu'à tous autres ; qu'à la vérité, l'acquiescement à la demande en séparation ne pourrait être accepté par les premiers juges comme base de leur décision, puisqu'alors ils ne feraient qu'homologuer une séparation de corps volontaire...., mais qu'il en est tout autrement de l'acquiescement donné à une décision judiciaire rendue en connaissance de cause sur des preuves légales.... ; que ce jugement est susceptible, comme tout autre, d'acquérir l'autorité de la chose jugée, et par les mêmes moyens... »

26. On a discuté plus vivement le point de savoir si la séparation de biens prend le caractère de séparation conventionnelle dans le cas où le mari se désiste de l'opposition qu'il a formée ou de l'appel qu'il a émis envers le jugement qui la prononce.

M. Chauveau (3) enseigne l'affirmative, qui a été aussi décidée par la Cour de Grenoble, le 16 juillet 1824 (4). Dans ce système, on regarde l'opposition ou l'appel comme ayant pour effet de paralyser le jugement, et de remettre en question la séparation de biens déjà prononcée. En cet

----

(1) 14 déc. 1837 (D.P., 38.2.40).
(2) 21 août 1838 (D.P., 38.1.363).
(3) Sur Carré, *Quest.* 2932 *quater*.
(4) D.P., 2.725.2 ; *Adde* arrêt de Caen, du 15 déc. 1826 (D.P., 27.2. 95), rendu en matière de séparation de corps.

état, dit-on, le désistement du mari équivaut à un acquiescement à la demande en séparation de biens, c'est-à-dire qu'il la vicie dans son principe, en réalisant ce que le Code défend de la manière la plus expresse.

Il n'y a dans ce raisonnement qu'un peu de subtilité. L'opposition ni l'appel n'anéantissent le jugement contre lequel il sont dirigés : ils annoncent simplement l'intention de contester ce jugement, lequel subsiste dans toute sa force, tant qu'une autre décision ne l'a pas annulé. Si donc il n'est pas donné suite à l'opposition ou à l'appel, les choses restent entières ; c'est comme si le jugement n'avait été l'objet d'aucune attaque. Le désistement est dès lors bien loin de constituer un acquiescement à la demande ; il a tout juste la portée d'une renonciation à la faculté de contester le jugement.

C'est ce qui a été fort bien décidé par un arrêt de la Cour suprême du 29 août 1827 (1), portant cassation de l'arrêt de la Cour de Grenoble cité plus haut.

Sur le renvoi, la Cour de Lyon a statué dans le même sens, le 27 mai 1829 (2). Nous remarquons dans son arrêt le passage suivant :

« Attendu que la voie d'opposition n'était ouverte qu'au mari, et, par conséquent, dans son intérêt seul ; et que, dès lors, il lui a été loisible de laisser acquérir au jugement, vis-à-vis de lui, la force de la chose jugée, soit en n'usant pas de son droit d'opposition, soit en s'en départant, après en avoir usé ;

« Attendu qu'il est de principe que l'opposition à un jugement par défaut n'anéantit pas de plein droit ledit jugement, mais qu'elle se borne à paralyser son exécution et à

---

(1) D.P., 27.1.483.
(2) D.P., 31.1.102.

laisser son mérite en suspens, tellement que, si l'opposition est anéantie par un second jugement ou par un désistement, elle est censée n'avoir jamais existé, et le jugement primitif conserve toute sa force ;

« Attendu qu'ainsi le traité du 4 septembre 1811 (1), bien loin de constituer une séparation volontaire, n'a fait que conserver à la séparation judiciaire son efficacité qui avait été suspendue, en détruisant l'obstacle qui avait momentanément produit cet effet... »

Ce que la Cour de cassation et la Cour de Lyon ont jugé pour le cas du désistement de l'opposition s'applique, par identité de motifs, au cas du désistement de l'appel (2).

27. La nullité qui frappe la séparation de biens non prononcée en justice est une nullité d'ordre public et qui peut dès lors être invoquée par toute personne intéressée, même par les époux (3). Le projet du Code civil portait : « Toute séparation volontaire est nulle, *tant à l'égard des tiers qu'à l'égard des conjoints entre eux.* » Dans la rédaction définitive, on a supprimé les deux derniers membres de phrase, non point pour diminuer la portée de la disposition (la discussion du projet ne révèle pas cette pensée), mais sans doute parce qu'ils renfermaient une explication superflue. Les motifs qui ont fait proscrire les séparations volontaires indiquent suffisamment que c'est une nullité d'ordre public qui atteint ces séparations (4).

28 Maintenant il faut observer que l'article 1443 du Cod. Nap., qui déclare nulles les séparations volontaires, n'a

---

(1) Ce traité contenait désistement de l'opposition et règlement des droits de la femme.

(2) Conf., Gilbert, sur l'art. 1443, Cod. Nap., n° 17.

(3) Dalloz, n° 1707.

(4) Voy. *suprà*, n°s 1 et 7.

pu disposer que pour l'avenir (art. **2**, même Code), et que, dès lors, sa promulgation n'a porté aucune atteinte aux séparations de biens faites conventionnellement entre les époux dans les pays où de telles séparations étaient valables (1). Ce texte ne saurait être non plus un obstacle à ce qu'une séparation de biens volontaire soit stipulée aujourd'hui entre époux mariés sous l'empire de coutumes qui leur permettaient de déroger à leurs conventions matrimoniales (2).

§ 2.—Par qui la séparation de biens peut être demandée.

29. On était d'accord, dans l'ancien droit, qu'en thèse générale, la séparation de biens ne pouvait être demandée que par la femme. Comment le mari aurait-il joui de cette faculté, lui maître et seigneur de tous les biens de la communauté, et soumis, du reste, à l'empire de la maxime : *qui épouse la femme épouse les dettes ?*

« Le mari, dit Denizart (3), ne peut se plaindre de la « mauvaise administration des biens de la communauté et « de ceux de la femme dont il est seul seigneur, suivant « l'article 223 de la coutume de Paris. »

30. Cependant une jurisprudence contraire avait un instant prévalu pour le cas où les affaires de la communauté se trouvaient considérablement dérangées par le fait de la femme et où le mari était obligé de soutenir des procès contre les créanciers de cette dernière.

Les anciens auteurs (4) rapportaient quelques arrêts ren-

---

(1) Turin, 28 mars 1806 (Dalloz, n° 1694).

(2) Liége, 22 juillet 1821 (*Id.*, n° 1695) ; Cour de cassation de Belgique, 13 mai 1839 (*Id.*, n° 1849).

(3) V° *Séparation*, n° 25.

(4) La Thaumassière, sur Berry, cent. 1, chap. 19; Delalande, sur Or-

dus dans ce sens (1), et une pareille jurisprudence était approuvée par Lebrun (2) qui citait lui-même, à l'appui de son opinion, un arrêt motivé sur ce que le mari avait, du chef de sa femme, cent quatorze procès.

« Mais, fait encore observer Denizart (3), toutes ces au-
« torités n'ont fait aucune impression, lorsque cette ques-
« tion s'est présentée en 1755, sur l'appel d'une sentence
« rendue à Bourges, qui avait admis la demande en sépa-
« ration de biens formée par le mari ; malgré l'usage où l'on
« est, dans la province de Berry, d'admettre ces sortes de
« demandes…, la Cour, par arrêt rendu en la grand'cham-
« bre, le 24 juillet 1755, au rapport de M. Bochart, a in-
« firmé la sentence de Bourges, et déclaré la procédure et
« sentence de séparation nulles. »

Du reste, la jurisprudence que nous venons de signaler était formellement condamnée par Pothier (4) et Renusson (5).

Les coutumes du Maine et d'Anjou avaient adopté une règle toute particulière : elles voulaient (6) que tout délit de l'un ou de l'autre des époux fût à la charge de la communauté, mais que celui qui était innocent pût *demander à justice que les biens de la communauté fussent inventoriés et séparés*, et que

---

léans, art. 198 ; Bérault, sur Normandie, art. 325 ; Peleus, *Actions fo-
renses*, liv. 5, art. 8 ; Bouchel, *Biblioth. civ.*, art. *Séparat.*

(1) Parlement de Paris, 26 fév. 1602 ; de Rouen, 22 juin 1582 ; Sentences de bailliages de 1685, 1686 et 1689.

(2) *Communauté*, liv. 3, chap. 1, n°s 11 à 13 ; Conf. Ferrière, *Diction. de droit*, v° *Séparat. de biens*, p. 594.

(3) *Loc. cit.*, n° 32 ; *Adde* Merlin, *Rép.*, v° *Séparat. de biens*, sect. 2 § 2, n° 1.

(4) *Communauté*, n° 513.

(5) Part. 1, chap. 9, n°s 5 et 6.

(6) Art. 145, 160.

les dommages naissant du délit se prissent sur la part du dé-linquant.

Ce système isolé n'a pas été plus heureux : on l'a bien vite abandonné (1).

31. Le Code Napoléon a voulu faire disparaître toute espèce de doute. La disposition de l'art. 1443 est formelle. C'est la femme seule qui a le droit de demander la sépara-tion de biens.

32. Ainsi, cette grave mesure est autorisée uniquement dans l'intérêt de la femme. Mais ce n'est pas tout : nul ne peut, malgré la femme, exercer, du chef de celle-ci ou à sa place, la faculté personnelle qui lui est accordée par la loi.

En effet, à côté de l'intérêt matériel qui peut porter la femme à provoquer sa séparation de biens, se trouvent sou-vent des considérations morales assez puissantes pour l'ar-rêter dans cette entreprise qui a toujours quelque chose de fâcheux. Les conseils de l'affection, le désir de conserver la paix du ménage, la crainte de briser l'avenir du mari, dé-tourneront peut-être la femme de recourir à une mesure extrême qui, pour un avantage pécuniaire qu'elle tendrait à procurer, compromettrait à jamais le repos et la prospé-rité de la famille. Mais qui peut apprécier ces considérations délicates, si ce n'est la femme elle-même ? Comment en ren-dre juges des tiers à qui sont étrangères ses impressions d'épouse et qui ne se détermineraient que d'après les sug-gestions de la cupidité ?

Cet inconvénient ne serait pas le seul. Quand l'intérêt est dégagé de toute entrave morale, son impulsion est trop vive pour rester juste : elle dépasse le but qu'elle voulait at-teindre. Si donc les créanciers de la femme avaient le droit

---

(1) Merlin, *loc. cit.*, n° 2.

de demander la séparation de biens, on les verrait témérairement accuser le mari de dissipation, lui demander compte de la gestion de sa fortune et de celle de sa femme, le contraindre à leur révéler tous les secrets de ses affaires, le soumettre à des débats irritants, qui n'aboutiraient peut-être qu'à leur défaite.

Ainsi, sans nécessité démontrée, le légitime amour-propre du mari serait froissé violemment, et un trouble funeste remplacerait les rapports paisibles des époux.

33. Le législateur a compris qu'il importait d'empêcher de semblables abus. Il n'a eu, du reste, qu'à consacrer un principe déjà établi. Les interprètes du droit romain, invoquant la disposition : *invitus agere vel accusare nemo cogatur* (1), enseignaient que la femme ne pouvait être forcée à exercer malgré elle le droit de retirer sa dot des mains du mari.

Aux termes de l'article 1446 du Cod. Nap., les créanciers personnels de la femme ne peuvent, en principe, demander la séparation de biens.

34. Mais cet article admet deux exceptions.

La première a lieu dans le cas où la femme a donné son consentement à ses créanciers. Cette exception, reçue également dans l'ancienne jurisprudence (2), se justifie en quelque sorte d'elle-même. Dans cette hypothèse, en effet, les inconvénients que nous indiquions tout à l'heure ne sont plus à craindre. L'initiative de l'action en séparation de biens ne cesse pas d'appartenir à la femme, qui procède par l'intermédiaire de ses créanciers. Ceux-ci doivent former la de-

-----

(1) *L. unic. Cod.*, *Ut nemo invitus*; Godefroy, sur la loi 24 D., *Solut. matrim.*

(2) Renusson, *des Propres*, chap. 4, sect. 9, n° 14 ; Benoît, *de la Dot*, t. 1, n° 284.

mande en son nom, car ils n'exercent pas un droit qui leur soit propre, et ils ne font pas même valoir le droit de leur débitrice en vertu de l'article 1166 du Cod. Nap. Ils sont de simples mandataires de la femme, et conformément à la règle : *nul ne plaide par procureur*, la femme doit être nécessairement en qualité dans tous les actes de la procédure (1).

35. Elle peut agir conjointement avec ses créanciers ou ne figurer dans l'instance que pour en assurer la régularité. Dans le premier cas, elle s'approprie l'action, et, si le procès se perd, elle doit contribuer aux dépens.

Dans le second, elle laisse aux créanciers toute la responsabilité de l'affaire, et elle ne saurait encourir aucune condamnation. Mais est-il vrai, comme l'enseigne un auteur (2), que, dans ce dernier cas, la femme ne puisse se prévaloir du jugement rendu contre le mari et en tirer aucun avantage? Nous ne saurions admettre cette bizarre solution, d'après laquelle le mari serait séparé vis-à-vis des créanciers de sa femme et ne le serait pas à l'égard de celle-ci. Quoique la femme soit restée en dehors des chances de l'action en séparation de biens, on doit présumer qu'elle n'a consenti à ce que cette action fût exercée par ses créanciers que dans la pensée de profiter du résultat, s'il était favorable. Il ne faut pas oublier que l'action remonte jusqu'à elle, et que les créanciers sont ses mandataires.

36. Les mêmes raisons doivent faire décider que la femme peut toujours, en retirant son consentement, anéantir l'instance engagée par les créanciers. Le mandat qu'elle a

---

(1) Conf., Benoît, *de la Dot*, t. 1, n° 284; Odier, *Contr. de mariage*, t. 1, n° 374; Troplong, n° 1393.

(2) Benoît, *loc. cit.*

donné à ces derniers est essentiellement révocable (1). Il est vrai que, s'il fallait se déterminer uniquement d'après les principes du mandat, on pourrait objecter que les créanciers de la femme sont des mandataires *in rem suam*, dont les pouvoirs échappent à toute révocation (2). Mais, en pareille circonstance, la procuration de la femme a un caractère particulier ; elle ne peut être irrévocable, parce qu'elle a pour objet des droits dont la femme seule est apte à régler l'exercice (3).

37. Nous concluons de là, contrairement à l'opinion de quelques auteurs (4), que la rétractation de la femme doit arrêter la procédure entamée par les créanciers, alors même que ceux-ci auraient, sur la foi de son consentement, renoncé à d'autres poursuites qu'ils ne pourraient plus reprendre avec le même avantage. Dans ce cas, les créanciers ont agi imprudemment ; ils ne pouvaient pas compter sur l'irrévocabilité du consentement de la femme, qui, par des raisons d'un ordre moral supérieures à leur intérêt, demeure toujours maîtresse de l'action. Ils ne doivent donc s'en prendre qu'à eux-mêmes si leur situation a été compromise. La fraude seule de la femme pourrait amener une solution contraire.

38. Nous estimons encore que la femme qui a retiré son consentement n'est point tenue d'indemniser les créanciers des frais avancés par eux, si sa rétractation n'est pas le résultat d'une fraude ou tout au moins d'un caprice. La permission d'agir qu'elle a donnée aux créanciers ne saurait l'enchaîner en aucune manière : un changement survenu

---

(1) Troplong, n° 1693.

(2) *L.* 15, *D., de pactis ;* Casaregis, *Disc.* 39, n° 9 ; Troplong, *Mandat,* n° 718.

(3) Voy. *suprà,* n° 32.

(4) Rodière et Pont, n° 812 ; Troplong, n° 1394 ; Dalloz, n° 1669.

dans la position du mari et mille circonstances imprévues peuvent la déterminer à suspendre les poursuites ; il faut qu'elle soit complétement libre à cet égard, et elle cesserait de l'être dès le moment où on lui imposerait l'obligation de faire aux créanciers un remboursement que sa position ne lui permettrait peut-être pas de réaliser. D'ailleurs, où serait la cause de cette obligation ? En retirant son consentement, la femme use d'un droit qu'elle n'a jamais entendu aliéner. Quant aux créanciers, ils ont engagé le procès à leurs périls et risques, et accepté toutes les chances que leur faisait courir l'instabilité du consentement de la femme. Faut-il répéter que la nature particulière des pouvoirs donnés par la femme à ses créanciers s'oppose à ce que les principes du mandat soient appliqués ici dans toute leur rigueur.

Nous repoussons donc l'opinion de MM. Rodière et Pont, qui soumettent, dans tous les cas, la femme à indemniser les créanciers de leurs avances (1), et nous ne partageons pas d'une manière absolue celle de M. Troplong, qui nous paraît faire une trop grande part au droit d'appréciation des tribunaux (2). Pour éviter, autant que possible, l'arbitraire, sans sortir des limites de l'équité, il faut affranchir la femme de tout remboursement, à moins, comme nous l'avons indiqué déjà, que sa rétractation ne soit frauduleuse ou évidemment dénuée de motif.

39. On suppose que la femme est décédée pendant l'instance en séparation de biens introduite par elle, et l'on se demande si ses héritiers peuvent reprendre et continuer cette instance.

La Cour de Douai a répondu négativement par un arrêt

----

(1) T. 2, n° 811.
(2) N° 1393.

du 23 mars 1831 (1), où l'on cherche vainement un motif. Le sentiment contraire, exprimé dans un arrêt du parlement de Paris, du 28 mars 1746 (2), a prévalu dans la doctrine (3), et il s'appuie sur d'excellentes raisons.

Il ne faut pas que l'action en séparation de biens puisse être exercée contre le gré de la femme; nous en avons dit les motifs (4); mais, dans notre hypothèse, la femme a manifesté sa volonté de parvenir à la séparation : la demande émane de sa propre initiative; l'instance interrompue par son décès était son œuvre. A la vérité, si elle avait vécu, elle aurait conservé le droit de se désister de son action, mais, puisqu'elle est décédée sans avoir exprimé une détermination nouvelle, on doit naturellement présumer qu'elle aurait persisté dans sa première intention. Dès lors, en reprenant l'instance qu'elle avait introduite, ses héritiers ne feront que poursuivre le but qu'elle s'était elle-même proposé. Il n'y a aucune analogie entre ce cas et celui où les créanciers de la femme voudraient exercer, malgré la résistance de celle-ci, l'action en séparation de biens.

Ces réflexions peuvent être surabondamment corroborées par les enseignements du droit. Ainsi, c'est un principe général, que les actions sujettes à s'éteindre ne périssent plus une fois qu'elles ont été formées : *actiones semel inclusæ judicio salvæ permanent.* Il faudrait une disposition formelle pour soustraire à l'application de cette règle l'action en séparation de biens. D'un autre côté, n'est-il pas permis d'argumenter de l'art. 330, Cod. Nap., qui permet aux héritiers de poursuivre l'action en réclamation d'état, laquelle n'est pas transmissible en principe ?

---

(1) D.ᴘ., 31.2.161.
(2) Lacombe, vᵒ *Séparat. de biens* ; Conf., Denizart, *eod. verb.*, nᵒ 39.
(3) Rodière et Pont, nᵒ 812 ; Troplong, nᵒ 1394 ; Dalloz, nᵒ 1669.
(4) *Suprà* nᵒ 32.

Du reste, on ne pourrait opposer aux héritiers de la femme le défaut d'intérêt, en se fondant sur ce que la dissolution du mariage rend la séparation de biens inutile : car il leur importe, non-seulement de faire trancher contre le mari la question des dépens de l'instance, mais encore d'obtenir un jugement qui, à la faveur de l'effet rétroactif établi par l'art. 1445, Cod. Nap., fera remonter la séparation au jour de la demande, et assignera au dessaisissement et aux obligations du mari cette date au lieu de celle du décès de la femme.

40. La seconde exception introduite par l'article 1446 à la règle que la femme seule peut demander la séparation de biens se produit dans une situation où les motifs qui justifient cette règle ne se rencontrent plus.

L'état de faillite ou de déconfiture du mari a rendu notoire le désordre de ses affaires. Ses créanciers se présentent pour faire valoir leurs droits : la femme elle-même est obligée de participer à ce concours. Devant un pareil désastre, toutes les considérations deviennent stériles ; tous les ménagements seraient superflus, et le silence de la femme ne profiterait qu'aux créanciers du mari. Elle n'hésitera donc pas à former ses légitimes réclamations.

Mais les créanciers personnels de la femme ne pourront-ils pas aussi faire valoir, à ce moment, les droits de leur débitrice, et profiter, dans les limites de leur intérêt, de l'espèce de séparation de biens forcée qu'a produite la ruine du mari ?

Le législateur n'a vu aucun inconvénient à leur accorder cette faculté (art. 1446, § 2) (1), puisque la femme n'a désormais aucun motif pour les empêcher d'agir.

---

(1) Conf., Lebrun, p. 280, n° 7 ; Arrêt du 5 avril 1677 (Renusson, *des Propres,* chap. 4, sect. 9, n° 19).

41. L'état de faillite est déterminé par des circonstances que la loi a précisées (art. 437, Cod. comm.). Mais il n'en est pas de même de l'état de déconfiture. A quels signes faudra-t-il donc le reconnaître? Il est impossible de définir cet état d'une manière invariable, car il peut revêtir les formes les plus diverses. Tantôt il résultera des exécutions rigoureuses dirigées contre le mari, tantôt il sera accusé par la fuite de celui-ci ou par l'abandon de ses biens à ses créanciers. En un mot, il se réalisera toutes les fois que la ruine complète du mari ne sera plus douteuse, et des circonstances particulières ne seront pas toujours nécessaires pour constituer la preuve de cette décadence : la notoriété pourra suffire (1).

Il a été jugé avec raison qu'un procès-verbal de carence, dressé au domicile du mari, n'est pas une preuve complète de déconfiture et que les créanciers de la femme ne peuvent pas s'en autoriser pour exercer la faculté que leur accorde l'article 1446 (2). En effet, toute la fortune du mari ne se trouve pas nécessairement dans son domicile : il peut posséder ailleurs des biens mobiliers ou immobiliers (3).

42. Mais il importe de bien caractériser le droit qui appartient aux créanciers de la femme.

Ce n'est pas l'action en séparation de biens que la loi leur permet d'exercer : c'est simplement la faculté de se prévaloir de l'ouverture des droits de la femme qui est amenée par la ruine du mari et qui offre un résultat analogue à celui de la séparation de biens. La société civile des époux n'est pas dissoute, mais la fortune du mari est mise en liquidation : elle va se distribuer entre ses créanciers, parmi

---

(1) Troplong, n° 1396.
(2) Cassation, 21 mars 1822 (Dalloz, n° 1687).
(3) Rodière et Pont, n° 810 ; Troplong, *loc. cit.*

lesquels figure sa femme. Celle-ci se fera colloquer dans cette liquidation pour le montant de sa dot. Eh bien ! les créanciers de la femme pourront réclamer eux-mêmes cette collocation jusqu'à concurrence de leurs créances. Voilà leur droit, et il ne va pas plus loin : les termes de l'article 1446 l'indiquent suffisamment (1).

Puisque, dans ce cas, il n'y a pas de séparation de biens réelle et que les rapports civils des époux sont maintenus, les créanciers de la femme ne sauraient être admis à faire opérer le partage de la communauté. Tout ce qu'il leur appartient d'exiger, c'est que la femme soit payée de ses reprises, tant sur les biens de la communauté, dont le mari ne cesse pas d'avoir la disposition, que sur les biens personnels de ce dernier, afin qu'ils puissent exercer leurs droits sur ces reprises. Mais ils ne profiteront que de la nue propriété, parce que les revenus des reprises de la femme appartiennent au mari ou à ses propres créanciers, tant que le pacte matrimonial n'a pas été détruit soit par une séparation judiciaire, soit par le décès de l'un des deux époux (2).

43. Il est encore une hypothèse où le caractère personnel de l'action en séparation de biens doit s'effacer, c'est lorsque la femme est interdite. Son mari est son tuteur de plein droit (art. 506, Cod. Nap.), et cette double qualité de mari et de tuteur rend la séparation de biens d'autant plus nécessaire, si la fortune de la femme est mise en péril. Privée de l'exercice de ses facultés intellectuelles et déchue d'ailleurs de toute espèce de droits, la femme ne peut manifester à cet égard aucune volonté. L'action en séparation de biens sera-t-elle dès lors complétement paralysée ? Le re-

---

(1) Benoît, 1, n° 285 ; Bellot des Minières, *Contr. de mar.*, 2, p. 133 et suiv.

2) Bellot des Minières, *ibid.;* Duranton, 14, n° 420.

mède accordé à la femme contre la mauvaise administration du mari cessera-t-il d'être applicable au moment où il serait le plus salutaire? Faudra-t-il laisser périr la dot de la femme, parce que celle-ci ne pourra pas la sauver elle-même?

Le bon sens dit assez qu'on ne doit pas pousser jusque-là les conséquences d'un principe qui deviendrait désastreux, s'il devait être entendu de la sorte. Puisque la femme est dans l'impossibilité d'exprimer une volonté réfléchie, les raisons qui exigent que la femme seule puisse exercer l'action en séparation de biens disparaissent entièrement (1). Cette action pourra donc être dirigée contre le mari par le subrogé tuteur de la femme interdite (2), et, comme la séparation deviendrait illusoire, si l'administration qu'elle a eu pour but d'enlever au mari était conservée par ce dernier, en qualité de tuteur, le conseil de famille sera en même temps convoqué à l'effet de nommer un autre tuteur à la femme. Il n'y a pas lieu de redouter une contrariété entre la délibération du conseil de famille et la décision du tribunal sur l'action en séparation de biens, car la délibération du conseil de famille peut être soumise à l'homologation du tribunal (3), qui la mettra en harmonie avec son jugement, c'est-à-dire qui maintiendra la nomination du nouveau tuteur, si la séparation de biens est prononcée, et qui conservera, au contraire, la tutelle au mari, s'il n'est pas fait droit à la demande en séparation (4).

44. Evidemment, le subrogé tuteur de la femme interdite n'a pas besoin de l'autorisation du conseil de famille pour

---

(1) Voy. *suprà*, n° 32.
(2) Paris, 21 août 1841 (D.P., 42.2.22).
(3) Art. 448, Cod. Nap.; art. 883, Cod. proc. civ.
(4) Dalloz, n° 1670.

demander la séparation de biens. Par suite de l'opposition d'intérêts, il remplace le tuteur (1), qui n'a pas besoin d'autorisation ponr s'acquitter en bon père de famille de l'administration dont il est chargé. Or, le subrogé tuteur ne fait que remplir ce devoir en provoquant une mesure qui a pour objet de mettre la fortune de la femme à l'abri des dissipations du mari. Il ne fait pas un acte qui soit au nombre de ceux pour lesquels la loi exige l'autorisation du conseil (2).

45. Plaçons-nous maintenant dans le cas où c'est la femme elle-même qui poursuit la séparation de biens, et voyons si sa demande peut être repoussée par quelques fins de non-recevoir.

46. Et d'abord, la femme qui a échoué sur une première demande en séparation de biens est-elle recevable à en former une seconde ?

Il convient ici de faire une distinction.

La nouvelle demande ne repose-t-elle que sur les faits qui avaient déjà été allégués lors de la première, le mari pourra certainement écarter la prétention de la femme au moyen de l'exception de la chose jugée : car on rencontre alors les trois éléments nécessaires pour constituer cette exception, c'est-à-dire même objet, même cause et mêmes personnes agissant dans les mêmes qualités (art. 1351, Cod. Nap.) (3).

La femme signale-t-elle, au contraire, à l'appui de sa seconde demande, des circonstances survenues depuis le premier jugement et suffisantes pour motiver la sépara-

---

(1) Art. 420, Cod. Nap.
(2) Arrêt précité de Paris, 21 août 1841.
(3) Toullier, 13, n° 35.

tion de biens, cette demande devra être admise (1). En effet, on cesse d'apercevoir dans ce cas l'un des éléments constitutifs de la chose jugée, l'identité de cause. Vainement objecterait-on que la cause est la même, que c'est toujours le péril de la dot ou l'insuffisance des biens du mari pour répondre des reprises ; qu'il n'y a de différence que dans les moyens invoqués à l'appui de la demande, et que c'est un principe certain que des moyens nouveaux n'excluent pas l'autorité de la chose jugée. On répondrait victorieusement que ce principe ne s'applique qu'aux preuves et documents qui existaient déjà lors du premier procès, et dont le demandeur pouvait faire usage à cette époque. Quand de nouvelles preuves, dérivant de nouveaux faits, ont surgi depuis lors, elles ne constituent pas seulement d'autres moyens, elles donnent vie à la cause qui servait de base à la première demande et qui était insuffisante pour la faire triompher ; elle en fait ainsi une cause nouvelle. La nature du procès est la même, mais sa véritable cause a changé (2).

47. La femme serait recevable à poursuivre sa séparation de biens, alors même qu'elle aurait formé précédemment une demande en séparation de corps, soit que cette demande fût encore pendante, soit que le tribunal l'eût rejetée ou qu'elle eût été suivie de réconciliation entre les époux. Cela se conçoit aisément : les deux actions ont des causes et des buts essentiellement distincts (3).

48. Comme la séparation de biens n'affranchit pas la femme de l'obligation d'habiter avec son mari (4), l'on s'est

---

(1) Merlin, *Rép.*, v° *Sépar. de biens*, sect. 2, § 1, n° 11 ; Toullier, *loc. cit.*

(2) Toullier, *loc. cit.*

(3) Rodière et Pont, n° 813 ; Dalloz, n°ˢ 1674, 1675 ; Paris, 27 mai 1837 (D.ᴘ., 38.2,184).

(4) Voy. *infrà*, n° 311.

demandé si la femme qui a quitté le domicile conjugal peut être admise à provoquer cette séparation.

La Cour de Turin a jugé la négative le 8 décembre 1810 (1); son arrêt ne contient pas de motif à cet égard, mais voici ce qui avait été soutenu pour faire rejeter la demande de la femme :

« La première condition à remplir pour demander l'exécution d'un contrat est d'exécuter soi-même les obligations qu'il nous impose : ce principe, puisé dans la raison même, s'applique aux devoirs respectifs que la loi impose aux époux dans les liens du mariage : ainsi, lorsque la femme réclame la séparation de biens en accusant son mari de mauvaise administration, et, par conséquent, d'avoir violé les conventions sous la foi desquelles cette administration a été confiée, il faut examiner avant tout si elle-même a été fidèle à ses propres engagements ; et s'il est constant, comme dans l'espèce, qu'elle a commencé par abandonner le domicile marital, et par violer le premier des devoirs auxquels elle était soumise, il est certain alors qu'elle ne peut être écoutée à se plaindre d'une violation dont elle a elle-même donné l'exemple, et qu'il s'élève contre sa réclamation une fin de non-recevoir insurmontable. »

M. Benoît (2), à qui nous empruntons cette analyse, la fait suivre de l'observation suivante : « Ces moyens, forts de jus- « tice et de raison, déterminèrent la Cour ; elle débouta la « femme de sa demande en séparation de biens, et lui or- « donna de rentrer dans le domicile conjugal. »

Nous ne reconnaissons pas dans une pareille appréciation la sagacité ordinaire de l'auteur.

---

(1) Dalloz, 13, n° 1677.
(2) *De la Dot*, t. 1, n° 297.

Les époux ont des droits et des devoirs corrélatifs. Il résulte de là que chacun d'eux, tout en exerçant ses droits, demeure tenu de remplir ses devoirs. Ainsi, lorsque la femme use de la faculté que lui accorde la loi de poursuivre sa séparation de biens, elle reste incontestablement soumise à l'obligation d'habiter avec son mari : si elle ne se conforme pas à cette obligation, celui-ci pourra l'y contraindre (1), et, de cette manière, tous les intérêts seront satisfaits. Mais décider que la femme est déchue de son action en séparation de biens parce qu'elle n'a pas rempli le devoir de cohabitation qui lui est imposé, ce serait créer une sanction aussi injuste qu'arbitraire. Elle se plaint, dit-on, de la violation des accords qui ont présidé au mariage, alors qu'elle enfreint elle-même la loi à laquelle le mariage l'a soumise. Eh bien ! où veut-on en venir ? La mauvaise administration du mari devient-elle excusable, parce que la femme méconnaît son devoir de cohabitation ? Chacun des époux a violé la loi du mariage ; chacun a le droit de contraindre l'autre à la respecter, la femme en poursuivant la séparation de biens contre son mari, le mari en prenant les mesures nécessaires pour faire réintégrer à sa femme le domicile conjugal : voilà tout. Il serait d'autant plus inique de refuser l'action en séparation de biens à la femme qui a quitté le domicile conjugal, qu'elle n'a peut-être déserté ce domicile que parce qu'elle n'y trouvait pas une existence conforme à sa position.

C'est bien en vain que l'on invoquerait l'article 269 du Cod. Nap., qui déclare la femme non recevable dans sa demande en divorce (ou en séparation de corps), lorsqu'elle a quitté la maison que le tribunal avait assignée à sa rési-

____

(1) Voy. *infrà*, n°s 314 et suiv.

dence pendant la poursuite. Les exceptions ne se suppléent pas.

Aussi la doctrine de la Cour de Turin, approuvée par le seul M. Benoît, a-t-elle été repoussée universellement (1). On a reconnu à la femme le droit de demander sa séparation de biens, malgré son absence du domicile conjugal, soit que le mari n'ait fait aucune démarche pour la contraindre à y revenir, soit qu'elle n'ait pas obtempéré à la sommation qu'il lui a adressée, soit enfin que son éloignement remonte à plusieurs années.

49. La femme ne peut pas non plus être déclarée non recevable dans son action en séparation de biens, par le motif qu'elle aurait diverti ou récélé des objets dépendant de la communauté : car la loi ne prononce pas contre elle une pareille déchéance.

L'ancienne jurisprudence n'était pas fixée sur ce point. Duparc-Poullain (2) estimait qu'en semblable circonstance la femme n'était pas admise à poursuivre sa séparation de biens, et il appuyait son opinion sur un arrêt du Parlement de Bretagne du 12 juillet 1731. Mais le contraire résultait de deux arrêts du Parlement de Paris cités par Leprêtre (3) et approuvés par Ferrière (4).

Le doute n'est pas permis sous le Code Napoléon. Si l'ar-

------

(1) Paris, 19 avril 1817 (Dalloz, n° 1677, note 6) ; Grenoble, 1er août 1817 (Villars, p. 597) ; Paris, 4 janv. 1826 et 27 mai 1837 (D.P., 26.2.93 ; 38.2.184) ; Amiens, 18 août 1826 (D.P., 29.2.105) ; Angers, 22 fév. 1828 (D.P., 31.2.94) ; Poitiers, 15 août 1836 (D.P., 37.2.74) ; Odier, t. 1, n° 374 ; Rodière et Pont, n° 807 ; Chauveau sur Carré, *Quest.* 2932 *bis* ; Bioche, v° *Séparat. de biens*, n° 9 ; Troplong, n° 1335 ; Marcadé, art. 1443 ; Dalloz, 13, n° 1677.

(2) *Principes du droit français*, n° 322.

(3) Cent. 3, chap. 71.

(4) Sur la coutume de Paris.

ticle 1460 fait perdre à la veuve le droit de renoncer à la communauté dont elle a diverti ou recélé des objets, c'est parce qu'il est juste de voir dans ce détournement un acte d'acceptation de la communauté. Mais aujourd'hui la séparation de biens n'entraîne pas nécessairement la renonciation, comme on le reconnaîtra plus loin (1), et dès lors il n'y a pas de motif pour appliquer à la femme qui poursuit sa séparation la déchéance dont est frappée la veuve qui voudrait renoncer à la communauté. Du reste, la peine prononcée par l'article 1460 ne saurait être étendue à une hypothèse qu'il ne prévoit pas (2). La femme peut seulement être condamnée à rapporter les objets divertis ou recélés (3). Il ne faudrait pas admettre avec la Cour de Rennes (4) que les tribunaux peuvent, suivant les circonstances, accorder ou refuser la séparation de biens. Dans aucun cas, il n'appartient aux tribunaux de créer une pénalité.

50. La renonciation que la femme aurait faite, en majorité, au droit de poursuivre sa séparation de biens, constituerait-elle une fin de non-recevoir contre la demande qu'elle formerait néanmoins dans la suite pour obtenir cette séparation?

Aux yeux de M. Pigeau (5), la renonciation aurait quelquefois cet effet. « Par exemple, dit-il, si la femme l'a faite « pour empêcher la ruine totale de son mari, pour lui « donner la facilité de continuer ses affaires et de les ré- « tablir, elle ne peut demander cette séparation, à moins

(1) *Infrà*, n° 260.
(2) Paris, 6 mars 1810 (Dalloz, 13, n° 1678); *id.*, 15 déc. 1815 (*id.*, n° 1679); Angers, 24 fév. 1828 (D.P., 31.2.94).
(3) Cassation, 31 mars 1814 (Dalloz, n° 1680).
(4) 17 juillet 1816 (*id.*, n° 1681).
(5) T. 2, p. 496, n° 4.

« qu'elle ne prouve ou n'offre de prouver que le mari, en
« continuant de faire de mauvaises affaires, trompe l'es-
« pérance qu'il lui a donnée, parce que, la condition sous
« laquelle elle a renoncé à se faire séparer manquant, elle
« rentre dans tous ses droits. »

Cette opinion ne peut se soutenir. S'il nous est permis de
renoncer aux droits établis en notre faveur, ce n'est qu'autant que nous avons la libre disposition de ces droits. Or,
la faculté de demander la séparation de biens ne se trouve
point dans ce cas. En effet, la séparation de biens est la
sauvegarde de la famille, et sous ce rapport elle touche à
l'ordre public, qui ne peut recevoir aucune atteinte des re-
nonciations émanées des particuliers. La femme majeure
peut abdiquer valablement un droit personnel, mais elle
ne saurait renoncer aux prérogatives de la famille, et, en
aliénant la faculté de poursuivre sa séparation de biens,
n'abandonnerait-elle pas le seul moyen d'empêcher la misère de s'introduire dans la demeure conjugale ?

Cette considération décisive s'applique au régime de la
communauté comme au régime dotal, mais, sous ce dernier
régime, on peut en invoquer une autre qui la confirme,
c'est que la renonciation de la femme au droit de demander
sa séparation de biens serait une véritable aliénation de la
dot, puisque la femme s'interdirait par là la seule voie qui
lui serait ouverte pour arracher sa dot aux dissipations du
mari (1).

51. Mais ce que nous avons dit aux numéros 32 et 36
a déjà prouvé que nous ne refusions pas à la femme le droit
de se désister de la demande en séparation de biens formée
par elle (2). Il y a une grande différence entre ce désiste-

---

(1) Benoît, t. 1, n° 298.
(2) *Conf.*, Pigeau, t. 2, p. 560; Chauveau sur Carré, *Quest.* 2932 *quater*.

ment, qui peut être motivé par un changement survenu dans la position du mari, ou par d'autres circonstances dont la femme a l'appréciation souveraine, et une renonciation absolue à un droit qui n'est pas encore ouvert. C'est ainsi, pour donner un exemple bien connu, que l'on ne peut renoncer d'avance à la prescription, tandis qu'il est parfaitement permis de ne pas se prévaloir de la prescription acquise.

§ 3. — **Pour quelles causes la séparation de biens peut être demandée.**

52. Jusqu'à la promulgation du Code Napoléon, les causes pour lesquelles la séparation de biens pouvait être demandée n'avaient été déterminées par aucun texte positif. Dans les pays de coutume comme dans les pays de droit écrit, on se décidait à cet égard d'après les principes du droit romain.

« La femme, dit Pothier (1), peut former contre son « mari la demande en séparation de biens pour les mêmes « causes pour lesquelles, par le droit romain, la femme « pouvait demander, durant le mariage, la restitution de sa « dot. »

L'article 424 de la coutume de Bretagne portait que les époux sont communs en meubles et acquêts, *jusqu'à ce que le mari soit trouvé mal usant de ses biens.*

Les femmes, disait l'art. 291 de la coutume de Tours, peuvent renoncer aux meubles et acquêts du vivant de leurs maris, *si lesdits maris tournent à pauvreté.*

Ces dispositions n'étaient évidemment qu'un écho des lois romaines, que les anciens auteurs (2) ne manquaient pas

---

(1) *Communauté*, n° 510.
(2) Pothier, *loc. cit.*; Roussilhe, *de la Dot,* n° 472 ; Ferrière, *Dictionn. du droit,* v° *Sépar. de biens,* p. 593.

d'invoquer, et dont voici les textes qu'il importe de connaître :

On lit d'abord dans la loi 29, au Code, *de jure dotium*, qui est l'œuvre de Justinien : « *Ubi adhuc matrimonio consti-* « *tuto, maritus ad inopiam sit deductus, et mulier sibi pro-* « *spicere velit, resque sibi suppositas pro dote, et ante nuptias* « *donatione, rebusque extra dotem constitutis tenere, non* « *tantùm, etc.* »

La loi 24, au Digeste, *soluto matrimonio*, tirée des écrits d'Ulpien, dispose : « *Si, constante matrimonio, propter* « *inopiam mariti, mulier agere volet, undè exactionem dotis* « *initium accipere ponamus ? Et constat, exindè dotis exac-* « *tionem competere, ex quò evidentissimè apparuerit mariti fa-* « *cultates ad dotis exactionem non sufficere.* »

La loi 22, au même titre, détermine ainsi le cas où la restitution de la dot peut être demandée : « *Si dotem ità* « *dissipaturus, ità manifestus est (maritus), ut non hominem* « *frugi oportet.* »

Enfin, on remarque la décision suivante dans la novelle 97 de Justinien (ch. 6) : « ..... *Dedimus mulieribus electio-* « *nem etiam constante matrimonio, si malè res maritus gubernet,* « *et accipere eas et gubernare, et secundùm decentem modum et* « *sicuti nostra constitutio dicit : siquidem suœ potestatis et* « *perfectœ œtatis mulier est, sibimet culpam inferat, cur mox* « *viro incohante malè substantiá uti non percepit, et non auxi-* « *liata est sibi (sic enim habitura erat in collationis ratione* « *proprias res undiquè, et sine diminutione, et in eá minùs tanto* « *collationem facere).* »

Il y a dans ces divers textes des expressions caractéristiques et précieuses à retenir.

Le remède de la séparation de biens peut être appliqué lorsque le mari, mauvais administrateur, dissipe la dot, *si dotem.... dissipaturus*, ou lorsqu'il a été réduit à l'indigence, *ubi....ad inopiam sit deductus*, ou même lorsque ses ressources sont devenues évidemment insuffisantes pour répondre de la dot, *ex quô evidentissimè apparuerit mariti facultates ad dotis exactionem non sufficere.*

53. Mais pour autoriser l'action en séparation de biens, la loi romaine attend-elle que la ruine du mari soit consommée, et que la dot de la femme se trouve ainsi compromise d'une manière plus ou moins grave ?

M. Toullier paraît le croire (1) ; mais c'est une erreur profonde, que le savant auteur n'aurait pas commise s'il avait consulté la novelle 97. Ces expressions, *viro incohante malè substantiâ uti*, corrigeant ce que les termes du Code et du Digeste pouvaient avoir de trop absolu, démontrent de la manière la plus claire qu'il suffit d'un commencement de désordre dans les affaires du mari (2).

On l'entendait ainsi dans l'ancienne jurisprudence, où l'on admettait la séparation de biens, dès que le mari tournait vers sa ruine, *cùm maritus vergit ad inopiam* (3).

De là, deux causes bien distinctes de la séparation de biens : la dissipation de la dot, et le mauvais état des affaires du mari pouvant rendre ses biens insuffisants pour répondre des créances de la femme.

54. L'art. 1443 du Code Napoléon a été rédigé dans le même esprit. Il dispose que la séparation de biens peut être poursuivie « par la femme dont la dot est mise en péril, et lorsque le désordre des affaires du mari donne lieu de craindre que les biens de celui-ci ne soient pas

----

(1) T. 13, n° 21, p. 45.
(2) Troplong, n° 1312, p. 589 ; Dalloz, n° 1640.
(3) Roussilhe, *de la Dot*, n° 472 ; Pothier, n° 520 ; Godefroy, sur la loi 24 D., *Solut. matr.*, note 0 ; Coutumes de Bretagne et de Tours, citées au n° précédent.

suffisants pour remplir les droits et reprises de la femme. »

On retrouve encore dans cette disposition les deux causes signalées par les lois romaines : le danger que les dissipations du mari font courir à la dot, et la crainte de l'insuffisance des biens du mari naissant du désordre de ses affaires.

Nous examinerons successivement le caractère et la portée de chacune de ces deux sources de la séparation de biens.

55. Occupons-nous en premier lieu du *péril de la dot.*

Sous le régime de la communauté, comme sous le régime dotal, la dot est « le bien que la femme apporte au mari pour supporter les charges du mariage » (art. 1540, Cod. Nap.).

Ainsi, la dot de la femme mariée sous le régime de la communauté consiste, non-seulement dans les propres qu'elle s'est constitués en mariage, mais encore dans les divers apports que la communauté doit comprendre, tels que les valeurs mobilières. Il importe peu que le mari, maître de la communauté, ait la libre disposition des valeurs qui en font partie : si la femme lui en a abandonné la propriété en les faisant entrer dans la masse, c'était avec l'espoir que la communauté prospérerait par leurs soins mutuels ; que dès lors elle jouirait d'une existence convenable pendant la durée de la société civile formée entre elle et son mari, et qu'à sa dissolution, elle aurait à partager le fruit de leurs communes épargnes, de leurs bénéfices communs. Mais si, au lieu de faire fructifier par une sage administration les valeurs que la femme a déposées, sous cette condition tacite, dans la communauté, le mari compromet l'actif social par son inhabileté ou ses dissipations, comment la femme, injustement déçue, n'aurait-elle pas le droit de soustraire à un péril imminent ce qui est peut-être tout son patrimoine, et ce qui constitue par conséquent la suprême ressource de la famille ? Faudrait-il donc admettre que la voie de la séparation de biens est seulement ouverte, soit à la femme qui, dans son contrat de mariage, s'est réservé en propre son mobilier ou en a stipulé la reprise en cas de renonciation, soit à celle dont les propres ont été aliénés, et qu'il n'est accordé aucune protection contre les dissipations du mari à la femme qui aurait apporté une fortune mobilière considérable sans faire de contrat de mariage, ou sans stipuler dans celui qu'elle aurait fait, la reprise de son apport?

Ce résultat serait sans justification. Il était, du reste, proscrit en termes formels par les anciennes coutumes, qui ne permettaient au mari de disposer *des meubles* de la communauté que *jusqu'à ce qu'il fût trouvé mal usant de ses biens* (1).

Ces coutumes préparaient un principe éminemment sage, que la doctrine (2) et la jurisprudence (3) de notre époque n'ont pas hésité à proclamer.

56. Il est évident, d'après cela, que les fruits des immeubles propres à la femme font partie de la dot, bien qu'ils tombent dans la communauté.

La dot comprend, de même, les fruits des immeubles dotaux et les revenus de tous les capitaux que la femme s'est constitués, ou qui sont tombés dans la communauté, soit qu'elle possédât ces capitaux à l'époque du mariage, ou qu'ils lui soient échus depuis.

Les fruits et revenus dont nous parlons sont, en effet, destinés aux besoins de la famille.

57. Sous le régime dotal, la dot ne comprend pas les biens que la femme s'est réservés à titre paraphernal, car celle-

---

(1) Très-ancienne coutume de Bretagne, chap. 82.

(2) Toullier, 13, n°s 23 et suiv. ; Bellot des Minières, 2, p. 99; Duranton, 14, n° 403; Odier, 1, n° 370 ; Troplong, n° 1313 ; Dalloz, n° 1629.

(3) Angers, 16 mars 1808 (Merlin, sect. 2, § 1, n° 8); Nancy, 14 mars 1837 (Dalloz, *loc. cit.*).

4.

ci en conserve l'administration et la jouissance (art. 1576), de telle sorte qu'elle ne les apporte point au mari pour soutenir les charges du mariage.

La femme qui n'a que des paraphernaux ne peut donc invoquer le péril de la dot pour obtenir sa séparation de biens. Il ne faut pas attacher d'importance à un arrêt de la Cour de cassation du 23 août 1809 (1) qui paraît décider le contraire, mais qui s'est uniquement appuyé sur ce que la Cour d'appel avait jugé en fait que la dot de l'épouse était en péril. Si, dans notre hypothèse, la femme a des reprises à exercer, parce que le mari aurait touché ses capitaux, elle ne peut suivre que la voie de l'action en paiement. Dans le cas où elle aurait laissé gérer ses biens par son mari et où celui-ci se serait mal acquitté de son administration, elle préviendra tout danger en lui retirant les pouvoirs qu'elle lui aurait donnés tacitement ou d'une manière expresse (2).

58. Nous savons ce que c'est que la dot : voyons comment elle peut se trouver en péril.

Le péril de la dot provient des dissipations ou de la mauvaise administration du mari : il peut évidemment exister, alors même que le mari posséderait des biens plus que suffisants pour assurer le remboursement des sommes dotales.

A cet égard, il ne saurait y avoir de difficulté, mais il s'agit de déterminer les caractères auxquels la mauvaise administration du mari doit être reconnue.

Il y a incontestablement mauvaise administration, de nature à entraîner le péril de la dot, lorsque le fonds ou le capital dotal a été entamé pour une cause que la loi n'autorise point. Mais pour pouvoir provoquer sa séparation, la femme ne doit pas être condamnée à attendre que sa dot

----

(1) Dalloz, 1re édit., 10, p. 231, note 2.
(2) Dalloz, nouv. édit., 13, no 1628.

soit gravement compromise. Il suffit que l'administration du mari lui donne des inquiétudes sérieuses, et qu'elle ait lieu de craindre, par exemple, que la dot ne soit pas employée à supporter les charges du ménage.

59. Peut-on dire qu'il y a péril pour la dot quand le mari, laissant intact le fonds ou le capital dotal, en dissipe les fruits ou revenus, au lieu de les appliquer aux besoins de la famille suivant leur destination légale ?

Une jurisprudence constante (1) et une doctrine unanime (2) ont consacré l'affirmative.

En effet, comme nous l'avons indiqué déjà (3), les fruits et revenus font partie de la dot. Ils sont particulièrement apportés au mari pour qu'il les emploie à satisfaire les besoins de la famille. Dès qu'il cesse de remplir cette condition, la dot est en péril, car elle est frappée de stérilité. Qu'importe qu'elle puisse se retrouver dans l'avenir, si, dans le présent, elle n'est plus cette ressource précieuse sur laquelle la femme avait dû compter pour assurer à son mari, à ses enfants et à elle-même une existence convenable ? Ne serait-il pas contradictoire d'accorder à la femme le remède de la séparation de biens quand le capital de sa dot est légèrement entamé, et de le lui refuser lorsque le capital est in-

---

(1) Rennes, 13 mars 1813, 31 mai 1820 (Dalloz, 13, n° 1631); Pau, 9 déc. 1820 (*idem*); Agen, 28 juin 1832 (D.P., 33.2.98); Montpellier, 22 janv. 1833 (D.P., 33.2.134); Nancy, 28 nov. 1839 (Dalloz, n° 1631); Cassation, 28 janv. 1842 (D.P., 42.1.128); Lyon, 3 mai 1842 (Dalloz, n° 1631); Orléans, 7 août 1845 (D.P., 46.2.115); Cassation, 17 mars 1847 (D.P., 47.1.140); Riom, 19 août 1848 (D.P., 50.2.16).

(2) Toullier, 13, n° 24; Benoît, 1, n° 275; Favard, v° *Séparat. entre époux*, § 1, n° 3; Duranton, 14, n° 403; Battur, *Communauté*, 2, n° 626; Bellot des Minières, 2, p. 99; Zachariæ, t. 3, § 516, p. 472; Chardon, *Puiss. marit.*, n° 309; Odier, 1, n° 370; Rodière et Pont, 2, n° 796; Troplong, n° 1315; Dalloz, n° 1630.

(3) *Suprà*, n° 56.

tact, mais que tous les revenus en sont dissipés par le mari ? N'est-ce pas au moyen des revenus que les charges du mariage doivent être supportées ?

Sur ce point, le droit ancien sert encore de base à la doctrine moderne. On lit, en effet, dans la très-ancienne coutume de Bretagne (chap. 82) : « Les meubles sont, par « coustume, au mary attribués, et en peut faire sa volonté, « *faisant providence advenante à sa femme durant le mariage en-* « *tre eux*, jusqu'à tant que le mary soit trouvé mal avant « des choses. » D'Argentré s'exprimait d'une manière analogue dans son commentaire de la nouvelle coutume de Bretagne (art. 433) : « « *Cùm separatio bonorum*, disait-il, « *fit ex culpâ mariti, ex quo accidit ut* MARITUS DESINAT UXO- « REM ALERE, etc. »

60. Mais la Cour d'Orléans (1) et la Cour de cassation (2) nous semblent avoir exagéré d'une manière fâcheuse l'application du principe qui vient d'être posé, en décidant que la dot est réputée mise en péril et que la séparation de biens peut être prononcée, lorsque le désordre des affaires du mari donne lieu de craindre que les revenus de la dot ne soient détournés de leur destination légale, pour servir au paiement des dettes du mari.

Tant que le mari n'a pas compromis le capital de la dot et qu'il n'a pas cessé d'en appliquer les revenus aux besoins de la famille, la femme ne peut pas se plaindre de sa mauvaise administration, la dot ne périclite pas. Mais, dira-t-on, les affaires du mari sont en désordre ; il est accablé de dettes qu'il ne peut payer. Nous répondrons que, dans ce cas, il y aurait à examiner si le mauvais état des affaires du mari

---

(1) Arrêt du 7 août 1845, cité au n° précédent.
(2) Arrêt du 17 mars 1847, cité au n° précédent.

donne lieu de craindre que ses biens ne soient pas suffisants pour remplir les droits et reprises de la femme, mais que cette cause de séparation est parfaitement distincte de celle qui a été signalée par les arrêts précités. Si ces décisions s'étaient fondées sur ce qu'il était constaté, en fait, que le dérangement des affaires du mari inspirait des craintes sérieuses pour le remboursement de la dot, nous n'aurions aucun reproche à leur adresser. C'est parce qu'elles prennent uniquement pour base le péril de la dot, malgré la sûreté du capital et l'application des revenus aux besoins de la famille, que nous regardons comme dangereuse la doctrine qu'elles consacrent.

Sans doute, il est permis à la femme de mettre son patrimoine en sûreté avant qu'il ait reçu de graves atteintes, et dès que l'usage qu'en fait le mari prouve qu'il va devenir improductif pour le ménage (1) ; mais la femme n'est pas autorisée à se plaindre lorsqu'elle ne démontre point que sa dot est mise en péril, soit par la dissipation intégrale ou partielle du capital, soit par le détournement des revenus, ou que les ressources du mari peuvent devenir insuffisantes pour assurer le remboursement de ses reprises. S'il en était autrement, la moindre complication d'affaires exposerait le mari à la plus fâcheuse déchéance : toute administration lui deviendrait impossible, et il trouverait dans le contrôle incessant de sa femme une entrave aussi funeste pour ses intérêts que blessante pour sa dignité (2).

A cet égard, on cite avec raison ce beau passage du plaidoyer de Cochin pour le marquis du Pont-de-Châtel (3) :

---

(1) Voy. *suprà*, n° 58.

(2) Merlin, *Rép.*, v° *Sép. de biens*, sect. 2, § 1, n° 4 ; Toullier, 13, n° 29 ; Odier, 1, n° 373.

(3) T. 5, p. 142.

« En vain la femme viendrait-elle passer en revue toute
« la conduite de son mari, compter et calculer chaque
« somme qu'il a reçue par voie de remboursement ou au-
« trement, examiner les remplois, balancer la recette et
« la dépense, et conclure d'une longue suite d'opérations
« que l'administration n'a pas été sage, que son mari a dis-
« sipé une portion de ce qu'il a reçu ; une pareille discus-
« sion doit être proscrite par la justice. La femme n'est
« point établie pour censeur de son mari ; elle n'a pas
« droit de l'appeler en quelque sorte en jugement devant
« elle, et de le condamner s'il n'a pas été assez bon éco-
« nome pour remplir la recette en entier. Ce serait dégra-
« der, ce serait avilir l'état et le pouvoir des maris ; ce se-
« rait les mettre en quelque sorte sous le joug de leurs
« femmes et les réduire à la simple qualité d'intendants ou
« de trésoriers de leurs biens, dont on les pourrait dépouil-
« ler, si on n'était pas content de leur administration.

« La loi rougirait d'avoir donné un pareil empire à la
« femme, et l'on n'en trouve pas le moindre vestige dans
« les textes... »

Toutefois nous sommes un peu moins absolu, puisque
nous admettons la femme à poursuivre sa séparation de
biens, dès que la dot a été l'objet de la moindre dissipation.

61. Il résulte de ce qui précède que si la dot de la
femme était purement immobilière, ou que le remboursement de la dot mobilière fût assuré par les immeubles du
mari, et que d'ailleurs ce dernier subvînt convenablement
aux besoins de la famille, le dérangement de ses affaires, les
poursuites même dont ses biens ou sa personne seraient l'objet, ne pourraient motiver une séparation (1).

---

(1) Toullier, n° 30; Odier, *loc. cit.*

62. Mais dès que le capital de la dot a reçu quelque atteinte ou que les revenus ont été détournés de leur destination légale, la femme est autorisée à poursuivre sa séparation de biens, quelle que soit l'importance des ressources du mari, et à quelque cause qu'il faille attribuer son administration compromettante. Si le mari a la libre disposition de la dot mobilière, c'est sous la condition toutefois qu'il en fera un usage profitable pour la famille dont elle est destinée à satisfaire les besoins.

63. Il importerait donc peu que les revenus de la dot eussent servi à payer des dettes.

Ici, M. Troplong se jette dans une distinction dont il n'a peut-être pas bien mesuré toute la portée (1). Il range les dettes en deux catégories, dont l'une comprend les dettes qui ont un motif honnête, et l'autre celles qui sont le fruit de la dissipation. Suivant lui, la femme ne peut pas se plaindre de contribuer à l'amortissement des premières, car, si elles sont antérieures au mariage, la femme les a épousées en épousant son mari, et si elles sont postérieures, ce sont des dettes de communauté ou même des charges de ménage, à raison desquelles la femme ne peut avoir, vis-à-vis de son mari, un droit d'inquisition et de censure. Les dettes occasionnées par les caprices du mari sont les seules que la femme ne soit pas tenue de supporter.

64. Nous reconnaissons que, sous le régime de la communauté, le mari jouit, quant aux dettes, d'une certaine latitude. Les époux ont mis en commun leurs biens tels qu'ils les possédaient, c'est-à-dire avec les dettes dont ils pouvaient être grevés : la femme ne peut donc point répudier les dettes du mari antérieures au mariage ; elles font partie

______

(1) Nᵒˢ 1317, 1318.

du passif de la communauté (art. 1409, Cod. Nap., n° 1er). D'autre part, comme maître et administrateur de la communauté, le mari est autorisé à contracter des dettes qui sont une conséquence nécessaire de son droit de disposition et d'administration. Le passif de la communauté comprend encore ces dettes (art. 1409, n° 2), qui ne peuvent dès lors motiver aucune plainte de la part de la femme, à moins, bien entendu, qu'il ne s'agisse de dépenses aussi folles que ruineuses.

Mais la femme n'est condamnée au silence qu'autant que le mari n'amortit ces dettes, antérieures ou postérieures au mariage, qu'avec les revenus des biens de la communauté. S'il entreprend de les acquitter avec les revenus des propres de sa femme, celle-ci peut l'accuser justement de mauvaise administration, car ces revenus ne sont entrés dans la masse (art. 1401, n° 2) que pour permettre au mari de pourvoir convenablement aux besoins de la famille : ils n'ont pas eu pour destination le paiement des dettes contractées par le mari. Parmi les éléments qui composent le passif de la communauté figure l'obligation de fournir à la femme et aux enfants les aliments et l'entretien nécessaires (art. 1409, n° 5) : c'est là pour le mari la dette la plus sacrée ; il est tenu de l'acquitter avant toute autre, et il doit surtout consacrer les revenus des biens propres de sa femme à cet acquittement : un tel devoir correspond naturellement au droit de toucher les revenus des propres. Ne comprend-on pas, d'ailleurs, que si les revenus des biens de la communauté sont insuffisants pour amortir les dettes contractées par le mari, et que ceux des propres de la femme y soient employés, la famille se trouvera sans ressources ? N'est-ce pas assez que le mari puisse disposer librement des revenus de la dot mobilière, comprise dans la communauté (art. 1401, n° 1), sans qu'il rende encore improductifs pour le ménage les biens propres de la femme? Dans ce cas, l'origine des dettes ne doit être d'aucune considération. Qu'elles soient personnelles au mari ou qu'elles aient été contractées dans l'intérêt de la communauté, qu'elles aient une cause répréhensible ou une source honorable, peu importe : la dot est en péril, puisque les revenus qui en sont une partie ne reçoivent pas la destination que la loi leur a assignée, et la séparation de biens est une nécessité pour la femme.

C'est ce qui a été fort bien jugé par la Cour de Riom, le 19 août 1848 (1).

65. Sous le régime dotal, les obligations du mari sont encore plus étroites. En principe, rien ne peut l'autoriser à faire servir les revenus de la dot au paiement de ses dettes, quelle qu'en soit la nature (2). M. Troplong voudrait que l'on considérât les dettes contractées par le mari pour une cause honnête comme dépendant des charges du ménage ; mais, en thèse, cela n'est pas admissible. Sans doute, si les dettes du mari se rattachent aux besoins de la famille, le mari ne pourra encourir aucun reproche pour les avoir éteintes avec les revenus de la dot, puisqu'alors ces revenus auront été employés suivant leur destination légale ; mais les dettes, tout en ayant une cause honorable, peuvent être étrangères à cette destination : comment serait-il alors permis au mari de les payer avec les revenus de la dot, au détriment de la famille, à qui ces revenus sont nécessaires?

66. Après cela, il est certain que la femme ne serait pas fondée à se plaindre si les revenus des propres ou des biens dotaux étant plus que suffisants pour faire face aux charges

_____

(1) Arrêt cité au n° 59.
(2) Arg. des arrêts d'Orléans et de cassation cités aux n°s 59 et 60.

du ménage, le mari en avait employé l'excédant à l'acquittement de dettes qui auraient une cause honorable.

67. La loi reconnaît dans la mauvaise administration du mari une cause de séparation de biens quand la dot est en péril. Est-ce à dire que si la femme ne s'était pas constitué de dot, elle ne pourrait se soustraire aux conséquences de cette mauvaise administration ?

MM. Benoît (1) et Bellot des Minières (2) expriment ce sentiment, que la Cour de Paris a consacré par un arrêt du 9 juillet 1811 (3). Il repose sur les raisons que voici : la loi a voulu veiller à la conservation de la dot, mais non des autres biens de la femme. S'il était permis d'étendre la disposition de l'art. 1443, on finirait par l'appliquer aux biens paraphernaux, c'est-à-dire qu'on sortirait entièrement du cas pour lequel cet article a été édicté, celui du péril de la *dot*. Peut-être la demande de la femme aurait-elle pour objet de conserver du pain à la famille ; mais la prévoyance de la loi ne va pas jusque-là. Si le mari se montre prodigue, il faut lui faire nommer un conseil judiciaire.

L'équité, appuyée sur l'esprit de la loi, repousse une pareille argumentation.

Le législateur n'a pas dit que la dot consistait uniquement dans les immeubles ou dans les capitaux mobiliers remis par la femme au mari. Il en a donné une définition beaucoup plus large : c'est *le bien* que la femme apporte au mari pour supporter les charges du mariage (art. 1540, Cod. Nap.). Ainsi, toutes les ressources que la femme procure au mari pour subvenir aux besoins de la famille constituent

(1) 1, n° 276.
(2) 2, p. 101.
(3) Devilleneuve, *Collect. nouv.*, 3.2.520.

sa dot. Nous avons vu déjà (1) que la dot comprend les fruits des immeubles propres et des immeubles dotaux de la femme, ainsi que les revenus de tous les capitaux que cette dernière s'est constitués ou qui sont tombés dans la communauté. Il faut en dire autant des produits du travail de la femme, car il n'y aurait aucune raison de les exclure ; et par produits du travail, nous entendons non-seulement les gains obtenus par la femme à l'aide de son talent ou de son industrie, mais encore les économies et l'augmentation de ressources réalisées par sa collaboration, par ses soins domestiques, par sa bonne administration du ménage. Ces divers avantages sont quelquefois la dot la plus précieuse pour la famille. Il ne serait donc point juste que le mari pût impunément les compromettre. Aussi décide-t-on généralement aujourd'hui (2), comme sous l'ancienne jurisprudence (3), que la femme qui ne s'est pas constitué de dot peut néanmoins faire prononcer sa séparation de biens, si la mauvaise administration du mari prive la famille du bien-être que les produits du travail de la femme pouvaient lui assurer, soit dans le présent, soit dans l'avenir. Mais il ne faudrait pas admettre la femme à se plaindre d'une légère diminution que l'actif de la communauté aurait subie par suite de circonstances indépendantes de la volonté du mari (4).

---

(1) Nº 56.

(2) Angers, 16 mars 1808 (D.P., 11.2.216); Rennes, 23 nov. 1820 ; Liége, 23 avril 1831 ; Bruxelles, 31 janv. 1838 (Dalloz, 13, nº 1634) ; Liége, 5 juin 1833 (*idem*, nº 1637) ; Toullier, 13, nº 28 ; Duranton, 14, nº 404 ; Favard, vº *Sép. de biens* ; Zachariæ, t. 3, p. 472, note 7 ; Odier, nº 371 ; Rodière et Pont, nº 800 ; Troplong, nᵒˢ 1319, 1321 ; Marcadé, t. 5, p. 582 ; Dalloz, 13, nᵒˢ 1634, 1637.

(3) Roussilhe, *de la Dot*, t. 2, nº 475 ; Pothier, *Communauté*, nº 512 ; Coutume de Bretagne.

(4) Rodière et Pont, *loc. cit.*

68. Suivant MM. Rodière et Pont (1), la femme mariée sous le régime dotal, qui n'a pas apporté de dot, ne peut demander la séparation de biens qu'autant que le mari aurait, par suite du contrat de mariage, le droit de s'emparer des produits d'un art ou d'une profession qu'elle exercerait. Nous ne souscrivons pas à cette restriction. La femme dotale a intérêt, tout aussi bien que la femme commune, à soustraire aux dissipations du mari les épargnes qu'elle a peut-être achetées par de pénibles privations.

69. Du reste, il faut observer que, sous l'un et l'autre régime, la demande de la femme qui n'a pas apporté de dot ne peut être accueillie qu'autant qu'il résulte d'une manière bien certaine des circonstances que cette femme a procuré au mari une augmentation de ressources par sa collaboration, de quelque nature qu'elle soit. Si la femme demanderesse en séparation de biens était du nombre de celles qui ne se croient pas obligées de racheter leur dénûment par leur application au travail, sa prétention ridicule serait repoussée sans hésitation.

70. Dans cette dernière hypothèse, la femme ne saurait prétendre qu'il y a péril de la dot, alors même qu'elle pourrait avoir des espérances de fortune. N'oublions pas que ce sont les dissipations ou la mauvaise administration du mari qui engendrent le péril de la dot (2). Or, comment ces dissipations seraient-elles à craindre, comment cette mauvaise administration offrirait-elle quelque danger pour une dot qui n'existe pas encore? Objectera-t-on qu'il est à redouter que le mari n'administre mal la dot de sa femme quand elle sera tombée entre ses mains? Cette appréhension, peut-être chimérique, ne saurait justifier une mesure aussi

---

(1) *Loc. cit.*
(2) Voy. *suprà*, n° 58.

grave que celle de la séparation de biens , si d'ailleurs le mari est en état de répondre de la dot qui peut échoir à la femme. Ainsi, la femme qui n'a pas de dot actuelle, mais qui compte sur des successions, ne serait fondée à poursuivre sa séparation de biens que si elle démontrait que le désordre des affaires du mari fait craindre que ses biens ne soient insuffisants pour la remplir des droits dont elle jouira plus tard (1). Il ne faut pas adhérer sans réserve à l'opinion qui, en pareil cas, admet d'une manière absolue l'action en séparation de biens (2).

71. Nous arrivons maintenant à la seconde cause de séparation indiquée par l'article 1443.

Ici, la loi suppose qu'à la dissolution de la société civile des époux la femme aura des reprises à exercer, des droits à faire valoir relativement à sa dot, et que la situation fâcheuse des affaires du mari donne lieu de craindre que les biens de celui-ci ne puissent pas répondre de ces droits et reprises.

Mais dans quelles circonstances pourra-t-on dire que le désordre des affaires du mari est de nature à inspirer *des craintes pour le remboursement des droits et reprises de la femme?*

Sans doute, il ne faudra pas attendre que le mari soit complétement dépouillé des biens qui garantissaient ce remboursement, car alors le remède serait appliqué trop tard (3). Les craintes de la femme relativement à l'insuffisance des biens du mari seront fondées, si, par exemple, ce dernier fait annuellement des dépenses supérieures à ses revenus, et

---

(1) Angers, 16 mars 1808 (Dalloz, nᵒ 1635); Colmar, 11 mai 1835 (*id.*, nᵒ 1636); Seriziat, *Régime dotal*, nᵒ 224.

(2) Toullier, 13, nᵒˢ 26 et suiv. ; Zachariæ, § 516, 2ᵒ ; Odier, nᵒ 371; Troplong, nᵒ 1320; Marcadé, t. 5, p. 582 ; Dalloz, nᵒ 1636.

(3) Malleville, sur l'art. 1443 ; voy. *suprà*, nᵒ 53.

qui n'ont ni terme ni mesure (1). La séparation de biens devra être prononcée, à plus forte raison, s'il est poursuivi par ses créanciers. La jurisprudence du Parlement de Pau (2) et celle du Parlement de Bourgogne (3) regardaient la saisie des immeubles du mari comme une cause suffisante de séparation de biens, parce qu'elles en faisaient résulter une présomption de péril de la dot. Sous l'empire du Code Napoléon, l'on ne saurait admettre une présomption semblable. La saisie mobilière ou immobilière dirigée contre le mari peut, le plus souvent, motiver la séparation de biens, parce qu'elle est un signe de complète décadence (4); mais elle ne produira pas cet effet, si elle est purement accidentelle, et que le mari, jusque-là bon administrateur, puisse en obtenir la mainlevée (5), ou que, malgré cette saisie, ses biens offrent à la femme des sûretés convenables (6). En général, il faut moins considérer la saisie en elle-même, isolément, que le grand nombre de dettes et hypothèques qui peuvent grever les immeubles du mari (7).

72. Si l'insuffisance des biens du mari n'était pas à craindre, le désordre de ses affaires n'autoriserait nullement la femme à demander la séparation de biens; c'est ce que nous avons eu déjà l'occasion de dire (8), et ce que Cochin (9) exprimait en ces termes : « Il faut donc, pour que

---

(1) Godefroy, sur la loi 24 D., *Solut. matrim.*, note *n*.
(2) Merlin, *Rép.*, v° *Sép. de biens*, sect. 2, § 1, n° 9.
(3) Bouvot, *Arrêts*, t. 1, part. 3, v° *Sép. de biens*.
(4) Rennes, 17 juillet 1816; Douai, 22 déc. 1836 (Dalloz, n°s 1642, 1643).
(5) Toullier, 13, n° 36.
(6) Merlin, *loc. cit.*, n° 10.
(7) Benoît, n° 279.
(8) N° 61.
(9) *Loc. cit.*

« la femme traduise son mari en justice, qu'elle expose uni-
« quement le danger où elle se trouve pour la restitution de
« sa dot. Pour établir le fondement de ses alarmes, elle
« peut examiner la conduite de son mari ; mais cette criti-
« que est vaine et impuissante, si elle se borne à une sim-
« ple censure, et si elle ne conduit pas jusqu'à justifier que
« la femme est véritablement en danger de ne pas retrouver
« le fonds de son bien. Il ne suffit pas de dire à son mari :
« Vous vous êtes mal conduit dans une telle et telle occa-
« sion ; vous avez entamé une partie de vos fonds et des
« miens. Il faut aller jusqu'à dire que, sans le remède de la
« séparation, la femme n'aura plus de sûreté pour la répé-
« tition de ce qui lui est dû ; autrement elle agit sans inté-
« rêt, ce qui est de toutes les fins de non-recevoir la plus so-
« lide et la plus puissante. »

Faisons encore observer que ceci doit être concilié avec le
droit qui appartient à la femme de provoquer sa séparation
de biens quand la dot a été dissipée d'une manière quelconque ou détournée de sa destination légale (1).

73. La femme dont l'hypothèque légale frapperait des
immeubles d'une valeur beaucoup plus considérable que le
montant de ses reprises, et qui ne seraient grevés ni de priviléges ni d'hypothèques antérieures, ne pourrait demander sa
séparation de biens en alléguant le désordre des affaires de
son mari. Qu'importerait, en effet, que ce dernier se livrât
à de fausses spéculations, qu'il contractât des emprunts, qu'il
concédât des hypothèques, qu'il vendît même ses immeubles ?
La femme n'aurait pas lieu de s'inquiéter, puisque le remboursement de ses reprises ne saurait être compromis. Toutefois, dans notre hypothèse même, la femme serait en droit
de demander sa séparation de biens, si le mari détournait

---

(1) Voy. *suprà*, nos 60, 62, 63.

les revenus de la dot ; car ne perdons jamais de vue que les deux causes de séparation de biens indiquées par l'article 1443 sont complétement indépendantes l'une de l'autre (1).

74. La femme pourrait également obtenir sa séparation, malgré la suffisance des biens de son mari et quoiqu'elle n'eût elle-même qu'une dot immobilière, si le mari abusait de son droit d'administration sur les immeubles dotaux, par exemple, en faisant des exploitations de bois trop étendues. Il y aurait encore, dans ce cas, péril de la dot. C'est bien à tort que la Cour de Riom a décidé le contraire (2).

75. Dans l'ancienne jurisprudence, on avait agité la question de savoir si le mari qui a dissipé ses propres ressources peut se soustraire à la séparation de biens, en offrant, pour garantir la restitution de la dot, le cautionnement d'un tiers. Godefroy (3), tout en reconnaissant que la négative était enseignée par quelques auteurs, notamment par Paul de Castro, ne pouvait se rendre à ce sentiment : *satis enim locuples videtur*, disait-il, *qui cavet idoneè*.

Cette question s'est présentée devant la Cour de Riom, qui l'a résolue dans le même sens que Godefroy, le 13 décembre 1844 ; mais sa décision a été cassée par un arrêt de la Cour suprême du 27 avril 1847 (4), dont il n'est pas inutile de faire connaître les motifs :

« Attendu, porte cet arrêt, qu'en se fondant, pour repousser la demande en séparation..., sur ce que la restitution de la dot avait été garantie par le père du défendeur,

---

(1) Voy. *suprà*, n° 62.
(2) 3 mars 1815 (Dalloz, n° 1658).
(3) Sur la loi 24, D., *Solut. matrim.*, note *n*, *in fine.*
(4) D.P., 47.1.125 ; M. Dalloz, *Jur. génér.*, nouv. édit., 13, n° 1659, cite comme rendu dans le même sens un arrêt de la Cour de Rouen, du 24 nov. 1812 ; mais cet arrêt juge une tout autre question.

avec hypothèque sur ses biens, et sur ce que, indépendamment de ce cautionnement hypothécaire, la demanderesse
trouvait une ample sûreté dans la fortune considérable de
Beynaguet père, l'arrêt attaqué a méconnu le texte et l'esprit
de l'article 1443, Cod. civ., qui admet la séparation de
biens toutes les fois que le désordre des affaires du mari
donne lieu de craindre que les biens de celui-ci ne soient
pas suffisants pour remplir les droits et reprises de la femme;
—que ce n'est pas des chances plus ou moins assurées de la
restitution de la dot à la dissolution du mariage, que la loi
fait dépendre le droit de faire prononcer la séparation de
biens, mais du fait de la mauvaise administration du mari,
par suite de laquelle la dot se trouve actuellement compromise et à plus forte raison dissipée. »

Ce raisonnement n'est pas très-clair. Si la Cour de cassation a voulu décider en principe que l'insuffisance des
biens du mari n'est pas suppléée par le cautionnement
hypothécaire d'un tiers, nous n'hésitons pas à condamner
sa doctrine, car nous ne pouvons reconnaître à la femme
le droit de se plaindre du désordre des affaires de son mari
quand sa dot est en sûreté, n'importe de quelle manière :
quels seraient, en effet, dans ce cas, le motif et l'objet de la
séparation de biens? Oublierait-on que cette grave mesure
doit être justifiée par une nécessité pressante? Si, au contraire, comme semble le croire M. Troplong (1), l'arrêt de
la Cour suprême doit être entendu en ce sens, que la sûreté
du remboursement de la dot, résultant, par exemple, du
cautionnement d'un tiers, n'est pas un obstacle à la séparation de biens lorsque la mauvaise administration du mari
prive la famille des ressources qui lui sont nécessaires, nous

____

(1) N° 1328.

5

ne pouvons qu'applaudir à une telle décision, puisqu'elle consacre les principes que nous avons précédemment exposés (1).

76. Si la dot avait été reçue par le père du mari, propriétaire d'immeubles suffisants pour en répondre, la femme ne serait pas fondée à poursuivre sa séparation de biens ; à moins cependant que le désordre des affaires de son beau-père ne fût de nature à lui inspirer des craintes pour le remboursement de ses créances dotales. Quoique, dans ce cas, le mari n'administre pas lui-même la dot, il n'en est pas moins responsable de sa conservation (2).

77. La femme qui n'a pas de dot actuelle, mais de simples espérances de fortune, est néanmoins fondée, ainsi que nous l'avons indiqué déjà plus haut (3), à demander sa séparation de biens sur le motif que le désordre des affaires du mari fait appréhender l'insolvabilité prochaine de ce dernier : car si la fortune qu'elle doit recueillir plus tard venait à tomber entre les mains d'un mari insolvable, elle n'aurait plus de garantie, et la séparation pourrait n'être qu'un remède inefficace.

Il en serait de même, à plus forte raison, dans le cas où la dot constituée à la femme ne serait pas encore exigible (4).

78. Bien que les immeubles du mari soient d'une valeur plus considérable que le montant des reprises de la femme, cette dernière peut obtenir sa séparation de biens, si le mari rend ces immeubles insuffisants, par exemple, en

----

(1) N⁰ˢ 60, 62, 72.
(2) Despeisses, *de la Dot*, tit. 15, sect. 2 ; Toulouse, 15 janv. 1818 (Dalloz, n° 1662).
(3) N° 70. Mais il ne suffirait pas d'espérances vagues et éloignées.
(4) Bordeaux, 1ᵉʳ mai 1848 (D.P., 48.2.192).

coupant les bois à blanc estoc, en aliénant les futaies (1), en laissant tomber les bâtiments en ruine, etc.

79. La force majeure, qui est ordinairement exclusive de la responsabilité, peut-elle motiver la résistance du mari à la demande en séparation de biens ?

C'était l'opinion de Lebrun (2); mais le sentiment contraire, adopté par Pothier (3), a prévalu auprès des jurisconsultes modernes (4). Il mérite complétement cette préférence. Le législateur n'a admis aucune distinction relativement aux causes qui engendrent le désordre des affaires du mari et l'insuffisance de ses biens, et il ne devait en admettre aucune. Le sort du patrimoine de la famille est, en effet, digne de plus de faveur que l'intérêt particulier du mari, d'autant mieux que la séparation de biens est une sauvegarde dont ce dernier profitera lui-même. Il ne doit pas regarder la demande de la femme comme une injure dirigée contre lui, ou comme une aggravation du malheur qui l'a frappé : il doit y voir, au contraire, un moyen de prévenir les suites désastreuses de ce malheur. Si donc la fortune du mari vient à être atteinte ou sérieusement menacée, soit par une crise financière, soit par les ravages des eaux, par le feu du ciel, l'invasion ennemie et tout autre événement qu'il était impossible de détourner, la femme sera écoutée dans sa demande en séparation de biens, véritable accomplissement d'un devoir.

80. La demande de la femme devrait encore être ac-

______

(1) Troplong, nᵒ 1327.
(2) T. 1, p. 285, nᵒ 29.
(3) Nᵒ 510.
(4) Merlin, *Rép.*, vᵒ *Sép. de biens*, sect. 2, § 1, nᵒ 5; Toullier, 13, nᵒ 33; Battur, *Comm.*, 2, nᵒ 628; Odier, 1, nᵒ 373; Rodière et Pont, nᵒ 794; Troplong, nᵒ 1333; Marcadé, t. 5, p. 582; Dalloz, nᵒ 1654.

cueillie dans le cas où celle-ci aurait perdu ses sûretés par sa faute, par exemple, en renonçant à son hypothèque légale pour permettre à son mari de vendre ses immeubles. On doit penser qu'elle n'a fait cet abandon qu'avec l'espoir de voir la position de son mari s'améliorer. Puisque ce dernier a dissipé le prix de ses immeubles au lieu de l'employer à rétablir ses affaires, elle ne doit pas être liée par le consentement qu'elle a donné dans une autre prévision (1). Du reste, elle n'a pu aliéner par là le seul moyen de sauvegarder les intérêts de la famille (2)

81. Nous croyons que, dans aucun cas, le mari ne pourrait repousser la demande en séparation de biens sous le prétexte que le désordre de ses affaires a été engendré par les prodigalités de la femme (3). N'a-t-il pas une responsabilité absolue qui l'autorise à limiter les dépenses de sa femme sans qu'on puisse l'accuser de rigueur? M. Troplong (4) voudrait que la demande en séparation fût accueillie dans le cas où le mari aurait partagé les torts de la femme; mais que, s'il était seulement coupable d'une faiblesse envers cette dernière, on laissât la dot entre ses mains plutôt que de la remettre à la femme qui la dissiperait certainement. Cette restriction nous semble contraire à l'intérêt de la famille. Le mari qui s'est montré faible au point de compromettre le sort de la dot ne mérite plus la confiance dont la loi l'avait investi. Quant à la femme, si ses prodigalités ne cessent pas après la séparation, le mari ou les parents lui feront donner un conseil judi-

---

(1) Toullier, 13, n° 34; Dalloz, 13, n° 1656.
(2) Voy. *suprà*, n° 50.
(3) Chardon, *Puiss. marit.*, n° 310; Cubain, *Droit des femmes*, n° 471; Odier, 1, n° 373; Marcadé, t. 5, p. 583; Dalloz, n° 1655; Angers, 28 fév. 1828 (D.P., 31.2.94).
(4) N° 1334.

ciaire (1), et par là toute dissipation de la dot sera rendue à peu près impossible (2).

82. La femme qui a épousé un mari sans fortune s'est abandonnée à sa probité pour l'administration et la conservation de la dot qu'elle a apportée en mariage. Cette confiance est dans le vœu de la loi qui dispense le mari de fournir caution pour la réception de la dot (art. 1550, Cod. Nap.). Ne résulte-t-il pas évidemment de là que, plus tard, la femme ne saurait motiver une demande en séparation de biens sur l'insolvabilité de son mari? Vainement invoquerait-elle l'intérêt de la famille : car rien n'a été changé à l'état de choses sous l'empire duquel la famille s'est formée. C'est bien assez que le mari soit responsable même des événements de force majeure (3); au moins faut-il l'affranchir des conséquences d'une pauvreté qui a été acceptée par la femme. La plus vulgaire équité le veut ainsi (4).

83. Mais le mari serait justement déchu de ce bénéfice, si, d'économe qu'il se montrait à l'époque de son mariage, il était devenu plus tard dissipateur. Dans ce cas, la femme fondera sa demande en séparation de biens, non sur l'insuffisance des ressources du mari, mais sur le péril de la dot, conséquence de la mauvaise administration de ce dernier.

La femme jouirait de ce droit, lors même que les habitudes de dissipation du mari auraient existé et lui auraient été connues avant le mariage. On ne saurait présumer que la

---

(1) Voy. *infrà*, n°s 376, 377.
(2) Conf., Rodière et Pont, n° 794.
(3) Voy. *suprà*, n° 79.
(4) Turin, 23 mars 1811 (Dalloz, n° 1651); Caen, 18 juillet 1850, et Cassation, 2 juillet 1851 (D.P., 51.1.272); Duranton, 14, n° 402; Zachariæ, § 516 2°; Rodière et Pont, n° 797 4°; Troplong, n° 1329.

femme ait consenti à exposer sa dot entre les mains d'un mari dont elle prévoyait la mauvaise administration : l'on doit croire plutôt qu'elle a compté sur un changement dans la conduite du mari. Elle n'a pu, d'ailleurs, donner un consentement qui serait une violation flagrante de l'ordre public (1).

84. MM. Rodière et Pont (2) se placent dans l'hypothèse suivante :

Le mari était pauvre lors de la réception de la dot, qu'il avait le droit d'exiger sans fournir caution ou aucune autre sûreté. Depuis lors, sa fortune s'était accrue, mais ensuite elle est venue de nouveau à diminuer, sans pourtant qu'il paraisse plus pauvre qu'il ne l'était lors du mariage. Cette diminution de fortune autorise-t-elle la femme à demander sa séparation de biens ? MM. Rodière et Pont enseignent l'affirmative, dans le cas où l'appauvrissement du mari provient de sa mauvaise administration ; mais ils répondent négativement, s'il est la conséquence d'événements fortuits. La femme, disent-ils, n'a pas à se plaindre quand des accidents survenus sans la faute du mari la replacent dans l'état où elle se trouvait lors du mariage (3).

Nous croyons qu'il faut aller plus loin, et décider que la demande en séparation de biens est inadmissible, même dans le cas où la diminution de fortune a été occasionnée par la faute du mari, si ce dernier n'a pas cessé de pourvoir aux besoins de la famille. La femme ne peut alors prétendre ni que le mari ait mis sa dot en péril, ni qu'il ait diminué le

______

(1) Godefroy, sur la loi 24 D., *Solut. matrim.*, note *n*; Troplong, n⁰ˢ 1630, 1631 ; Rodière et Pont, n⁰ 797 4⁰ ; Marcadé, sur l'art. 1443, n⁰ 1 ; Dalloz, n⁰ˢ 1652, 1653.

(2) N⁰ 799.

(3) Conf., Dalloz, n⁰ 1653.

gage qui garantissait ses droits. La situation n'a été empirée sous aucun rapport.

85. Après avoir ainsi établi les principes généraux, nous allons entrer dans l'examen de quelques autres questions qu'ils nous aideront à résoudre.

Demandons-nous, en premier lieu, si, lorsque le contrat de mariage impose au mari l'obligation de faire emploi des sommes dotales, le défaut d'emploi est une cause de séparation de biens.

La négative était certaine dans l'ancienne jurisprudence, à moins qu'au défaut d'emploi ne se joignît l'insuffisance des biens du mari (1). Il ne peut pas en être autrement sous le Code Napoléon, puisque l'art. 1443 n'autorise la séparation de biens que pour deux causes dans lesquelles ne rentre point nécessairement le défaut d'emploi. Si le mari qui ne réalise pas cette sûreté se montre sage administrateur de la dot et possède des biens suffisants pour en assurer la restitution, sur quel motif la femme fonderait-elle sa demande en séparation de biens (2)?

Cependant, aux yeux de M. Toullier (3), il importe peu que la dot soit garantie par l'hypothèque légale de la femme, assise sur des immeubles d'une valeur suffisante. La stipulation d'emploi de la dot, dit-il, est une clause conditionnelle qui doit être exécutée de bonne foi, et qui tient lieu de loi

____

(1) Pothier, *Communauté,* n° 511 ; Renusson, p. 306 ; Papon, liv. 15, tit. 3, n° 1 ; Roussilhe, t. 2, n° 476 ; Augeard, *Recueil d'arrêts*, t. 3, nombre 47, qui rapporte un arrêt conforme du 10 janv. 1699 ; Merlin, vᵒ *Sép. de biens,* sect. 2, § 1, n° 6.

(2) Benoît, t. 1ᵉʳ, n° 281 ; Benech, *de l'Emploi,* n° 24 ; Rodière et Pont, n° 798 ; Troplong, n° 1332 ; Dalloz, n° 1660 ; Turin, 23 mars 1811 (Dalloz, nᵒˢ 1651, 1661); Toulouse, 25 août 1835, rapporté par Benech, *loc. cit.*

(3) T. 13, n° 31.

entre les parties (art. 1134, Cod. Nap.), sans pouvoir être révoquée ni changée que de leur consentement mutuel; l'inobservation de cette loi doit donner lieu à la résolution du contrat.

On pourrait ajouter que, d'après le droit commun (art. 1188, Cod. Nap.), le débiteur qui diminue les sûretés fournies par le contrat est déchu du bénéfice du terme; que le mari qui a refusé de faire l'emploi se trouve dans cette hypothèse, et que dès lors il doit être condamné à restituer immédiatement la dot.

Mais à ces raisons spécieuses la réponse est facile. La femme ne peut pas invoquer le droit commun pour faire appliquer une mesure exorbitante et d'un caractère essentiellement exceptionnel. Ce ne sont pas les dispositions générales des art. 1134, 1184 et 1188 du Code Napoléon qui doivent régler l'opportunité de la séparation de biens : c'est uniquement les termes précis de l'art. 1443 qu'il faut consulter pour reconnaître si ce moyen extrême peut être employé. Par là même que la séparation de biens est un remède violent, il n'est permis d'y recourir que dans le cas d'un besoin indispensable. Aussi, est-ce une règle fort ancienne, que la femme ne peut jamais, durant le mariage, agir contre son mari, tant que sa dot est en sûreté (1). L'avantage que le défaut d'emploi ou de remploi peut faire perdre à la femme n'est pas par lui-même assez important pour entrer en considération dans l'examen d'une question de séparation de biens.

86. Mais si le mari n'était pas solvable, et que la condition d'emploi eût été stipulée pour suppléer à l'insuffisance

---

(1) Cujas, t. 4, p. 287; Favre, C. *de Jure dotium*, défin. 27, qui cite un arrêt du sénat de Chambéry du 18 déc. 1591.

de ses ressources, l'inaccomplissement de cette condition mettrait la dot en péril et autoriserait la séparation de biens, lors même que rien n'établirait le désordre des affaires du mari (1). Le défaut d'emploi serait, dans ce cas, une preuve flagrante de la mauvaise administration de ce dernier, dont la responsabilité se trouverait dès lors parfaitement justifiée.

Il n'est pas douteux que le mari pourrait faire écarter la demande de la femme, en offrant de réaliser l'emploi ou les autres sûretés exigées par le contrat de mariage (2). Dès ce moment le péril de la dot disparaîtrait.

87. Supposons que la dot comprenne des objets mobiliers qui, malgré l'usage, soient susceptibles de conservation, et que la propriété de ces objets ait été réservée à la femme dans le contrat de mariage. Si le mari les divertit, la femme pourra provoquer sa séparation de biens, car il sera vrai de dire que la dot est en péril ; à moins, bien entendu, que l'aliénation n'ait porté que sur un objet de minime valeur. Mais le mari échapperait à toute responsabilité si les biens mobiliers dont la propriété aurait été ainsi réservée à la femme étaient essentiellement fongibles, c'est-à-dire s'ils se consommaient par l'usage : le mari, en les aliénant, n'aurait fait qu'exercer un droit qui était la conséquence même de l'usage auquel la chose était destinée (3).

88. Un arrêt du parlement de Dijon, du 10 juillet 1696, a fort justement décidé qu'une accusation capitale dirigée contre le mari, et suivie d'un décret de prise de corps, n'était pas une cause légitime de séparation de biens. « La « raison de décider, dit très-bien l'ancien auteur qui rap-

---

(1) Rodière et Pont, *loc. cit.*
(2) Toullier, 13, n° 31, à la note ; Rodière et Pont, *loc. cit.*
(3) Seriziat, *Rég. dotal,* n° 99.

« porte cet arrêt (1), est que la dot de la femme ne péri-
« clite point encore : le décret de prise de corps contre un
« accusé ne fait pas sa condamnation ; l'accusateur n'est
« point son créancier : ce n'est que par le jugement qu'il
« peut le devenir, et pour lors la femme... est en droit de
« se faire séparer, si les biens du mari sont absorbés par les
« adjudications de frais, de dommages-intérêts et autres
« peines pécuniaires. »

89. Il s'était introduit en Normandie une opinion d'après
laquelle le refus du mari d'autoriser sa femme à accepter
une succession était un motif suffisant pour faire prononcer
la séparation de biens. Cette opinion abusive fut proscrite
par un arrêt du parlement de Paris du mois de février
1723 (2). En pareil cas, la séparation de biens ne serait pas
un remède, puisque la femme, même séparée, ne peut acquérir à titre gratuit sans l'autorisation de son mari (art.
217, C. Nap.). Seulement, si la résistance du mari n'était pas
fondée, la femme pourrait obtenir l'autorisation de la justice.

90. De ce que l'absence du mari autorise la femme commune à demander la dissolution provisoire de la communauté (art. 124, Cod. Nap.), MM. Rodière et Pont (3) con-
cluent que la même cause doit autoriser la femme non
commune à demander la séparation de biens, quand même
le mari aurait laissé une fortune plus que suffisante pour répondre de la dot. « Le mari, en effet, disent-ils, ne gagne
les fruits de la dot qu'en considération des charges et des
soins que le mariage est censé lui donner : s'il néglige ces
soins et répudie ces charges, il est juste que la femme puisse

---

(1) Raviot sur Perrier, quest. 231, n° 64 ; *Adde*, Merlin, v° *Sép. de
biens*, sect. 2, § 1, n° 7.
(2) Merlin, *loc. cit.*, n° 9.
(3) N° 801.

reprendre une jouissance dont elle ne s'était vraisemblablement dépouillée que sous une condition tacite, qui est défaillie. Roussilhe, t. 2, nº 480, exigeait cinq ans d'absence du mari pour que la femme pût demander la séparation de biens : il doit suffire aujourd'hui, ce nous semble, que l'existence du mari soit incertaine, et qu'il n'ait pris aucune précaution pour que la dot soit administrée en son absence, ou que les précautions par lui prises ne soient plus suffisantes. »

91. Cette solution nous paraît trop absolue. Du reste, le point est délicat, et il mérite quelques développements.

Quand le mari absent a laissé un procureur fondé, il semble que la femme, n'ayant rien à craindre pour l'administration de sa dot, est sans intérêt à provoquer sa séparation de biens. Toutefois, nous serions disposé à appliquer ici les art. 121 et 122 du Code Napoléon et à décider que, malgré la procuration laissée par le mari, la femme pourra obtenir sa séparation après dix années révolues depuis sa disparition ou ses dernières nouvelles, et qu'elle le pourra même avant, si la procuration vient à cesser. Le mari n'a pu se substituer un mandataire d'une manière indéfinie : ce serait une abdication de la puissance maritale, que l'ordre public ne permet pas. Le terme de dix ans sera déjà bien assez long. Mais il nous paraîtrait injuste que la femme fût admise à poursuivre sa séparation de biens avant l'expiration de ce terme et dès qu'il y aurait quelque incertitude sur l'existence du mari : ce dernier a pu entreprendre un voyage nécessaire ou utile, qui le retient absent plus longtemps qu'il ne voudrait. D'un autre côté, la dot est administrée par un mandataire, et la femme n'a pas lieu de s'en inquiéter. Dans cette situation, pourquoi se hâterait-on de dissoudre la société civile des époux ?

Si le mari n'a point laissé de procuration, la dot est sans administrateur ; c'est l'origine d'un danger. Il peut y avoir des réparations à faire aux immeubles, des baux à passer ou à renouveler, des capitaux à retirer, des placements à faire ; les débiteurs des revenus de la dot se refuseront vraisemblablement à les payer à la femme sur ses seules quittances... Alors, les plaintes de celle-ci seront bien fondées, et l'absence de son mari deviendra pour elle une cause de séparation de biens : comment douter du péril de la dot ? En semblable hypothèse, elle n'aura aucun délai à observer pour former sa demande. Il y aura péril, alors même que l'existence du mari ne serait pas incertaine, soit que le fonds dotal ou le capital de la dot mobilière se trouvent frappés de stérilité, soit que les fruits ou revenus qu'ils produisent ne puissent plus être appliqués aux besoins de la famille. Par cela seul qu'il n'a pas laissé de procuration, le mari a compromis la dot, et la séparation prononcée contre lui n'a rien que de juste.

Mais il faut dire, avec M. Dalloz (1), que la jouissance rendue à la femme par suite de l'absence de son mari cesse au retour de ce dernier (Arg. des art. 131 et 132, Cod. Nap.). Les dispositions de l'article 1451 du Code Napoléon reçoivent ici une dérogation forcée (2).

92. L'état de contumace du mari peut-il motiver une séparation de biens ?

Oui, suivant MM. Rodière et Pont (3), parce qu'il n'est pas juste que la contumace entraîne le séquestre des biens de la femme, quoique le mari en eût l'administration et la jouissance. C'est dans l'intérêt de la famille entière, font observer ces auteurs, que cette jouissance avait été conférée au mari, et ce même intérêt exige qu'elle reste à la femme

---

(1) N° 1663.
(2) Voy. *infrà*, chap. 4.
(3) N° 802 ; conf., Dalloz, n° 1664.

plutôt que de passer à l'Administration des domaines.

93. Il y a, selon nous, des distinctions à faire.

Pendant les cinq ans qui suivent l'exécution du jugement par effigie, le condamné peut se représenter (art. 27, Cod. Nap.). Durant cette période, la femme ne sera pas reçue à se faire séparer de biens : car, d'un côté, la famille obtiendra des secours de l'Administration (art. 475, Cod. inst. crim.), et, d'un autre côté, il est possible que le mari contumax se représente et se fasse décharger de la condamnation prononcée contre lui. La femme peut bien prendre patience pendant cet intervalle, et il y aurait de sa part une injuste rigueur à provoquer l'anéantissement des conventions matrimoniales contre son mari, qui n'est peut-être que malheureux.

Mais si, après les cinq ans, le mari contumax ne s'est pas représenté, de deux choses l'une : ou la peine emporte la mort civile, et alors l'association conjugale est dissoute (art. 25, Cod. Nap.), ou la peine n'emporte pas la mort civile, et, dans ce cas, il faut se demander si le séquestre apposé sur les biens du contumax par l'Administration est levé après les cinq années nécessaires pour purger la contumace, ou s'il dure vingt ans.

M. Bourguignon (1) avait pensé que la Régie ne conservait le séquestre que jusqu'à l'arrêt qui prononce la condamnation ; mais cette opinion, entièrement contraire au but que le législateur s'est proposé, a été justement abandonnée par la doctrine et la jurisprudence.

MM. Legraverend (2) et Duranton (3) semblent croire que le séquestre doit durer vingt ans.

---

(1) Sur l'art. 471, Cod. instr. crim.
(2) T. 2, p. 578.
(3) T. 1, n° 229.

Au contraire, MM. Merlin (1), Carnot (2) et Dalloz (3) estiment que, dans tous les cas, l'administration de la Régie ne se prolonge que jusqu'à l'expiration des cinq années accordées pour purger la contumace. C'est dans ce sens que la jurisprudence s'est prononcée (4). Et, en effet, les termes de l'article 471 du Code d'instruction criminelle ne permettent pas une autre solution : il ne faut pas, comme l'ont fait MM. Legraverend et Duranton, confondre le temps nécessaire pour purger la contumace avec le délai voulu pour prescrire la peine.

Après les cinq années, le séquestre cesse donc ; les biens du condamné sont assimilés à ceux des absents (art. 471 précité). Il faudra, par conséquent, appliquer au mari contumax ce que nous avons dit au n° 91 pour le cas de l'absence ; c'est-à-dire que la femme commune pourra demander la dissolution provisoire de la communauté, et que la femme dotale aura la faculté de poursuivre sa séparation de biens dès que le capital ou les revenus de la dot seront en péril par suite du défaut d'administration. Il faut observer que le condamné par contumace n'est pas frappé d'une incapacité absolue (5) : il lui est seulement défendu *d'intenter toute action en justice* (art. 465, Cod. inst. crim.). Il peut donc constituer un mandataire pour gérer les biens dotaux, et, dans ce cas, la femme ne serait fondée à agir en séparation de biens qu'autant que ce mandataire mettrait la dot en péril par sa mauvaise administration, ou qu'il y aurait

(1) *Rép.*, v° *Séquestre par contumace.*
(2) Sur l'art. 471, Cod. instr. crim., n° 3.
(3) *Jurisprud. génér.*, 1re édit., t. 4, p. 262.
(4) Jugement du tribunal de la Seine du 24 juin 1834 (D.P., 36.2.129); arrêt de Montpellier, du 19 mars 1836 (D.P., 37.2.10).
(5) Cassation, 15 mai 1820 (*Journal du palais*, à cette date).

une action à exercer dans l'intérêt de la dot. Ici, la durée de la procuration est limitée au temps nécessaire pour prescrire la peine, de telle sorte qu'on ne peut dire que cette procuration renferme une abdication de l'autorité maritale.

94. L'état d'interdiction légale est une cause plus absolue de séparation de biens, car, dans cet état, le mari, privé du droit d'administrer ses propres biens (art. 29, Cod. pén.), ne peut ni gérer ceux de sa femme ni se substituer un mandataire à cet effet. A la vérité, il est pourvu d'un tuteur; mais la femme a intérêt à ne pas dépendre de celui-ci quant à l'administration de sa dot. D'ailleurs, en ce cas, la condamnation ayant été prononcée contradictoirement, la faute du mari est certaine; on ne peut donc reprocher à la femme un excès de précipitation et de rigueur (1); mais cette dernière serait sans intérêt si elle avait été nommée tutrice de son mari.

95. Les anciens auteurs voyaient une cause de séparation de biens dans l'interdiction judiciaire du mari (2).

Sous le Code Napoléon, les avis sont partagés.

On dit, pour la négative, que l'imbécillité ou la démence du mari peuvent exister sans qu'il y ait désordre dans ses affaires et sans que la dot de la femme soit en péril; que si le conseil de famille juge la femme capable de bien administrer, il la nommera tutrice de son mari interdit judiciairement, et qu'alors elle gérera les biens de ce dernier et sa propre fortune; que si, au contraire, le conseil ne lui reconnaît pas les qualités nécessaires pour administrer convenablement, elle devra être repoussée dans sa demande en sé-

---

(1) Rodière et Pont, n° 803 ; Dalloz, n° 1665.

(2) D'Argentré, sur Bretagne, art. 433 ; Roussilhe, t. 2, n° 481; Lebrun, 1re part., chap. 9, n° 4 ; Renusson, part. 1, chap. 9, n° 4.

paration de biens, à moins que sa dot ne fût évidemment exposée par le désordre des affaires du mari (1).

En faveur de l'affirmative, on répond : si la femme est tutrice de son mari, elle a intérêt à obtenir sa séparation, afin de pouvoir administrer ses biens en maîtresse et non en comptable. Il serait bizarre qu'elle administrât sa propre fortune, non pour elle, mais pour son mari. Dans le cas où la tutelle est déférée à un tiers, la demande de la femme est plus favorable encore, car, en se mariant, elle n'a pas entendu se soumettre à l'administration d'un étranger. De ce que le conseil de famille ne lui a pas maintenu la tutelle de son mari, il ne s'ensuit point qu'elle doive être privée du droit de gérer ses propres biens. Enfin, l'intérêt qu'inspire un mari en démence n'est pas suffisant pour faire écarter une demande raisonnable (2).

96. Chacun de ces deux systèmes se montre trop exclusif, mais il est facile de les concilier avec un sage tempérament.

Sans doute, il ne faut pas prendre uniquement en considération le malheur du mari, mais il importe de bien examiner si la demande en séparation s'appuie sur une cause vraiment raisonnable.

Or, quand la femme est tutrice de son mari judiciairement interdit, une pareille demande ne saurait avoir d'objet sérieux. Faut-il s'arrêter à une anomalie insignifiante, pour appliquer une mesure qui ne trouve sa justification que dans un péril imminent ?

Si la femme n'a pas été maintenue dans la tutelle, sa demande en séparation ne saurait reposer uniquement sur

______

(1) Toullier, t. 2, n° 1343; Benoît, t. 1, n° 280; Zachariæ, § 516, note 11; Cubain, *Droit des femmes*, n° 466.
(2) Chardon, *Puiss. marit.*, n° 311; Rodière et Pont, n° 803.

le motif que la dot n'est plus administrée par le mari. Dans cette hypothèse, on ne peut pas, comme dans le cas d'interdiction légale, reprocher au mari une faute qui autorise la voie de la séparation de biens ; et l'on ne doit point dès lors se déterminer par cette seule considération, que les biens de la femme ne sont plus régis par l'administrateur de son choix : c'est la conséquence d'un malheur dont elle peut bien supporter une part. Il faut se demander seulement si la dot est menacée. Par exemple, la séparation deviendra opportune, si le tuteur du mari administre mal au point de vue de l'intérêt de la femme, ou bien s'il ne présente pas personnellement des garanties suffisantes pour assurer le remboursement de la dot, ou encore si la garantie principale de la femme résidait dans la profession du mari, et que l'impossibilité où il se trouve d'exercer cette profession la réduise à chercher dans son industrie personnelle les ressources nécessaires à la famille (1). Mais si la dot ne court aucune espèce de péril, la femme aurait bien mauvaise grâce à demander sa séparation ; d'abord, parce que le conseil de famille l'a reconnue incapable d'administrer sagement ; ensuite, parce que le mari peut être rendu à la raison, et qu'alors l'interdiction cessera (art. 512, Cod. Nap.), tandis que la séparation de biens produirait des effets irrévocables, dans le cas même où, après la cessation de l'interdiction, la femme consentirait au rétablissement du pacte matrimonial.

La Cour de Nîmes a donc parfaitement pu rejeter une demande en séparation de biens fondée sur l'interdiction du mari pour cause de démence, alors que la femme ne justifiait pas du péril de la dot, et que le père du mari,

____

(1) Lyon, 20 juin 1845 (D.P., 46.2.152).

6.

nommé tuteur de ce dernier, pourvoyait convenablement à tous les besoins de la famille (1).

97. La faillite, suivant MM. Rodière et Pont (2), opère la séparation de biens de plein droit. Ils invoquent à cet égard l'opinion de Roussilhe (3) et les dispositions des articles 557 et suivants du Code de commerce. M. Dalloz fait résulter la même solution de la disposition de l'article 1446 du Code Napoléon (4).

Nous ne pouvons voir dans tout cela que d'étranges erreurs.

Assurément, le mari ne peut pas conserver l'administration des biens de sa femme quand il a perdu le droit de gérer sa propre fortune, et il n'est pas juste qu'il jouisse de revenus attachés à des charges qu'il est désormais incapable de supporter. L'état de faillite sera donc une cause imparable de séparation de biens. Mais pourquoi, en pareille circonstance, la séparation s'opèrerait-elle de plein droit ? Pourquoi les tiers seraient-ils privés des garanties que la loi leur assure ? Le jugement déclaratif de la faillite est publié (art. 442, Cod. comm.); mais la publicité qu'il reçoit est beaucoup moins complète que celle du jugement de séparation de biens (art. 1445, Cod. Nap., 872 Cod. proc. civ.), et d'ailleurs, il n'est précédé ni d'une demande rendue elle-même publique (art. 866 et s., Cod. proc. civ.), ni d'une instance dans laquelle les créanciers du mari peuvent intervenir (art. 1447, Cod. Nap.; 871, Cod. proc. civ.).

Les actions accordées à la femme par les articles 557 et suivants du Code de commerce sont une conséquence du

(1) 3 avril 1832 (D.P., 32.2.157).
(2) N° 804.
(3) T. 2, p. 492.
(4) N° 1667.

dessaisissement qui frappe le failli, mais elles ne sont pas l'équivalent de la séparation de biens, et elles ne sauraient en produire les effets relativement à la capacité de la femme.

Quant à l'article 1446 du Code Napoléon, il ne prouve pas non plus que la faillite opère la séparation de plein droit, car, ainsi que nous l'avons fait observer plus haut (1), l'action qu'il accorde dans ce cas aux créanciers de la femme, et qui semble avoir quelque rapport avec l'action en séparation de biens, conduit à un résultat différent. Il est même juste de penser que le législateur n'aurait pas pris le soin d'attribuer un tel droit aux créanciers de la femme, par exception au principe que la femme seule peut demander la séparation de biens, s'il avait considéré cette séparation comme opérée par le fait même de la faillite. D'ailleurs, il leur accorde le même droit dans le cas de déconfiture.

Aussi, dans la pratique, les femmes des faillis ne manquent-elles pas de poursuivre leur séparation de biens, que les tribunaux n'ont jamais supposée avoir été opérée de plein droit (2).

98. Nous venons de tracer les règles principales qui doivent guider le magistrat dans l'appréciation des demandes en séparation de biens. Mais, en cette matière, il n'y a rien d'absolu, et les tribunaux ont un pouvoir souverain (3). Toutefois, nous croyons avec M. Dalloz (4) que, lorsque les

---

(1) Nᵒˢ 40, 42.

(2) *Voy.* notamment un arrêt de la Cour de cassation du 27 juin 1842 (D.P., 42.1.262).

(3) Toullier, 13, nᵒˢ 68 et 69 ; Chauveau sur Carré, quest. 2940 ; Cassation, 6 janv. et 24 août 1808 (Dalloz, nouv. édit., 13, nᵒˢ 1647, 1648) ; id., 20 juin 1822 (*id.*, nᵒ 1649).

(4) T. 13, nᵒ 1639 ; t. 7, vᵒ *Cassation*, nᵒˢ 1207 et suiv.

faits qui servent de base à la séparation de biens ont été déterminés souverainement par les tribunaux, il appartient encore à la Cour de cassation de les qualifier, c'est-à-dire de leur attribuer leur véritable caractère.

§ 4.—Conditions de la demande en séparation de biens.

ART. 1er.—*Tribunal compétent.*

99. La séparation de biens ne pouvant ni s'opérer volontairement (1), ni être prononcée par des arbitres (2), la femme doit nécessairement en faire l'objet d'une demande portée devant un tribunal de première instance.

100. En pareil cas, le seul tribunal compétent est celui du domicile du mari ; car, d'un côté, la femme n'a pas elle-même d'autre domicile, obligée qu'elle est d'habiter avec son mari et de suivre toujours sa condition, et d'autre part, le mari étant défendeur au procès, on doit appliquer la règle, *actor sequitur forum rei.* On ne peut nier que l'action soit purement personnelle : or, l'article 59 du Code de procédure civile porte qu'en matière personnelle, le défendeur doit être assigné devant le tribunal de son domicile. Si l'on voulait déterminer la compétence au point de vue de la société civile qui existe entre les époux et qu'il s'agit de faire dissoudre, on arriverait au même résultat, puisque, aux termes de l'article précité, le défendeur doit être assigné en matière de société, tant qu'elle existe, devant le tribunal du lieu où elle est établie, et que le lieu où est établie la société des époux est celui du domicile du mari (art. 108, Cod. Nap.). Enfin, ce qui démontre encore que le législateur a

---

(1) Voy. *suprà*, n°s 2 et 7.
(2) Voy. *suprà*, n° **21**.

considéré le tribunal du domicile du mari comme essentiellement compétent pour connaître de la demande en séparation de biens, c'est que, par l'article 872 du Code de procédure, il soumet la femme à publier le jugement de séparation *dans l'auditoire des tribunaux de première instance et de commerce du domicile du mari* (1).

Indépendamment des règles du droit, l'intérêt des tiers exige qu'il en soit ainsi. Comment, en effet, serait-il loisible à la femme de porter sa demande en séparation et de remplir les formalités de publicité prescrites par la loi devant un tribunal qui ne serait pas celui du domicile du mari, et qui pourrait être choisi par les époux à une distance telle, que les créanciers, résidant le plus souvent dans le lieu du domicile conjugal, seraient dans l'impuissance presque absolue d'agir en temps opportun pour la conservation de leurs droits? Il serait certainement injuste, dans cette hypothèse, d'opposer aux créanciers qui n'auraient pas exercé leur droit d'intervention, la déchéance établie par l'art. 673 du Code de procédure (2); il faudrait donc leur reconnaître la faculté indéfinie d'attaquer le jugement de séparation de biens! Une pareille conséquence est inadmissible.

On doit, dès lors, décider que tout tribunal autre que celui du mari serait incompétent, même *ratione materiæ*, et que si la demande de la femme était portée devant un tribunal différent, les créanciers du mari pourraient intervenir dans l'instance pour élever le déclinatoire et empê-

----

(1) Merlin, *Rép.*, vᵒ *Sép. de biens*, sect. 2, § 3, nᵒ 7; Pigeau, t. 2, p. 522; Carré, t. 3, quest. 2927; Berriat-Saint-Prix, p. 670, note 4; Thomine, nᵒ 1013; Rodière et Pont, nᵒ 820; Dalloz, nouv. édit., 13, nᵒ 1714; Cassation, 18 nov. 1835 (D.ᴘ., 35.1.444).

(2) Voy. *infrà*, nᵒ 237.

cher la prononciation du jugement, quoique le mari eût accepté expressément ou d'une manière tacite la juridiction du tribunal incompétemment saisi (1).

Denizart nous apprend que, d'après l'ancienne jurisprudence, c'était aussi devant le tribunal du domicile du mari que la demande en séparation de biens devait être portée (2).

101. La solution serait la même, bien que la demande émanât d'une femme étrangère qui aurait épousé un Français, mais qui résiderait de fait dans le lieu de son origine (3).

102. La femme française mariée à un étranger doit saisir de sa demande les tribunaux du pays de son mari, si les lois de ce pays autorisent la séparation de biens (4).

Cependant la Cour de Paris a jugé (5) que les tribunaux français sont compétents, malgré le déclinatoire élevé par le mari, dans le cas où ils ont été saisis par une femme française d'origine et devenue étrangère par son mariage en France à un étranger qui réside dans une ville française depuis plusieurs années.

Cette décision ne saurait être approuvée : elle renferme une violation de ce grand principe de droit international, que les tribunaux français ne doivent pas la justice aux étrangers et ne sont pas institués pour juger leurs diffé-

---

(1) Cassation, 18 nov. 1835, déjà cité.

(2) V° *Séparation*, n° 33. Il cite un arrêt du parlement de Paris, du 17 mars 1742, et deux arrêts du parlement de Bretagne, des 31 janv. 1736 et 28 janv. 1737.

(3) Merlin, v° *Conv. matrim.*, § 2; Bioche, v° *Séparat. de biens*, n° 12; Dalloz, n° 1716.

(4) Metz, 25 août 1825 (D.P., 27.2.93); Bioche; Dalloz, *loc. cit.*

(5) 30 mai 1826 (D.P., 27.2.39).

rends. Dès que le mari étranger décline la compétence du tribunal français devant lequel a été portée la demande en séparation de biens, ce tribunal est forcément dessaisi.

Mais si les tribunaux français n'ont ni l'obligation ni le droit absolu de statuer sur les difficultés qui divisent des étrangers, ils peuvent, quand leur compétence n'est pas déclinée, accorder ou refuser leur juridiction, ainsi que M. Tronchet l'exprimait devant le conseil d'Etat lors de la discussion de l'article 14 du Code Napoléon (1).

Ainsi, il faut regarder comme conforme aux vrais principes un autre arrêt de la Cour de Paris qui, dans une hypothèse où il n'y avait pas eu de déclinatoire élevé par le mari, a décidé que les tribunaux français sont compétents pour connaître d'une demande en séparation de biens formée par une femme française mariée à un individu né en France et réputé français au moment du mariage, mais qui a perdu cette qualité depuis lors (2).

ART. 2.—*Formes de la demande.*

103. Avant de faire assigner son mari, la femme doit présenter au président du tribunal une requête contenant les moyens sur lesquels repose sa demande. Le président pourra lui faire les observations qu'il jugera convenables (art. 865, Cod. proc. civ.).

---

(1) Fenet, t. 7, p. 12, 13 et 14; Merlin, *Rép.*, vᵒ *Etranger*, § 4; Coin-Delisle (art. 14 et 15, Cod. Nap., nᵒ 21); Valette sur Proudhon, t. 1, p. 159; Demolombe, nᵒ 126, 4ᵒ; Dalloz, nouv. édit., t. 18, vᵒ *Droit civil*, nᵒ 310; Cassation, 4 sept. 1811 (Dalloz, *ibid.*); *Id.*, 29 mai 1833 (Dalloz, *ibid.*, nᵒ 314, 3ᵒ); Douai, 7 mai 1828 (Dalloz, *ibid.*, nᵒ 315); *Id.*, 3 avril 1845 (D.P., 45.5.251).
(2) 21 juillet 1818 (D.P., 19.2.39).

Ce préliminaire fort sage était déjà prescrit avant le Code de procédure (1).

Il ne nous paraît pas douteux que le législateur a voulu forcer la femme à présenter sa requête en personne au président du tribunal ; sans quoi la faculté donnée à ce magistrat de faire des observations serait illusoire (2). Nous savons bien que l'usage contraire a prévalu et que, dans la pratique, la requête est présentée par l'avoué de la femme (3) ; mais c'est un abus fâcheux. Il faudrait au moins que, dans les cas où les moyens de la demande en séparation ne paraissent pas très-puissants, le président, avant d'autoriser la femme, fît appeler celle-ci pour lui adresser les représentations qu'il croirait nécessaires.

104. Mais si la femme persiste dans sa volonté, le président ne peut lui refuser l'autorisation d'agir. A cet égard, les termes de l'article 865 du Code de procédure sont formels. Le président *devra*, dit cet article, donner l'autorisation sur la requête qui lui sera présentée (4). Ce magistrat ne peut pas être seul juge du mérite de la demande en séparation : lui attribuer un tel pouvoir, c'était livrer les intérêts de la femme à l'arbitraire. Sa mission consiste uniquement à user d'un ascendant moral pour détourner la femme d'une poursuite qui lui paraît injuste ou imprudente.

---

(1) Lebrun, 1re part., chap. 9, nos 7 et 9 ; Pothier, no 516 ; Ferrière, vo *Séparat. de biens*, p. 593 ; Denizart, vo *Sépar.*, no 35.

(2) Conf., Toullier, 13, no 41 ; Bioche, no 17 ; Rodière et Pont, no 818 ; Dalloz, 13, no 1718.

(3) Conf., Chauveau sur Carré, quest. 2928 *ter ;* Bruxelles, 7 mars 1832 (Dalloz, 13, no 1718).

(4) Pigeau, t. 2, p. 524 ; Carré, quest. 2930 ; Benoît, t. 1, no 289 ; Bioche, no 16 ; Troplong, no 1350 ; Dalloz, no 1719 ; Rennes, 24 août 1814 (Dalloz, *ibid.*) ; Lyon, 22 mars 1836 (D.P., 36.2.165).

105. L'annulation d'une instance en séparation de biens entraîne-t-elle la nullité de l'autorisation que la femme avait obtenue du président du tribunal pour introduire cette instance ?

On pourrait dire, à l'appui de la négative, que l'autorisation du président n'est ici qu'un acte d'habilitation pour la femme demanderesse en séparation de biens, et non pas un acte de procédure ; qu'il ne faut pas confondre la permission d'ouvrir une instance avec les formalités au moyen desquelles cette instance est ouverte et poursuivie ; mais ce ne sont pas là des raisons décisives. On conçoit qu'il peut s'écouler, entre l'ordonnance d'autorisation et la nouvelle demande en séparation de biens, un temps plus ou moins considérable, pendant lequel la position du mari est sujette à changer : si la femme ne recourait pas à une seconde autorisation, ne se trouverait-elle pas dans l'impossibilité d'être éclairée sur ses véritables intérêts par les observations que la loi charge le président du tribunal de lui faire ? Comment admettre qu'une même ordonnance puisse s'appliquer à toutes les demandes en séparation qui seraient ultérieurement formées ?

La Cour de Montpellier a cependant consacré ce résultat (1); mais la Cour de Nîmes l'a repoussé en très-bons termes dans un arrêt du 21 mars 1848 (2).

106. Mais l'autorisation du président s'étend naturellement à toutes les suites de la demande en vue de laquelle elle a été accordée. C'est seulement lors de l'introduction de l'instance que le législateur a voulu que la femme pût recevoir des observations qui l'amèneraient à réfléchir sérieu-

---

(1) 9 mars 1850 (*Journal des avoués*, t. 75, p. 489).
(2) D.p., 48.2.184 ; conf., Dalloz, n° 1722.

sement sur le parti fort grave qu'elle va prendre. Sa détermination une fois arrêtée, il doit lui être permis de donner à son action tous les développements qu'elle comporte.

Ainsi, la femme n'aura pas besoin d'une nouvelle autorisation pour attaquer le jugement de séparation de biens par la voie de l'appel, de la requête civile ou du pourvoi en cassation (1). A qui, d'ailleurs, la nouvelle autorisation serait-elle demandée? La loi n'attribue juridiction pour cet objet qu'au président du tribunal de première instance.

107. Les anciens auteurs (2) estimaient que la femme mineure ne pouvait agir en séparation de biens contre son mari sans avoir été pourvue d'un curateur, et, dans l'usage du Châtelet de Paris, c'était le procureur de la femme que le lieutenant civil investissait de cette qualité.

Sous le Code Napoléon, M. Pigeau est le seul auteur qui ait adopté cette doctrine d'une manière absolue (3). Il appuie son opinion sur la disposition de la loi d'après laquelle le mineur émancipé ne peut intenter une action immobilière ni recevoir un capital mobilier sans l'assistance d'un curateur (art. 482, Cod. Nap.). Il argumente en outre de l'art. 2208 (même Code) qui dispose que l'expropriation des immeubles de la femme mineure doit être poursuivie contre un tuteur nommé à celle-ci par le tribunal.

M. Carré, sans embrasser positivement l'avis de M. Pigeau, conseille de s'y conformer (4).

----

(1) Favard, t. 5, p. 102, nº 3 ; Carré et Chauveau, quest. 2931 ; Bioche, nº 18 ; Rodière et Pont, nº 835 ; Dalloz, nº 1721.

(2) Roussilhe, t. 2, p. 63, nº 486 ; Brodeau sur Louet, *lett.* M., *som.* 1; Denizart, vº *Séparation*, nº 35, qui rapporte une ordonnance du Châtelet du 7 sept. 1753.

(3) T. 2, p. 524.

(4) T. 3, quest. 2932.

MM. Bellot des Minières (1), Rodière et Pont (2) et Troplong (3) pensent que la femme mineure peut former sa demande en séparation de biens sans autre autorisation que celle du président du tribunal, mais qu'elle devra être pourvue d'un curateur lorsque, après avoir obtenu la séparation, elle voudra se faire rembourser ses reprises.

Suivant M. Benoît (4), il faudrait distinguer entre la femme mariée sous le régime dotal et la femme commune. La première n'aurait pas besoin de curateur, soit pour former sa demande, parce qu'elle est suffisamment habilitée par l'autorisation de la justice, soit pour recevoir sa dot, parce qu'elle ne peut aliéner ses immeubles dotaux, et qu'à l'égard des capitaux mobiliers, elle est obligée d'en faire emploi (5). La seconde pourrait bien plaider avec la seule autorisation du président du tribunal, mais il devrait lui être nommé un curateur quand il s'agirait de la réception de ses capitaux mobiliers, que la loi lui permet d'aliéner (art. 1449, Cod. Nap.).

Enfin, la nomination d'un curateur est regardée comme inutile ou contraire à la loi par MM. Merlin (6), Toullier (7), Thomine (8), Berriat-Saint-Prix (9), Favard (10) et Chauveau sur Carré (11).

---

(1) T. 2, p. 161.
(2) N° 819.
(3) N° 1351.
(4) T. 1, n° 289.
(5) Ce dernier point est une erreur. Voy. *infrà*, n°s 428, 433.
(6) V° *Sépar. de biens*, sect. 2, § 3, art. 2, n° 2.
(7) T. 13, n° 43.
(8) Sur l'art. 865, Cod. proc. civ.
(9) T. 2, p. 570, note 5, n° 2.
(10) T. 5, p. 102, n° 3.
(11) Quest. 2932; conf., arrêt de Bordeaux du 1er juillet 1806, rapporté par Merlin, *loc. cit.*

108. Nous nous rangeons, sans hésiter, à cette dernière opinion.

D'abord, on ne peut pas douter que l'autorisation du président du tribunal ne suffise pour habiliter la femme mineure à former sa demande en séparation de biens. Cette autorisation a évidemment plus de portée que ne pourrait en avoir l'assistance d'un curateur.

Mais quand le procès est jugé et que la femme mineure a obtenu sa séparation, ne pourra-t-elle donc, sans l'intervention d'un protecteur étranger, recevoir sa dot mobilière ou immobilière ?

Ici, une première observation se présente naturellement, c'est que la loi qui, pour le cas d'expropriation des immeubles de la femme mineure, a exigé que celle-ci fût pourvue d'un tuteur *ad hoc*, n'a rien prescrit de semblable pour l'hypothèse qui nous occupe. Or, on ne peut créer par analogie une procédure que la loi n'a pas jugé à propos d'établir elle-même.

Du reste, la femme mineure ne cesse pas, malgré la séparation de biens, d'être soumise à l'autorité maritale (1), qui nous semble peu compatible avec l'assistance d'un curateur. Le mari n'est-il pas de plein droit le curateur de sa femme mineure émancipée par le mariage ? La séparation de biens n'apporte aucun changement sensible à cette situation. La femme séparée, alors même qu'elle est majeure, n'a pas, pour ainsi dire, à l'égard de son mari, plus d'indépendance que le mineur émancipé vis-à-vis de son curateur (2). Elle ne peut, sans l'autorisation de son mari, aliéner ses immeubles (art. 1449, Cod. Nap.), et s'il

____

(1) Voy. *infrà*, n°s 296, 325.

(2) Discours du tribun Siméon au Corps législatif sur le titre *du Contrat de mariage*.

lui est permis de disposer de son mobilier, nous verrons plus loin que c'est seulement dans les limites du droit d'administration (1), droit qui appartient également au mineur émancipé (art. 481). Seulement, à la différence de celui-ci, elle peut recevoir et employer sans contrôle ses capitaux mobiliers. Mais le législateur a dû croire que, malgré sa minorité, l'épouse, peut-être déjà mère de famille, serait assez sage pour faire un placement convenable de son argent. Si, trompant cette prévision, elle le dissipait en folles dépenses, on lui nommerait un conseil judiciaire, dont l'assistance aurait le même effet que celle du curateur (art. 513, Cod. Nap.). Alors, l'autorité du mari, démontrée insuffisante, ne serait pas blessée par une mesure que reclamerait l'intérêt de la famille entière (2).

109. La demande en séparation de biens est expressément dispensée du préliminaire de conciliation par l'art. 49 du Code de procédure civile. C'est une conséquence nécessaire du principe, que la séparation de biens ne peut résulter d'un consentement mutuel des époux (3).

110. L'autorisation du président obtenue, la femme doit formuler sa demande par une assignation qu'elle fait signifier au mari avec copie de la requête et de l'ordonnance d'autorisation, car on ne peut agir en vertu d'une ordonnance non signifiée (4). Pour économiser les frais et hâter la liquidation de ses reprises, la femme peut demander tout à la fois la séparation de biens et l'adjudication des sommes qui lui sont dues par son mari (5).

---

(1) Nº 336.
(2) Voy. *infrà*, nᵒˢ 376, 377.
(3) Toullier, t. 13, nº 42 ; voy. *suprà*, nᵒˢ 2 et 7.
(4) Bioche, nº 20 ; Rodière et Pont, nº 820 ; Dalloz, nº 1723.
(5) Chauveau sur Carré, quest. 2929 ; Dalloz, *loc. cit.*

111. Lorsque le mari est en état de faillite, les syndics doivent être mis en cause, pour que le jugement soit exécutoire contre la masse des créanciers (art. 443, Cod. comm.) (1). Mais comme la demande en séparation touche essentiellement à l'intérêt moral du mari, elle ne pourra pas être dirigée contre les syndics seuls (2).

L'article 443 du Code de commerce disposant qu'après la faillite toute action ne peut être *suivie ou intentée* que contre les syndics, il faut en conclure que la demande en séparation formée contre un mari qui, depuis, est tombé en faillite, ne saurait être continuée sans que les syndics soient mis en cause (3). C'est une exception à la règle, que le changement survenu dans l'état d'une partie n'interrompt pas la procédure commencée (art. 435, Cod. proc. civ.).

ART. 3.—Publicité de la demande.

112. La séparation de biens fait subir à la capacité respective des époux une modification trop grave pour que la demande de la femme ne doive pas être portée à la connaissance des tiers. Les uns, créanciers du mari, ont besoin de savoir que ce dernier est menacé d'un dessaisissement qui diminuera leurs sûretés, afin d'empêcher les fraudes qui pourraient être pratiquées à leur préjudice. Les autres ont intérêt à être prévenus qu'ils ne peuvent plus contracter, sans de grandes précautions, avec un homme qui a dissipé sa fortune, et dont les affaires sont complétement en désordre.

---

(1) Angers, 11 mars 1842 (Dalloz, n° 1724); Bioche, v° *Faillite*, n° 171.
(2) Dalloz, n° 1724.
(3) Bourges, 24 mai 1826 (Dalloz, n°ˢ 1725, 1901).

Il importe donc que la demande en séparation de biens soit rendue publique.

113. Autrefois, cette nécessité avait été comprise dans quelques provinces, notamment en Normandie, en Bourgogne et en Franche-Comté.

Un arrêt de règlement du parlement de Rouen, en date du 30 août 1555, prescrivait : 1° que les lettres de séparation que la femme devait obtenir en chancellerie fussent publiées à haute voix dans les places et marchés ; 2° que le mari et la femme remissent au procureur du roi l'indication des noms, prénoms et résidences de leurs créanciers, pour qu'ils fussent appelés en l'instance afin de contester l'entérinement des lettres ; 3° enfin, que les époux remissent au greffe un état détaillé de leurs meubles. Si les créanciers et le mari convenaient des faits de dissipation articulés par la femme, la séparation pouvait être valablement prononcée, sans preuve ultérieure (1).

Le parlement de Dijon exigeait que les créanciers du mari et de la femme fussent assignés à personne ou domicile, lorsqu'ils étaient connus, et qu'ils fussent avertis à cri public, si on ne les connaissait pas (2).

En Franche-Comté, les créanciers inconnus étaient avertis par un édit appelé *proclamat* (3).

La Cour de Colmar avait demandé que ces mesures fussent consacrées dans le Code par une disposition spéciale ; mais, malgré l'insistance de M. de Malleville et de plusieurs

____

(1) Bérault, sur Normandie, art. 251 ; Raviot, sur Perrier, quest. 251, n° 57 ; Denizart, v° *Séparation*, n° 45 ; Merlin, *Rép.*, v° *Sép. de biens*, sect. 2, § 3, art. 2.

(2) Raviot, sur Perrier, *loc. cit.*, n° 52, qui rapporte un arrêt du 17 juin 1689 ; Merlin, *loc. cit.*

(3) Besançon, 26 avril 1806 (Dalloz, n°ˢ 1726, 1731).

conseillers d'Etat, cette réclamation fut rejetée : on voulut par là éviter des longueurs et des incidents. Le conseil d'Etat se borna à décider que la demande en séparation de biens serait rendue publique, et que les créanciers auraient le droit d'intervenir dans l'instance (1).

114. Le Code de procédure a été chargé de régler la publicité de la demande en séparation de biens. Voici les formalités qu'il prescrit :

Dans les trois jours de la demande en séparation, l'avoué constitué par la femme doit remettre au greffier du tribunal de première instance, un extrait de cette demande contenant, 1° la date de l'ajournement, 2° les noms, prénoms, profession et demeure des époux, 3° les noms et demeure de l'avoué constitué. Le greffier inscrira immédiatement l'extrait dont il s'agit dans un tableau placé à cet effet dans l'auditoire du tribunal (art. 866).

Pareil extrait sera inséré aux tableaux à ce destinés, dans l'auditoire du tribunal de commerce, dans les chambres d'avoués de première instance, et dans celles de notaires, le tout dans les lieux ou il y en a (art. 867).

Ces insertions doivent être constatées par un certificat du greffier et du secrétaire des chambres (même article).

Enfin, la femme doit faire insérer le même extrait dans l'un des journaux qui s'impriment dans le lieu où siége le tribunal, et, s'il n'y en a pas, dans l'un de ceux du département. Il sera justifié de cette dernière insertion par un exemplaire de la feuille, contenant l'extrait et portant la signature de l'imprimeur légalisée par le maire (art. 868, 698 combinés).

----

(1) Séance du 13 vend. an 12; Locré, t. 13, p. 198; Malleville, sur l'art. 1447, Cod. Nap.

115. L'insertion de l'extrait de la demande dans un tableau n'est certainement pas de rigueur. Si l'on se bornait à apposer l'extrait contre un mur de l'auditoire, ou de la chambre, le vœu de la loi serait suffisamment rempli ; d'autant mieux qu'aucune forme particulière n'a été établie pour les tableaux où doit se faire l'insertion (1). Mais il ne serait pas régulier d'afficher seulement l'extrait à la porte de l'auditoire ou de la chambre, parce que l'affiche pourrait être trop facilement enlevée (2).

116. Quelques auteurs ont induit des termes de l'article 869 du Code de procédure, que le délai de trois jours, dans lequel, d'après l'article 866, doit être déposé l'extrait de la demande en séparation, est prescrit à peine de nullité (3).

Il est vrai que si la publication de la demande était ajournée pendant un temps plus ou moins long, il en résulterait un retard dans la prononciation du jugement, puisqu'il ne peut être rendu qu'un mois après l'accomplissement des formalités de publication (art. 869) ; et ce serait un résultat fâcheux, car la position équivoque qui est faite aux époux par l'instance en séparation de biens doit cesser le plus tôt possible dans l'intérêt des tiers et des époux eux-mêmes. Mais la loi ne fixe un délai que pour le dépôt au greffe du tribunal civil : ainsi, lors même que ce délai serait fatal, l'inconvénient que nous venons de signaler ne cesserait point : le dépôt au greffe du tribunal de commerce et aux chambres des avoués et notaires ainsi que l'insertion dans

---

(1) Carré, quest. 2935 ; Thomine, t. 2, p. 477 ; Bioche, n° 23 ; Rodière et Pont, n° 821 ; Dalloz, n° 1734 ; Turin, 4 janv. 1811 (Dalloz, *ibid.*)

(2) Rodière et Pont, *loc. cit.* ; Dalloz, *loc. cit.*—*Contrà*, Carré et Thomine, *loc. cit.*

(3) Carré, quest. 2936, à la note ; Chauveau sur Carré, quest. 2932 *quinquies* ; Rodière et Pont, n° 830 ; Odier, t. 1, n° 377.

7.

un journal pourraient toujours être retardés. A quoi bon introduire une nullité sans objet (1) ?

117. Il n'est pas nécessaire que les greffiers et secrétaires des chambres dressent un procès-verbal de dépôt de l'extrait qui leur est remis (2). Ils peuvent constater cette remise comme ils le jugent convenable (3).

118. L'extrait est rédigé et signé par l'avoué de la femme (4). Il n'est pas soumis à la formalité de l'enregistrement, quoique M. Carré exprime le contraire (5); car la loi du 22 frimaire an 7 déclare (art. 8) qu'il n'est dû aucun droit d'enregistrement pour les extraits, copies ou expéditions des actes qui doivent être enregistrés sur les minutes ou originaux, et la demande en séparation se trouve dans cette catégorie (6).

119. Le droit du greffier pour la délivrance du certificat constatant l'insertion prescrite par l'article 867 du Code de procédure est réglé par le décret du 12 juillet 1808.

Mais, à cet égard, il n'est alloué aucun droit aux secrétaires des chambres des notaires ou avoués (7). Il est seulement accordé une vacation à l'avoué de la femme pour faire et remettre l'extrait de la demande en séparation (8).

120. Il est possible qu'il n'y ait pas de tribunal de commerce ou de chambre de notaires dans la ville même où siége le tribunal civil saisi de la demande en séparation ; mais cela ne suffit pas pour dispenser de la publication prescrite par l'article 867 du Code de procédure ; il faut en-

---

(1) Conf., Bioche, n° 24 ; Dalloz, n° 1735.
(2) Carré, quest. 2936 ; Bioche, n° 25.
(3) Décision minist. du 19 oct. 1828 (*Journ. des avoués*, t. 36, p. 5).
(4) Décision minist. du 19 oct. 1828 (citée au n° précéd.).
(5) Quest. 2936 ; conf., Dalloz, n° 1738.
(6) Cassation, 15 déc. 1832 (D.P., 33.1.101).
(7) Décision minist. du 16 fév. 1835 (D.P., 36.3.126).
(8) Tarif civil, décret du 16 fév. 1807, art. 92.

core qu'il n'y ait pas de tribunal ou de chambre de cette espèce dans le ressort du tribunal civil, c'est-à-dire dans l'arrondissement où est domicilié le mari (Arg. de l'art. 872, Cod. proc. civ.) (1).

ART. 4.—*Instruction de la cause.*

121. La demande en séparation a été signifiée et publiée; une instance s'engage, et, soit que le mari constitue avoué, soit qu'il fasse défaut, la cause s'instruit suivant la forme ordinaire, sauf toutefois deux modifications commandées par l'ordre public et l'intérêt des créanciers du mari.

122. Ainsi, d'abord, les aveux du mari ne pourront pas être invoqués par la femme comme preuve des faits qu'elle articule à l'appui de sa demande (art. 870, Cod. proc. civ.); ce serait un moyen indirect d'arriver à une séparation volontaire (*inter propinquos fraus facilè præsumitur*); et comme ce genre de séparation est prohibé, non-seulement à cause des fraudes qu'il pourrait faciliter au préjudice des créanciers du mari, mais encore parce qu'il porterait atteinte à l'immutabilité des conventions matrimoniales (2), les aveux du mari demeureront sans effet, alors même qu'il n'y aurait pas de créanciers (même article). Par la même raison, il importerait peu que les créanciers intervenants confirmassent ces aveux : on doit craindre qu'ils ne se soient concertés avec les époux (3).

La femme établira la vérité des faits qui servent de base à sa demande, soit par la production de documents constatant les poursuites dirigées contre son mari, soit à l'aide de la preuve testimoniale.

---

(1) Rodière et Pont, n° 822 ; Dalloz, n° 1735. Voy. *infrà*, n° 157.

(2) Voy. *suprà*, n°ˢ 1, 2 et 7.

(3) Merlin, *Rép.*, v° *Sépar. de biens*, sect. 2, § 3, art. 2, n° 4 ; Carré, art. 870 ; Berriat-Saint-Prix, p. 670, note 3.

123. Sous l'empire des coutumes, on avait pensé qu'une enquête était indispensable pour convaincre les juges qu'il n'y avait point de connivence entre les époux, parce que ces derniers auraient pu préparer de concert les pièces produites comme preuve des dissipations du mari (1). Cette opinion se fondait, d'ailleurs, sur la disposition de l'article 198 de la coutume d'Orléans, portant : « Les séparations de biens d'entre homme et femme conjoints par mariage se doivent faire avec connaissance de cause, et information préalablement faite par les juges des lieux où demeureront ceux qui requerront lesdites séparations. » Mais c'était une interprétation trop étroite. Pothier dit fort bien (2) que le mot *information* doit se prendre ici dans une acception étendue, et qu'il s'applique à tous les genres de preuve par lesquels le juge peut être *informé* de la vérité des faits ; qu'ainsi il n'est pas toujours nécessaire de faire entendre des témoins, les pièces produites par la femme étant souvent suffisantes pour établir le mauvais état des affaires du mari, le péril de la dot et par suite la nécessité d'une séparation.

Cette doctrine avait été consacrée par deux arrêts des parlements de Dijon (3) et de Metz (4).

Elle n'a pas souffert de difficulté sous le Code Napoléon (5).

124. Mais il est certain qu'un jugement qui prononcerait

---

(1) Duplessis, *Communauté*, liv. 2, ch. 2; Ferrière, v° *Sépar. de biens*, p. 593; Denizart, v° *Sépar.*, n° 21.

(2) *Communauté*, n° 516.

(3) 7 janv. 1760 (Raviot, sur Perrier, quest. 251, n° 7).

(4) 17 mai 1761 (Augeard).

(5) Cassation, 26 janv. 1808 (S., 7.2.1195); Merlin, v° *Sépar. de biens*, sect. 2, § 3, art. 2, n° 4; Pigeau, t. 2, p. 527, n°s 5 et 6; Carré et Chauveau, quest. 2940; Favard, t. 5, p. 103, n° 6; Bioche, n°s 38, 39; Rodière et Pont, n° 833; Dalloz, n° 1745.

là séparation de biens, sans qu'aucune preuve eût été administrée par la femme, serait frappé de nullité (1).

125. La seconde modification apportée par la loi à la forme ordinaire de l'instruction des causes consiste en ce que le jugement de séparation de biens ne peut être rendu qu'un mois après l'accomplissement des formalités de publication de la demande (art. 869, Cod. proc.).

Il faut donner aux créanciers du mari le temps nécessaire pour prendre connaissance de la demande de la femme, pour en peser les motifs et pour intervenir dans l'instance, s'ils le jugent convenable : peut-être sont-ils absents ou éloignés.

La loi veut qu'il ne soit rendu *aucun jugement* avant l'expiration du délai d'un mois ; c'est-à-dire que, pendant ce délai, non-seulement la séparation de biens ne peut pas être prononcée, mais encore nulle décision interlocutoire ou préparatoire ne saurait valablement intervenir. La demande de la femme ne doit pas être soumise à l'appréciation du tribunal, tant que les créanciers du mari ne sont pas complétement en demeure de la contester.

126. La supputation du délai d'un mois prescrit par l'article 869 du Code de procédure a fait naître deux questions.

D'abord, on s'est demandé si le jour où la dernière des formalités de publication a été remplie se trouve compris dans ce délai, ou s'il en est seulement le point de départ. C'est là plutôt une question de grammaire qu'un point de droit. Aussi M. Toullier dit-il avec raison (2) qu'à cet égard il faut suivre l'usage qui fait loi en matière de locution. Or, ajoute

(1) Benoît, t. 1, 296.
(2) T. 13, n° 54.

cet auteur, de tout temps, en France, on a été dans l'usage de regarder le jour du terme *à quo* comme un point de départ que l'on ne comprenait pas dans le terme (1). L'article 25 de la loi du 22 frimaire an 7 sur l'enregistrement confirme d'une manière positive cet usage, qui a été, du reste, proclamé et consacré par un arrêt de la Cour de cassation du 5 avril 1825 (2). Enfin, s'il pouvait y avoir quelque doute, il serait dissipé, dans le cas particulier, par ces paroles du tribun Mouricault : « Ce n'est qu'après l'obser-« vation de ces formalités, et même encore *après l'in-* « *tervalle d'un mois*, que le tribunal peut rendre jugement (3). »

127. Ensuite, il s'est agi de savoir si, en prenant pour point de départ le jour où la dernière formalité a été remplie, le délai d'un mois doit être calculé de quantième à quantième, ou s'il faut compter trente jours entiers, suivant la durée des mois astronomiques, et comme le prescrit l'article 40 du Code pénal.

On a reconnu, en s'inspirant d'une disposition de l'article 132 du Code de commerce, qu'il faut appliquer le calendrier grégorien, et, par conséquent, calculer de quantième à quantième, puisque, d'après ce calendrier, les mois sont inégalement composés. Quant à l'article 40 du Code pénal, qui dispose que la peine d'un mois d'emprisonnement est de trente jours, il apporte à la règle générale une exception fondée sur le motif que la peine doit être d'une égale durée, à quelque époque de l'année qu'elle soit pro-

---

(1) V. Dumoulin, *sur la Coutume de Paris*, art. 10 et 11.

(2) D.P., 25.1.255.

(3) Conf., Carré et Chauveau, quest. 2937 ; Rodière et Pont, n° 829 ; Dalloz, n° 1741.

noncée ou subie : cette exception ne doit pas être étendue à d'autres cas (1).

128. Le délai prescrit par l'article 869 doit être franc, c'est-à-dire que le jour du terme *ad quem* doit être compté, et qu'un jugement ne peut être rendu au plus tôt que le lendemain du dernier jour du mois (2).

129. Mais évidemment ce délai n'est pas susceptible d'augmentation à raison de la distance des lieux où les créanciers du mari ont leur domicile. La femme peut ne point connaître ces créanciers ou ignorer leur résidence, et, d'un autre côté, il pourrait être dangereux pour ses intérêts que l'intervalle qui sépare la demande du jugement fût prolongé au delà de certaines limites. D'ailleurs, les créanciers qui, à raison de leur éloignement et de la brièveté du délai, n'ont pu être avertis assez tôt pour intervenir, conservent la ressource d'attaquer le jugement de séparation de biens prononcé ou même exécuté en fraude de leurs droits, comme on le verra plus loin (3).

130. Quelques auteurs ont pensé que la demande en séparation de biens ne devait pas être communiquée au ministère public (4). Ils ont cru pouvoir en tirer la preuve de ce que le législateur n'a pas édicté, en matière de séparation de biens, la disposition qui, pour le cas de séparation de corps, exige formellement que le ministère public soit entendu (art. 879, Cod. proc. civ.). On répond que cette disposition est une redondance, puisque l'article 83, 6°, du

---

(1) Cassation, 9 nov. 1811 ; Paris, 9 août 1811 (D.r., 2.1193) ; Grenoble, 12 mars 1812 ; Carré, quest. 2937 ; Toullier, 13, n° 56 ; Bioche, n° 31.

(2) Loi 1, § 9, D., *de Success. edict.*, 38 ; Toullier, n° 53 ; Rodière et Pont, n° 829 ; Dalloz, n° 1742.

(3) Présent chapitre, présent §, art. 6 ; conf., Pigeau, t. 2, p. 529 ; Carré, quest. 2938 ; Bioche, n° 32 ; Dalloz, n° 1742.

(4) Carré, quest. 3262 ; Montgalvy, *Arbitrage*, n° 187.

Code de procédure déclare communicables au ministère public « les causes des femmés *non autorisées par leurs maris* », et que la femme qui poursuit sa séparation de biens contre son mari n'est pas autorisée par ce dernier (1). On peut dire encore que le même article exige la communication des causes qui concernent l'ordre public et que les demandes en séparation de biens sont dans ce cas. Le principe de l'immutabilité des conventions matrimoniales, que la séparation de biens fait fléchir, n'est-il pas essentiellement un principe d'ordre public (2) ?

Ce dernier motif nous fait repousser l'opinion (3) qui considère comme purement relative pour la femme, la nullité résultant du défaut de communication au ministère public de la demande en séparation de biens (4).

Art. 5.—Actes conservatoires permis à la femme.

131. Il était autrefois d'usage au Châtelet de Paris (5), et même en Bourgogne (6), que, dès l'introduction de l'instance en séparation de biens, la femme fît saisir-arrêter et gager les meubles du mari, sur la permission du lieutenant civil.

Denizart (7) critiquait vivement cette manière de procé-

----

(1) Pigeau, p. 530, n° 3; Chauveau sur Carré, quest. 2928 *bis;* de Vatimesnil, *Encylop. du droit,* v° *Arbitrage,* p. 106, n° 132; Rodière et Pont, n° 834; Berriat-Saint-Prix, p. 671, note 8, n° 2. Ce dernier auteur abandonne ici l'opinion qu'il avait exprimée, p. 40, note 12, n° 2.

(2) Voy. *suprà*, n°ˢ 1 et 7.

(3) Chauveau sur Carré, *loc. cit.;* Dalloz, n° 1747.

(4) Voy. *suprà*, n° 27.

(5) Denizart, v° *Séparat.*, n° 48.

(6) Arrêts du parlement de Dijon, des 7 janv. 1670, 6 août 1688 et 19 juillet 1696 (Raviot sur Perrier, quest. 251, n° 57); Merlin, sect. 2, § 3, art. 2, n° 3.

(7) *Loc. cit.*

der. Pour saisir, disait-il, il faut avoir une créance certaine et liquide ; et une femme qui demande sa séparation n'a encore ni titre certain ni créance liquide contre son mari, mais seulement une action. On ne doit pas dépouiller le mari par provision : un accusé n'est pas convaincu. Il invoquait, du reste, en faveur de son opinion, un arrêt de la grand'chambre du Parlement de Paris, du 13 juillet 1746.

Merlin répond, avec beaucoup de raison, que le titre et la créance de la femme sont dans son contrat de mariage, qui lui garantit le remboursement de sa dot, et qu'elle ne fait que hâter ce remboursement par sa demande en séparation. Les créanciers à terme peuvent faire saisir-arrêter les sommes et effets mobiliers de leur débiteur, en cas de déconfiture notoire de ce dernier ; pourquoi la femme ne jouirait-elle pas du même droit à l'égard de son mari, dont la fortune est en complète décadence ? Pourquoi serait-elle traitée moins favorablement qu'un créancier ordinaire ?

132. Aussi l'usage dont nous venons de parler a été implicitement consacré par l'article 869 du Code de procédure, qui reconnaît à la femme le droit de faire des actes conservatoires pendant l'intervalle de la demande au jugement de séparation de biens.

Le législateur n'a pas voulu que la nécessité où il plaçait la femme d'attendre un mois avant de pouvoir obtenir sa séparation, exposât la dot à une aggravation de péril. Il fallait donc autoriser la femme à prendre des mesures de précaution pour assurer l'intégrité des droits qui lui seront ouverts par le jugement.

Ainsi, les actes conservatoires permis par l'article 869 du Code de procédure sont tous ceux qui tendent à conserver à la femme les droits dont elle devra jouir après la séparation de biens prononcée. Ces droits lui sont acquis dès le jour de la demande : le jugement ne lui en attribue pas de nouveaux; il déclare seulement qu'elle peut exercer ceux que la demande a fait naître pour elle (1).

133. On reconnaît à la femme la faculté de faire saisir-arrêter, en vertu d'une ordonnance du président, les sommes dues au mari ou à la communauté (2), et même de faire saisir-gager les meubles garnissant la demeure conjugale, soit qu'ils dépendent de la communauté, soit qu'ils appartiennent au mari (3). A la vérité, l'article 819 du Code de procédure n'accorde le droit de saisie-gagerie qu'aux propriétaires contre leurs fermiers ou locataires ; mais rien n'indique que la disposition de ce texte soit limitative. D'ailleurs, si la femme était privée de ce droit, la faculté de faire des actes conservatoires deviendrait souvent illusoire pour elle, puisqu'il dépendrait d'un mari de mauvaise foi de détourner ou de dissiper tout le mobilier pendant l'instance en séparation de biens.

La saisie-gagerie pourrait même s'étendre aux effets que le mari aurait vendus depuis la demande, si la vente avait été concertée avec l'acheteur en fraude des droits de la femme (4). En vain l'acheteur invoquerait-il la règle, *En fait de meubles la possession vaut titre*, puisqu'il ne serait pas possesseur de bonne foi.

134. Mais ces diverses saisies ne peuvent être autorisées qu'autant qu'il existe un commencement de preuve ou

---

(1) Carré, quest. 2939 ; Benoît, n° 299 ; Toullier, n° 58.

(2) Paris, 29 niv. an 11; Rennes 22 juillet 1814 (Dalloz, n° 1754).

(3) Bourges, 23 messid. an 10 (Dalloz, n° 1757) ; Limoges, 7 mars 1823 (D.P., 23.2.139) ; Merlin, sect. 2, § 3, art. 2, n° 3 ; Benoît, n° 299 ; Dalloz, n° 1757.

(4) Merlin, *loc. cit.*, qui cite un arrêt de cassation du 30 juin 1807 ; Benoît, *loc. cit.*; Toullier, n° 64 ; Dalloz, n° 1758.

une espèce de notoriété du dérangement des affaires du mari (1); elles ne seraient pas maintenues, notamment, si le mari possédait des immeubles assez considérables pour garantir le remboursement des reprises de la femme (2).

135. Il serait inexact de décider en principe, comme la Cour de Paris l'a fait à une époque déjà reculée (3), que, le mari restant maître de la communauté jusqu'au jugement qui le dessaisit, la femme ne peut, pendant l'instance en séparation, l'empêcher par des saisies-arrêts d'en toucher les revenus. Il est possible que le mari détourne ces revenus de leur destination légale, la subsistance de la famille, ou bien, que le montant des revenus étant supérieur aux besoins du ménage, le mari ne soit pas assez solvable pour répondre de l'excédant : en semblables hypothèses, des saisies-arrêts pratiquées par la femme sur les revenus de la communauté n'auraient rien d'illégal : elles rentreraient naturellement dans la catégorie des actes conservatoires autorisés par l'article 869 du Code de procédure (4). Mais nous croirions dépasser le but de la loi, en attribuant à la femme la faculté de faire saisir-arrêter les revenus de la communauté toutes les fois que les affaires du mari sont en désordre ou qu'il est devenu insolvable. Si ces revenus doivent être en totalité appliqués aux besoins de la famille et qu'ils reçoivent cette destination, comment la femme pourrait-elle, sous le prétexte du dérangement des affaires du mari ou de son insolvabilité, empêcher celui-ci de les percevoir ?

---

(1) Arrêt du 7 avril 1642 (Raviot, sur Perrier; *loc. cit.*) ; Merlin, Carré, Toullier, Benoît, *loc. cit.*

(2) Paris, 20 nov. 1815 (Devilleneuve, 5, 67).

(3) Arrêt du 29 niv. an 11 (cité au nº 133).

(4) Pigeau, t. 2, p. 530; Carré, quest. 2939 ; Toullier, nº 63 ; Bioche, nº 35 ; Caen, 16 mars 1825 (D.P., 27.2.1).

C'est donc avec un tempérament commandé par les vrais principes qu'il faut adopter la doctrine établie sur cette question.

Nous n'avons pas besoin de dire que la solution serait la même s'il s'agissait de revenus dotaux.

Dans tous les cas, la femme ne peut faire porter ses oppositions que sur les revenus échus depuis la demande en séparation de biens (1).

136. MM. Rodière et Pont (2) ne croient pas que la femme puisse faire apposer les scellés sur les effets de la communauté. L'article 270 du Code Napoléon, qui reconnaît ce droit à la femme demanderesse en séparation de corps, ne leur semble pas devoir être appliqué par analogie en matière de séparation de biens. On peut, disent-ils, supposer de la déloyauté chez le mari contre lequel est demandée la séparation de corps, non chez celui contre lequel est demandée la séparation de biens, et qui peut n'être que malheureux.

A nos yeux, c'est l'inverse qui doit être admis. La séparation de biens repose sur des motifs qui font redouter le détournement ou la dissipation des effets de la communauté bien plus facilement que les causes de la séparation de corps, la plupart du temps étrangères aux questions de fortune (3). Il impliquerait donc contradiction de permettre l'apposition des scellés à la femme demanderesse en séparation de corps, et de la refuser à celle qui poursuit sa séparation de biens. D'ailleurs, l'art. 270 du Code Napoléon n'est pas conçu en termes restrictifs, et les expressions de l'article 869 du Code de procédure sont assez larges pour embrasser toutes les

---

(1) Caen, 16 mars 1825, déjà cité.
(2) N° 827.
(3) Conf., Dalloz, n° 1752.

mesures que l'intérêt de la femme nécessite et qui ne sont pas contraires à la loi (1).

Ici encore, les tribunaux auront à apprécier si la conduite et l'état des affaires du mari justifient la précaution prise par la femme.

137. Lorsque le mari n'est pas solvable et que ses habitudes de dissipation inspirent à son égard une juste défiance, la femme peut faire ordonner le dépôt à la caisse des consignations des sommes appartenant à la communauté (2) ou des sommes dotales.

138. Mais la mesure du séquestre ne saurait être appliquée en pareille matière. L'article 1961 du Code Napoléon ne l'autorise que pour des cas qu'il prévoit spécialement, et parmi lesquels il est impossible de ranger l'hypothèse d'une instance en séparation de biens. Du reste, l'intérêt de la femme n'exige pas que l'on comprenne cette mesure exceptionnelle dans la catégorie des actes conservatoires, car elle est largement suppléée par celles que nous avons indiquées aux numéros précédents. On peut même dire que le législateur a voulu proscrire le séquestre dans le cas particulier de l'instance en séparation : l'article 270 du Code Napoléon, applicable ici, comme on l'a vu plus haut (3), dispose, en effet, que les scellés apposés sur les objets mobiliers de la communauté, à la requête de la femme demanderesse en séparation, ne peuvent être levés qu'autant qu'il sera fait un inventaire avec prisée, et à la charge par le mari de représenter les choses inventoriées, ou de répondre de leur valeur comme

____

(1) Toullier, n° 60 ; Carré, quest. 2939 ; Thomine, sur l'art. 869, Cod. proc. ; Bioche, n° 34 ; Dalloz, n° 1751.
(2) Metz, 23 juin 1819 (D.P., 22.2.44) ; Dalloz, n° 1760.
(3) N° 136.

gardien judiciaire. Cette responsabilité imposée au mari n'exclut-elle pas toute nomination d'un séquestre étranger (1)?

139. Il s'est élevé quelques doutes sur le point de savoir si la femme doit provoquer contradictoirement avec son mari les mesures provisoires autorisées pour la conservation de ses droits.

On dit, d'un côté, qu'en matière de procédure, c'est un principe élémentaire que nul jugement ne peut être rendu sur requête non communiquée, à moins d'une disposition contraire; or, l'article 869 ne déroge en rien à ce principe, et l'urgence ne saurait justifier une pareille dérogation (2).

D'autre part, on fait observer qu'aucune loi n'impose à la femme l'obligation de provoquer un débat contradictoire; que les actes dont parle l'article 869 étant, par leur nature même, hostiles au mari et ne pouvant avoir d'efficacité qu'à la condition d'intervenir à son insu, il eût été déraisonnable, et presque absurde, de l'appeler à les débattre, car il ne manquerait pas de mettre à profit cette singulière condescendance de la loi pour rendre illusoires les précautions que la femme voulait diriger contre lui (3).

Cette opinion doit être préférée. Seulement, il faut reconnaître au mari le droit d'obtenir du tribunal la mainlevée des oppositions qui gêneraient, sans nécessité pour la femme, la gestion de ses biens et la direction de ses affaires. La demande seule de la femme n'a pas pour effet

______

(1) Dalloz, t. 13, n° 1759, et t. 15, v° *Dépôt-Séquest.*, n° 220; Amiens, 4 prair. an 12; Liége, 13 janv. 1809, Angers, 37 août 1817 (Dalloz, *ibid.*)

(2) Rodière et Pont, n° 826.

(3) Rennes, 22 juillet 1818 (*Journ. des avoués*, t. 21, p. 167); Chauveau sur Carré, quest. 2939 *bis*.

de le dépouiller des prérogatives attachées à sa qualité de chef de leur association civile; ces prérogatives subsistent tant que l'association n'est pas dissoute : on ne saurait donc les sacrifier inutilement aux exigences de la femme. Il suffira le plus souvent que le mari soit privé du droit de disposition (1). C'est évidemment cette pensée qui a dirigé le législateur dans la rédaction de l'article 270 du Code Napoléon, lequel pourvoit à la sûreté de la femme sans entraver l'administration du mari. Ainsi, pour donner un autre exemple, ce dernier pourrait, en fournissant caution, faire lever les saisies-arrêts qui auraient été pratiquées contre lui à la requête de sa femme (2).

140. Nous verrons plus loin (3) dans quelles limites doivent se renfermer les droits du mari pendant l'instance en séparation de biens.

141. Il est une question très-grave qui semble n'avoir pas été envisagée d'une manière bien exacte dans la jurisprudence et dans la doctrine, c'est celle de savoir si la femme demanderesse en séparation de biens peut obtenir une provision pendant l'instance.

M. Thomine-Desmazures adopte sans hésitation l'affirmative, en se fondant, par analogie, sur les articles 268 du Code Napoléon et 878 du Code de procédure, qui attribuent à la femme demanderesse en séparation de corps le droit de réclamer une pension alimentaire ou une provision (4).

M. Chauveau (5) repousse cet argument, qui lui paraît

____

(1) Chauveau, *loc. cit.*; Toullier, 13, n° 63.
(2) Toullier, *ibid.*; Dalloz, n° 1761.
(3) N°s 277 et suiv.
(4) T. 2, p. 471; conf., Rodière et Pont, n° 819; Dalloz, n° 1749.
(5) Sur Carré, quest. 2932 *ter*.

plus spécieux que solide. Suivant lui, la femme demanderesse en séparation de biens ne saurait avoir droit à une pension alimentaire, puisqu'elle n'est pas autorisée, comme la femme demanderesse en séparation de corps, à quitter le domicile conjugal, et que, du reste, le législateur ne lui a pas appliqué les dispositions des articles 268 du Code Napoléon et 878 du Code de procédure : l'affinité des matières ne permet pas de supposer un oubli. D'un autre côté, la femme ayant hypothèque légale, d'après la jurisprudence de certaines Cours, à raison des frais faits sur sa demande en séparation de biens, il lui est facile de se procurer la somme nécessaire pour y faire face.

Voici maintenant ce que porte une décision que l'on trouve dans le Recueil de M. Dalloz (1) :

« Attendu que, conformément aux articles 212 et 213 (Cod. civ.), le mari doit à sa femme assistance et protection ; que cette obligation l'astreint à fournir à sa femme les secours en argent qui peuvent lui être nécessaires, soit pour la défense de sa personne, soit pour celle de ses propriétés, lorsqu'elle n'a d'ailleurs pas par elle-même les moyens suffisants pour y pourvoir ;

« Attendu que la femme que le désordre des affaires du mari met dans le cas de réclamer le bénéfice de sa séparation de biens n'a par elle-même aucune ressource pour poursuivre cette action, à moins toutefois qu'elle n'ait des paraphernaux dont elle ait conservé la jouissance exclusive, puisque tous les fruits de ses biens sont acquis à son mari jusqu'au jour de la demande en séparation....; qu'elle se trouve donc dans le cas de réclamer l'assistance et la protection du mari, laquelle doit nécessairement se traduire en

---

(1) Tribunal de Caen. 8 août 1849 (D.p., 50.5.421).

une allocation pécuniaire suffisante pour lui donner la faculté de remplir les formalités préalables à la prononciation de la séparation de biens ;

« Attendu qu'à l'égard des créanciers, la créance de la femme, en ce qui concerne la provision, peut être assimilée à une créance alimentaire, puisqu'elle a pour but de dégager la dot de l'administration du mari qui la détourne de sa destination première, celle de fournir aux charges du ménage, et de la rendre, par suite, à cette véritable destination ;

« Attendu que les meubles du sieur Agnès ont été saisis, qu'il y aura vraisemblablement lieu à la séparation et que la femme a besoin d'une provision pour faire face aux frais ;

« Accorde à la femme une provision de **250** francs, laquelle sera prise, par préférence à tous créanciers autres que le propriétaire, sur le produit de la vente des meubles du mari. »

Cette décision nous semble fort bien rendue, sauf en ce qu'elle attribue à la provision réclamée par la femme un caractère qui ne lui appartient point.

Nous pensons qu'il faut distinguer entre la provision qui aurait pour objet de pourvoir à la subsistance de la femme pendant l'instance en séparation de biens et celle qui ne serait demandée que pour faire face aux frais de cette instance. Quant à la première, nous reconnaissons, avec M. Chauveau, qu'en principe elle ne doit pas être accordée à la femme, qui est obligée de résider au domicile conjugal, où elle trouvera le moyen de subvenir à ses besoins et à ceux de sa famille. Ce n'est certainement pas sans raison que les dispositions des articles 268 du Code Napoléon et 878 du Code de procédure n'ont pas été reproduites en matière de séparation de biens. Toutefois, nous admettons aussi, comme

8.

cet auteur, une exception pour le cas où la femme se verrait dans l'impossibilité de demeurer dans le domicile conjugal, soit par suite de la violente irritation que sa demande aurait fait naître contre elle chez son mari, soit parce que les dissipations de ce dernier la priveraient des ressources nécessaires à son alimentation et à celle de ses enfants (1).

Mais, à l'égard de la provision demandée par la femme pour faire face aux frais de l'instance en séparation de biens, nous ne saurions, de même que M. Chauveau, la refuser d'une manière absolue.

Si la femme trouve dans le domicile conjugal des moyens de subsistance, elle ne peut pas y puiser l'argent dont elle a besoin pour poursuivre sa séparation, et il serait trop dur de la réduire à la nécessité de solliciter un prêt que, dans sa position de femme mariée et non encore séparée, elle obtiendrait difficilement, malgré l'hypothèque légale qui peut garantir le remboursement des avances faites en pareil cas. D'ailleurs, il arrive souvent que le mari ne possède pas d'immeubles : que devient alors l'hypothèque légale ? La femme devra donc obtenir une provision, à moins qu'elle ne soit mariée sous un régime qui lui laisse l'administration d'une partie de sa fortune. Son droit ne dérivera pas des dispositions introduites dans l'intérêt particulier de la femme demanderesse en séparation de corps : il aura sa source dans les principes de souveraine équité que consacrent les articles **212** et **213** du Code Napoléon.

Mais il n'est point vrai de dire que la provision accordée à la femme doit être assimilée à une créance alimentaire prélevable en privilège sur les biens du mari, parce qu'elle a pour objet, sinon de procurer actuellement des aliments à

____

(1) Conf. Dalloz, n° 1749.

la femme, du moins de lui assurer des moyens d'alimentation pour l'avenir. Quelque favorable que soit une créance, on ne peut lui attribuer un caractère privilégié que la loi ne lui a pas imprimé elle-même : car il ne faut pas oublier que les priviléges sont de droit étroit, et ne peuvent être étendus, sous aucun prétexte, d'un cas à l'autre. Or, l'article 2101 du Code Napoléon n'accorde de privilége, à l'égard des aliments, qu'aux marchands et maîtres de pension qui les ont fournis : dès lors, toute personne qui ne se trouve pas dans l'une de ces catégories n'a point de privilége à prétendre (1). Il suit de là que, dans un grand nombre de circonstances, la femme ne pourra obtenir le paiement d'une provision. L'avoué devra lui faire l'avance des frais, dont il poursuivra au besoin le remboursement même sur les biens dotaux (2).

142. La provision obtenue par la femme est une avance que lui fait le mari : ce dernier a donc le droit, dans le cas où la femme a perdu son procès, d'en réclamer la récompense lors de la dissolution de la société conjugale. Dans la même hypothèse, si la femme n'a pas réclamé de provision, les frais du procès ne peuvent être supportés par le mari. On ne saurait alors invoquer le droit d'assistance et de protection du mari envers sa femme : pourquoi celle-ci n'a-t-elle pas exigé l'accomplissement de ce devoir à l'époque où il était justifié par les circonstances ? Pourquoi l'avoué de la femme a-t-il occupé pour elle sans lui faire demander une provision ? Une identité parfaite de raisons permet d'appliquer au cas de la séparation de biens ce

---

(1) Grenier, *Privil. et hyp.*, t. 2, p. 304; Persil, *ibid.*, art. 2101, § 5, nº 1; Dalloz, 1ʳᵉ édit., *ibid.*, p. 22, nº 13; Troplong, *ibid.*, art. 2101, nº 47 *bis*.

(2) Voy. *infrà*, nº 444.

que l'on a décidé à cet égard en matière de séparation de corps (1).

ART. 6. — Intervention des créanciers dans l'instance.

143. On a vu précédemment (2) que, sous l'ancien droit, il était de rigueur, en certaines provinces, que les créanciers du mari fussent appelés à contester la demande en séparation de biens, et que le législateur moderne n'a pas voulu se montrer moins soigneux des intérêts de ces créanciers.

Voici comment il y a pourvu :

L'article 1447 du Code Napoléon, fixant le principe général, dispose que les créanciers peuvent intervenir dans l'instance engagée sur la demande en séparation pour contester cette demande.

L'article 871 du Code de procédure, qui sert de complément à cette disposition, porte que les créanciers du mari pourront, jusqu'au jugement définitif, sommer l'avoué de la femme, par acte d'avoué à avoué, de leur communiquer la demande en séparation et les pièces justificatives, et même intervenir pour la conservation de leurs droits, sans préliminaire de conciliation.

Ainsi, les créanciers du mari ont non-seulement le droit d'intervenir dans l'instance en séparation, mais encore celui d'exiger, au préalable, que la demande et les pièces à l'appui soient mises à leur disposition, afin qu'ils puissent s'assurer si leur intervention est opportune.

144. Cette intervention ne saurait être écartée sous le

---

(1) Pigeau, Comment., t. 1, p. 311; Carré et Chauveau, t. 1, quest. 548; Glandaz, Encyclopédie, v° Com. conj., n° 169; Bioche, v° Femme mariée, n° 150; Rodière et Pont, t. 1, n° 610; Troplong, n° 952; Dalloz, 13, n° 1072; Angers, 28 juin 1850 (D.P., 151.2.60).

(2) N° 113.

prétexte que l'affaire est en état. Les créanciers deviennent, dans ce cas, ainsi que le dit un arrêt de la Cour de cassation (1), de véritables défendeurs appelés par la loi elle-même en déclaration de jugement commun.

145. C'est par une requête signifiée d'avoué à avoué que les créanciers du mari demandent à intervenir dans l'instance en séparation : la femme peut répondre à cette requête (2).

146. Le droit d'intervenir appartient même aux tiers qui ne sont pas créanciers actuels, mais à qui la demande en séparation peut préjudicier éventuellement. C'est ce qui résulte de la combinaison des articles 474 et 466 du Code de procédure (3). Par exemple, l'acquéreur d'un fonds dotal peut intervenir à l'effet de s'opposer à la séparation, qui aurait vraisemblablement pour résultat la révocation de la vente, passée par le mari (4).

Mais, dans tous les cas, les créanciers ne peuvent empêcher la séparation de biens qu'en prouvant que la dot n'est pas en péril, ou que les biens du mari sont suffisants pour répondre des reprises de la femme (5).

147. Nous avons eu déjà l'occasion de dire (6) que les créanciers du mari ont le droit d'intervenir dans une instance en séparation de biens introduite devant un tribunal autre que celui du domicile du mari, pour proposer l'exception d'incompétence, lors même que le mari accepterait la juridiction choisie par la femme.

---

(1) 18 nov. 1835 (D.p., 35.1.444).

(2) Art. 75 du Tarif civil ; Carré, quest. 2941 ; Bioche, n° 91 ; Dalloz, n° 1729.

(3) Carré et Chauveau, quest. 2942 ; Benoît, 1, n° 301 ; Poncet, p. 207, n° 144 ; Rodière et Pont, n° 832 ; Troplong, n° 1401 ; Dalloz, n° 1730.

(4) Cassation, 27 juin 1810 (Dalloz, *loc. cit.*).

(5) Besançon, 26 avril 1806 (*Id.*, n° 1731).

(6) N° 100 ; Cassation, 18 nov. 1835, cité au n° 144.

148. Si, pendant l'instance en séparation, la faillite du mari est déclarée, la femme doit, à peine de nullité, mettre en cause les syndics (1). En effet, ces derniers représentent tout à la fois les créanciers et le failli ; leur présence au procès n'est pas seulement facultative, elle est indispensable (2).

149. Le législateur, s'éloignant en ce point de l'ancien droit (3), n'a pas pensé que les créanciers de la femme dussent avoir, comme les créanciers du mari, la faculté d'intervenir dans l'instance en séparation de biens. Pour ces créanciers, en effet, la séparation est plutôt désirable que fâcheuse, puisqu'elle rend à la femme la disposition de capitaux ou de fruits et revenus qui, jusque-là, étaient la propriété du mari (4).

---

(1) Bourges, 24 mai 1826 (Dalloz, n⁰ˢ 1725, 1901); Bioche, n° 87 ; Chauveau sur Carré, quest. 2942.

(2) Voy. *suprà*, n° 111.

(3) Voy. *suprà*, n° 113.

(4) Troplong, n° 1402.

CHAPITRE DEUXIÈME.

Du jugement de séparation de biens.

§ 1er. — De la publicité du jugement.

150. Avant le Code, dans les provinces où l'on avait compris la nécessité de porter la séparation de biens à la connaissance des tiers, le jugement qui prononçait cette séparation ne recevait pas une moins grande publicité que la demande elle-même. Il faut, disait Lebrun (1), quelque chose qui divulgue la séparation, qui l'apprenne à tout le monde, sans quoi c'est un piége tendu au public.

Ainsi, d'après la coutume d'Orléans (art. 198), la sentence de séparation devait être *publiée en jugement, à jour ordinaire, le juge séant.*

En Normandie, l'arrêt de règlement du 30 août 1555 exigeait que les noms des époux séparés fussent inscrits sur un tableau affiché dans le greffe du tabellionage de la ville où siégeait le tribunal qui avait rendu la sentence.

L'article 143 de l'ordonnance de 1629, qui faisait loi en Bourgogne, prescrivait une formalité semblable, dont l'inaccomplissement entraînait la nullité de la séparation (2).

Les coutumes de Dunois et de Sedan voulaient que la séparation de biens fût annoncée au prône.

Enfin, dans la plupart des autres pays, on donnait toujours à la sentence de séparation une certaine publicité en la faisant insinuer au bureau dans l'étendue duquel le mari avait son domicile (3); mais le défaut d'insinuation n'annu-

---

(1) *Communauté*, liv. 3, ch. 1, n° 10.
(2) Raviot sur Perrier, quest. 251, n° 59.
(3) Edit de décembre 1703, art. 4 et 12; Déclar. du 19 juillet 1704, art. 1.

lait pas la sentence, dont les effets étaient seulement paralysés jusqu'à ce que cette formalité eût été remplie (1). On sait que l'insinuation a été abolie par la loi du 5 novembre 1790.

151. Les rédacteurs du Code ne pouvaient hésiter à suivre encore à cet égard les errements de l'ancien droit. S'il importe aux créanciers du mari de connaître la demande en séparation de biens, afin de pouvoir la contester, il n'est pas moins essentiel qu'ils soient informés du jugement, qui a pu être rendu avant qu'ils se soient trouvés en mesure d'intervenir, et contre lequel ils ont intérêt à se pourvoir. La publicité du jugement de séparation de biens est également nécessaire pour avertir les tiers qui ne sont pas créanciers du mari de la déchéance dont ce dernier a été frappé.

Aux termes de l'article 1445 du Code Napoléon, « toute séparation doit, avant son exécution, être rendue publique par l'affiche sur un tableau à ce destiné, dans la principale salle du tribunal de première instance, et de plus, si le mari est marchand, banquier ou commerçant, dans celle du tribunal de commerce du lieu de son domicile ; et ce, à peine de nullité de l'exécution. »

L'article 872 du Code de procédure, qui développe encore ce mode de publicité, est ainsi conçu : « Le jugement de séparation sera lu publiquement, l'audience tenante, au tribunal de commerce du lieu, s'il y en a : extrait de ce jugement, contenant la date, la désignation du tribunal où il a été rendu, les noms, prénoms, profession et demeure des époux, sera inseré sur un tableau à ce destiné et exposé pendant un an dans l'auditoire des tribunaux de première instance et de commerce du domicile du mari, même lors-

____

(1) Merlin, *Rép.*, v° *Sép. de biens*, sect. 2, § 3, art. 2, n° 5.

qu'il ne sera pas négociant, et s'il n'y a pas de tribunal de commerce, dans la principale salle de la maison commune du domicile du mari. Pareil extrait sera inséré au tableau exposé en la chambre des avoués et notaires, s'il y en a. La femme ne pourra commencer l'exécution du jugement que du jour où les formalités ci-dessus auront été remplies, sans que néanmoins il soit nécessaire d'attendre l'expiration du susdit délai d'un an. — Le tout, sans préjudice des dispositions portées en l'article 1445 du Code civil. »

On voit que l'article 872 du Code de procédure s'écarte de l'article 1445 du Code Napoléon en deux points. D'un côté, l'article 872 n'exige que l'affiche de l'extrait du jugement de séparation, tandis que l'article 1445 prescrivait l'affiche de tout le jugement. D'autre part, suivant l'article 1445, le jugement ne devait être affiché dans l'auditoire du tribunal de commerce que lorsque le mari était négociant : au contraire, l'article 872 veut que, dans le cas même où le mari n'est pas négociant, cette formalité soit observée.

152. Un auteur (1) avait pensé que, pour faire opérer la lecture du jugement de séparation au tribunal de commerce, il fallait porter ce jugement au greffe du tribunal, afin que la formalité de la lecture fût inscrite au rôle et appelée ensuite à l'audience, avant toute cause. Quelqu'un se serait, en outre, rendu à l'audience pour demander au nom de la femme, par forme de conclusions, que le tribunal ordonnât cette lecture, et après qu'elle aurait été faite, le tribunal en aurait donné acte par jugement.

Cette opinion, qui créait toute une procédure, a été justement repoussée par les autres commentateurs. Il suffit que le greffier certifie au pied du jugement ou par une déclara-

---

(1) Demiau-Crouzilhac, p. 545.

tion séparée que la lecture prescrite par la loi a été faite (1).

153. Une autre erreur est à signaler. M. Delaporte (2), se fondant sur les dernières expressions de l'article 872 du Code de procédure, *le tout, sans préjudice des dispositions portées en l'article 1445 du Code civil*, enseigne que le jugement entier doit être affiché dans la principale salle du tribunal de commerce, lorsque le mari est négociant, quoiqu'il y ait été déjà affiché par extrait en vertu de l'article 872. Mais à quoi servirait cette double exposition ? Il suffit aux créanciers du mari de savoir par l'affiche de l'extrait du jugement que la femme de leur débiteur a obtenu sa séparation de biens. Si l'article 872 du Code de procédure maintient les dispositions de l'article 1445 du Code Napoléon, ce n'est évidemment qu'à l'égard de ce qu'il n'a pas lui-même prévu et réglé (3).

154. On a encore soulevé, en présence des dispositions contraires des articles 1445 et 872, la question de savoir si l'insertion de l'extrait du jugement au tableau placé dans l'auditoire du tribunal de commerce doit avoir lieu, quoique le mari ne soit pas négociant.

Malgré les scrupules de MM. Demiau-Crouzilhac (4) et Delaporte (5), le doute n'est pas possible. Evidemment l'article 872 a dérogé sur ce point à l'article 1445, ou plutôt il l'a complété (6). Le tribun Mouricault le faisait très-bien

---

(1) Hautefeuille, p. 490 ; Pigeau, t. 2, p. 500 ; Carré et Chauveau, quest. 2946 ; Sudraud-Delisle, n° 1246 ; Rodière et Pont, n° 838.

(2) Commentaire sur l'art. 872, Cod. proc.

(3) Benoît, *de la Dot*, t. 1, n° 303.

(4) P. 546.

(5) T. 2, p. 408.

(6) Hautefeuille, p. 490 ; Pigeau, t. 2, p. 531 ; Berriat-Saint-Prix, p. 672, note 14 ; Carré, quest. 2948 ; Benoît, n° 304 ; Bioche, n° 45 ; Troplong, n° 1377 ; Caen, 15 juillet 1828 (D.P., 30.2.166) ; Colmar, 30 nov. 1838 (*Journal de procéd.*, n° 1354) ; Voy. *infrà*, n°° 476, 477.

comprendre dans son rapport au Corps législatif. « Il a paru
« juste, disait-il, de rendre générales des formalités qui ne
« s'observaient que pour les séparations des femmes des
« commerçants. »

155. Mais voici un point plus délicat. Il s'agit de savoir
si l'insertion de l'extrait du jugement au tableau de l'auditoire du tribunal de commerce, quand le mari n'est pas négociant, est prescrite à peine de nullité. Ici, le doute naît
de ce que l'article 872 du Code de procédure n'a pas reproduit la peine de nullité prononcée par l'article 1445 du
Code Napoléon pour le cas où le mari est négociant.

M. Berriat-Saint-Prix hésite à admettre la nullité (1).

M. Carré (2), tout en reconnaissant que les nullités ne
peuvent être suppléées, se détermine par cette double considération, que l'intention du législateur, révélée par le
discours du tribun Mouricault, a été d'exiger l'accomplissement de la formalité dont il s'agit avec une égale rigueur,
quelle que soit la profession exercée par le mari; et que,
d'ailleurs, la femme ne pouvant, d'après l'article 872, commencer l'exécution du jugement, qu'autant que les formalités prescrites par cet article auront été remplies, il en résulte que ce commencement d'exécution serait nul, si l'une
d'elles n'avait pas été observée (3).

A ces raisons puissantes, nous ajouterons, avec un arrêt
de la Cour de Caen déjà cité (4), que le législateur ayant
placé sur la même ligne la publication à faire au tribunal
de commerce, et celles qui doivent avoir lieu au tribunal
civil, et leur ayant ainsi reconnu le même degré d'impor-

---

(1) *Loc. cit.*, observ. 2.
(2) *Loc. cit.*
(3) Conf., Benoît, n° 304 ; Dalloz, 13, n° 1779.
(4) 15 juillet 1828, n° précédent.

tance, on ne peut penser qu'il ait voulu punir d'une manière différente leur omission ; que les mots, *le tout, sans préjudice des dispositions portées en l'article 1445 du Code civil* qui terminent l'article 872, ne laissent pas de doute à cet égard, puisque en effet toutes les dispositions de l'article 1445 se trouvant textuellement reproduites dans l'article 872, excepté celle relative à la pénalité, il est clair que ce dernier article se réfère à l'autre, non-seulement pour maintenir cette disposition, mais pour se l'approprier.

156. Au surplus, il a été décidé d'une manière générale et par les mêmes raisons, que l'inobservation des formalités prescrites par l'art. 872 du Code de procédure, pour la lecture et l'affiche du jugement de séparation de biens, emporte nullité, quoique cet article ne la prononce pas expressément (1).

157. D'après l'article 872, le jugement de séparation de biens doit être lu, l'audience tenante, au tribunal de commerce du lieu.

Le même article veut que le jugement soit affiché par extrait dans l'auditoire du tribunal de commerce du domicile du mari.

Par ces mots, *tribunal de commerce du lieu, tribunal de commerce du domicile*, faut-il entendre le tribunal de commerce du lieu même où réside le mari, ou bien celui de l'arrondissement dans lequel le mari est domicilié?

La Cour de Montpellier a jugé : 1° que s'il n'y a pas de

____

(1) Paris, 12 mars 1814 (*Journ. des Avoués*, t. 21, p. 101); Amiens, 21 déc. 1825 (D.P., 26.2.127); Caen, 15 juillet 1828 (cité aux nᵒˢ. 154 et 155); Limoges, 2 août 1837 (D.P., 39.2.270); Angers, 10 août 1839 (S. V., 40.2.130 ; Dalloz, 13, nᵒ 1786); Cassation, 17 mars 1851 (D.P., 52. 1.113); Thomine, nᵒ 1019 ; Chauveau sur Carré, quest. 2946 *bis* ; Rodière et Pont, nᵒ 837 ; Odier, nᵒ 381 ; Troplong, nᵒ 1777 ; Marcadé, t. 5, p. 585; Dalloz, nᵒ 1786.

tribunal de commerce dans la commune où le mari a son domicile, le défaut de lecture n'emporte pas nullité, quoiqu'il en existe un dans l'arrondissement, parce que ce n'est pas le tribunal de l'arrondissement que le législateur a eu en vue (1); 2° que l'affiche de l'extrait du jugement de séparation doit être faite à la principale salle de la maison commune du domicile du mari, lorsqu'il n'y a pas de tribunal de commerce dans le lieu même de ce domicile, et qu'il n'est pas nécessaire que l'affiche soit apposée dans l'auditoire du tribunal de commerce qui aurait son siége dans un autre lieu de l'arrondissement (2). Le législateur, ont dit les magistrats de Montpellier, a voulu qu'une affiche fût nécessairement apposée dans le lieu même de la résidence du mari : c'est un des meilleurs moyens d'assurer la publicité du jugement de séparation, et l'on ne peut admettre une interprétation de la loi qui supprimerait ce moyen. Or, on en serait le plus souvent privé, si, lorsqu'il existe un tribunal de commerce ailleurs qu'au lieu même du domicile, et qui seulement embrasserait ce lieu dans son ressort, l'affiche était apposée dans la salle d'audience de ce tribunal, car alors il n'en serait apposé aucune dans le lieu de la résidence. Sans doute, lorsqu'il existe un tribunal de commerce ayant son siége dans le lieu du domicile, l'affiche doit être placée dans son auditoire, parce que le législateur l'a préféré ; mais, hors ce cas, c'est à la maison commune que l'affiche doit avoir lieu.

Ce raisonnement n'est pas sérieux, comme on s'en convaincra par quelques réflexions. D'abord, rien n'établit que le législateur ait voulu absolument qu'une affiche fût apposée dans le lieu de la résidence du mari. Il est, au con-

----

(1) 11 juillet 1826 (D.P., 27.2.132).
(2) 18 mars 1831 (D.P., 31.2.181).

traire, évident que sa seule intention a été de faire affich[e]
le jugement aux endroits où il pourrait se rencontrer [le]
plus grand concours de personnes intéressées à le connaît[re]
De là la prescription d'apposer des affiches dans l'aud[i]-
toire des tribunaux de première instance et de commer[ce]
ainsi que dans les chambres des avoués et notaires. Il [ne]
saurait être douteux que l'affiche au tribunal de commer[ce]
ayant son siége dans un lieu de l'arrondissement autre q[ue]
celui du domicile du mari, produirait encore plus d'effet q[ue]
l'affiche apposée à la maison commune du lieu de ce do[mi]-
cile. La prémisse sur laquelle repose le raisonnement de [la]
Cour de Montpellier est donc complétement inexact[e].
Mais, d'un autre côté, peut-on hésiter à reconnaître qu[e]
le législateur a attaché à ces mots, *tribunal du lieu, tribu[nal]*
du domicile, la même signification que dans les articles 5[8],
59, 61, 420, 554 et 606 du Code de procédure ? Cep[en]-
dant on ne saurait prétendre que, dans les cas prévus [par]
ces articles, le tribunal doit avoir son siége dans la co[m]-
mune où le défendeur est domicilié. Il y a plus : la co[n]-
texture même de l'article 872 suffit pour démontrer q[ue]
notre interprétation est la seule admissible. On ne con[tes]-
tera pas que la loi attribue le même sens au mot *domici[le]*
qu'il s'agisse du tribunal de première instance ou du t[ri]-
bunal de commerce. On n'oserait pas non plus souten[ir]
que le tribunal de première instance doit être le tribunal [de]
la localité, car il en résulterait que l'affiche ne pourrait [pas]
avoir lieu, si le tribunal civil avait son siége dans une co[m]-
mune autre que celle du domicile du mari. Et, s'il est v[rai]
que par tribunal de première instance du domicile, on d[oit]
entendre celui dans le ressort duquel le mari est domicili[é],
il faut nécessairement donner le même sens aux mo[ts]
tribunal de commerce du lieu, tribunal de commerce du d[o]-
micile.

Aussi le système que nous combattons a-t-il été généralement repoussé (1).

158. Lorsque le tribunal civil du domicile du mari remplit les fonctions de tribunal de commerce, l'extrait du jugement de séparation de biens doit être affiché non-seulement dans l'auditoire du tribunal, mais encore, et à peine de nullité, dans la principale salle de la maison commune (2). L'article 872, en prescrivant l'affiche du jugement de séparation de biens dans l'auditoire de la principale salle de la maison commune du domicile du mari, en l'absence d'un tribunal de commerce, paraît précisément se référer à l'hypothèse où c'est par le tribunal civil que les fonctions de tribunal de commerce sont remplies. En effet, si l'affiche à la maison commune ne devait pas avoir lieu lorsqu'il existe au chef-lieu, soit un tribunal de commerce, soit un tribunal civil jugeant commercialement, jamais cette formalité ne pourrait recevoir son application, puisque dans chaque arrondissement il y a un tribunal civil qui, à défaut de tribunal de commerce, en remplit les fonctions. La publication à la maison commune serait même sans utilité, d'après ce que nous avons dit au précédent numéro, dans le cas où le mari n'aurait pas son domicile dans le lieu où siége le tribunal civil faisant fonctions dè tribunal de commerce (3).

---

(1) Toulouse, 18 juin 1835 (D.P., 36.2.90) ; Bruxelles, 17 déc. 1836 (*Journal de cette Cour*, 1836.2.491) ; Rennes, 14 janv. 1850 (D.P., 51.4.482) ; Chauveau sur Carré, quest. 2946 *ter ;* Rodière et Pont, n° 838 ; Troplong, n° 1378 ; Bioche, n° 46 ; Dalloz, 13, n°s 1775, 1776.

(2) Amiens, 21 déc. 1825 (D.P., 36.2.167) ; Bruxelles, 17 déc. 1836 (arrêt cité à la note précédente) ; Limoges, 2 août 1837 (D.P., 39.2.270) ; Colmar, 30 nov. 1838 (*Journ. de procéd.*, n° 1354) ; Angers, 10 août 1839 (Dalloz, n° 1777) ; Cassation, 17 mars 1852 (D.P., 52.1.113).

(3) Dalloz, *ibid.*, en note. *Adde* Toulouse, 23 août 1827 (Dalloz, n°s 1778, 1781) ; Bruxelles, 26 juin 1828 (*Id., ibid.*).

Or, qui songerait à admettre que le législateur a presc…
une formalité sans objet?

159. L'article 872 dispose que l'extrait du jugement …
séparation sera inséré au tableau exposé en la chambre de…
avoués et notaires, *s'il y en a*. Ces derniers mots semble…
équivoques. Il existe une chambre d'avoués et une chamb…
de notaires au chef-lieu judiciaire de chaque arrondisse…
ment. La loi n'aurait-elle donc exigé l'insertion que dans…
cas où le lieu de la réunion de ces chambres serait en mêm…
temps celui du domicile du mari?

C'est ce que pense M. Chauveau (1). Mais il y a là un…
étrange contradiction de sa part. En effet, cet auteur re…
connaît, comme nous, que l'affiche du jugement doit tou…
jours être apposée dans l'auditoire du tribunal de commerce…
bien que le mari n'ait pas son domicile dans la commune o…
siége ce tribunal (2). Comment expliquerait-il donc que l'in…
sertion au tableau placé dans les chambres des avoués e…
notaires ne dût pas également avoir lieu dans tous les cas…
puisqu'elle est toujours possible? M. Chauveau s'abstien…
prudemment de toute explication. Au contraire, MM. Ro…
dière et Pont (3) croient pouvoir justifier la rédaction…
de l'article 872 en supposant que la loi a statué pou…
le cas où les chambres des notaires et avoués n'ont pa…
de local fixe pour leurs réunions (4). Il est certain qu'en…
pareille circonstance l'insertion prescrite par l'article 87…
serait complétement impossible. Mais cette interprétation ne…
dût-elle pas être accueillie, il vaudrait mieux encore attribuer…
les expressions que nous avons signalées à une inadvertance…

---

(1) Sur Carré, quest. 2946 *ter.*
(2) Voy. *suprà*, n° 157.
(3) N° 840 ; Conf., Dalloz, n° 1780.
(4) Conf., Colmar, 10 juin 1834 (D.P., 40.2.179).

de langage échappée au législateur, que de supprimer une formalité d'une importance et d'une utilité incontestables.

160. Si le mari avait changé de domicile depuis la demande en séparation, il conviendrait de faire faire, soit la lecture du jugement, soit les affiches et insertion de l'extrait, tant dans le lieu où la séparation a été prononcée que dans celui du nouveau domicile du mari. On comprend, en effet, que les tiers qui voudraient contracter avec le mari, dans son nouveau domicile, ont intérêt à connaître sa position. Mais cette mesure n'est pas obligatoire, car la loi ne l'exige point. Il suffira donc rigoureusement de faire procéder à la lecture et à la publication du jugement dans le lieu où siége le tribunal qui a prononcé la séparation. C'est une conséquence toute naturelle du principe que les procédures doivent être menées à fin devant le tribunal où elles ont été régulièrement commencées, quels que soient les changements survenus dans la position des parties. S'il fallait invoquer des textes à l'appui de cette solution, ne pourrait-on pas argumenter de l'article 874 du Code de procédure, d'après lequel la renonciation de la femme à la communauté doit se faire au greffe du tribunal saisi de la demande en séparation, et de l'article 92 du tarif qui passe un droit à l'avoué pour faire insérer l'extrait du jugement dans les mêmes tableaux où a été inséré l'extrait de la demande ? Il faut observer, du reste que dans le cas où la lecture et la publication n'ont pas été faites dans le lieu du nouveau domicile du mari, les tiers ne sont pas fondés à se plaindre, malgré leur intérêt à connaître le jugement de séparation, car, avant de traiter avec le mari, la prudence leur commande de s'assurer si, dans son domicile précédent, il n'avait pas encouru quelque incapacité (1).

____

(1) Rodière et Pont, no 841 ; Dalloz, no 1782.

161. Comme nous l'avons dit à l'égard de la publication de la demande en séparation de biens (1), le vœu du législateur est suffisamment rempli, lorsque l'extrait a été simplement affiché dans les lieux indiqués par la loi, s'il n'y a pas de tableaux destinés à l'insertion.

162. Les extraits des jugements de séparation de biens sont affranchis de tout droit d'enregistrement (2).

163. Il faut appliquer encore aux extraits des jugements ce que nous avons dit pour les extraits des demandes, relativement aux droits de rédaction ou de publication de ces extraits (3).

164. Une circulaire du Ministre de la justice du 15 mai 1813 (4) avait exigé que les notaires tinssent un registre destiné à constater la remise qui leur était faite des extraits de jugements de séparation de biens. Mais la Cour de cassation a affranchi les notaires de cette obligation, que ne leur imposait aucune loi (5). Il est demeuré constant que les secrétaires des chambres et les greffiers peuvent constater comme ils le jugent convenable la remise des extraits de jugements de séparation. Un registre non timbré suffit donc. Il ne doit être dressé aucun acte de dépôt : l'article 1er du décret du 12 juillet 1808 le fait parfaitement comprendre, lorsque, après avoir alloué aux greffiers un droit pour la publication des extraits, il ajoute : « Il ne sera perçu aucun droit de dépôt pour la remise au greffe desdits actes. » Du reste, si les greffiers et secrétaires des chambres

---

(1) Voy. *suprà*, n° 115.
(2) Délibération de la Régie du 28 avril 1837 (D.P., 38.3.118) ; Voy. *suprà*, n° 118.
(3) Voy. *suprà*, n° 119.
(4) Sirey, 24.2.223.
(5) 16 fév. 1824 (S., 24.1.253).

se croyaient obligés de dresser un acte de dépôt, cet acte ne serait pas sujet à l'enregistrement (argum. des articles 78 et 80 de la loi du 15 mai 1818) (1).

165. Mais les greffiers et secrétaires doivent délivrer un certificat de la remise qui leur a été faite des extraits de jugements : ce certificat, rédigé sur papier au timbre de 35 centimes, est assujetti au droit fixe de deux francs, d'après l'article 43 de la loi du 28 avril 1816 (2).

166. La preuve de la publication à la maison commune peut résulter d'un certificat du maire, qui sera opposable aux tiers, sans qu'il ait date certaine (3).

167. Bien que l'article 872 du Code de procédure ne paraisse exiger la durée d'un an que pour l'exposition de l'extrait du jugement de séparation dans l'auditoire des tribunaux et dans la maison commune, on ne saurait douter que la même durée ne soit nécessaire à l'égard de l'exposition dans les chambres des notaires ou avoués. N'y a-t-il pas pour l'un et l'autre cas identité de motifs ? D'ailleurs, cette nécessité résulte virtuellement des dernières expressions de l'article 872, qui font rapporter le délai d'un an à toutes les formalités que cet article prescrit (4).

168. Les termes de l'article 92 du Tarif civil indiquent que le jugement de séparation de biens doit, comme la demande, être inséré par extrait dans un journal (5). Mais

---

(1) Délibération du Conseil d'Administration du 10 mai 1832 ; Championnière et Rigaud, *Traité des droits d'enreg.*, t. 4, p. 874, 875.

(2) Cassation, 16 fév. 1824 (arrêt cité au n° précédent).

(3) Rouen, 29 avril 1845 (S.V., 47.2.164).

(4) Thomine, t. 2, p. 447, n° 101 ; Carré et Chauveau, quest. 2949 ; Bioche, n° 47.

(5) Voy. *suprà*, n° 114.

cette formalité n'étant pas exigée par les articles 1445 du Code Napoléon et 872 du Code de procédure, son omission ne saurait être une cause de nullité (1). Toutefois, dans l'usage, on fait avec raison l'insertion de l'extrait du jugement dans le même journal où a été inséré l'extrait de la demande. Le Tarif a voulu évidemment réparer un oubli des rédacteurs du Code de procédure. La publicité du jugement n'est-elle pas encore plus nécessaire que celle de la demande en séparation (2) ?

169. Nous supposons que le jugement qui a prononcé la séparation de biens ait été confirmé sur l'appel interjeté par le mari. L'arrêt confirmatif devra-t-il recevoir la même publicité que le jugement ?

L'affirmative, enseignée par M. Odier (3), ne nous semble pas admissible. Quand un jugement frappé d'appel est confirmé, il reprend toute sa force (art. 457 et 472, Cod. proc.); les actes accomplis en exécution de ce jugement produisent le même effet que s'il n'avait pas été attaqué. Les formalités de publication dont le jugement de séparation de biens a été suivi conservent donc toute leur validité : pourquoi les renouvellerait-on (4)? Les tiers ont été suffisamment avertis par cette publication. La circonstance de l'appel n'a fait subir aucun changement à leur situation vis-à-vis du mari : ils continueront de regarder ce dernier comme séparé de biens, d'autant mieux que, n'ayant pas été prévenus de l'appel, ils l'ignoreront le plus souvent. Si le juge

---

(1) Bordeaux, 30 juillet 1833 (D.P., 34.2.33); Chauveau sur Carré, quest. 2948 *bis*; Rodière et Pont, n° 842; Boucher-d'Argis, p. 332; Troplong, n° 1379; Bioche, n° 51; Dalloz, n° 1784.

(2) Chauveau, *Comment. du Tarif*, t. 2, p. 358, note.

(3) N° 381.

(4) Carré et Chauveau, quest. 2956; Bioche, n° 55.

ment est infirmé, le mari s'en prévaudra dans ses rapports avec les tiers. Voilà tout.

Il faudrait décider de même dans le cas où le jugement de séparation rendu en défaut aurait été l'objet d'une opposition rejetée par un second jugement.

170. Les formalités relatives à la publication du jugement de séparation de biens doivent être remplies avant l'expiration du délai de quinzaine à partir de la prononciation de ce jugement, puisque l'article 1444 du Code Napoléon veut que, dans ce délai, le jugement soit exécuté ou tout au moins suivi d'un commencement de poursuites (1).

Mais, si le jugement était attaqué par la voie de l'opposition ou de l'appel avant l'expiration de la quinzaine, on ne pourrait faire un reproche à la femme de n'avoir pas rempli les formalités de publication dans ce même délai. Dès le moment de l'opposition ou de l'appel, le jugement est considéré comme non avenu : il ne peut être question de le publier. Le délai de quinzaine ne commencera donc à courir que du jour où il sera intervenu, soit un jugement qui rejette l'opposition, soit un arrêt confirmatif (2). Dans ce cas, on pourra publier le jugement sur l'opposition ou l'arrêt, mais nous ne pensons pas que cette publication soit de rigueur. La loi ne l'a prescrite que pour le jugement même qui prononce la séparation, et ce jugement, malgré l'opposition ou l'appel, n'a rien perdu de sa force primitive, aussi bien vis-à-vis des tiers qu'entre les parties (3).

___

(1) Toullier, t. 13, n° 75; Dalloz, n° 1785.

(2) Carré et Chauveau, quest. 2943, 2944; Rodière et Pont, n° 846; Troplong, n° 1359.

(3) Voy. le n° précédent.

171. Aux termes de l'article 155 du Code de procédure, les jugements par défaut ne peuvent pas être exécutés avant l'expiration du délai de huitaine, à compter de leur signification à avoué ou à partie. Néanmoins, il faut admettre que les formalités relatives à la publication du jugement de séparation de biens peuvent être remplies avant la signification de ce jugement. En effet, s'il n'en était pas ainsi, la femme aurait la faculté de prolonger, à son gré, le délai de quinzaine dans lequel la publication doit avoir lieu, et ne faisant pas signifier le jugement de séparation, et, dès lors, il dépendrait d'elle de retarder d'une manière indéfinie l'exécution de ce jugement; ce que la loi a voulu précisément empêcher par la fixation d'un délai très-court (art. 1444, Cod. Nap.). Cette dérogation à la règle posée par l'article 155 du Code de procédure se justifie du reste, en droit rigoureux, par ce principe, que les lois spéciales doivent être exécutées de préférence aux lois générales, *même postérieures*, lorsque celles-ci ne les ont pas abrogées (1).

172. On est allé jusqu'à décider que l'avoué de la femme peut faire insérer les extraits du jugement de séparation de biens aux tableaux dont parle l'art. 872 du Code de procédure, sans attendre que ce jugement ait été enregistré (2).

Voici comment on a raisonné : d'après l'art. 20 de la loi du 22 frimaire an 7, les greffiers ont un délai de vingt jours pour l'enregistrement des jugements de toute nature. Si donc l'avoué ne pouvait faire publier le jugement de sépa-

---

(1) L. 80, D., *De reg. jur.*; Turin, 4 janv. 1811 (Dalloz, 1re édit., 10, p. 234); Carré, quest. 2944.—*Contrà*, Delaporte, t. 2, p. 407.
(2) Tribunal d'Orange, 22 déc. 1846 (D.P., 51.5.481).

ration de biens avant l'enregistrement, il arriverait que, n'ayant aucun moyen de contraindre le greffier à soumettre à cette formalité le jugement dont il s'agit avant l'expiration du délai de vingt jours, il se trouverait souvent exposé à laisser atteindre par une nullité inévitable la séparation qu'il aurait obtenue.

Il y a là sans doute un inconvénient, mais il se rencontre également quand il s'agit de l'exécution du jugement de séparation de biens, exécution qui doit avoir lieu aussi dans la quinzaine de la prononciation. Or, personne n'admettra que la femme puisse faire exécuter le jugement de séparation avant qu'il ait été enregistré. Nous pensons que, dans l'un et l'autre cas, la femme doit mettre le greffier en demeure de faire enregistrer le jugement avant l'expiration du délai de quinzaine, avec offre d'avancer elle-même les droits d'enregistrement, et que, si elle rencontre une résistance obstinée, le retard, soit dans la publication, soit dans l'exécution du jugement, ne sera pas une cause de nullité de la séparation. La femme ne peut être tenue à l'impossible (1). Mais la nullité devrait être prononcée, si la femme ne justifiait pas qu'elle a fait tout ce qui dépendait d'elle pour hâter la formalité de l'enregistrement (2).

173. Les actes d'exécution ne rentrent pas nécessairement dans le ministère de l'avoué. Cependant l'avoué de la femme est obligé de veiller à ce que le jugement de séparation soit publié dans la quinzaine, et il doit être déclaré responsable du retard qu'éprouverait la publication, parce que la femme, à qui le jour de la prononciation du jugement peut être inconnu, est censée s'en être remise à son

------

(1) Voy. *infrà*, nos 191, 203.
(2) Conf., Cassation, 11 déc. 1810 (Dalloz, nos 1801, 1800).

mandataire du soin de prévenir une nullité qu'elle est elle-même inhabile à empêcher. L'avoué n'échapperait à cette responsabilité qu'en justifiant que dans la quinzaine il a remis ou offert de remettre toutes les pièces à la femme, moyennant le paiement des frais qu'il a avancés (1). Mais l'avoué ne serait pas responsable du défaut d'exécution dans la quinzaine, car, à cet égard, la femme a été suffisamment prévenue par la publication du jugement ; il n'encourrait quelque responsabilité qu'autant qu'il aurait reçu de la femme un mandat spécial, qui pourrait résulter simplement des circonstances (2).

§ 2.—De l'exécution du jugement de séparation de biens.

ART. 1er.—*Délai de l'exécution.*

174. Si le jugement de séparation de biens n'était pas suivi d'exécution, il serait naturel de croire que la femme n'a pas agi d'une manière sérieuse, et que son but était moins d'assurer la conservation de sa dot que de frustrer les créanciers de son mari.

On avait été frappé de cette pensée dans l'ancienne jurisprudence, où les séparations de biens étaient d'ailleurs regardées comme peu favorables, parce qu'elles sont « pres-« que toujours, suivant l'expression de Bourjon, des épou-« vantails dont les débiteurs injustes se servent pour écar-« ter leurs créanciers et mettre leurs meubles à couvert de « la poursuite de ces derniers. »

La coutume de Paris (3), celle d'Orléans (4), et les ar-

----

(1) Limoges, 11 juillet 1839 (D.P., 40.2.60) ; Rodière et Pont, n° 851 Bioche, n° 52.

(2) Arrêt précité de Limoges, 11 juillet 1839.

(3) Art. 224.

(4) Art. 198.

rêtés de Lamoignon (1), exigeaient pour la validité de la séparation de biens, indépendamment de sa publicité, qu'elle fût *exécutée sans fraude ;* autrement elle ne produisait aucun effet (2).

L'exécution consistait, soit dans le remboursement de la dot, soit tout au moins dans des poursuites faites pour obtenir ce remboursement et non abandonnées. Le moyen le plus ordinaire de prévenir toute contestation de la part des créanciers sur la sincérité de l'exécution était de faire procéder publiquement à la vente des objets mobiliers du mari au profit de la femme. Par là, cette dernière devenait propriétaire de tout ce qui se trouvait dans le domicile conjugal, et elle en imputait la valeur sur le montant de sa dot (3).

Mais les coutumes et la jurisprudence ne prescrivaient aucun délai fatal pour l'exécution du jugement de séparation de biens. On en a conclu à tort que ce jugement pouvait être exécuté pendant trente ans (4). Il devait recevoir son exécution, à peine de nullité, dans un délai raisonnable et tel que la femme ne pût pas être présumée avoir renoncé au bénéfice de la séparation (5).

175. Nous avons dit déjà qu'aux termes de l'article 1444 du Code Napoléon, le jugement de séparation de biens doit être exécuté dans la quinzaine de sa prononciation.

C'est assurément un intervalle fort court, mais sa brièveté a l'avantage de mieux empêcher les séparations frau-

----

(1) Art. 82.

(2) Arrêt du parlement de Paris, 30 mai 1712 (*Dictionn.* de Brillon).

(3) Merlin, *Rép.*, v° *Sép. de biens*, sect. 2, § 3, art. 2, n° 6).

(4) Gilbert, sur l'art. 1444, Cod. Nap., n° 2 ; Dalloz, nouv. édit., 13, n° 1795.—Ces jurisconsultes citent comme rendu dans ce sens un arrêt de la Cour de cassation du 19 août 1829, lequel se borne pourtant à décider que l'art. 1444 du Cod. Nap. n'était pas applicable dans l'espèce.

(5) Pothier, n° 578 ; Colmar, 9 août 1814 (D.P., 2.726.1).

duleuses. L'article 1444 exige, du reste, l'observation
ce délai sous peine de nullité.

176. On avait essayé de soutenir que l'article 872
Code de procédure, dérogeant à l'article 1444 du Co
Nap., étendait à une année le délai de quinzaine presc
par ce dernier article, et l'on se fondait sur ce paragraphe
« La femme ne pourra commencer l'exécution du jugeme
que du jour où les formalités ci-dessus auront été rempli
sans que néanmoins il soit nécessaire d'attendre l'expirati
du susdit délai d'un an (1). »

Mais la jurisprudence (2) et la doctrine (3) ont énerg
quement repoussé une interprétation qui ne reposait sur a
cune raison solide. Les dérogations à une loi formelle ne
présument pas facilement. Et comment admettre, en eff
que, si le législateur avait voulu prolonger le délai fixé p
l'article 1444, il n'eût pas exprimé sa volonté d'une manié
positive? Une pareille modification eût été trop grave po
qu'elle ne devînt pas l'objet d'une disposition expresse. Il e
bien vrai que la phrase, *sans qu'il soit nécessaire d'atten*
l'expiration du susdit délai d'un an, manque un peu de clart
mais lorsqu'il n'y a pas contrariété certaine entre deux di
positions de la loi, on doit s'attacher à faire produire à ch

(1) Limoges, 24 déc. 1811 (D.P., 16 2.110); *Id.*, 10 avril 1812 (Devil
à sa date); Grenoble, 10 mai 1820 (Dalloz, 13, n° 1798); M. Berriat-Sai
Prix penche pour cette solution, p. 673, note 15.

(2) Metz, 28 juin 1815 (*Journ. du Palais*, 12, 785); Rouen, 27 a
1816 (*Journ. du Palais*, 13, 403); Cassation, 11 juin et 13 août 1818
p., 19.1.110 et 146); Rennes, 23 fév. 1820 (*Journ. du Palais*, 15, 798
Bourges, 15 fév. 1823 (Devill., à sa date); Rouen, 19 avril 1839 (D.P.,
2.179).

(3) Carré, quest. 2950; Toullier, 13, n° 79; Duranton, 14, n° 41
Odier, 1, n° 383; Rodière et Pont, n° 843; Troplong, n° 1358; Bioch
n° 65; Dalloz, n° 1798.

cune d'elle les effets que le législateur lui a attribués. Ainsi, il faut voir simplement dans la combinaison des articles 1444 et 872 le principe d'une simultanéité de publication et d'exécution du jugement qui prononce la séparation de biens. L'exécution du jugement ne pourra pas être commencée avant l'accomplissement des formalités de publication ; cependant, comme elle doit avoir lieu dans la quinzaine, il ne faudra pas attendre l'expiration du délai d'un an, pendant lequel le jugement doit demeurer affiché.

Telle est la seule explication raisonnable et juridique des termes de l'article 872. Du reste, cette explication est parfaitement conforme au vœu du législateur, tel qu'il nous est révélé par les travaux préparatoires du Code de procédure. La section du Tribunat avait fait observer au conseil d'Etat qu'il convenait d'empêcher qu'on ne pensât *que la femme dût attendre l'expiration de l'année pour commencer l'exécution*. Ce fut sur cette observation, dit M. Locré (1), que l'on ajouta les derniers mots de l'article 872.

177. Le délai de quinzaine commence à courir du jour de la prononciation et non du jour de la signification du jugement. Il ne doit pas être permis à la femme d'ajourner indéfiniment les poursuites, en retardant à son gré la signification (2). Mais c'est sans motif qu'il a été jugé que le délai de quinzaine commence seulement lorsque les formalités prescrites par les articles 1445 du Code Napoléon et 872 du Code de procédure ont été remplies (3). La publication et l'exécution du jugement peuvent très-bien se faire d'une manière successive dans ce même délai.

---

(1) T. 4, p. 107.
(2) Voy. *suprà*, n° 171 ; Cassation, 11 déc. 1810 (*Journ. du Palais*, 8, 692) ; Pigeau, t. 1, p. 502 ; Chauveau sur Carré, quest. 2944 ; Rodière et Pont, n° 846 ; Troplong, n° 1359 ; Dalloz, n° 1803.
(3) Riom, 13 juillet 1814 (Dalloz, *ibid.*).

178. Les termes de l'article 872 ne laissent pas de doute sur le point de savoir si l'exécution du jugement peut précéder sa publication. Dans aucun cas, le jugement ne saurait être exécuté avant d'avoir reçu la publicité voulue par la loi (1). Mais rien ne s'opposerait à ce que la liquidation des reprises de la femme eût lieu le jour même de la publication du jugement de séparation de biens : il suffit qu'elle ne soit pas antérieure à cette formalité (2).

179. Toutefois, il n'y aurait pas de nullité, si, avant la publication, les reprises de la femme avaient été l'objet d'une liquidation non suivie de paiement. Dans ce cas, en effet, il n'y aurait pas exécution proprement dite, et le défaut de publicité donnerait seulement droit aux créanciers du mari de contester la séparation, tant qu'elle n'aurait pas été rendue publique (3).

180. Si l'exécution n'était commencée que le seizième jour, elle serait tardive (4). On ne saurait appliquer ici l'article 1033 du Code de procédure, ni la règle d'après laquelle le jour du terme *ad quem* doit être compté dans le délai : car l'article 1444 du Code Napoléon exige que l'exécution ait lieu *dans la quinzaine*.

181. La femme mariée sous le régime de la communauté ne saurait être autorisée à renvoyer l'exécution du jugement jusqu'à l'expiration du délai de trois mois et quarante jours que l'article 174 du Code de procédure lui accorde pour faire inventaire et délibérer. Elle devra com-

---

(1) Rouen, 1er déc. 1825 (D.P., 26.2.77) ; Cassation, 26 juillet 183. (Dalloz, n° 1805) ; Angers, 10 août 1839 (S.V., 40.2.150) ; Bioche, n° 6.
(2) Riom, 27 août 1844 (D.P., 45.2.58).
(3) Besançon, 15 mai 1818 (Dalloz, n° 1806 ; Devill., *Collect. nouv.*, 384) ; Bioche, n° 63.
(4) Rouen, 27 avril 1816 (*Journ. de procéd.*, t. 13, n° 403) ; Cassation, 11 juin 1818 (D.P., 19.1.110) ; Toullier, 13, n° 80 ; Bioche, n° 57.

mencer l'inventaire dans les quinze jours de la prononciation du jugement (1).

182. Il est incontestable que l'article 1444, qui exige l'exécution dans la quinzaine, s'applique au cas où le jugement est par défaut, tout aussi bien qu'au cas où il est contradictoire. Nous avons fait observer déjà, relativement à la publication, que l'article 155 du Code de procédure est inapplicable en matière de séparation de biens (2).

183. Il est également certain que, dans l'article 1444 du Code Napoléon, le mot *jugement* doit s'entendre de la décision qui prononce la séparation de biens, de telle sorte que l'exécution doit avoir lieu dans la quinzaine, quoique le jugement ne comprenne pas la liquidation des reprises de la femme (3). C'est par une aberration inexplicable que la Cour de Besançon a jugé le contraire (4).

184. Lorsque la séparation de biens est une suite de la séparation de corps, le retard apporté par la femme à faire exécuter le jugement ne saurait être une cause de nullité : car, en pareil cas, la collusion au préjudice des tiers n'est pas présumable : ce n'est point l'intérêt pécuniaire qui a été le mobile de la femme dans l'action qu'elle a exercée (5).

ART. 2.—*Actes d'exécution du jugement de séparation de biens.*

185. L'article 1444 du Code Napoléon explique que la séparation de biens doit être exécutée par le paiement réel

---

(1) Bellot des Minières, t. 2, p. 117 ; Bioche, n° 59.
(2) Voy. *suprà*, n° 171 ; Amiens, 19 fév. 1824 (D.P., 24.2.97); Toulouse, 25 août 1827 (D.P., 28.2.172) ; Troplong, n° 1359 ; Chauveau sur Carré, quest. 2950 *bis*.
(3) Cassation, 11 déc. 1810 (Dalloz, n° 1800).
(4) 30 juin 1809 (*Id.*, *ibid.*).
(5) Bordeaux, 4 fév. 1811 (Dalloz, n° 1802).

des droits et reprises de la femme, effectué par acte authentique, jusqu'à concurrence des biens du mari, ou au moins par des poursuites commencées dans la quinzaine qui a suivi le jugement, et non interrompues depuis.

Il nous semble clairement résulter de là que l'exécution de la séparation de biens peut être volontaire et se réaliser au moyen d'un accord amiable entre les époux (1). Nous sommes même porté à croire que, dans la pensée de la loi, la femme ne doit commencer des poursuites contre son mari qu'autant qu'elle n'a pu traiter amiablement avec ce dernier. Bien loin de proscrire l'exécution volontaire, la loi l'autorise formellement par l'article 1595 du Code Napoléon, qui fait exception à la nullité des ventes entre époux, dans le cas où le mari cède des biens à sa femme, séparée judiciairement d'avec lui, en paiement de ses droits. En effet, lorsque la séparation de biens a été régulièrement prononcée, l'exécution que le mari en fait volontairement n'a rien de suspect par elle-même : le mari obéit à la justice. Il faut se garder de confondre l'exécution spontanée d'une séparation prononcée par les tribunaux avec la séparation qui serait le résultat d'un concert entre les époux.

186. Rien n'empêcherait que l'exécution du jugement de séparation de biens n'eût lieu d'une manière amiable sur un point seulement, pourvu que la femme commençât en temps utile des poursuites à l'égard du reste (2).

187. L'acte qui constate l'exécution volontaire ou forcée doit être authentique : l'article 1444 est formel sur ce point.

(1) Conf., Cassation, 29 août 1827 (D.P., 27.1.483) ; Poitiers, 4 mars 1830 (Dalloz, n° 1816) ; Carré, quest. 2955 ; Toullier, 13, n°s 77, 78; Battur, *Communauté*, n° 642 ; Rodière et Pont, n° 844 ; Troplong, n° 1360 Dalloz, n° 1816.

(2) Cassation, 3 fév. 1834 (D.P., 34.1.106) ; Rodière et Pont, n° 844.

Ne suit-il pas nécessairement de là qu'un acte sous seing privé, même enregistré, serait insuffisant ?

Cependant, la Cour de cassation a cru pouvoir déclarer valable l'exécution d'un jugement de séparation de biens, quoique l'acte dont on la faisait résulter ne fût pas authentique et n'eût pas été enregistré dans la quinzaine (1). Elle s'est fondée sur ce que cet acte avait une cause légitime, seule condition qu'exige le n° 2 de l'article 1595 pour la validité d'une vente faite par le mari à sa femme.

Cette décision est un triste spécimem des erreurs judiciaires, dont malheureusement la Cour suprême n'est pas exempte.

Et pourtant, chose difficile à croire, elle est approuvée par M. Troplong (2). « C'est bien faire, dit-il, quelque violence à la lettre de l'article 1444; mais cependant quelle injustice n'y aurait-il pas à rendre la femme victime d'un défaut de formalité insignifiant, lorsque tout a été sérieux et sincère dans sa conduite et dans ses actes ! »

Ainsi, M. Troplong n'éprouve aucun scrupule à faire une entorse violente à la loi : il ne consulte que l'intérêt de la femme, lui si plein de rigueur pour elle en tant d'autres circonstances! Malgré notre juste admiration pour cet auteur, nous n'hésitons pas à repousser une opinion qu'il nous paraît avoir émise avec une légèreté qui ne lui est pas ordinaire. Sans doute, il ne faut pas se montrer trop méticuleux et trop exigeant quand la loi ne s'exprime pas en termes formels; mais des considérations d'aucune nature ne sauraient autoriser la violation d'une prescription positive du législateur, surtout dans une matière où la mauvaise foi est toujours à craindre, où il est même permis de la présu-

____

(1) 23 août 1825 (D.P., 26.1.41).
(2) N° 1361.

mer (1). Du reste, ce n'était pas trop d'exiger que l'exécution de la séparation de biens fût constatée par acte authentique, car, en pareil cas, les actes authentiques sont eux-mêmes si souvent impuissants à exclure la fraude ! Enfin la femme ne peut raisonnablement se plaindre : il ne sera pas plus difficile pour elle d'obtenir la liquidation de ses reprises par acte authentique que par acte sous seing privé. N'a-t-elle pas, d'ailleurs, un moyen certain de vaincre la résistance de son mari ? Qu'elle dirige contre lui les poursuites voulues par la loi : elle ne reculera pas devant cette nécessité, son action en séparation de biens a été sérieuse.

188. Qand l'exécution n'a pas été volontaire, comment peut-elle s'opérer par acte authentique ?

Il faudrait regarder comme un acte suffisant d'exécution le compromis authentique qui interviendrait entre les époux dans la quinzaine de la prononciation du jugement, sur la liquidation des droits et reprises de la femme. La loi ne défend pas aux époux judiciairement séparés de biens de terminer leurs contestations par la voie de l'arbitrage (2).

189. Lorsque le mari ne consent pas à exécuter amiablement la séparation de biens, la femme ne peut évidemment, pour se procurer l'acte authentique exigé par l'article 1444, établir ses droits devant un notaire, qui, en l'absence du mari, ne saurait dresser un acte obligatoire pour ce dernier. Elle doit assigner son mari en liquidation de ses reprises (3) ou diriger contre lui les poursuites dont nous occuperons ci-après (4).

190. La Cour de cassation a décidé, par arrêt du 12 ao

(1) Conf., Rodière et Pont, n° 844, note 3.
(2) Toullier, 13, n° 78.
(3) Voy. *infrà*, n° 202.
(4) Voy. *infrà*, n° 195 et suiv.

1847, que l'exécution d'un jugement de séparation de biens est effectuée par acte authentique, dans le sens de l'article 1444 du Code Napoléon, lorsque le paiement des reprises de la femme se trouve constaté par l'huissier sur le commandement adressé au mari afin d'arriver à cette exécution. L'arrêt se fonde sur ce que le commandement est un acte judiciaire émané d'un officier ministériel dans l'exercice de ses fonctions, faisant preuve de sa date et de son contenu, et remplissant par conséquent toutes les conditions nécessaires pour constituer l'acte authentique dont par le l'art. 1444.

Voilà encore une doctrine qui nous paraît inacceptable, si l'on veut conserver à l'article 1444 sa juste rigueur. L'huissier imprime bien un caractère authentique à ses exploits, relativement aux énonciations qui tiennent à l'essence même de l'acte, et dont la loi exige l'observation d'une manière impérieuse; mais quant aux énonciations qui ne sont pas formellement prescrites par la loi ou qui ne rentrent pas dans le cercle naturel et légal des attributions de l'huissier, les exploits ne font point foi complète (1). Il importerait même peu que l'énonciation de l'huissier, étrangère à ses attributions, eût été signée par la partie à qui on l'oppose. Cette signature ne saurait donner à l'énonciation l'authenticité que l'huissier ne peut lui imprimer lui-même : elle ne ferait qu'attacher à cette énonciation le caractère d'obligation privée (2).

---

(1) Besançon, 7 juillet 1808 (Dalloz, nouv. édit., v° *Exploit*, n° 31); Grenoble, 6 juillet 1826 (S., 27.35); Bordeaux, 3 avril 1832 (S., 32.437); *Id.*, 27 mai 1841 (Dalloz, *ibid.*, n° 38); Berriat-Saint-Prix, p. 78, notes 59 et 60; Boncenne, t. 2, p. 243; Chauveau sur Carré, quest. 311 *bis*; Bioche, v° *Huissier*, n°ˢ 49 et 55; Dalloz, nouv. édit., v° *Exploit*, n°ˢ 34, 38.

(2) Dalloz, *ibid.*, n° 40; Bioche, *loc. cit.*, n° 55.—*Contrà*, arrêts précités de Grenoble, 6 juillet 1826, et Bordeaux, 3 avril 1832.

10.

191. Dans le cas où la séparation de biens est exécutée par le paiement des reprises de la femme, il n'est pas indispensable que celle-ci reçoive le montant intégral de sa créance avant l'expiration du délai de quinzaine : il suffit sans doute que le paiement soit commencé dans ce délai. La loi n'a pas voulu l'impossible, et l'on comprend que les facultés du mari séparé de biens lui permettront fort rarement d'acquitter sur-le-champ les reprises de sa femme. Le seul but de l'article 1444 est d'empêcher que la séparation de biens ne soit, de la part des époux, un jeu sous lequel se cache la fraude. Mais quand la séparation de biens a reçu un commencement de sérieuse exécution, qu'importe que la femme ne soit pas immédiatement remplie de tous ses droits? Un concert frauduleux n'est plus présumable. Le paiement d'un à-compte sur les reprises de la femme est même inconciliable avec la continuation de la communauté : il prouve donc que l'action en séparation de biens n'a pas été un faux-semblant (1). Il n'en serait autrement que si le mari avait remis à sa femme un à-compte dérisoire.

Il faut même dire qu'il y aurait exécution suffisante de la séparation de biens si, la liquidation des reprises de la femme ayant eu lieu dans la quinzaine, il avait été accordé au mari, pour le paiement de ces reprises, un délai modéré et justifié d'ailleurs par les circonstances (2).

192. La remise que le mari ferait à sa femme de ses immeubles, pour en jouir à titre d'antichrèse, pourrait être justement considérée comme un acte d'exécution de la sépa-

---

(1) Cassation 3 fév. 1834 (D.P., 34.1.106); Chauveau sur Carré, quest. 2950 *ter;* Troplong, n° 1361; Dalloz, n° 1813.

(2) Bordeaux, 29 août 1838 (*Journ. de procéd.,* art. 1384); Toullier, 13, p. 118.

ration de biens, selon le vœu de l'article 1444 du Code Napoléon (1).

193. Le paiement des reprises de la femme doit être effectué *jusqu'à concurrence des biens du mari*. La séparation de biens ne serait donc pas exécutée dans le sens de l'article 1444, par la cession que le mari ferait à sa femme de tout le mobilier garnissant le domicile conjugal, alors qu'il posséderait en outre des immeubles (2). L'exécution serait encore insuffisante, si les époux, après avoir liquidé les droits de la femme et affecté des valeurs au paiement des reprises de celle-ci, ajoutaient que, pour le surplus, elle s'en fera payer quand elle voudra (3).

De même, la femme n'exécute pas la séparation d'une manière sérieuse lorsque, au lieu d'épuiser les biens du mari, elle le laisse dépositaire du gage affecté à sa dot. Pourquoi donc a-t-elle poursuivi sa séparation de biens, si elle n'enlève pas au mari dissipateur le patrimoine qui doit être la suprême ressource de la famille ? Cette tolérance ne démontre-t-elle pas que la séparation a été provoquée dans le seul but de soustraire les biens du mari aux exécutions de ses créanciers (4) ?

Conformément à ces principes, la Cour de cassation a jugé (5) que l'on a pu, sans violer les articles 224 de la coutume de Paris et 198 de celle d'Orléans, qui attachaient la validité de la sentence de séparation de biens à la simple exécution *sans fraude*, déclarer qu'il n'y avait pas eu exécu-

---

(1) Duport-Lavillette, *Questions de droit*, t. 6, n° 783.
(2) Colmar, 30 nov. 1838 (*Journ. des avoués*, t. 56, p. 106).
(3) Bordeaux, 11 août 1840 (D.P., 41.2 59).
(4) Chauveau sur Carré, quest. 2952 *quater*; Bioche, n° 56; Troplong, n° 1364.
(5) 28 fév. 1833 (D.P., 33.1.136).

tion d'une pareille sentence de la part de la femme qui s'était bornée à des procès-verbaux de carence relatifs au mobilier, bien qu'il existât des immeubles appartenant à son mari, qui ne s'était pas présentée à un ordre ouvert pour la distribution du prix de ces immeubles, alors qu'elle y avait été appelée, et qui était restée plus de vingt ans sans faire aucun acte d'exécution.

194. Mais la séparation serait valablement exécutée si, par exemple, dans la quinzaine de la prononciation du jugement, il avait été procédé à la liquidation des reprises de la femme, et qu'en vertu de cette liquidation, le mari, sur le procès-verbal même, eût fait abandon à la femme d'une valeur mobilière qu'il aurait déclarée composer tout son actif; on ne saurait considérer comme dépendant encore du patrimoine du mari un immeuble de la communauté qu'il aurait vendu, par cela que cet immeuble serait frappé de l'hypothèque légale de la femme, et les acquéreurs ne seraient nullement fondés à se prévaloir contre celle-ci de la déchéance établie par l'art. 1444, en ce qu'elle n'aurait pas dirigé contre eux l'action en délaissement résultant de son droit hypothécaire. En effet, ce droit est personnel à la femme; l'action qui en dérive est facultative pour elle : comment en ferait-on naître un droit de propriété actuel et certain pour le mari (1) ?

195. Demandons-nous maintenant quelles poursuites la femme doit diriger contre son mari dans la quinzaine de la prononciation du jugement, à défaut du paiement réel de ses droits et reprises effectué dans ce délai par acte authentique.

______

(1) Orléans, 16 mars 1839 (D.P., 39.2.259); Dalloz, *ibid.*, note 3; Bioche, n° 76, 5°.

Et d'abord, la simple signification du jugement avec sommation de s'y conformer est-elle un commencement de poursuites dans le sens de l'article 1444?

Cette question a partagé assez longtemps les tribunaux et les auteurs; mais on peut dire que la négative a définitivement prévalu.

La brièveté du délai est, à proprement parler, le seul argument de l'opinion contraire (1), car nous ne nous occupons pas en ce moment des circonstances de fait qui peuvent modifier la solution en droit rigoureux.

Mais devant quelles objections décisives cet argument ne vient-il pas se briser? Il n'est pas douteux que dans le délai de quinzaine la femme peut fort bien faire signifier le jugement et commencer ensuite des exécutions. Elle devra certainement se hâter; mais pourquoi userait-on de ménagement envers-elle? Ne faut-il pas la contraindre à prouver par la célérité des poursuites que sa dot était vraiment en péril dans les mains de son mari, et qu'elle s'est fait sérieusement séparer de biens? Or, nous le demandons, la simple signification du jugement, accompagnée d'une interpellation purement de style, est-elle de nature à révéler l'intention de la femme de poursuivre franchement l'exécution de la sentence qu'elle a obtenue? Cette signification n'est qu'un acte préparatoire à l'exécution : elle peut même avoir pour unique objet de faire courir le délai de l'appel. Attribuer à un pareil acte la portée d'un commencement de

______

(1) Pigeau, t. 2, p. 502; Thomine, t. 2, p. 479; Cassation, 30 mars 1825 (D.P., 25.1.268); *Id.*, 9 juillet 1828 (D.P., 28.1.319); *Id.*, 6 déc. 1830 (D.P., 31.1.16); Amiens, 17 mars 1826 (D.P., 26.2.168); Nîmes, 23 mars 1830 (journ. de cette Cour, t. 2, p. 231); Bordeaux, 30 juillet 1833 (D.P., 34.2.33); Nîmes, 11 juillet 1839 (*Journ. des avoués*, t. 58, p. 82); Bordeaux, 20 mars 1840 (D.P., 40.2.142).

poursuites, ce serait faciliter et encourager les abus que l'article 1444 a voulu précisément empêcher (1).

196. Mais nous ne voulons pas être trop absolu. Nous admettons donc sans difficulté que la femme peut se borner à la signification du jugement dans le délai de quinzaine, s'il résulte des circonstances que tout autre acte serait sans utilité (2), par exemple, si le mari est en état de faillite (3), ou bien qu'au moment de diriger des poursuites, la femme trouve les meubles et les immeubles de son mari déjà frappés de saisie (4). En pareille hypothèse, il faudrait du moins, pour que l'on ne pût pas se méprendre sur le but et la portée de la signification, qu'elle fût accompagnée, non pas d'une simple sommation de satisfaire au jugement, mais d'un commandement régulier : les deux actes peuvent très-bien se faire par le même exploit (art. 583, Cod. proc.) (5).

197. Dès lors, on ne saurait douter que la femme s'est conformée suffisamment au vœu de la loi lorsque, après avoir, dans la quinzaine, fait signifier au mari le jugement de séparation de biens avec commandement de payer les frais, elle a produit pour ses droits et reprises dans l'ordre ouvert entre les créanciers du mari à la suite de l'adjudication des immeubles de ce dernier tranchée le lendemain du jugement de séparation (6).

---

(1) Carré et Chauveau, quest. 2952 ; Benoît, 1, n° 311 ; Toullier, 13, n° 77 ; Dalloz, 1re édit., 10, p. 240 ; Rodière et Pont, n° 845 ; Troplong, n° 1363 ; Bioche, n° 78.

(2) Troplong ; Rodière et Pont, *loc. cit.* ; Consultation de M. Carré, rapportée par M. Chauveau, quest. 2950 ; Besançon, 30 juin 1809 (Devill., *Coll. nouv.*, 3.2.95) ; Grenoble, 24 mars 1835 (*Journ. des avoués*, t. 49, p. 578 ; D.P., 36.2.9).

(3) Cassation, 27 juin 1842 (D.P., 42.1.262).

(4) Grenoble, 19 juin 1807 et 10 mai 1820 (Villars, p. 597 et 604).

(5) Toullier, *loc. cit.*

(6) Grenoble, 24 mars 1835, affaire Génissieux (D.P., 36.2.9).

198. Des auteurs (1) enseignent que dans le cas où le mari est en état de faillite il suffit à la femme, pour exécuter la séparation de biens, de remettre aux syndics le jugement, avec l'état de ses reprises et les titres à l'appui. Il est vrai que, dans ce cas, le mari est dépossédé, et que la femme, obligée de suivre le sort des autres créanciers, ne peut obtenir l'acquittement immédiat de ses droits (2). Mais rien ne s'oppose à ce que, dans la quinzaine, elle fasse signifier le jugement de séparation de biens avec un commandement régulier (3) à son mari et aux syndics, si elle n'a pu s'entendre avec eux pour arrêter par acte authentique la liquidation de ses reprises. Pourquoi dispenser la femme de ces formalités qui témoigneront de la sincérité de la séparation de biens ?

La Cour de Bourges a très-bien jugé, à notre sens (4), que la femme doit, à peine de nullité, poursuivre l'exécution du jugement de séparation de biens contre le mari et les syndics, et qu'elle ne peut s'excuser du défaut de poursuites contre ceux-ci, sur ce qu'ils n'auraient pas accepté leur mission, parce que c'est à elle à faire toutes les diligences nécessaires pour régulariser la procédure.

199. Suivant M. Bioche (5), le défaut de poursuites ne devrait pas être imputé à la femme, si sa bonne foi était établie et si le retard n'avait point nui aux tiers ; par exemple, si la femme avait laissé au mari le temps de vendre de gré à gré, et d'une manière plus avantageuse, le seul im-

---

(1) Carré et Chauveau, quest. 2947, 2947 *bis.*
(2) Orléans, 12 nov. 1817 (*Journ. du palais*, 14, 496); Cassation, 27 juin 1842 (Dalloz, 13, n° 1834).
(3) Voy. numéro précédent.
(4) 24 mai 1826 (D.P., 27.2.59).
(5) N° 56.

meuble qui lui restait. Nous n'excuserions cette lenteur qu'autant qu'il y aurait eu dans la quinzaine un commencement de poursuites ou un acte authentique de liquidation des reprises de la femme, et que la temporisation n'aurait pas été d'une durée trop longue eu égard aux circonstances.

200. La citation en conciliation donnée par la femme à son mari en exécution du jugement qui prononce la séparation de biens, ne constituerait pas un commencement de poursuites dans le sens de l'article 1444, si elle n'était suivie d'une demande en justice formée dans le mois à compter de la non-conciliation ou de la non-comparution (1); car si, en général, la citation en conciliation constitue un préliminaire indispensable de l'action en justice, elle demeure sans effet lorsque, dans le délai que la loi détermine (art. 57, Cod. proc.), l'ajournement n'est pas venu prouver qu'elle était le point de départ d'une demande sérieuse. Du reste, il faut observer en passant que, dans notre hypothèse, le préliminaire de conciliation n'est pas exigé, et que c'est par pure superfétation que la femme y aurait recours. Dès le moment, en effet, qu'il s'agit d'exécuter une décision précédemment rendue, il ne saurait y avoir de demande principale introductive d'instance, telle que la suppose l'article 48 du Code de procédure. L'autorisation que la femme a reçue de former sa demande en séparation de biens, sans essai de conciliation, s'applique nécessairement à toutes les suites de cette demande (2).

201. Pour qu'une saisie-arrêt constitue une exécution suffisante de la séparation de biens, il faut qu'elle soit non-seu-

---

(1) Nîmes, 21 mai 1819 (D.P., 20.2.46); Benoît, n° 311; Berriat-Saint-Prix, p. 192, n° 6; Chauveau sur Carré, quest. 2952 *bis*; Bioche, n° 83.
(2) Voy. *supra*, n° 106; Limoges, 25 fév. 1845 (D.P., 47.2.59).

lement validée, mais encore suivie de la vente des effets du mari au profit de la femme ou de la remise des deniers entre les mains de celle-ci : autrement elle serait un acte conservatoire et non pas un acte de véritable exécution. Mais la saisie-arrêt seule doit nécessairement intervenir dans la quinzaine, car c'est bien un commencement de poursuites : si elle doit être poussée à bout, c'est uniquement pour démontrer qu'elle a été un acte d'exécution dans son principe (1).

202. La poursuite en liquidation de ses reprises exercée par la femme dans la quinzaine de la prononciation du jugement de séparation de biens est un commencement d'exécution qui remplit le vœu de l'article 1444 (2); car la liquidation des droits de la femme est une suite indispensable de la séparation de biens : comment exécuter cette séparation si les sommes dues à la femme n'ont pas été déterminées (3) ?

Il suffira donc que la femme fasse donner au mari, dans la quinzaine, une assignation à fin de liquidation de ses reprises (4), ou une sommation de se trouver en l'étude d'un notaire à l'effet de procéder à cette liquidation (5).

On est allé jusqu'à décider que la simple ouverture du procès-verbal de liquidation des reprises de la femme équi-

---

(1) Chauveau sur Carré, quest. 2952 *ter*, qui rapporte une consultation de M. Carré dans ce sens.

(2) Colmar, 31 août 1811 (D.P., 12.2.24) ; Grenoble, 6 juin 1829 (journ. de cette Cour, t. 4, p. 474) ; Berriat-Saint-Prix, p. 673, note 15 ; Chauveau sur Carré, quest. 2950, *quater*.

(3) Cassation, 4 déc. 1815 (*Journ. des avoués*, t. 21, p. 94) ; Chauveau sur Carré, *loc. cit.*

(4) Angers, 10 août 1839 (Dalloz, 13, nᵒˢ 1821, 1777) ; Carré et Chauveau, quest. 2945.

(5) Orléans, 4 juillet 1843 (Dalloz, nᵒ 1821) ; conf., Dalloz, *ibid.*

vaut au commencement de poursuites exigé par la loi, mais en tant que les opérations de liquidation auraient le caractère de continuité voulu pour les poursuites elles-mêmes (1).

203. Mais le mari ne possède ni immeubles ni mobilier, faudra-t-il exiger de la femme qu'elle exerce contre lui des poursuites évidemment illusoires? Non, sans doute. Un procès-verbal de carence dressé dans la quinzaine au domicile du mari témoignera suffisamment de son intention d'exécuter la séparation de biens (2).

204. La cession de biens faite par le mari n'opère pas, suivant nous, une interversion de nature à dispenser la femme d'exécuter la séparation autant que l'état des choses le permet. Il faut assimiler, en quelque sorte, ce cas à celui de la faillite, et décider que, malgré le dessaisissement du mari, la femme doit, dans la quinzaine, lui faire signifier le jugement de séparation avec commandement, sauf à provoquer ensuite la vente de ses biens et à se présenter à la distribution du prix (3).

205. Par quel moyen la femme peut-elle exécuter le jugement de séparation de biens, lorsqu'elle n'a ni constitution dotale ni reprises à réclamer? Elle se présentera devant un notaire pour obtenir acte de sa déclaration de n'avoir rien à répéter contre son mari : elle devra être assistée de ce dernier, et, s'il lui refuse son concours, elle ne passera outre qu'après l'avoir interpellé par un acte extrajudiciaire

---

(1) Bourges, 10 août 1849, et Cassation, 18 fév. 1852 (D.P., 52.1.241).

(2) Cassation, 17 juin 1819 (Dalloz, 13, n° 1832); *Id.*, 6 déc. 1830 (D. P., 31.1.16); Pigeau, 2, p. 503 ; Thomine, 2, p. 479 ; Carré et Chauveau, quest. 2951 ; Bioche, n° 76, 3°.

(3) Arg., arrêt de Cassation du 2 mai 1831 (D.P., 31.1.182); Dalloz, *ibid.*, et *Jurisp. gén.*, 13, n° 1819 ; Voy. *suprà*, n° 198.

de comparaître en l'étude du notaire qu'elle aura choisi pour recevoir sa déclaration (1). Une autre voie lui est ouverte : elle peut, par le jugement même qui prononce la séparation de biens, se faire donner acte de sa renonciation à exercer aucun droit contre son mari. Cette précaution aura l'avantage d'éviter des formalités et des frais inutiles (2). Dans l'un et l'autre cas, le vœu de la loi sera rempli, car rien ne saurait donner prise aux soupçons de fraude.

206. Au reste, les tribunaux sont les souverains appréciateurs des faits constitutifs de l'exécution de la séparation de biens (3), sauf toutefois à la Cour de cassation le droit de restituer leur véritable caractère aux faits ainsi déterminés d'une manière souveraine, comme nous en avons exprimé l'avis, après M. Dalloz, à l'égard des causes de la séparation (4).

207. Les poursuites qui tendent à l'exécution de la séparation de biens doivent être commencées dans la quinzaine de la prononciation du jugement, parce que la temporisation dont userait la femme pourrait faire douter de sa bonne foi ; mais il ne suffit pas que les poursuites aient été commencées : il faut, à moins d'une impossibilité matérielle, qu'elles soient menées à fin ; autrement on ne saurait les regarder comme sérieuses, et par conséquent leur reconnaître la portée d'une exécution. La négligence de la femme serait d'ailleurs suspecte.

L'article 1444 exige donc que les poursuites commencées par la femme dans la quinzaine ne soient pas ensuite inter-

---

(1) Carré, quest. 2954 ; Bioche, n° 80 ; Dalloz, n° 1818.
(2) Thomine, 2, p. 476 ; Chauveau sur Carré, quest. 2954.
(3) Cass., 23 août 1825 (Dalloz, n° 1820) ; *Id.*, 3 fév. 1834 (D.P.,34.1. 106).
(4) *Suprà*, n° 98.

rompues. Il est en cela conforme à l'ancienne jurisprudence (1).

208. On ne peut préciser d'une manière invariable les cas où il y a *interruption*. Les magistrats apprécieront les circonstances (2), sous le contrôle toutefois de la Cour suprême (3).

Il est permis néanmoins de dire qu'il y a interruption de poursuites lorsque, dans une intention frauduleuse, la femme est demeurée inactive après les délais à l'expiration desquels elle avait le droit de faire des actes d'exécution, par exemple, si la femme, ayant fait notifier au mari le commandement préalable à la saisie mobilière ou immobilière, laisse écouler le délai légal sans procéder à aucune saisie (4).

Mais on ne devrait pas présumer la mauvaise foi de la femme et considérer les poursuites comme interrompues, si les délais n'avaient été que très-peu excédés (5). C'est ainsi que la Cour d'Amiens a refusé d'attacher la peine de nullité à la suspension de poursuites pendant deux mois après un commandement d'exécuter le jugement de séparation de biens (6).

209. Il n'y a pas non plus interruption, dans le sens de l'article 1444, lorsque l'inaction de la femme est indépendante de son fait (7), par exemple :

____

(1) Pothier, n° 518 ; Renusson, 1re partie, ch. 9 § 16 ; Merlin, v° *Sép. de biens*, sect. 2, § 3, art. 2.

(2) Pigeau, t. 2, p. 502 ; Thomine, t. 2, p. 479 ; Berriat-Saint-Prix, p. 673, note 15, n° 2 ; Carré et Chauveau, quest. 2953 ; Benoît, n° 312 ; Rodière et Pont, n° 848 ; Odier, t. 1, n° 385 ; Troplong, n° 1366.

(3) Voy. *suprà*, n° 206 ; Dalloz, n° 1836.

(4) Pigeau, Carré, Berriat, Benoît, *loc. cit.*

(5) Carré et Berriat, *ibid.*

(6) 9 déc. 1825 (D.P., 26.2.166).

(7) Troplong, n° 1366.

1° Dans le cas où c'est plus de trois mois après le commencement des poursuites qu'un acte public a fixé les droits et reprises de la femme, lorsque l'entier dénûment du mari et les difficultés que la femme avait à surmonter pour agir utilement, expliquent ce retard (1);

2° Si les frais nécessaires pour mener les poursuites à fin devaient épuiser l'actif du mari ;—spécialement (2), si, plus de trois mois après un commandement signifié dans la quinzaine, la femme a fait saisir le mobilier du mari, mais n'a poursuivi ni la vente de ce mobilier, ni l'expropriation des immeubles, parce que la valeur du mobilier était insuffisante pour couvrir les frais de la vente, et que la femme n'eût pu être colloquée utilement sur le prix des immeubles à cause des frais d'expropriation et des autres créances privilégiées;

3° S'il avait été ordonné un plus amplement informé relativement à la liquidation des droits et reprises de la femme (3).

210. La Cour de cassation nous semble avoir tracé une voie dangereuse en décidant qu'il n'y avait pas eu interruption de poursuites de nature à entraîner la nullité du jugement de séparation, dans le cas où le commandement signifié au mari pendant le délai de quinzaine avait été seulement suivi d'un procès-verbal de carence après un intervalle de cinq mois (4), et dans celui où les exécutions commencées en temps opportun avaient été suspendues pendant onze mois vingt-quatre jours (5). Nous ne pouvons, comme

---

(1) Bordeaux, 16 août 1838 (Dalloz, n° 1839) ; *Id.*, 15 mai 1839 (D.P., 39.2.263).
(2) Bordeaux, 1er fév. 1845 (D.P., 45.4.469).
(3) Cassation, 9 juillet 1828 (D.P., 28.1.319).
(4) 6 déc. 1830 (D.P., 31.1.16).
(5) 2 mai 1831 (D.P., 31.1.182).

M. Troplong (1), adopter sans réserve une doctrine aussi élastique. Les tribunaux ne sauraient s'autoriser des décisions de la Cour suprême que nous venons de signaler pour apporter dans l'appréciation des circonstances une facilité qui entraînerait de graves abus (2). Ils doivent se montrer toujours soigneux de déjouer la mauvaise foi qu'une suspension un peu longue des poursuites fait naturellement présumer.

211. La Cour de Poitiers a jugé fort sainement que l'interruption pendant deux ans des poursuites commencées dans la quinzaine rendait le jugement de séparation de biens sans effet (3).

212. Il faut, du reste, observer que le jugement de séparation doit être annulé toutes les fois que, indépendamment de l'intention frauduleuse, l'interruption des poursuites fait supposer de la part de la femme une renonciation au bénéfice de ce jugement (4).

Dans tous les cas, un intervalle de trois ans constituerait nécessairement un abandon des poursuites, puisque la loi n'exige pas un délai plus long pour la péremption des instances (5), sauf toujours l'excuse tirée d'obstacles invincibles.

213. Les auteurs approuvent avec raison un arrêt par lequel la Cour de cassation a jugé qu'il n'y a pas interruption de poursuites, dans le sens de la loi, par cela seul que la femme a cessé d'agir directement contre son mari pour plaider, en présence de ce dernier, contre un créancier qui avait

(1) N° 1366.
(2) Conf., Chauveau sur Carré, quest. 2953 *bis.*
(3) 9 janv. 1807 (*Journ. du palais*, 5, 620).
(4) Carré, quest. 2953; Benoît, n° 312; Rodière et Pont, n° 848.
(5) Rodière et Pont, *ibid.*; Dalloz, n° 1844.

fait saisir les immeubles sur lesquels reposaient, non-seulement son hypothèque légale, mais encore un droit de rétention que lui accordait la coutume sous l'empire de laquelle elle s'était mariée (1).

M. Benoît estime que, si bien dans ce cas on a dû décider qu'il n'y avait pas interruption de poursuites, c'est que la femme agissait en présence de son mari et contre lui, puisqu'elle était intervenue dans une instance en expropriation où il figurait comme partie saisie. Il en aurait été autrement, dit-il, si elle se fût contentée d'actionner un tiers détenteur, par exemple, en l'absence de son mari, pour obtenir le délaissement d'un immeuble dont elle aurait voulu se prévaloir pour le paiement de ses droits. Lors même que le mari n'aurait pas eu d'autres biens, l'auteur ne pense point que les poursuites de la femme contre ce tiers eussent pu être considérées comme une continuation de celles qu'elle aurait commencées dans la quinzaine. Elle aurait dû, en même temps qu'elle formait sa demande contre le tiers possesseur, poursuivre son mari, faire saisir son mobilier ou au moins faire dresser contre lui un procès-verbal de carence. Tant que l'absence de moyens de se libérer de la part du mari n'est pas légalement constatée, la femme serait censée avoir interrompu ses poursuites contre lui, si elle ne les complétait pas par un acte qui pût apprendre à la justice qu'elle n'a d'autre ressource, pour se faire payer de ses droits, que l'action contre le tiers détenteur.

Nous ne partageons point cet avis. Il faut envisager avant tout le but que la loi s'est proposé. Or, elle a voulu refuser sa sanction aux jugements de séparation de biens qui n'auraient pas reçu une exécution sérieuse, parce qu'ils seraient

____

(1) 23 mars 1819 (D.P., 19.1.363) ; Benoît, n° 313; Chauveau sur Carré, quest. 2953 *ter* ; Bioche, n° 84 ; Dalloz, n° 1838.

le résultat d'une collusion plutôt qu'un moyen de sauvegarder la dot de la femme. Mais dès que la femme se livre à des poursuites énergiques, les sévérités de la loi doivent disparaître, car sa défiance est désarmée. Eh bien ! le jugement n'est-il pas exécuté d'une manière sérieuse, lorsque la femme poursuit un tiers qui détient des immeubles de son mari hypothéqués à ses créances ? En exigeant des poursuites, la loi ne dit pas qu'elles devront être dirigées nécessairement contre le mari : il suffit qu'elles aient pour objet les biens de ce dernier.

Ce qui paraît avoir égaré M. Benoît, c'est un considérant de l'arrêt que nous venons de citer, où, pour mieux justifier sa doctrine, la Cour suprême dit que la femme ne pouvait parvenir à opérer l'exécution complète par le paiement réel de ses droits, qu'au moyen de la demande en distraction par elle formée contre le créancier de son mari ; mais ce motif, destiné à corroborer la décision, n'impose pas à la femme la condition de prouver, si elle veut diriger ses poursuites contre un tiers détenteur des immeubles de son mari, que ce dernier ne possède pas d'autres biens. Le tiers détenteur pourra opposer à la femme le bénéfice de discussion, s'il se trouve dans les cas prévus par la loi (art. 2170 Cod. Nap.); mais ce sera une tout autre question à trancher.

214. Nous devons mentionner, en terminant cet article, deux décisions qui ne sont pas sans importance.

La Cour de Grenoble a décidé, par arrêt du 6 juin 1829 (1), que la femme séparée de biens ne peut faire comprendre dans la liquidation de ses droits tout ou partie de la valeur estimative de son trousseau, que lorsqu'elle justifie, ou qu'elle ne l'a pas reçu en nature depuis la sépara-

____

(1) D.P., 30.2.110.

tion de biens, ou qu'elle n'en a reçu qu'une portion, le cumul de la chose et du prix ne lui étant pas permis comme autrefois.

Il faut apporter un tempérament à cette décision. Si, au moment où la séparation est prononcée, il s'est écoulé plusieurs années depuis le mariage, le trousseau doit avoir subi une dépréciation. Il est juste que la femme en soit indemnisée. Les tribunaux apprécieront cette dépréciation et arbitreront la valeur qui doit être allouée à la femme pour cet objet.

215. Suivant un autre arrêt de la même Cour (1), le mari ne peut imputer sur les reprises dues à sa femme en cas de séparation de biens le montant du mobilier dont il lui a fait la remise avant le jugement de séparation, parce que la femme n'a pas capacité jusqu'à ce jugement pour donner quittance des valeurs qu'elle a reçues. Il en est de même des paiements faits à la femme à compte sur ses reprises durant l'instance en séparation de biens : la fiction de l'art. 1445 du Code Napoléon, qui fait remonter les effets du jugement au jour de la demande (2), ne confère pas à la femme la capacité de recevoir ces paiements avant que la séparation soit prononcée.

§ 3.—Des nullités du jugement de séparation de biens.

216. La nullité que l'article 1444 du Code Napoléon attache au défaut d'exécution du jugement de séparation de biens dans la quinzaine frappe tout à la fois le jugement et les procédures qui l'ont précédé, de telle sorte que ces procédures ne peuvent servir de base à un nouveau jugement de séparation de biens.

---

(1) 28 août 1847 (D.P. 48.2.137).
(2) Voy. *infrà*, n°s 266 et suiv.

Sur ce point, la Cour de cassation a rendu, le 11 juin 1823 (1), un arrêt remarquable qui a fixé les opinions (2) et que nous croyons devoir transcrire en entier :

« La Cour, considérant qu'aux termes de l'article 1444 du Code civil, *la séparation de biens est nulle*, si elle n'a pas été exécutée dans la quinzaine ;

« Que la nullité que cet article prononce ne s'applique pas limitativement au jugement de séparation de biens, mais d'une manière beaucoup plus étendue à la séparation même, expression qui annonce que le législateur n'a pas eu seulement en vue le jugement qui la prononce, mais les procédures faites pour l'obtenir, c'est-à-dire l'instance introduite par les parties, et par conséquent que c'est cette instance qu'il a entendu annuler et qu'il annule ;

« Que l'article 156 du Code de procédure civile, loin de contrarier ce système, le justifie ; qu'en effet cet article, s'expliquant sur des jugements par défaut non exécutés dans le délai de six mois, ne considère que les jugements et se borne à dire qu'ils sont réputés *non avenus*, tandis que l'article 1444 du Code civil, s'expliquant sur la séparation de biens, se sert d'expressions différentes, et dit en termes généraux et absolus *que la séparation est nulle ;*

« Qu'au reste, l'article 156 du Code de procédure, et l'article 397, également cité par l'arrêt attaqué, ne sont d'aucune influence dans les causes de séparation de biens, matières régies par des dispositions spéciales qui, en plu-

---

(1) D.P., 23.1.252 ; S., 23.1.317.

(2) Conf., Amiens, 19 fév. 1824 (*Journ. du Palais*, 17, 1176) ; Bordeaux, 22 janv. 1834 (D.P., 36.2.103) ; Cassation, 3 avril 1848 (D.P., 48.1.89) ; Berriat-Saint-Prix, p. 674, note 18, n° 2 ; Benoît, n° 314 ; Zachariæ, *Droit civil*, t. 3, p. 475 ; Chauveau sur Carré, quest. 2955 bis ; Bioche, n° 66 ; Rodière et Pont, n° 849 ; Troplong, n° 1376.

sieurs points, ont dû déroger aux règles ordinaires et y dérogent effectivement ;

« Qu'ainsi, avant de se pourvoir en séparation, la femme doit être autorisée par le président du tribunal ; que sa demande doit être affichée dans l'auditoire de ce tribunal, dans les chambres des avoués, dans celles des notaires, être annoncée dans un journal, et qu'aux termes de l'article 869 du Code de procédure, il ne peut être prononcé aucun jugement de séparation qu'un mois après l'observation de ces formalités, toutes prescrites à peine de nullité ;

« Qu'il est hors de doute qu'elles ont été établies principalement dans l'intérêt des créanciers du mari, afin qu'ils soient avertis des poursuites exercées contre leur débiteur et qu'ils puissent veiller à la conservation de leurs droits, intervenir dans l'instance en séparation, prendre connaissance des pièces justificatives de la demande et déjouer les fraudes qui seraient commises à leur préjudice ;

« Que c'est par les mêmes motifs que l'article 1444 du Code civil veut que les séparations de biens soient exécutées dans la quinzaine, et qu'il les déclare nulles si la femme laisse expirer ce délai sans obtenir ou poursuivre le paiement de ses droits et de ses reprises ;

« Qu'il est évident que, par cette dernière disposition, la loi remet les parties dans l'état où elles étaient avant la demande en séparation, et par conséquent qu'elle annule cette demande et toutes les procédures dont elle a été l'objet ;

« Que s'il en était autrement, que si, n'annulant que le jugement de séparation, la loi laissait subsister les procédures antérieures et permettait à la femme d'en reprendre à son gré les errements, il résulterait de ce système que, lorsque le jugement serait devenu caduc, à défaut d'exécution dans la quinzaine, la femme pourrait, plusieurs mois, plusieurs années, un grand nombre d'années après, reporter sur une simple citation sa demande en justice et *faire prononcer* de nouveau *sa demande en séparation* (1) dans le délai de quelques jours, à l'insu des créanciers, souvent à leur préjudice, et rendre ainsi illusoires toutes les garanties introduites en leur faveur, système aussi contraire à l'ordre public qu'au texte et à l'esprit de l'article 1444 et de toutes les dispositions du Code de procédure qui s'y rapportent;

« Casse l'arrêt de la Cour de Bordeaux du 6 mars 1820. »

217. Par qui la nullité résultant du défaut d'exécution dans la quinzaine peut-elle être opposée ?

D'abord, nul doute qu'elle ne puisse être opposée par les créanciers du mari, dans l'intérêt desquels elle est prononcée. La séparation irrégulière est une fraude à leurs droits; ils sont donc fondés à la faire annuler, pour agir comme si elle n'était pas intervenue (2).

218. Mais ce droit appartient-il indistinctement aux créanciers qui n'ont traité avec le mari que postérieurement à la séparation et à ceux qui ont un titre antérieur ?

MM. Rodière et Pont (3) placent les deux catégories de créanciers sur la même ligne et leur reconnaissent également le droit d'opposer la nullité résultant du défaut d'exécution dans la quinzaine. Ils citent à l'appui de leur opinion celles de MM. Armand Dalloz (4), Bioche (5) et Pigeau (6).

C'est une doctrine bien légèrement adoptée.

---

(1) Lisez : *Faire prononcer sa séparation.*
(2) Toullier, 13, n° 91 ; Benoît, n° 315 ; Odier, n° 388 ; Rodière et Pont, n° 850 ; Troplong, n° 1367.
(3) N° 850.
(4) *Diction.*, supplém., v° *Sépar. de biens*, n° 172.
(5) N° 88 (104 de la 3° édition).
(6) T. 1, p. 513.

M. Pigeau est cité par M. Bioche comme reconnaissant aux créanciers du mari postérieurs à la séparation le droit d'arguer cette séparation de nullité quand elle n'a pas été publiée, et nous verrons plus loin (1) que cet avis est fort sage ; mais on ne doit pas confondre ce point avec celui de savoir si les créanciers postérieurs à la séparation peuvent opposer la nullité résultant du défaut d'exécution dans la quinzaine, et cette dernière question a été résolue par M. Pigeau dans un sens contraire à l'opinion de MM. Rodière et Pont (2), car il dit fort bien (§ XI) : « Quant à ceux qui ne sont devenus créanciers du mari que depuis l'acte d'exécution frauduleux, ils ne pourraient l'attaquer en leur nom personnel ; il n'est point fait en fraude de leurs droits, puisque ces droits n'existaient point encore. » MM. Dalloz et Bioche étayent leur propre sentiment sur une décision du tribunal de Caen du 3 août 1838 (3).

Mais ce sentiment ne saurait se justifier. Comment les créanciers postérieurs se plaindraient-ils, puisqu'il n'a pu être pratiqué aucune fraude à leur préjudice et que la loi n'annule la séparation exécutée tardivement qu'afin d'empêcher une collusion préjudiciable aux créanciers ?

L'avis de M. Pigeau doit donc incontestablement prévaloir ; il a été du reste consacré d'une manière formelle par un arrêt de la Cour de Colmar du 26 décembre 1826 (4), et il est partagé par MM. Chauveau sur Carré (5) et Troplong (6).

---

(1) Nº 233.

(2) Ces auteurs ont été vraisemblablement égarés par la citation inexacte de M. A. Dalloz, *ubi suprà*.

(3) *Journ. de proc.*, art. 1175.

(4) D.P., 29.2.87.

(5) Quest. 2957 *quater*.

(6) Nº 1368 ; Conf., Dalloz, *Jurisp. génér.*, 13, nº 1849.

219. Si un tiers était devenu créancier du mari depuis le jugement qui prononce la séparation de biens, mais avant l'expiration du délai dans lequel ce jugement devait être exécuté, il pourrait opposer la nullité résultant de l'exécution tardive : car la femme n'a pu retarder cette exécution au mépris des droits qui lui étaient acquis.

220. Si ce tiers n'avait contracté qu'après l'expiration du délai de quinzaine, quoique avant l'exécution du jugement, nous croyons qu'il ne serait pas fondé à se plaindre de la tardiveté de l'exécution. D'un côté, il a dû croire, au moment où il contractait, que la séparation était exécutée, puisqu'il avait laissé expirer le délai dans lequel l'exécution est circonscrite, et, de l'autre, les prescriptions rigoureuses de la loi n'ont pu s'appliquer à lui, dès l'instant que ses droits n'existaient pas encore à l'époque où l'accomplissement de ces prescriptions devait recevoir son terme. La femme, en franchissant cette époque sans se conformer à la loi, n'a donc pu songer à lui nuire.

221. Il est juste aussi de décider que les créanciers antérieurs qui ont concouru aux actes d'exécution tardive ne sont pas recevables à se prévaloir de la nullité prononcée par l'article 1444. On doit leur appliquer la règle : *volenti non fit injuria*. La loi ne peut prendre soin de leurs intérêts mieux qu'eux-mêmes (1).

222. Dans quel délai les créanciers doivent-ils exercer l'action en nullité de l'article 1444 ?

Tout le monde reconnaît que l'article 873 du Code de procédure n'est pas applicable ici, et que, dès lors, les

______

(1) Douai, 19 août 1840 (S.D., 40.2.497); Riom, 22 avril 1822 (*Journ. du Palais*, à sa date); Troplong, n° 1369; Dalloz, n° 1850; Voy. *infrà* n° 224.

créanciers ne sont pas tenus d'exercer leur action dans le délai d'un an (1).

Mais quelques auteurs ont pensé que l'action en nullité devait être limitée au délai de dix ans, par application de l'article 1304 du Code Napoléon (2).

D'autres assignent à cette action la durée des actions ordinaires, c'est-à-dire celle de trente ans (3).

D'autres, enfin, sont d'avis que les créanciers peuvent opposer *en tout temps*, et même après le délai de trente ans, la nullité résultant du défaut d'exécution (4).

223. A quel système faut il s'arrêter?

D'abord, on ne voit pas pourquoi les créanciers seraient tenus d'agir dans le délai de dix ans. Nous ne dirons pas, avec MM. Rodière et Pont (5), que l'article 1304 du Code Napoléon est inapplicable aux actions révocatoires des créanciers, mais nous ferons observer, avec M. Carré (6), que cet article n'est relatif qu'aux demandes en rescision ou nullité *des conventions*, et que sa disposition limitative ne doit pas être étendue.

Pour décider que les créanciers doivent exercer leur ac-

---

(1) Grenoble, 6 juin 1817 et 11 fév. 1819 (Dalloz, 13, n° 1897); Cassation, 13 août 1818 (D.P., 19.1.146); Bourges, 15 fév. 1825 (Devill., *Coll. nouv.*, t. 7, 2); Bordeaux, 22 janv. 1834 (D.P., 36.2.103); Merlin, sect. 2, § 3, n° 5); Pigeau, § XI, n° 3; Carré et Chauveau, quest. 2952; Berriat-Saint-Prix, p. 673, note 16; Bellot des Minières, t. 2, p. 145; Toullier, 13, n° 94; Chauveau, quest. 2958, *in fine*; Rodière et Pont, n° 853; Troplong, n° 1370.

(2) Toullier, 13, n° 94; Battur, n° 643; Dalloz, 1re édit., 10, 242, n° 45.

(3) Odier, n° 392; Troplong, n° 1370; Conf., Bordeaux, 11 avril 1825 (D.P., 28.1.319).

(4) Rodière et Pont, n° 853; Dalloz, n° 1863.

(5) *Loc. cit.*

(6) Quest. 2959.

tion en nullité dans les trente ans, on dit que c'est là le droit commun. Mais MM. Rodière et Pont objectent que dans le cas où le jugement n'a pas été exécuté utilement, il est réputé non avenu; que la demande en séparation est présumée alors n'avoir pas été sérieuse, et que, par conséquent, les créanciers du mari sont fondés en tout temps, même après dix ou trente ans, à prétendre qu'elle n'existe pas, et cela sans recourir à la voie de la tierce opposition, car on n'attaque par cette voie qu'un jugement qui subsiste. MM. Rodière et Pont prétendent étayer leur opinion sur celle de Merlin (1) : mai sont-ils pu croire que cet auteur, en disant que, si les formalités voulues par la loi n'ont pas été observées, les créanciers du mari sont reçus en tout temps à se pourvoir contre le jugement de séparation et à le faire rétracter, ait entendu reconnaître à ces créanciers la faculté indéfinie de repousser le jugement? Dans notre pensée, Merlin s'est servi de ces expressions, *en tout temps*, par opposition au délai *d'un an* dans lequel les créanciers sont tenus d'attaquer le jugement, lorsque les formalités prescrites ont été accomplies; mais il n'a certainement pas voulu se placer en dehors du droit commun, d'après lequel toutes les actions se prescrivent par trente ans (2) : car il est loin de prétendre, comme MM. Rodière et Pont, que la nullité s'opère de plein droit et que les créanciers peuvent se borner à ne pas tenir compte du jugement. Suivant lui, les créanciers doivent se pourvoir contre le jugement pour le

----

(1) *Loc. cit.*

(2) On entend de cette manière l'article 66 du Code de commerce, d'après lequel, lorsqu'un jugement qui prononce la séparation de corps entre mari et femme, dont l'un serait commerçant, n'est pas revêtu des formalités prescrites par l'art. 872 du Code de proc. civ., les créanciers sont *toujours* admis à s'y opposer.

faire rétracter, ce qui revient à dire qu'ils doivent en faire l'objet d'une action en nullité.

C'est ainsi que l'a entendu M. Pigeau (1) : « Les créan- « ciers du mari, dit-il, peuvent donc *en tout temps* attaquer « l'acte d'exécution fait en fraude de leurs droits existants « lors de cet acte, à quelque époque qu'ils en aient connais- « sance, *et tant que la prescription n'est point acquise.* »

M. Carré (2) renvoie à l'opinion exprimée par M. Pigeau, et dans une consultation rapportée par M. Chauveau (3), il a formellement expliqué que les mots *en tout temps* dont il s'est servi après Merlin accordaient *trente ans* au créancier.

224. Quant à la jurisprudence, elle semble appuyer la doctrine de MM. Rodière et Pont. Ainsi, notamment, la Cour de cassation a décidé, par arrêt du 15 janvier 1843 (4), qu'un jugement de séparation de biens non exécuté confor- mément à l'article 1444 du Code Napoléon a pu être consi- déré comme ne faisant pas obstacle aux poursuites exercées par les créanciers du mari sur des créances transportées à sa femme, alors d'ailleurs que ces transports sont entachés de fraude.

Cette solution a pu être principalement déterminée par les circonstances de la cause; mais il n'en est pas moins évi- dent pour nous que la Cour suprême est allée beaucoup trop loin (5), et son arrêt, peu motivé du reste, ne saurait ébran- ler notre conviction. Pour n'avoir pas été suivi d'une exé- cution régulière, le jugement de séparation n'en existe pas

---

(1) *Loc. cit.*
(2) *Loc. cit.*
(3) Quest. 2958, *in fine.*
(4) D.P., 43.1.174. *Adde* Bourges, 15 fév. 1823 (Dalloz, n° 1897).
(5) Conf., Dalloz, *Rec. périod.*, 43.1.174, à la note.

moins. La nullité qui le frappe n'est pas même une nullité d'ordre public (1), car elle n'a pour objet que d'empêcher la fraude dont pourraient souffrir les intérêts particuliers des créanciers du mari, et il ne faut pas la confondre avec la nullité de la séparation volontaire. Comment serait-ce une nullité s'opérant de plein droit, sans l'intermédiaire du juge?

On doit donc reconnaître que, dans le cas où le jugement de séparation n'a pas été exécuté dans la quinzaine, les créanciers du mari sont tenus d'en provoquer la nullité, et que leur droit s'éteint après la durée ordinaire des actions, c'est-à-dire après trente ans.

225. Il n'est pas douteux que, n'ayant point été parties au jugement, les créanciers peuvent l'attaquer par la voie de la tierce opposition (art. 474, Cod. proc.); c'est d'ailleurs ce que les termes de l'article 873 du Code de procédure indiquent clairement. Dans ce cas, comme dans celui de l'action directe en nullité, le point de départ du délai de trente ans sera nécessairement l'époque où les créanciers auront eu connaissance de l'acte d'exécution fait en fraude de leurs droits ou du défaut d'exécution dans le délai légal ; jusque là leur droit demeurera entier, et ils pourront toujours repousser, par voie d'exception, le jugement de séparation non exécuté ou exécuté imparfaitement, qui leur serait opposé. Mais après les trente ans écoulés depuis l'époque où ils auraient eu connaissance du défaut d'exécution ou de l'exécution irrégulière, ils ne pourraient point repousser le jugement par une exception qui ne serait pas une défense à une action formée par la femme ; celle-ci leur opposerait avec

______

(1) Douai, 19 août 1840 (D.P., 40.2.497) ; Limoges, 25 fév. 1845 (D.P. 47.2.39); M. Dalloz, n° 1864, fait résulter le contraire de divers arrêts qu'il cite, mais qui se bornent à écarter l'application de l'art. 873 du Code de procédure. Voy. *suprà*, n° 221.

raison la prescription trentenaire. Il en serait autrement si, après ce même intervalle, la femme avait dirigé quelque demande contre eux ; ils se prévaudraient de la maxime : *quæ temporalia sunt ad agendum sunt perpetua ad excipiendum.*

226. Les créanciers du mari peuvent aussi demander la réformation du jugement de séparation de biens par la voie de l'appel, suivant le droit commun. On ne saurait, pour leur refuser cette faculté, se fonder sur ce que, après leur avoir été spécialement réservée par le projet du Code, elle ne fut pas maintenue dans la rédaction définitive, car M. Mouricault, dans son rapport au Tribunat, et le Tribunat lui-même, s'en référèrent à l'application du droit commun (1).

227. Il importe maintenant d'examiner si la nullité résultant du défaut d'exécution peut être opposée par les époux, soit l'un à l'autre, soit aux tiers qui ont contracté avec l'un d'eux.

Dans l'ancienne jurisprudence, la séparation de biens non exécutée était nulle aussi bien entre les époux qu'à l'égard des tiers (2).

Sous le Code, les opinions sont divergentes.

Ceux qui soutiennent que la nullité ne peut être opposée ni par le mari à la femme, ni par la femme au mari, invoquent l'ensemble des dispositions légales qui régissent les séparations entre époux. Dans quel but le législateur aurait-il établi cette déchéance exceptionnelle, si ce n'est parce qu'il a

---

(1) Pigeau, 2, p. 570 ; Carré et Chauveau, quest. 2961 ; Berriat-Saint-Prix, p. 673, note 17; Benoît, n° 329 ; Bellot des Minières, p. 146 ; Bioche, n° 92 ; Dalloz, n° 1903 ; Poitiers, 6 juillet 1824 (Dalloz, *ibid.*).

(2) Duplessis, sur l'art. 224 de la coutume de Paris ; Dumoulin, sur l'art. 110 de la même coutume, et sur l'art. 121 de celle de Montfort; d'Argentré sur Bretagne, art. 415 ; Lebrun, *Communauté*, liv. 3, chap. 1, n° 8; Denizart, v° *Séparation*, n°s 41 et 42.

craint que le jugement de séparation ne fût pour les époux qui l'invoquent une occasion trop fréquente de colluder au préjudice des créanciers du mari? On objecte la généralité des termes dans lesquels cette déchéance est prononcée. Mais qu'importe la généralité des expressions, si, en leur prêtant un sens trop large, trop absolu, on fausse ouvertement l'esprit qui les a dictées? Comment la femme exciperait-elle de sa propre négligence? Comment le mari serait-il admis à se prévaloir d'un défaut d'exécution qui fait supposer une collusion entre sa femme et lui (1)?

Pour accorder aux époux le droit de s'opposer respectivement la nullité dont il s'agit, on dit d'abord que la loi ne refuse pas ce droit aux époux; qu'elle ne distingue point et qu'on ne doit pas distinguer plus qu'elle ne le fait; que le mari n'est pas obligé d'alléguer sa propre collusion, car il peut dire que la femme s'est repentie; qu'en supposant que la séparation de biens soit le résultat d'un concert frauduleux, la faute du mari est égale à celle de la femme, et réciproquement; que nul des deux, par conséquent, ne peut tirer avantage contre l'autre d'un jugement dont l'inexécution ou l'exécution imparfaite indique suffisamment qu'il n'était point sérieux (2).

M. Troplong, tout en adhérant à cette dernière doctrine,

---

(1) Grenoble, 14 mars 1818 (Villars, p. 598); Colmar, 8 août 1820 (*Journ. du Palais*, 16, 103), et 26 déc. 1826 (D.P., 29.2.87); Lyon, 28 mai 1824 (D.P., 25.1.268); Poitiers, 4 mars 1830 (D.P., 30.2.282); Grenoble, 8 avril 1835 (D.P., 35.2.143); Nîmes, 4 juin 1835 (D.P., 36.2.9); Cassation, 12 avril 1837 (D.P., 37.1.285); Orléans, 24 déc. 1840 (D.P., 41.2.225); Benoît, 315; Chauveau sur Carré, quest. 2957 *bis*.

(2) Amiens, 19 fév. 1824 (D.P., 24.2.97); Bordeaux, 17 juillet 1833 (D.P., 34.2.49); Rouen, 9 déc. 1836 (D.P., 37.2.101); Bordeaux, 11 avril 1840 (D.P., 41.2.59); Toullier, 13, n° 76; Delvincourt, 2, p. 110; Odier, 1, n° 387; Rodière et Pont, n° 1371; Dalloz, n°° 1851 à 1856.

reconnaît (1), avec la jurisprudence, que, si le mari avait participé aux actes de tardive exécution, il serait non recevable à s'en plaindre ultérieurement ; que, de même, si la femme avait exécuté le jugement hors des délais, si elle avait pris la position de femme séparée, elle ne serait pas recevable à opposer à son mari la nullité de l'art. 1444.

228. Ces tempéraments atténuent sans doute ce que la dernière opinion que nous venons d'exposer offre de dangereux, mais ils laissent encore un champ trop vaste à la mauvaise foi des époux. Il ne faut pas oublier que la loi a accumulé les précautions et les rigueurs pour empêcher les séparations frauduleuses : or, ne serait-ce pas, en quelque sorte, les favoriser, que d'autoriser les époux à se prévaloir de leur propre collusion ? Le mari, dit M. Troplong, peut soutenir que la femme a abandonné l'idée d'une séparation fâcheuse, et dès lors il n'est pas obligé d'alléguer son propre dol. Mais devra-t-on ajouter foi au langage du mari ? Ce langage n'est-il pas évidemment suspect ? Ne doit-on pas supposer que, si la séparation n'a point reçu une exécution sérieuse, c'est qu'elle a été le résultat d'un concert frauduleux entre les époux ? En semblable matière, la fraude est toujours présumable de la part de ces derniers (2).

Ainsi, nous pensons, avec la Cour de cassation et le plus grand nombre des Cours d'appel, que la nullité de l'art. 1444 du Code Napoléon a été introduite exclusivement en faveur des créanciers du mari, et qu'elle ne peut être dans aucun cas opposée par les époux l'un à l'autre.

229. Les mêmes raisons nous feront décider que les époux ne peuvent opposer cette nullité aux tiers.

---

(1) Nos 1372, 1374 ; Conf., Dalloz, nos 1852, 1853, 1855.
(2) Cassation, 18 nov. 1835 (D.P., 35.1.445).

Le contraire a été décidé par l'arrêt de la Cour de Rouen du 9 novembre 1836, que nous avons cité au n° 227. Cet arrêt fonde sa doctrine sur ce que les tiers qui contractent avec la femme se disant séparée de biens peuvent toujours s'assurer si cette séparation a été suivie d'exécution, en se faisant représenter les actes qui constatent que le mode d'exécution spécifié par l'art. 1444 a été suivi; alors, dit l'arrêt, s'il contractent, c'est à leur propre négligence qu'ils doivent imputer l'erreur préjudiciable dans laquelle on pourrait les induire.

M. Troplong, n° 1375, distingue encore s'il y a eu des actes d'exécution tardifs, ou s'il n'y a eu aucun acte d'exécution : dans le premier cas, il reconnaît que les époux ne sont pas recevables; ils seraient forcés d'alléguer leur propre turpitude, et de dire qu'ils ont agi dans un esprit de collusion. Dans le second cas, ils lui paraissent fondés à opposer la nullité; ils peuvent dire qu'ils ont abandonné la séparation pour revenir à leur contrat de mariage, et les créanciers n'ont pas à se plaindre, parce qu'il leur était facile de se faire communiquer les actes d'exécution.

A nos yeux, une telle distinction est inadmissible. Comment les époux auraient-ils la faculté de faire annuler ou maintenir, à leur gré, la séparation de biens, et de tenir ainsi dans leurs mains le sort des créanciers du mari, dont les droits n'auraient plus rien de certain ? Nous ne pouvons que nous défier du langage des époux. Encore une fois, s'ils n'ont pas exécuté la séparation, c'est qu'elle n'a été entre leurs mains qu'un instrument de fraude. S'ils avaient voulu véritablement détruire le jugement qui la prononce, ils l'auraient anéanti expressément et de la manière indiquée dans l'article 1451 du Code Napoléon, pour que les tiers ne pussent pas s'y tromper. La présomption de fraude qui pèse sur eux ne permet pas d'autoriser leur action en nullité, sous le prétexte que les tiers auraient à se reprocher quelque négligence.

Cette opinion, consacrée par la jurisprudence (1), a été même embrassée par MM. Rodière et Pont (2), qui, cependant, comme on l'a vu, reconnaissent aux époux le droit de s'opposer respectivement la nullité dont il s'agit. C'est une contradiction de la part de ces auteurs, car la femme ne peut pas être commune en biens avec son mari et séparée au respect des tiers.

Il est vrai que ce contraste se produit lorsque les créanciers font eux-mêmes prononcer la nullité : alors la femme, séparée de biens vis-à-vis de son mari, demeure commune pour les créanciers (3); mais, dans ce cas, l'incompatibilité des qualités n'est qu'apparente : la séparation produit tous ses effets, sauf qu'elle ne pourra avoir pour résultat de faire perdre aux créanciers du mari des droits acquis antérieurement. Et si l'on voulait encore voir là quelque anomalie, elle se justifierait par la nécessité d'imposer aux époux la peine de leur fraude ou de leur négligence. Mais aucune de ces raisons n'existe pour excuser les inconséquences du système adopté par MM. Rodière et Pont.

230. La nullité de l'article 1444 est une exception péremptoire qui peut être proposée en tout état de cause, et qui n'est pas couverte par la défense au fond ; elle peut même être proposée sur l'appel, bien qu'elle ne l'ait pas été devant les premiers juges (4).

---

(1) Colmar, 8 août 1820, Grenoble, 8 avril 1835, Nîmes, 4 juin 1835, Cassation, 11 avril 1837, arrêts déjà cités au n° 227; *Adde*, Cassation, 27 juin 1842 (D.P., 42.1.262).

(2) N° 850; *Adde*, Benoît, n° 315 ; Dalloz, n° 1857.

(3) Cassation, 11 avril 1837 (arrêt cité au n° 227); Orléans, 24 déc. 1840 (D.P., 41.2.225); Troplong, n° 1372.

(4) Cassation, 11 juin 1818 (*Journ. du palais*); Caen, 15 juillet 1828

231. Nous venons d'exposer ce qui est relatif à la nullité résultant du défaut d'exécution. Il nous reste à parler de la nullité qu'entraîne le non-accomplissement des formalités prescrites pour la validité du jugement ; car il ne faut pas croire, avec M. Troplong (1), que ces deux espèces de nullité se confondent dans l'application.

232. D'abord, les créanciers du mari postérieurs à la publication du jugement de séparation de biens ne peuvent attaquer ce jugement pour quelque cause que ce soit : avertis par la publicité, ils ne doivent imputer qu'à leur imprudence le préjudice qui résulte pour eux d'accords faits avec un mari contre lequel a été prononcée la séparation de biens.

233. Mais les créanciers antérieurs ou postérieurs au jugement qui n'a pas été rendu public ont le droit de se prévaloir de la nullité. D'un côté, ils sont fondés à dire qu'ils ont traité avec le mari dans l'ignorance du jugement de séparation, ou dans la conviction que le défaut de publicité avait rendu ce jugement caduc et sans effet. D'autre part, l'article 869 du Code de procédure civile permet au mari lui-même d'opposer la nullité résultant du défaut de publicité ; or, comme les créanciers peuvent exercer les droits et actions de leur débiteur, il s'ensuit que tous sont autorisés à se pourvoir contre le jugement, s'il n'a pas été publié (2).

(S., 30.2.189); Bordeaux, 22 janv. 1834 (D.P., 36.2.103); Toulouse, 7 fév. 1831 (*Journ. du palais*); Chauveau sur Carré, quest. 2957 *ter* ; Bioche, nᵒˢ 69, 70. — *Contrà*, Amiens, 25 nov. 1841 (*Journ. du palais*, t. 1, 1843, p. 496). Il faut noter que dans cet arrêt il ne s'agissait pas seulement de la nullité résultant du défaut d'exécution, mais aussi de la nullité d'un acte de procédure, ce qui pouvait rendre applicable l'article 173 du Code de procédure civile.

(1) Nᵒ 1403.

(2) Pigeau, 2, p. 578 ; Thomine-Desmazures, 2, p. 480 ; Chauveau sur Carré, quest. 2957 *quater* ; Bioche, nᵒ 104.

Il faut du reste appliquer ici, relativement au délai de l'action en nullité, ce que nous avons dit pour le cas où le jugement n'a pas été exécuté dans la quinzaine (1).

234. Quant à la femme, il ne lui est pas permis d'opposer la nullité résultant du défaut de publicité, comme l'indiquent suffisamment les termes de l'article 869. Elle est elle-même chargée de l'accomplissement des formalités prescrites pour la publication du jugement ; comment pourrait-elle se prévaloir de leur omission ? Ne serait-il pas à craindre qu'elle ne les supprimât à dessein (2)?

235. Les motifs sur lesquels nous nous sommes appuyé pour refuser aux époux le droit de se prévaloir de la nullité résultant du défaut d'exécution (3) doivent faire décider que le jugement de séparation ne peut être attaqué ni par le mari ni par la femme, lorsqu'il est entaché d'une irrégularité étrangère à la publication.

236. Mais les créanciers, pour pouvoir opposer la nullité naissant soit du non-accomplissement des formalités prescrites pour la validité du jugement de séparation de biens, soit du défaut d'exécution, sont-ils tenus de prouver que le jugement leur cause un *préjudice ?*

Il n'est pas douteux que des créanciers sont recevables, comme l'a jugé la Cour de Douai (4), à former tierce opposition à un jugement de séparation de biens à la fois irrégulier et préjudiciable à leurs droits.

Mais la Cour de Limoges a-t-elle eu raison de décider qu'un créancier n'est admissible à contester un jugement de

---

(1) Voy. *suprà*, nᵒˢ 227 et suiv.
(2) Thomine-Desmazures, t. 2, p. 474 ; Chauveau sur Carré, nᵒ 545.
(3) Voy. *suprà*, nᵒˢ 227 et suiv.
(4) 23 mars 1831 (D.P., 31.2.161).

séparation de biens ou les actes relatifs à l'exécution de ce jugement, qu'autant qu'il aurait été rendu au préjudice de ses droits. et qu'à défaut de ce motif il doit être déclaré non recevable, comme agissant sans intérêt (1) ?

Nous ne le pensons pas. Le jugement de séparation de biens qui ne cause pas aux créanciers un préjudice actuel, peut être dans l'avenir un obstacle à l'exercice de leurs droits. La nullité dont nous nous occupons est assez grave pour qu'ils soient autorisés à la faire prononcer indépendamment de tout dommage immédiat.

On oppose vainement l'article 66 du Code de commerce, qui dispose qu'à défaut de publicité du jugement prononçant une séparation de corps ou un divorce entre mari et femme, dont l'un serait commerçant, les créanciers seront toujours admis à s'y opposer, *pour ce qui touche leurs intérêts,* et à contredire toute liquidation qui en aurait été la suite. Comme on le voit, il ne s'agit pas là d'une séparation de biens pure et simple, mais de celle qui est la conséquence du divorce ou de la séparation de corps. Or, on comprend qu'en pareil cas il était indispensable de limiter le droit d'opposition des créanciers à la mesure de leurs intérêts, parce que, s'ils n'éprouvent aucun dommage, ils sont obligés de s'incliner devant des motifs supérieurs aux convenances de leur position. Mais n'oublions pas que c'est là une hypothèse exceptionnelle, prévue seulement par le Code de commerce, et à laquelle on ne saurait assimiler les cas généraux de séparation de biens régis par les dispositions du Code Napoléon et du Code de procédure.

On ne serait pas mieux fondé à invoquer l'article 1447 du Code Napoléon, d'après lequel les créanciers du mari

---

(1) 2 août 1837 (D.P., 39.2.270) ; *Adde,* Bruxelles, 26 juin 1828 (*Journ. du palais*).

peuvent se pourvoir contre la séparation de biens prononcée et même exécutée *en fraude de leurs droits ;* car cet article dispose uniquement pour le cas où le jugement, régulier dans la forme, serait injuste au fond à l'égard des créanciers. Il se concilie avec l'article 873 du Code de procédure civile pour le développement d'un ordre de choses tout particulier, sans empiéter sur le domaine des articles 1444 du Code Napoléon et 869 du Code de procédure (1).

§ 4. — Du droit des créanciers du mari de se pourvoir contre le jugement de séparation de biens intervenu en fraude de leurs droits.

237. Aux termes de l'article 873 du Code de procédure civile, si les formalités prescrites pour la validité du jugement de séparation de biens et pour son exécution ont été observées, les créanciers du mari ne seront plus reçus, après l'expiration du délai d'un an (pendant lequel le jugement doit rester affiché), à se pourvoir par tierce opposition contre le jugement de séparation de biens.

Ainsi, la loi suppose que le jugement de séparation de biens, quoique revêtu de toutes les formalités qu'elle a prescrites, peut causer quelque grief aux créanciers du mari, et elle accorde à ceux-ci, indépendamment de l'action en nullité pour défaut de régularité de la procédure ou d'exécution du jugement, le droit d'attaquer la séparation et de la faire anéantir.

Cette disposition du Code de procédure n'est en quelque sorte que l'écho de l'article 1447 du Code Napoléon, ainsi conçu : « Les créanciers du mari peuvent se pourvoir contre la séparation de biens prononcée et même exécutée en

---

(1) Troplong, n° 1403.

fraude de leurs droits; ils peuvent même intervenir dans l'instance sur la demande en séparation pour la contester. »

On comprend, en effet, que tout en observant les formalités prescrites par la loi, afin de ne pas donner prise à l'action en nullité, les époux ont pu songer à frustrer les créanciers du mari, soit en surprenant à la justice une séparation qui ne repose pas sur des causes sérieuses, soit en faisant adjuger à la femme des créances qui ne sont pas sincères.

Mais l'article 873 du Code de procédure a limité au délai d'un an l'exercice de l'action que l'article 1447 du Code Napoléon avait accordée dans ce cas aux créanciers. Il est juste que, quand toutes les conditions de régularité de la procédure, de publicité et d'exécution du jugement ont été remplies, les créanciers se hâtent de formuler leurs griefs. L'accomplissement de ces conditions et la faculté que l'article 1447 leur accorde d'intervenir dans l'instance, ne permettent pas qu'ils puissent remettre en question, après plusieurs années, une séparation de biens consommée régulièrement et sous leurs yeux. Tout doit avoir un terme, et si le créancier souffre de la déchéance qui l'atteint, il ne fait que subir la peine de sa négligence, puisque la loi a épuisé tous ses bienfaits envers lui (1).

238. On a agité la question de savoir si, pour être admis à attaquer dans l'année le jugement de séparation de biens régulièrement prononcé et exécuté, il suffit aux créanciers d'établir que ce jugement leur cause un préjudice, ou s'ils sont tenus de prouver qu'il a été le résultat d'une fraude pratiquée contre eux.

---

(1) Exposé des motifs.

M. Toullier (1) voit une différence entre la portée de l'art. 1447 et celle de l'art. 1167, qui reconnaît d'une manière générale aux créanciers la faculté d'attaquer les actes faits par leurs débiteurs *en fraude de leurs droits.*

Les expressions de la loi sont les mêmes dans l'un et l'autre article ; mais M. Toullier fait observer que l'art. 1167, dont la disposition est empruntée à l'ancien droit, s'applique nécessairement aux actes qui ont été accomplis en vue de nuire aux créanciers, et non point à tous ceux qui peuvent causer à ces derniers un préjudice, indépendamment de tout dol de la part de celui de qui ils émanent ; autrement, un débiteur ne pourrait plus ni vendre, ni hypothéquer, etc. Mais la simple demande en séparation ne saurait être un dol, avant le jugement qui statue sur cette demande. Cependant la loi permet aux créanciers d'intervenir dans l'instance : elle veut donc leur fournir le moyen, non point seulement de déjouer la fraude, mais encore de prévenir le préjudice qui pourrait les atteindre. Dominée par cette considération, que les séparations de biens sont généralement le résultat d'un concert frauduleux au préjudice des créanciers du mari, elle a voulu accorder à ceux-ci des moyens exorbitants du droit commun pour la sauvegarde de leurs intérêts. Les expressions de l'art. 1447 : *en fraude de leurs droits,* ne signifient donc pas autre chose, comme dans le droit romain, que le préjudice, *damnum,* que les créanciers éprouveraient par suite d'une séparation qui les priverait d'une partie du mobilier de la communauté, des revenus des immeubles de la femme, des successions mobilières qui pourraient lui échoir dans l'avenir, et non pas cette fraude unie au dol qui donne lieu à l'action révocatoire prévue par l'art. 1167.

---

(1) Nos 88 et suiv.

Il résulterait de cette théorie que les créanciers peuvent demander la nullité de la séparation de biens, non-seulement quand cette séparation, sans cause sérieuse, a été concertée pour nuire aux droits des créanciers, mais encore lorsque, juste en elle-même, elle leur fait éprouver un préjudice.

239. Il nous est impossible de souscrire à de pareilles idées, que ne justifient ni la lettre ni l'esprit de la loi. Chez nous, dans le langage du droit, la fraude se confond avec le dol, et suppose tout à la fois l'intention de nuire et le préjudice causé.

On est obligé de reconnaître que c'est dans ce sens que le mot *fraude* a été employé dans l'article 1167, relatif à l'action révocatoire. Le législateur s'est servi de la même expression en rédigeant l'art. 1447, qui permet aux créanciers de se pourvoir contre la séparation de biens prononcée et même exécutée : quelle raison aurait-on de croire que, dans cette disposition, il y a attaché une signification différente ?

Pourquoi n'aurait-il pas employé le mot *préjudice*, s'il avait voulu accorder aux créanciers le droit exorbitant que l'on suppose ?

Mais, évidemment, le législateur n'a pas entendu attribuer aux créanciers la faculté de faire annuler la séparation de biens, par cela seul qu'elle leur serait préjudiciable ; car il arrive fort rarement que cette séparation ne porte aucun préjudice aux créanciers, et si l'on admettait la théorie de M. Toullier, il n'y aurait, pour ainsi dire, pas de séparation de biens qui ne pût être annulée sur la demande de ceux-ci.

Sans doute, une simple demande en séparation de biens n'est pas par elle-même une fraude, mais elle peut amener un résultat frauduleux ; c'est pour cela que la loi permet aux créanciers d'intervenir dans l'instance : il vaut mieux prévenir le mal que d'avoir à le réparer.

240. De ce que la fraude se présume facilement dans les séparations de biens, il ne faut pas conclure qu'elles peuvent toujours être annulées sur la demande des créanciers à qui elles causent un préjudice. Ces derniers sont encore tenus de prouver la fraude, car il n'y a pas ici de présomption légale, et s'ils ne la prouvent pas, il serait souverainement inique de mettre au néant une séparation tout à la fois régulière et fondée, seulement à cause du dommage qu'ils en éprouveraient (1).

241. Un arrêt de la Cour de Bourges, du 12 février 1842 (2), décide que la liquidation des reprises de la femme, après séparation de biens, peut être attaquée par les créanciers du mari, hors de la présence desquels elle a eu lieu, non-seulement comme frauduleuse, mais encore à raison d'articles acceptés par le mari, sans justification suffisante, et nonobstant les aveux de celui-ci qui tendraient à confirmer l'existence de la dette.

Les principes que nous venons d'établir ne permettent pas d'approuver cette décision dans ses termes généraux. Pour la liquidation des droits de la femme comme pour la séparation elle-même, les créanciers du mari ne sont fondés à se plaindre qu'autant qu'ils prouvent une fraude concertée à leur préjudice par les époux. La liquidation des reprises de la femme ne saurait donc être annulée par le motif qu'elle ne reposerait que sur les aveux du mari, si aucune fraude n'était alléguée. Mais, dans l'espèce où a été rendu l'arrêt

---

(1) Dalloz, *Jurisp. gén.*, nouv. édit., 13, n° 1883 ; Arm. Dalloz, *Dict. gén.*, v° *Sép. de biens*, n° 158.
(2) D.P., 42.2.242.

de la Cour de Bourges, l'existence d'un concert frauduleux était parfaitement établie : c'est sans doute cette circonstance qui a déterminé la décision de la Cour, dont l'importance se trouve dès lors singulièrement amoindrie (1).

242. On a vu (2) que, dans le cas où toutes les formalités prescrites ont été observées, les créanciers du mari n'ont qu'un an pour attaquer le jugement de séparation de biens prononcé ou même exécuté en fraude de leurs droits, et que ce délai a le même point de départ et le même terme que celui pendant lequel le jugement doit rester affiché.

Nous ne comprenons point que des auteurs (3) aient pu croire que les créanciers avaient la faculté d'attaquer en *tous temps* le jugement régulier dans la forme, mais intervenu en fraude de leurs droits. Ils se fondent sur ce que l'art. 1447 du Code Napoléon ne fixe aucun délai après lequel l'action des créanciers ne serait plus recevable. Mais ils perdent donc de vue l'art. 873 du Code de procédure qui a eu précisément pour objet de limiter à un délai fort court l'action des créanciers, afin que la position des époux ne reste pas trop longtemps incertaine ? Si leur doctrine était suivie, l'art. 873 deviendrait sans portée ; et d'ailleurs, à quelles involutions de procédure ne pourrait-elle pas donner lieu ? Conçoit-on, par exemple, qu'après plus de vingt ans, un créancier du mari, ayant perdu l'espoir d'être payé par ce dernier et venant d'acquérir la preuve que la séparation obtenue par la femme a été le résultat de la fraude, pût faire annuler cette séparation régulièrement consommée ? Qu'il eût le droit de faire rapporter par la femme

______

(1) Dalloz, *Rec. pér.*, 42.2.242, note 4.
(2) N° 237.
(3) Carré et Chauveau, quest. 2959.

ou ses héritiers, non-seulement le mobilier de la communauté qui avait existé entre les époux et les immeubles que le mari avait cédés à sa femme en paiement de ses reprises, mais encore toutes les successions mobilières que celle-ci aura pu recueillir, tous les revenus des immeubles qu'elle possédait personnellement ?

Un semblable résultat est justement condamné par M. Toullier (1), qui fait observer avec raison qu'en ce qui concerne la séparation de biens, le législateur a songé à garantir également les intérêts des créanciers du mari et ceux de la femme et de la famille. La disposition de l'art. 873 du Code de procédure fait une part suffisante à ces deux espèces d'intérêts. Le délai d'un an est bien assez long pour les créanciers que la loi a mis à même, par tous les moyens, de surveiller la conduite des époux et de découvrir les fraudes (2).

On ne peut donc attribuer aux créanciers ni le droit d'agir en tous temps, comme le veut M. Carré, ni celui de se pourvoir dans le délai de dix ans, auquel l'art. 1304 du Code Napoléon limite les actions en nullité, comme l'enseigne M. Demiau-Crouzilhac (3).

243. Voici maintenant une question qui a été l'objet d'une vive controverse.

Le délai d'un an fixé par l'art. 873 du Code de procédure s'applique-t-il indistinctement à l'action en nullité dirigée contre le jugement de séparation de biens en lui-

---

(1) N° 93.

(2) Voy. dans le même sens, Pigeau, t. 2, p. 576; Favard de Langlade, 5, p. 106, n° 12; Dalloz, *Jur. gén.*, nouv. édit., 13; n° 1888; A. Dalloz, *Dict. gén.*, v° *Sépar. de biens*, n° 161; Bellot des Minières, t. 2, p. 138 et suiv., et p. 183; Rodière et Pont, n° 852.

(3) P. 547.

même et à celle qui a pour objet soit le chef de ce jugement qui liquide les reprises de la femme, soit l'acte ou le jugement séparé qui renferme la liquidation ?

L'affirmative s'appuyait sur les raisons suivantes :

1° La loi ne distingue pas entre la séparation de biens et la liquidation ; elle considère même celle-ci comme l'accessoire et la conséquence de celle-là, puisqu'elle déclare la séparation nulle si elle n'a été suivie de poursuites en liquidation dans la quinzaine, et, à l'égard de l'une comme l'égard de l'autre, il est d'ordre public que le temps pendant lequel les droits des époux et des tiers pourront demeurer incertains soit d'une courte durée ;

2° La publicité donnée au jugement de séparation de biens avertit suffisamment les créanciers que la liquidation a eu lieu ou qu'elle va suivre sans retard, et qu'ils ont à prendre toutes les précautions que leurs intérêts peuvent rendre nécessaires ;

3° Il ne doit pas dépendre des créanciers du mari de laisser en suspens durant trente ans les droits de la femme ;

4° Enfin, les créanciers que l'art. 873 a eus en vue sont les créanciers du mari antérieurs à la séparation ; ces créanciers ont bien plutôt intérêt à critiquer la liquidation que la séparation, laquelle sera le plus souvent indifférente pour eux. Aussi, lorsque la loi ouvre la voie de la tierce opposition contre le jugement de séparation de biens, c'est plutôt contre la liquidation que contre la séparation qu'elle leur permet de réclamer, dans le délai qu'elle a fixé.

244. Dans le principe, ce système absolu avait tendu à s'introduire dans la jurisprudence (1) ; mais il n'a pas tardé

(1) Cassation, 4 déc. 1815 (Dalloz, n° 1889) ; Riom, 26 déc. 1817 (*Id*, *ibid.*) ; *Adde*, Berriat-Saint-Prix, p. 673, note 17.

à recevoir une première modification. L'on a pensé que s'il était possible de considérer la liquidation des reprises de la femme comme tellement liée à la séparation de biens, dont elle doit être la suite immédiate, à peine de nullité, que les créanciers du mari doivent attaquer la liquidation dans le même délai que la séparation de biens, cette conséquence ne pouvait résulter que de la connaissance donnée aux créanciers du jugement de séparation par la publicité que prescrivent les art. 1445 du Code Napoléon et 872 du Code de procédure, publicité qui les met en demeure de veiller à à ce que la liquidation ne soit pas faite en fraude de leurs droits. Mais on ne saurait appliquer le délai d'un an, soit en faveur d'un acte particulier de liquidation, soit pour tout jugement postérieur qui fixe les droits de la femme, puisque l'un et l'autre, également dépourvus des conditions de publicité que présente le jugement de séparation, n'en diffèrent pas moins par leurs effets et demeureront légalement ignorés des tiers. D'ailleurs, l'art. 873 ne prescrit l'observation du délai d'un an que pour ce qui concerne le jugement de séparation : c'est donc à ce jugement seul que s'applique la déchéance. Ainsi, l'on s'est borné à placer sur la même ligne que la séparation de biens le chef du jugement de séparation qui liquide les droits de la femme (1).

245. Mais la doctrine et la jurisprudence ne se sont pas arrêtées là : elles ont creusé de nouveau la situation et l'ont réduite à des termes beaucoup plus simples encore, et qui sont ses véritables termes.

---

(1) Dijon, 6 août 1817 (D.P., 18.2.26) ; Cassation, 26 mars 1833 (D.P., 33.1.222) ; Paris, 25 avril 1835 (Dalloz, n° 1891) ; Bordeaux, 20 juin 1835 (D.P., 36.2.48) ; Toullier, 13, n°s 86, 87 ; Bellot des Minières, t. 2, p. 139 ; Delvincourt, 3, 406 ; Thomine, n° 1023 ; Benoît, n°s 331, 332 ; Duranton, 14, n° 413 ; Chauveau sur Carré.

Il est aujourd'hui à peu près constant que les créanciers ne sont tenus d'observer le délai de l'art. 873 qu'à l'égard de la disposition du jugement qui déclare les époux séparés, et que, pour attaquer la disposition relative à la liquidation des droits de la femme, ils jouissent de tout le temps par lequel se prescrivent les actions ordinaires, c'est-à-dire du délai de trente ans (1).

La Cour de cassation a justifié ce système par les considérations suivantes :

L'action en séparation de biens et l'action en liquidation des reprises de la femme sont essentiellement distinctes ; si elles peuvent être formées et jugées simultanément à raison de leur connexité, elles ne cessent pas de différer l'une de l'autre par leur nature et leur objet. La demande en séparation ayant pour but de modifier l'état des époux et les droits d'administration appartenant au mari, il importait de ne pas prolonger l'incertitude sur le sort de cette demande et de fixer un bref délai dans lequel les créanciers seraient tenus d'attaquer le jugement qui aurait prononcé la séparation. Tel est le motif qui a déterminé la disposition exceptionnelle que le législateur a insérée dans l'art. 873 du Code de procédure. Mais ce motif ne peut être appliqué à la liquidation des reprises de la femme, qu'elle soit opérée par le jugement même de liquidation ou par un jugement

---

(1) Grenoble, 21 mars 1827 (journal de cette Cour, 3, 529); *Id.*, 3 juillet 1828 (D.P., 29.2.7); *Id.*, 6 juin 1829 (D.P., 30.2.110); Limoges, 20 déc. 1828 (D.P., 36.1.98); Toulouse, 7 déc. 1832 (D.P., 33.2.44); Cassation, 11 nov. 1835 (D.P., 35.1.44); Aix, 7 déc. 1837 (*Journ. du palais*, 1838, t. 1, p. 304; Poitiers, 18 juin 1838 (D.P., 38.2.225); Riom, 9 juin 1845 (S.V., 45.2.499); Zachariæ, t. 3, p. 474, note 16; Odier, t. 1, n° 390 ; Rodière et Pont, n° 854; Souquet, v° *Séparation*, n° 66 ; Bioche, n° 94 ; Massol, *Séparation de corps*, p. 141, à la note ; Troplong, n° 1401 ; Dalloz, n° 1890.

postérieur. Dans les deux hypothèses, la disposition qui statue sur la liquidation des reprises est de la même nature, c'est-à-dire qu'elle est soumise au droit commun. Le principe général accorde aux créanciers un délai de trente ans pour former tierce opposition aux jugements qui préjudicient à leurs droits. Si l'art. 873 du Code de procédure a admis une exception à cette règle en ce qui concerne le jugement qui prononce la séparation de biens, aucune disposition n'y a dérogé à l'égard des autres condamnations prononcées au profit de la femme. D'un autre côté, il résulte clairement des art. 865 et suivants du Code de procédure, et des art. 1444 et 1445 du Code Napoléon, combinés, que les formalités qu'ils prescrivent ont pour objet et pour résultat de donner de la publicité à la séparation de biens, mais n'en donnent pas à la liquidation. L'on ne pourrait donc appliquer le délai d'un an aux condamnations prononcées contre le mari, sans exposer les créanciers de celui-ci à perdre leur droit de tierce opposition avant d'avoir pu l'exercer.

Nous adoptons, sans la moindre réserve, une aussi sage interprétation.

246. Mais dans le cas où la liquidation a été l'objet d'un jugement particulier, faut-il distinguer, comme le veut M. Duranton (1), et comme semblait l'exiger aussi l'arrêt de la Cour de cassation du 26 mars 1833 (2), si ce jugement a reçu ou non la publicité prescrite pour la séparation par l'article 872 du Code de procédure, et déclarer la déchéance de l'article 873 applicable lorsqu'il a été publié ?

____

(1) T. 14, n° 413.
(2) Cité au n° 244.

Non sans doute. La publicité serait ici une superfétation, car elle n'est pas exigée ; mais il ne saurait dépendre de la femme de faire varier, à son gré, le droit des
créanciers du mari, dont l'exercice serait plus ou moins
large, suivant qu'elle remplirait ou ne remplirait pas les
formalités de publication.

247. En résumé, la déchéance de l'article 873 est inapplicable quand la liquidation est renfermée dans un jugement postérieur au jugement de séparation ou dans un
acte authentique également postérieur, parce que ce jugement ou cet acte sont essentiellement distincts et indépen-
dants du jugement de séparation.

Pourquoi en serait-il autrement du chef du jugement
de séparation de biens qui liquide les reprises? Il n'appartient pas au juge de restreindre ou d'étendre l'exercice du
droit des créanciers en liquidant les reprises par le jugement même de séparation ou en ne le faisant pas (1). Qu'importe que, par une circonstance fortuite, la liquidation se
trouve insérée dans un jugement destiné à la publicité?
Cet accident n'altère pas le droit des créanciers, dès l'instant qu'aucune loi spéciale n'a expressément dérogé au
principe qui leur donne trente ans pour former tierce opposition aux jugements rendus à leur préjudice.

248. La déchéance de l'art. 873 devant être repoussée,
il ne nous semble pas douteux que les créanciers ont uniquement le droit de former tierce opposition pendant trente
ans, à partir du moment où la liquidation leur a été connue.

C'est, comme on le voit, la même solution que dans le cas
où il s'agit du jugement de séparation de biens non exécuté

______

(1) Dalloz, *Rec. périod.*, 35.1.441.

dans la quinzaine ou non revêtu des formalités prescrites pour sa validité (1).

249. Puisque la liquidation ne fait pas partie intégrante de la séparation de biens, l'acte ou le jugement qui la renferment peuvent fort bien être annulés sans que le jugement de séparation soit anéanti lui-même (2).

250. On a décidé avec raison que la limitation du délai d'un an fixé par l'art. 873 du Code de procédure ne peut pas être opposée aux créanciers du mari, lorsque la demande en séparation de biens a été portée devant un tribunal autre que celui du domicile de ce dernier (3). Dans ce cas, les créanciers attaqueront le jugement de séparation, non point seulement comme intervenu en fraude de leurs droits, mais comme rendu irrégulièrement.

251. Nous avons dit plus haut (4) que le droit d'intervenir dans l'instance en séparation de biens appartient même aux tiers qui ne sont pas créanciers actuels du mari, mais à qui la séparation peut éventuellement préjudicier. Ces tiers pourront aussi contester pendant un an la séparation prononcée en fraude de leurs droits, et attaquer pendant trente ans la disposition relative aux reprises de la femme (5).

252. On n'est pas fixé sur cette question assez grave : le délai d'un an prescrit par l'art. 873 du Code de procédure est-il opposable au tiers détenteur de l'immeuble grevé de l'hypothèque légale de la femme ?

---

(1) Voy. *suprà*, nos 225, 233.
(2) Bordeaux, 29 août 1838 (*Journ. du palais*, 1832.2.643).
(3) Cassation, 18 nov. 1835 (D.P., 35.1.444).
(4) N° 146.
(5) Grenoble, 28 nov. 1832 (journal de cette Cour, t. 6, p. 359); Aix, 7 déc. 1837 (*Journ. du palais*, 1838.1.304).

Il est d'abord incontestable que ce tiers, menacé éventuellement d'éviction par l'ouverture des droits de la femme, est fondé à contester la séparation de biens. Or, disent ceux qui veulent le soumettre à la déchéance de l'art. 873, dès qu'il est devenu créancier du mari à raison du trouble auquel est exposé son droit de propriété, et qu'il a été prévenu par la publicité de l'événement qui est la source de ce trouble, pourquoi serait-il dispensé de prendre, dans le délai d'un an, les mesures que commandent ses intérêts (1) ?

Dans le sens contraire, on objecte que la déchéance prononcée par l'art. 873 ne peut être appliquée à l'acquéreur des biens du mari menacé d'éviction par la femme, parce que cet acquéreur n'est pas, à proprement parler, un créancier du mari, et qu'il n'est pas permis de créer arbitrairement des fins de non-recevoir. On oppose surtout cet argument, que l'acquéreur des biens du mari, tant qu'il n'est pas troublé dans sa jouissance, n'a aucun intérêt à contester la séparation de biens; que son intérêt, naissant des poursuites hypothécaires exercées postérieurement par la femme, donne lieu en sa faveur à une exception qui n'est circonscrite dans aucun délai, suivant la maxime: *quæ sunt temporalia ad agendum, sunt perpetua ad excipiendum* (2).

253. Il faut, selon nous, faire une distinction. Si le tiers détenteur veut contester la séparation de biens en elle-même comme étant le résultat d'une collusion, il doit agir dans le

______

(1) Dijon, 6 août 1817 (D.p., 18.2.26); Arg., Cassation, 28 août 1833 (D.P., 33.1.307); Bellot des Minières, t. 2, p. 146; Chauveau sur Carré, quest. 2957 *quinquies*.

(2) Agen, 19 et 20 août 1824 (D.P., 33.2.78; S., 25.2.302.303); Dalloz, n° 1894.

délai de l'art. 873, parce que la publicité de la demande et du jugement l'ont mis en demeure d'empêcher qu'un concert frauduleux n'amenât une séparation dont l'effet inévitable devait être de le soumettre à une éviction. En pareille matière, tout doit être rigoureux, toujours par ce motif que la situation des époux ne peut être livrée pendant longtemps à la merci des tiers. La maxime, *quæ temporalia...*, ne saurait recevoir ici son application. Le tiers détenteur est un créancier éventuel (1) qui ne se trouve pas dans les conditions ordinaires : la loi, par un motif d'ordre public, le soumet, comme tous les autres créanciers, à agir dans un court délai.

Mais si le tiers détenteur se borne à attaquer la disposition du jugement de séparation de biens qui liquide les reprises de la femme ou le jugement postérieur de liquidation, il rentre sous l'empire du droit commun, et le délai de trente ans lui est accordé (2).

254. Lorsque la femme d'un failli a poursuivi contre ce dernier sa séparation de biens et l'a fait prononcer, il n'appartient qu'aux syndics, s'ils n'ont pas figuré dans l'instance, de former tierce opposition au jugement ; un créancier isolé ne pourrait l'attaquer (3). Les syndics peuvent d'ailleurs se pourvoir contre le jugement de séparation qui fixe les reprises de la femme, bien que ce jugement ait été prononcé avant la déclaration de faillite (4).

255. Si le mari est tombé en faillite pendant l'instance en séparation de biens et que la femme ait omis d'appeler les syndics en cause, ceux-ci ne sauraient être tenus de se

---

(1) Cassation, 27 juin 1810 (Dalloz, 1re édit., 9,583).
(2) Voy. *suprà*, nos 224 et suiv.
(3) Montpellier, 7 juin 1825 (D.P., 26.2.11).
(4) Cassation, 27 nov. 1821 (Dalloz, no 1899).

13.

pourvoir contre le jugement de séparation dans le délai d'un an ; car l'omission de la femme a rendu la procédure irrégulière (1). Ils auront un délai de trente ans (2), suivant ce que nous avons dit à l'égard des créanciers dans le cas où la séparation n'est pas intervenue régulièrement (3). On oppose, comme rendu dans le sens contraire, un arrêt de la Cour de Bourges, du 24 mai 1826 (4) ; mais il faut observer que cet arrêt, peu motivé, a été rendu dans une espèce où la nullité était demandée par un créancier isolé, et non par les syndics eux-mêmes. Cette circonstance, qui devait entraîner le rejet de l'action en nullité, a pu déterminer principalement la décision de la Cour de Bourges.

256. Les syndics, mandataires naturels des créanciers, ne peuvent pas représenter le mari dans l'instance en séparation de biens (5) ; mais lorsque, la fixation judiciaire des reprises de la femme venant à être critiquée par les syndics de la faillite du mari, celui-ci a été appelé dans l'instance pour soutenir la contestation, et y a conclu à une réduction du montant des reprises, la décision qui ordonne en effet une réduction acquerra l'autorité de la chose jugée tant à l'égard du mari que vis-à-vis de ses créanciers ; de telle sorte que, plus tard, si le mari rétablit ses affaires, la femme ne pourra prétendre qu'il est débiteur envers elle du montant des reprises tel que l'avait fixé la première liquidation ; le mari sera en droit d'opposer, soit de son chef personnel, soit du chef de ses créanciers, les réductions

____

(1) Voy. *suprà*, n°s 111 et 148.
(2) Conf., Chauveau sur Carré, quest. 2957 *sexies*.
(3) Voy. *suprà*, n°s 225 et 233.
(4) D.P., 27.2.59.
(5) Cassation, 21 nov. 1821, cité au n° 254.

qu'une décision régulière a fait subir aux reprises de la femme (1).

257. On peut considérer comme une véritable tierce opposition au jugement de séparation de biens, dans le sens de l'art. 873 du Code de procédure, l'opposition que forme l'acquéreur des biens du mari aux poursuites exercées contre lui par la femme après séparation de biens, alors que cette opposition est motivée expressément sur la nullité du jugement de séparation, et qu'elle a lieu dans le délai d'un an. Ainsi, la forme d'une requête en tierce opposition n'est pas indispensable (2).

258. Mentionnons encore une décision qui se rattache à l'ordre d'idées que nous venons d'exposer.

Aux termes d'un arrêt de la Cour de cassation du 5 janvier 1825 (3), si la qualité des créanciers qui interviennent dans la liquidation des droits et reprises de la femme était contestée par celle-ci, le tribunal qui a prononcé la séparation de biens serait compétent pour statuer sur l'incident auquel donnerait lieu cette contestation.

§ 5.—De la renonciation de la femme à la communauté.

259. Sous l'empire des coutumes, on avait vu se produire l'opinion assez singulière que la femme était non recevable dans sa demande en séparation de biens, si elle ne déclarait pas en même temps renoncer à la communauté (4).

---

(1) Cassation, 21 juin 1840 (Dalloz, 13, n° 1902, et v° *Chose jugée*, n° 238, 3°).

(2) Cassation, 28 août 1833 (D.P., 33.1.307).

(3) D.P., 25.1.67.

(4) Renusson, *Communauté*; Bourjon, t. 1, p. 605 ; Duparc-Poullain, t. 5, p. 261 ; Placités de Normandie, art. 81 ; *Voy.* Cassation, 30 juin 1840 (D.P., 40 1.261).

On donnait pour motif à cette fin de non-recevoir, que la femme qui ne renonce pas fait connaître par là que la communauté est prospère et, par conséquent, que ses plaintes contre son mari ne sont point fondées.

Mais une semblable manière d'envisager les choses ne pouvait être admise par les esprits vraiment éclairés. Elle était condamnée par Lebrun (1) et Pothier (2). Denizart (3) pensait que la renonciation préalable était en général nécessaire, mais que la femme devait être autorisée à se séparer sans renoncer à la communauté, si le mari, bon ménager jusque-là, s'était tout à coup livré à la dissipation.

« Il serait injuste alors, disait-il, de mettre la femme dans
« le cas d'attendre que la communauté fût devenue mauvaise pour lui accorder la séparation ; il ne le serait pas
« moins de la contraindre de renoncer à une communauté
« qui est encore bonne et qui ne l'est devenue que par la
« collaboration commune. ».

Ces raisons faisaient repousser d'une manière absolue par Merlin (4) la fin de non-recevoir tirée du défaut de renonciation de la femme. Il appuyait du reste son avis sur un acte de notoriété du Châtelet de Paris, du 27 juillet 1807, portant : « Lorsqu'une femme demande sa sépara-
« tion, elle a la faculté de renoncer à la communauté ou
« de l'accepter... L'on a trouvé qu'il n'était pas nécessaire
« qu'un homme fût ruiné pour obtenir par la femme une
« séparation... »

260. Au milieu de ce conflit d'opinions, qu'a fait le lé-

_____

(1) P. 284.
(2) N° 520.
(3) *Décisions*, v° *Séparation*, n° 71.
(4) *Rép.*, v° *Séparation de biens*, sect. 2, § 5, n° 1.

législateur moderne ? Il ne s'est pas prononcé d'une manière positive.

On trouve seulement dans l'art. 874 du Code de procédure la disposition suivante :

« La renonciation de la femme à la communauté sera « faite au greffe du tribunal saisi de la demande en sépa- « ration. »

Si l'on en croyait le rapport du tribun Mouricault au Corps législatif, cette disposition aurait pour objet d'imposer à la femme séparée de biens l'obligation de renoncer à la communauté (1) ; mais cette interprétation, provoquée évidemment par une réminiscence de l'ancien droit, a été universellement repoussée (2). En effet, les exceptions ne se supposent pas, et l'art. 1453 du Code Napoléon dispose d'une manière générale qu'après la dissolution de la communauté, la femme ou ses héritiers et ayants cause ont la faculté de l'accepter ou d'y renoncer. D'un autre côté, l'art. 174 du Code de procédure accorde à la femme séparée de biens trois mois, à partir du jour de la dissolution de la communauté, pour faire inventaire, et quarante jours pour délibérer sur l'opportunité de la renonciation ou de l'acceptation. Pour qu'il fût permis d'admettre une dérogation à des dispositions aussi générales, il faudrait pouvoir s'appuyer sur un texte bien formel, et ce texte n'existe pas. C'est que le législateur a compris, comme quelques-uns des anciens jurisconsultes, que la séparation de biens pouvant être prononcée sans que la communauté soit entièrement

---

(1) *Adde*, Berriat Saint-Prix, p. 722, note 5.

(2) Pigeau, t. 2, p. 389 et 500 ; Toullier, 13, n° 129 ; Carré et Chauveau, quest. 2963 ; Thomine, t. 2, p. 482 ; Bellot des Minières, t. 3, p. 147 ; Zachariæ, t. 3, § 17, note 3 ; Odier, t. 3, n° 395 ; Rodière et Pont, n° 855.

compromise, il y aurait injustice à imposer la renonciation à la femme séparée.

261. L'objet de l'art. 874 du Code de procédure a donc été seulement d'indiquer le lieu où la renonciation doit être faite, dans le cas où la femme qui a obtenu sa séparation de biens juge à propos de répudier la communauté.

C'est ainsi que cet article se relie aux dispositions qui concernent le jugement de séparation de biens. On remarquera qu'il apporte une exception à la règle générale, d'après laquelle l'acceptation ou la renonciation doit être faite au lieu où la dissolution de la communauté s'est opérée (art. 997, Cod. proc.). La loi a voulu que les créanciers du mari pussent trouver au greffe du tribunal saisi de la demande, qui est celui du domicile de leur débiteur (1), toutes les indications utiles à leurs intérêts.

262. La renonciation de la femme séparée de biens à la communauté ne peut-elle résulter que d'un acte fait au greffe?

On a répondu très-sagement à cette question que, vis-à-vis des tiers, l'acte de renonciation exigé par l'art. 874 du Code de procédure est indispensable, mais qu'envers le mari ou ses héritiers, l'abandon que la femme fait de ses droits à la communauté, par convention judiciaire ou extrajudiciaire, est valable et doit produire tout son effet.

Les règles sur la renonciation aux successions et sur la renonciation à une communauté sont les mêmes. Or, la Cour de cassation a jugé que si la renonciation à une succession ne peut être faite qu'au greffe, d'après l'art. 784 du Code Napoléon, cependant il n'est nullement défendu à un successible de s'obliger, en vertu de contrats particu-

____

(1) Voy. *suprà*, n° 100.

liers, envers les autres successibles, à ne pas se porter héritier (1).

263. Au reste, la femme séparée de biens qui, renonçant à la communauté, n'en a pas fait la déclaration au greffe, n'est pas recevable à opposer elle-même la nullité de cette déclaration faite dans une autre forme (2).

264. Les exigences de l'art. 1444 du Code Napoléon ne sont pas un obstacle à ce que la femme séparée de biens use de la faculté de faire inventaire et de délibérer, ainsi que cela ressort de l'art. 174 du Code de procédure. On ne saurait refuser à la femme le moyen d'éclairer sa détermination (3).

Lorsque la femme est majeure, elle peut accepter, si elle le juge convenable, sans faire inventaire. Mais quand elle est mineure, elle ne peut opter sans inventaire préalable et sans autorisation du conseil de famille (Arg. de l'art. 461, Cod. Nap.) (4).

265. D'après l'art. 1463 du Code Napoléon, la femme divorcée ou séparée de corps qui n'a pas, dans les trois mois et quarante jours après le jugement de divorce ou de séparation, accepté la communauté, est censée y avoir renoncé, à moins qu'elle n'ait obtenu une prorogation de délai, et la demande de prorogation, formée contre le mari, doit avoir lieu avant que les délais ne soient expirés.

Cette disposition est-elle applicable à la femme seulement séparée de biens ? Nous ne pouvons le croire, car le législateur l'aurait décidé d'une manière expresse. Son silence

---

(1) 11 août 1825 (S., 26.1.9).
(2) Cassation, 6 nov. 1827 (S., 28.1.227).
(3) Thomine, t. 1, p. 482; Chauveau sur Carré, quest. 2963 ; Voy. suprà, nos 181, 260.
(4) Pigeau, 2.501 ; Bioche, no 109).

à l'égard de la femme séparée de biens peut s'expliquer du reste par la différence essentielle qui existe entre la séparation de corps, qui fait cesser la vie commune pour les époux et les rend en quelque sorte étrangers l'un à l'autre, même quant aux intérêts civils, et la séparation de biens qui maintient, au contraire, les rapports habitue's entre le mari et la femme (1).

§ 6. — De la rétroactivité du jugement de séparation de biens.

266. L'article 1445 du Code Napoléon porte, dans son second paragraphe, que le jugement qui prononce la séparation de biens remonte, quant à ses effets, au jour de la demande.

L'événement ayant justifié la demande de la femme, il est juste que cette demande serve de point de départ au règlement de ses droits : c'est d'ailleurs ce qui a lieu dans les sociétés ordinaires.

267. Pothier (2) nous apprend que la sentence de séparation produisait le même effet rétroactif dans l'usage du Châtelet de Paris, et qu'en conséquence de cette rétroactivité, la femme avait coutume de faire, dès le jour de la demande, sa déclaration au greffe qu'elle renonçait à la communauté (3); mais il professe lui-même une doctrine contraire. A ses yeux, la communauté ne doit être dissoute que par le jugement qui prononce la séparation de biens. Il établit une différence entre les sociétés ordinaires et la société

(1) Tribunal de Mirecourt, 30 mars 1849 (D.P., 49.5.151, n° 13).
(2) N° 521.
(3) Sous le Code Napoléon, l'on a aussi jugé avec raison que la renonciation à la communauté faite depuis la demande en séparation, mais antérieurement au jugement, ne peut être querellée, la communauté étant réputée dissoute du jour de la demande en séparation de biens (Orléans, 14 déc. 1817, S. 19.2.216). — *Voy.* Chauveau sur Carré, quest. 2963, à la note.

conjugale, quant aux biens, en ce qu'à l'égard des premiè-res la demande de l'un des associés est par elle-même suf-fisante pour dissoudre la société, ou du moins pour mettre les autres associés en demeure de la dissoudre, en acquies-çant à cette demande, au lieu que la demande de dissolu-tion d'une société conjugale ne peut se faire d'un commun accord; que le mari ne peut y acquiescer; que la volonté de la femme ne suffit pas; qu'il faut, dans tous les cas, un jugement.

M. Toullier (1) répond très-judicieusement que si une décision est nécessaire, c'est seulement pour empêcher que la femme n'opère la dissolution de la société civile existant entre elle et son mari sans cause sérieuse et légitime. Pour elle, la faculté de dissoudre la société est conditionnelle; elle est subordonnée au péril de la dot, et les tribunaux doivent nécessairement décider si la condition existe ou n'existe pas; mais leur décision n'est que déclarative : ce n'est pas elle qui dissout la communauté. La femme conserve encore toute sa liberté d'action : elle peut user du jugement de sé-paration de biens ou y renoncer.

Le Code Napoléon a donc eu raison de ne pas suivre en cela les idées de Pothier. Il a voulu que la dissolution de la communauté, en cas de séparation de biens, fût opérée par la demande de la femme, c'est-à-dire par la volonté de celle-ci, en tant que cette volonté se manifesterait dans les con-ditions prescrites par la loi. C'est pour cela qu'il a décidé que la séparation de biens produirait ses effets, non point du jour du jugement qui la prononce, mais du jour où elle a été *demandée*.

268. Le jour de la demande est compris dans la période

------

(1) N° 95.

pendant laquelle le jugement de séparation doit produire ses effets, puisque la loi dit que les effets de ce jugement *remontent au jour de la demande*. Ce n'est pas là le cas du jour *à quo* qui n'est point compris dans le terme (1).

269. Il suit du principe établi par l'article 1445, que tout ce que la femme acquiert depuis et compris le jour de la demande est sa propriété exclusive. Si, dans l'intervalle de la demande au jugement de séparation, il lui échoit des successions mobilières, ces successions ne tomberont point dans la communauté (2). On ne comprend pas que M. Pigeau (3) autorise les créanciers du mari à regarder les effets de ces successions comme le gage de leurs créances.

270. Il faut observer que la demande de la femme ne peut être considérée comme formée qu'à partir du jour de l'assignation donnée au mari et non point du jour de la requête présentée au président du tribunal. La requête n'annonce qu'un projet : d'ailleurs, elle n'est pas légalement connue du mari ; comment en faire le principe des changements si graves que la séparation de biens apporte dans la société conjugale (4) ?

271. Si la procédure de séparation de biens avait été interrompue par suite d'un accord survenu entre les époux, les effets du jugement qui aurait prononcé plus tard cette séparation ne devraient se produire qu'à dater du jour où les poursuites auraient été reprises (5). L'article 1445 sup-

---

(1) Toullier, n° 98.

(2) Pothier, *Communauté*, n° 521 ; Bellot des Minières, t. 2, p. 128 ; Carré, quest. 2946 ; Duranton, 14, n° 414 ; Zachariæ, t. 3, p. 479 ; Troplong, n° 1380).

(3) *Ubi suprà*.

(4) Rodière et Pont, n° 857.

(5) Grenoble, 14 mai 1832 (D.P., 33.2.23); Cassation, 4 fév. 1846 (D.P. 46.1.216); Rodière et Pont, n° 857.

pose une instance suivie et non interrompue par le fait de la femme. Il ne faut pas que la trève obtenue par le mari puisse devenir pour lui un piége.

272. Les intérêts de la dot sont-ils dus par le mari à dater du jour de la demande en séparation ?

La jurisprudence du Châtelet de Paris reconnaissait à la femme le droit de se faire adjuger les intérêts de sa dot du jour de la demande, sous la déduction néanmoins des aliments qui lui avaient été fournis dans l'intervalle et de la part pour laquelle elle avait dû contribuer aux charges du mariage (1).

Pothier (2) et Merlin (3) n'approuvent pas cet usage d'une manière absolue. Suivant eux, les intérêts ne doivent être adjugés à la femme que du jour du jugement, lorsqu'il n'y a pas une notable différence entre les intérêts de la dot et les objets dont la femme doit faire raison à son mari, tant pour sa nourriture et son entretien que pour sa contribution aux charges du mariage, et qu'en outre le procès en séparation n'a pas duré longtemps.

Les jurisconsultes modernes ne sont point d'accord sur cette question.

D'après MM. Rodière et Pont (4), le mari doit tenir compte à la femme de tous les fruits perçus et de tous les intérêts échus depuis la demande, mais il peut retenir la part pour laquelle la femme devait contribuer aux dépenses du ménage pendant l'intervalle de la demande au jugement, en supposant que ces dépenses aient été supportées par le

______

(1) Rousseaud de Lacombe, v° *Séparation ;* Denisart, v° *Séparation,* n°s 39 et 40 ; *Adde,* arrêt du parlement de Paris, du 18 mars 1746.
(2) N° 521. Il cite un arrêt contraire, du 8 avril 1672.
(3) Sect. 2, § 5, n° 3.
(4) N°s 859, 862, 863.

mari en totalité ou pour une part plus forte que celle pour laquelle il était lui-même obligé de contribuer.

M. Toullier (1) est, au contraire, d'avis que les tribunaux ne peuvent consacrer à cet égard une compensation arbitraire. L'article 1473 fait courir de plein droit du jour de la dissolution de la communauté, les intérêts des remplois et récompenses dus à la communauté par les époux et aux époux par la communauté. S'il y a des compensations à faire, elles s'établiront lors de la liquidation des droits de la femme.

M. Troplong (2) décide, en termes absolus, que les intérêts ne courent que du jour du jugement. Il en donne deux raisons : la première, c'est que les intérêts sont en général la peine d'un retard dans le paiement (art. 1153, Cod. Nap.); or, le mari n'est pas en retard, car il ne peut pas payer avant le jugement de séparation. La seconde, c'est qu'en attendant le jugement, le mari doit supporter les charges du mariage, et les intérêts de la dot ont précisément pour destination de soutenir ces charges. L'auteur adopte donc la décision de l'arrêt du parlement de Paris du 8 avril 1672, cité plus haut.

Son opinion a été consacrée par la Cour de cassation, le 28 mars 1848 (3). Le raisonnement de la Cour suprême se réduit à ceci : les intérêts ne sont accordés au créancier qu'à raison du retard (art. 1153), excepté dans le cas où la loi les fait courir de plein droit, et la dot ne produit intérêt de plein droit que contre celui qui l'a constituée (art. 1440 et 1548), ou à compter de la dissolution du mariage par décès (art. 1570). Du reste, la séparation ne pouvant

---

(1) Nº 105.
(2) Nº 1384.
(3) D.P., 48.1.170.

pas être volontaire, n'existe réellement que par le jugement qui la prononce.

273. Quant à nous, un pareil système nous paraît inadmissible.

Nous avons reconnu avec M. Toullier (1) que si, dans le cas de la séparation de biens, un jugement est nécessaire, ce n'est pas pour faire produire ses effets à la séparation, puisque la loi déclare que ces effets remontent au jour de la demande, mais seulement pour empêcher que la femme ne provoque la dissolution de la société conjugale, quant aux biens, sans motif raisonnable. La séparation une fois prononcée existe donc par la demande ; alors, quoi d'étonnant que les intérêts de la dot soient acquis à la femme du jour où, par la demande, elle a manifesté l'intention de dissoudre la communauté, intention qui a produit immédiatement ses effets ?

Il est vrai que les intérêts sont en général la peine du retard apporté à la libération, et que le mari ne peut payer la femme avant le jugement qui sanctionne sa demande en séparation de biens ; mais à cette règle il y a des exceptions, on est obligé de le reconnaître, et pourquoi notre article n'en renfermerait-il pas une ? Ici, les intérêts ne seront pas la peine du retard, mais une conséquence de ce principe, que la séparation existe par la demande : une fois la séparation produite, les intérêts de la dot ne peuvent plus évidemment appartenir au mari. La loi a voulu que les effets de la séparation remontassent au jour de la demande, afin d'empêcher que, dans l'intervalle de la demande au jugement, le mari ne pût achever de compromettre la dot de la femme. Or, ne serait-il pas dangereux de lui laisser la dis-

______

(1) *Suprà*, n° 267.

position des intérêts pendant cet intervalle, qui peut se prolonger, suivant les circonstances?

L'article 1445 est formel, il ne distingue pas; l'article 1473 l'est plus encore, et il ne distingue pas davantage (1).

Le motif donné par M. Troplong, que, pendant l'intervalle de la demande au jugement, le mari est obligé de supporter les charges du mariage, est sans portée. Le mari pourra exiger que sa femme contribue à ces charges, et, s'il y fait seul face, il compensera l'avance qu'il aura faite avec les droits de la femme. Nous pensons encore, avec M. Toullier, que cette compensation devra se faire lors de la liquidation des reprises.

274. Toutefois, le principe que nous venons de poser ne doit pas être appliqué d'une manière trop rigoureuse. Il faut y apporter les modifications que commande l'équité. Ainsi nous adhérons parfaitement à la décision d'après laquelle la femme ne peut réclamer les intérêts de ses reprises dotales à dater du jour de sa demande en séparation de biens, lorsqu'il y a eu de sa part suspension de poursuites pendant un certain temps : on a jugé avec raison que les intérêts courus pendant la suspension ne pourraient lui être alloués qu'autant qu'elle justifierait avoir été séparée de fait et avoir fourni à sa nourriture et à son entretien durant cet intervalle (2).

275. Il faut approuver aussi les arrêts qui ont décidé :

1º Que si la femme, créancière de son mari d'une somme produisant intérêts, s'est abstenue de réclamer le paiement de ces intérêts après la séparation de biens, elle est censée

---

(1) *Voy.* dans ce sens, Bruxelles, 18 mars 1810 (S., 10.2.362) ; *Id.,* 11 mars 1831 (Dalloz, 13, nº 1918); Grenoble, 14 mai 1832 (D.P., 33.2.125); Limoges, 17 juin 1835 (D.P., 36.2.31); Bourges, 29 juillet 1851 (D.P., 52. 2.11).

(2) Grenoble, 14 mai 1832 (cité au nº précédent). Voy. *suprà,* nº 271.

en avoir fait l'abandon au mari, quand ce dernier a seul supporté les charges du ménage (1);

2° Que le mari qui, après la séparation de biens, a été laissé par la femme en possession de la fortune de celle-ci, ne peut être tenu de lui restituer les fruits perçus et consommés, l'article 1529 du Code Napoléon devant recevoir ici son application (2);

3° Que la femme normande qui, après la séparation de biens, a continué de vivre avec son mari, sans faire procéder à la liquidation de ses droits, ne peut pas réclamer contre les acquéreurs des biens du mari les intérêts de son douaire, à compter du jour où la séparation a été prononcée (3).

Mais les intérêts devraient être alloués à compter du jour de la demande, si le mari était dans un état de détresse qui rendait toute poursuite inutile, et que la femme ait agi sitôt qu'il a eu quelques ressources (4).

276. Au surplus, il n'y a pas de distinction à faire entre les intérêts de la dot et ceux des créances paraphernales qu'aurait touchées le mari (5). La demande en séparation de biens a pour but la restitution de tout ce qui est dû à la femme : le danger est le même, quelle que soit la nature de la créance.

277. A partir de la demande en séparation de biens, le mari est privé du droit de disposition quant à la fortune de la femme ou aux biens de la communauté (Arg. de l'art. 270, Cod. Nap.). Autrement, dans l'intervalle de la de-

---

(1) Bordeaux, 26 janv. 1831 (D.P., 31.2.80).
(2) Bourges, 15 juill. 1829 (D.P., 29.2.177).
(3) Cassation, 19 nov. 1816 (Dalloz, n° 1924).
(4) Poitiers, 6 juill. 1824 (Dalloz, n° 1925).
(5) Rodière et Pont, n° 861 ; Dalloz, n° 1921.

mande au jugement, il pourrait, par esprit d'animosité, consommer la dissipation de la dot, anéantir les valeurs qui composent la masse. Il ne lui est même plus permis d'exercer soit les actions possessoires qui appartiennent à sa femme (1), soit l'action en bornage, si elle doit soulever quelque difficulté et sortir par conséquent du cercle de la simple administration (2).

278. Mais les mesures d'administration ne sauraient être interdites. Il faut bien que la communauté ou la dot soit administrée : or, la femme n'a pas encore acquis le droit d'administration. D'ailleurs, la faculté de gérer, qui continuera d'appartenir au mari, sera rarement compromettante pour elle.

Ainsi donc, le mari conserve la gestion des biens personnels de sa femme : il peut les affermer, pourvu que les baux ne soient pas faits en fraude des droits de celle-ci (3).

279. Mais on comprend fort bien que les actes d'administration du mari ne sauraient engager la femme quand ils sont frauduleux ou évidemment contraires aux intérêts de la famille.

On a donc fort bien pu décider que la femme a le droit de faire annuler un bail d'un immeuble lui appartenant, consenti par le mari dans l'intervalle de la demande au jugement de séparation de biens, si ce bail renferme une stipulation de paiement par anticipation (4), ou même s'il prive la femme et ses enfants d'une exploitation avantageuse (5).

---

(1) Pothier, v° *Contrat de mariage*, n° 97.
(2) Rouen, 6 nov. 1835 (D.P., 36.2.181).
(3) Poitiers, 21 mai 1823 (D.P., 24.2.44) ; Delvincourt, 2.111 ; Benoît, n° 300 ; Rodière et Pont, n° 867 ; Troplong, n° 1382 ; Dalloz, n° 1927.
(4) Angers, 16 août 1820 (Dalloz, 13, n° 1930).
(5) Riom, 20 fév. 1826 (D.P., 26.2.220) ; Troplong, n° 1383.

Mais la Cour de Riom est allée trop loin (1), comme le fait observer M. Troplong, quand elle a posé en principe que le bail est suspect par cela seul qu'il a été passé après la publication légale de la demande en séparation de biens.

280. Tout ce qui sort des limites de la simple administration est interdit au mari pendant l'intervalle de la demande au jugement de séparation. Il ne pourra donc vendre ou donner les biens de la communauté, aliéner les immeubles de sa femme, si le contrat de mariage lui en a conféré le pouvoir. Ces actes, sans utilité pour la femme, peuvent, au contraire, lui porter un grave préjudice. Il faut, par conséquent, si le mari les accomplit, leur appliquer la maxime : *resoluto jure dantis, resolvitur jus accipientis* (2).

281. On ne doit pas assimiler au droit de disposition la faculté de toucher les créances, même dotales. Cette faculté rentre dans le cercle des actes d'administration, quoiqu'elle n'ait pas toujours un caractère d'urgence bien marqué. On ne peut diviser les actes d'administration en plusieurs catégories (3). La femme n'aura que la ressource des mesures conservatoires, par exemple, des saisies-arrêts (4).

282. Il est juste de décider que si, pendant l'instance en séparation, la femme refusait son consentement à la vente d'un fonds de commerce dépendant de la communauté, les tribunaux ne devraient pas autoriser cette vente poursuivie à la requête du mari, lorsque d'ailleurs il n'y aurait pas urgence ou crainte de dépérissement des marchandises (5). Nous ne saurions, en effet, admettre avec M. Toul-

---

(1) Arrêt cité à la page précédente, note 5 ; Conf., Toullier, n° 62.
(2) Rodière et Pont, n° 868 ; Troplong, n° 1381.
(3) Rodière et Pont, n° 868 ; Dalloz, n° 1927.
(4) Voy. *suprà*, n°ˢ 133, 134 et suiv.
(5) Rennes, 3 juill. 1841 (S.D., 41.2.548).

14.

lier (1) que le mari puisse, pendant l'instance, vendre les meubles de la communauté. C'est là un acte de disposition qui peut préjudicier à la femme, et non un acte d'administration ordinaire (2).

283. C'est une question assez délicate que celle de savoir si l'effet rétroactif que la loi attribue au jugement de séparation de biens se produit aussi lorsque cette séparation n'est que l'accessoire de la séparation de corps.

On objecte surtout contre l'affirmative que l'art. 1444 ne parle que de la séparation de biens, et qu'il impliquerait d'ailleurs, quand la séparation est demandée par le mari contre sa femme pour adultère de celle-ci, que cette demande tournât à son détriment en l'obligeant à restituer les fruits de la dot par lui perçus depuis la demande, et profitât à la femme coupable, alors que le mari n'est pas un mauvais administrateur. On ajoute que, lorsque la séparation de corps est demandée par la femme, l'effet rétroactif serait plutôt préjudiciable qu'avantageux à cette dernière, parce que, durant l'instance, le mari, administrant bien, aura plutôt enrichi qu'appauvri la communauté (3).

Ces objections ont quelque chose de spécieux, et elles ont jeté le doute dans l'esprit de M. Dalloz, qui ne formule pas son opinion personnelle (4).

Pour nous, il nous semble que l'affirmative, consacrée par la jurisprudence (5) et enseignée par la majorité des auteurs (6), mérite la préférence qu'on lui a donnée.

---

(1) T. 13, n° 103.

(2) Massol, *Sépar. de corps*, p. 171 ; Massé, *Dr. comm.*, t. 3, n° 343.

(3) Delvincourt, t. 3, p. 42, notes ; Rodière et Pont, n° 869 ; Marcadé, t. 2, p. 355.

(4) N° 1945.

(5) Bruxelles, 28 mars 1810 (S., 10.2.362) ; Limoges, 17 juin 1835 (D.P. 36.2.31).

(6) Merlin, *Rép.*, v° *Séparation de corps*, § 4, n° 4 ; Toullier, t.

L'art. 1445 ne s'occupe pas particulièrement du cas où la séparation de biens est la suite d'une séparation de corps, mais il dispose d'une manière générale à l'égard de la séparation de biens, sans distinguer son origine. Il doit donc servir de base dans tous les cas.

Et cela est logique. L'époux qui demande la séparation de corps demande aussi la séparation de biens, c'est-à-dire la dissolution de la communauté. Or, il est naturel que cette dissolution s'opère dès le jour où elle est demandée, comme dans les sociétés ordinaires. Nous avons établi plus haut (1) qu'il n'y a pas de distinction à faire, sous ce rapport, entre les sociétés ordinaires et la société civile des époux.

Cette solution n'est pas seulement logique, elle est morale. Que doit importer à l'époux qui demande la séparation de corps que, pendant l'instance, l'autre époux ait enrichi la communauté ? Il n'a plus voulu de cette communauté dès le jour où il en a demandé la dissolution : il n'a pas pu compter sur les bénéfices qu'elle pourrait faire dans l'intervalle de la demande au jugement, et si des gains ont été réalisés, il ne saurait regretter de n'en prendre point sa part, car ils proviennent d'une source qui lui est odieuse. Comment pourrait-on vouloir de la société des biens quand on ne veut plus de la société des personnes (2) ?

D'ailleurs, il arrivera bien rarement que, durant l'instance, l'époux défendeur à la séparation de corps ait enrichi notablement la communauté.

D'un autre côté, si la séparation ne produisait ses effets

---

n° 776; Duranton, t. 2, n° 622; Massol, *Séparation de corps*, p. 203 et suiv.; Troplong, n°° 1386 et suiv.

(1) N° 267.

(2) Troplong, n° 1386.

qu'à partir du jugement, l'époux défendeur ne pourrait-il pas, en accumulant les contestations, retarder le jugement jusqu'après la réalisation d'un bénéfice qui devrait parvenir à l'époux demandeur, par exemple, une succession, de manière à faire entrer ce bénéfice dans la communauté ?

Il y aurait donc, au point de vue des intérêts matériels, inconvénient pour inconvénient. A la vérité, MM. Rodière et Pont proposent de remédier à celui que nous venons de signaler, en attribuant à l'époux demandeur le droit d'exiger que le bénéfice qui lui serait survenu n'entrât pas dans la communauté et lui fût attribuée en entier à titre de dommages-intérêts. Mais ce serait ouvrir la carrière à des difficultés fâcheuses. Il est bien préférable de donner un point de départ invariable aux effets de la séparation en appliquant, dans tous les cas, l'art. 1445. On évite, du reste, par là, un résultat bizarre, celui de former deux catégories de séparations de biens.

On a tiré aussi une objection de l'art. 271 du Code Napoléon, aux termes duquel « toute obligation contractée par le mari à la charge de la communauté, toute aliénation par lui faite des immeubles qui en dépendent, postérieurement à l'ordonnance sur la requête en divorce ou en séparation de corps, doit être déclarée nulle, s'il est prouvé d'ailleurs qu'elle ait été faite ou contractée en fraude des droits de la femme. » Ainsi, dit-on, toute obligation ou aliénation consentie sans fraude par le mari, durant l'instance en séparation de corps, engage la femme, ce qui suppose que la communauté subsiste jusqu'au jugement (1). Cette objection tombera d'elle-même, quand nous aurons établi, en examinant la question suivante (2), que la dis-

____

(1) Rodière et Pont, *loc. cit.*
(2) *Infrà*, n° 287.

position de l'art. 271 a été introduite uniquement dans l'intérêt des tiers.

284. L'effet rétroactif du jugement de séparation de biens peut-il être opposé aux tiers ?

Ici se présentent trois systèmes.

Le premier consiste à soutenir d'une manière absolue que les effets du jugement de séparation de biens ne peuvent être opposés aux tiers qu'après l'accomplissement des formalités prescrites pour la publicité du jugement, parce que la publication de la demande ne suffit pas pour les avertir. Par exemple, dit-on, le tiers qui, le lendemain de l'inscription de la demande sur le tableau, traite avec le mari, à cent lieues peut-être de l'endroit où ce tableau est exposé, n'a pu en avoir connaissance. On conclut de là que, s'il échoit à la femme une succession mobilière pendant l'instance, quoique cette succession lui appartienne tout entière à l'exclusion du mari, néanmoins les créanciers de celui-ci, qui ignorent ou sont censés ignorer la séparation non encore publique, sont fondés à regarder les effets de cette succession comme un gage de leurs créances, et peuvent les saisir, sauf le recours de la femme contre son mari (1).

Dans le second système, on repousse toute distinction quant aux effets de la séparation de biens entre le mari et les tiers avec lesquels il a contracté. On répond à l'argument tiré de l'insuffisance de la publicité de la demande en séparation de biens que les créanciers qui ont suivi la foi du mari ont à se reprocher d'avoir traité avec lui sans s'être assurés de sa solvabilité et de sa capacité ; que d'ailleurs la loi a jugé suffisantes les formalités qu'elle a prescrites

______

(1) Pigeau, t. 2, p. 541 ; Bellot des Minières, t. 2, 129 ; Riom, 31 janv. 1826 (D.P., 27.2.182) ; Rouen, 9 août 1839 (D.P.. 40.2.39).

pour la publicité de la demande, et qu'on ne saurait suppléer à ce qu'elle peut avoir d'incomplet ; qu'après l'accomplissement de ces formalités, les tiers intéressés sont présumés assez avertis ; que c'est là une présomption légale, pareille à celle de l'article 1er du Code Napoléon pour la connaissance des lois. On ajoute qu'il aurait été sans doute à désirer que tous les créanciers du mari fussent personnellement avertis de la demande en séparation formée par la femme ; qu'à cet égard une proposition avait été faite au conseil d'Etat lors de la discussion du projet du Code, mais qu'elle fut repoussée, parce que l'exécution en fut reconnue impossible (1).

Le troisième système est moins exclusif. Il distingue entre les actes de simple administration et les actes de disposition. Suivant ce système, les actes d'administration faits par le mari avec des tiers de bonne foi doivent être validés au regard de ces derniers. L'intérêt même de la femme exige que ces actes soient irrévocables. S'il en était autrement, la communauté ou les biens de la femme ne pourraient pas être administrés ; ils péricliteraient. Les actes d'administration doivent être déclarés valables, soit qu'au moment où ils ont été passés la demande fût déjà publiée, soit qu'elle ne le fût pas encore. Seulement, dans le premier cas, la mauvaise foi des tiers se présumera plus facilement que dans le second (2).

285. Nous n'hésitons pas à nous rendre à ces tempéraments.

En conséquence, nous pensons qu'il a été jugé avec raison

---

(1) Toullier, t. 13, n° 100 ; Battur, n° 650 ; Dalloz, 13, n° 1913 ; Riom, 20 fév. 1826 (D.P., 26.2.220) ; Bordeaux, 11 mai 1843 (D.P., 43.4.388) ; Cassation, 22 avril 1845 (D.P., 45.1.267).
(2) Rodière et Pont, n° 867 ; Troplong, n° 1389.

1° Que l'effet rétroactif prononcé par l'article 1445 rend nulles les saisies-arrêts pratiquées depuis la demande en séparation, même pour des causes antérieures, par les créanciers du mari sur les fruits ou intérêts de la dot, sans distinguer entre les tiers et les époux eux-mêmes (1);

2° Que la femme séparée a le droit de répéter les fruits de ses immeubles donnés en antichrèse par son mari depuis la demande en séparation ; que le créancier antichrésiste ne peut résister à cette répétition en invoquant sa bonne foi, alors qu'il savait que les biens donnés en antichrèse étaient la propriété de la femme, et qu'il avait connu la demande (2);

3° Que la femme est fondée à revendiquer en nature un propre immobilier adjugé sur saisie postérieurement à sa demande en séparation de biens, alors même que la demande n'a été formée qu'après la transcription et la dénonciation de la saisie, la nullité de l'adjudication devant être prononcée par application du principe de la rétroactivité des effets de la séparation de biens (3).

286. Si le mari avait fait des actes de disposition depuis la demande en séparation de biens, mais avant la publication de cette demande, les tiers seraient-ils atteints par l'effet rétroactif du jugement ? Non, sans doute, parce qu'ils ne sont pas censés avoir connu la demande non publiée : il ne faut pas pousser la rigueur jusqu'à l'injustice (4).

287. Il reste à examiner si les solutions doivent être les mêmes quand la séparation de biens est la suite de la séparation de corps.

---

(1) Arrêts de Bordeaux, 11 mai 1843, et Cassation, 22 avril 1845, cités au n° 284.

(2) Caen, 11 juill. 1844 (D.P., 45.2.43).

(3) Colmar, 3 juill. 1846 (*Journ. du Palais*, t. 1, 1847, p. 438).

(4) Rodière et Pont, n° 868 ; Dalloz, n° 1938.

Il y a une différence notable entre les deux séparations vis-à-vis des tiers, en ce que la séparation de corps n'est pas publiée comme la séparation de biens : la séparation de corps est dispensée de publication, parce qu'on ne peut supposer qu'elle soit le résultat d'un concert frauduleux. De là cette conséquence nécessaire, que, vis-à-vis des tiers de bonne foi, le mari, pendant l'instance en séparation de corps, ne sera frappé d'aucune incapacité. C'est ce qui explique la disposition de l'article 271 du Code Napoléon. Mais, comme il n'existe pas de raison pour modifier l'article 1445 quant aux rapports respectifs des époux, l'article 271 ne saurait être appliqué à ces rapports. Ainsi, à l'égard des époux, l'effet rétroactif devra se produire de la manière que nous avons indiquée pour la séparation de biens (1). Ici, il faudra faire la distinction établie mal à propos par quelques auteurs, relativement à la séparation de biens, entre les époux et les tiers (2).

288. On approuvera donc :

1° La décision qui a reconnu au mari le pouvoir d'aliéner, pendant l'instance en séparation de corps, les immeubles de la communauté, pourvu que ce ne soit pas en fraude des droits de la femme, et cela malgré la circonstance, par exemple, qu'il s'agirait d'une maison de la communauté assignée par ordonnance du juge comme résidence à la femme pendant l'instance en séparation (3);

2° Celle qui a déclaré valable la vente faite sans fraude par le mari, durant l'instance en séparation de corps, d'un fonds de commerce qui avait été constitué en dot à la femme avec estimation (4).

---

(1) Conf., M. Troplong, n° 1388.
(2) Voy. *suprà*, n° 284.
(3) Bruxelles, 6 janv. 1820 (Dalloz, n° 1935).
(4) Tribunal civil de la Seine, 22 juill. 1836 (Dalloz, n° 1934).

289. Mais il est évident que la femme aurait le droit de faire annuler la vente d'effets mobiliers dépendants de la communauté que son mari aurait passée frauduleusement à un tiers de mauvaise foi, pendant l'instance en séparation de corps (1).

290. Comme le font très-justement observer MM. Rodière et Pont (2), s'il arrivait que, durant l'instance en séparation de corps, le mari mit la dot en péril par sa mauvaise administration, la femme pourrait, dans le cas où elle aurait elle-même provoqué cette séparation, ajouter à sa demande, et dans celui où elle serait défenderesse, former reconventionnellement une demande en séparation de biens qui serait tout à fait distincte et qui, par conséquent, devrait être soumise aux conditions de publicité et d'exécution exigées pour les séparations de biens en général : alors l'effet rétroactif se produirait vis-à-vis des tiers à partir de la publication.

291. L'art. 270 dispose : « La femme commune en biens, demanderesse ou défenderesse en divorce (ou en séparation de corps), pourra, en tout état de cause, à partir de la date de l'ordonnance dont il est fait mention en l'art. 238, requérir, pour la conservation de ses droits, l'apposition des scellés sur les effets mobiliers de la communauté. Ces scellés ne seront levés qu'en faisant inventaire avec prisée, et à la charge par le mari de représenter les choses inventoriées, ou de répondre de leur valeur comme gardien judiciaire. »

Si la femme n'avait pas pris de mesures conservatoires, et que le mari eût vendu les meubles de la communauté,

---

(1) Cassation, 30 juin 1807 (Dalloz, n° 1932).
(2) N° 870. Conf., Dalloz, n° 1946.

cette vente serait valable vis-à-vis des tiers de bonne foi. Il en serait de même, si la vente avait eu lieu malgré les mesures conservatoires, sauf le recours de la femme contre son mari : mais la mauvaise foi des tiers serait suffisamment prouvée dans le cas où il serait constant qu'ils avaient eu connaissance de l'apposition des scellés.

292. La disposition de l'art. 270 est parfaitement applicable en matière de simple séparation de biens (1). Mais, dans cette hypothèse, le mari n'aurait pas le droit que nous venons de lui reconnaître pour le cas de la séparation de corps, et qui lui est mal à propos attribué par M. Toullier (2). On sait quelle est la différence entre les deux situations.

293. L'opposition que ferait le mari, avant l'exécution complète du jugement de séparation, à une saisie-brandon qui aurait été pratiquée sur les fruits des immeubles de sa femme par les créanciers de celle-ci, deviendrait nécessairement nulle par l'effet de la complète exécution du jugement, comme émanant d'une personne sans droit pour la former (3).

---

(1) Voy. *suprà*, n° 136.
(2) N° 103.
(3) Toulouse, 7 mars 1845 (S.-V., 45.2.590).

CHAPITRE TROISIÈME.

Des effets de la séparation de biens.

§ 1er.—**De la contribution de la femme aux charges du ménage et aux frais d'éducation des enfants communs.**

294. La séparation de biens a eu pour objet de mettre en sûreté la dot de la femme, de la soustraire à l'administration compromettante du mari, mais elle n'a pas pour cela relâché les liens du mariage. A part le changement de régime qui s'est opéré pour les biens, aucune atteinte n'a été portée aux principes de l'association conjugale.

Dès lors, il est naturel que chacun des époux contribue dans la proportion de ses ressources aux charges du mariage. Si le mari ne possède plus rien, la femme devra seule y faire face, en vertu de ce principe profondément moral, que les époux se doivent mutuellement secours et assistance (art. 1448, 212, Cod. Nap.).

295. Au surplus, remarquons que la part contributive de la femme séparée de biens dans les dépenses du ménage doit être fixée d'après l'appréciation de ses facultés faite dans la supposition qu'elle habite le domicile commun, quoique, en réalité, elle vive séparée de son mari (1). Il ne peut lui être permis, en effet, de se soustraire à cette contribution en désertant le domicile conjugal (2). Il ne saurait en être autrement que dans le cas où le mari ne lui offrirait pas un domicile convenable, et où son éloignement serait par conséquent forcé.

---

(1) Paris, 4 avril 1835 (Dalloz, 13, n° 1949).
(2) Voy. *infrà*, n° 311.

296. La séparation de biens, en faisant perdre au mari l'administration de la fortune de sa femme, ne lui enlève point l'autorité maritale et la qualité de chef du ménage (1). Il garde la direction des affaires domestiques. Ne suit-il pas de là qu'il peut exiger que la femme, quoique séparée de biens, verse entre ses mains le montant de sa part contributive, pour qu'il en règle lui-même l'emploi? Reconnaître ce droit au mari, serait-ce lui rendre l'administration d'une portion des revenus de sa femme? Il ne faut pas confondre l'administration des biens avec le règlement des dépenses du ménage. Ce n'était pas dans ce règlement que se trouvait, pour la femme, le danger qui a nécessité la séparation de biens. D'ailleurs, on ne doit pas oublier que le mari conserve le droit d'ordonner (art. 213, 1388, Cod. Nap.). Si la part de la femme n'est pas versée dans les mains du mari, il faudra donc que le mari verse la sienne dans les mains de la femme, car chacun des époux ne peut disposer de son côté de sa part contributive : il faut une seule direction. Or, quel bouleversement de tous les principes! La femme ne pourrait pas même échapper à la nécessité de remettre sa part au mari en se chargeant de fournir seule aux besoins du ménage : elle n'en acquerrait pas moins une direction qui, dans aucun cas, ne saurait lui appartenir (2).

Cette doctrine était professée par les anciens jurisconsultes en matière de séparation contractuelle (3). Or, il n'y aurait aucune raison de ne point l'appliquer à la séparation de biens judiciaire (4). Aussi n'a-t-on pas hésité, sous

---

(1) Denizart, v° *Séparation*, n° 3.

(2) Merlin, *Rép.*, v° *Séparat. de biens*, sect. 2, § 5, n° 8, qui rapporte un arrêt conforme de la Cour de cassation du 28 juillet 1808.

(3) Bourjon, t. 1, p. 511 ; Pothier, n° 464.

(4) Pothier, *ibid.*

l'empire du Code Napoléon, à l'étendre à ce genre de séparation (1).

La Cour de Nancy a rendu sur ce point un arrêt remarquable (2), dont les motifs méritent d'être littéralement transcrits :

« Attendu, porte cet arrêt, que les effets civils de la séparation de biens judiciaire n'atteignent pas la puissance maritale, en ce sens que le mari, privé de l'administration de la fortune de sa femme, perde sur sa personne, sur l'éducation des enfants procréés du mariage et sur la direction intérieure des affaires domestiques, la qualité de chef du ménage, de maître de l'habitation conjugale ; que la suprématie inhérente à la qualité de mari serait évidemment atteinte et compromise, si la femme qui n'agit ou ne doit agir, dans la maison conjugale, qu'en qualité de simple mandataire, s'attribuait le pouvoir exclusif de tenir la bourse réduite au strict nécessaire, et par conséquent de régler de son chef l'emploi des ressources nécessaires au ménage, de faire et d'acquitter seule les dépenses, et d'offrir à son mari, en compensation de son autorité ainsi réduite, les vêtements et la nourriture de chaque jour, que ce dernier se verrait même obligé d'accepter tels quels, sous le bon plaisir et suivant le caprice de sa femme, puisqu'il n'aurait à sa disposition aucune somme pour y pourvoir autrement ; que consacrer en droit la possibilité légale d'un tel état de choses, ce serait énerver le lien conjugal, détruire l'autorité maritale, contrevenir aux dispositions des articles 213, 214, 1388 du Code Napoléon, et même porter atteinte à la morale ;

« Attendu que la seule objection forte qui ait été pro-

____

(1) Benoît, n° 323 ; Rodière et Pont, n° 875 ; Troplong, n° 1435.
(2) 28 janvier 1841 (Dalloz, 13, n° 1950).

duite a consisté à soutenir que la séparation de biens, qui attribue à la femme le droit d'administrer son avoir, de toucher directement ses revenus, et même de disposer de ses capitaux et de son mobilier, a eu pour but de la soustraire à la misère, conséquence inévitable des dissipations de son mari ; qu'ainsi, ce serait détruire le bénéfice du jugement de séparation, méconnaître essentiellement le but de la loi, que de contraindre la femme à remettre de nouveau à son mari, dissipateur, la disposition de la portion de ses revenus qui est affectée aux besoins du ménage, et de fournir à ce dernier le moyen de les dissiper ailleurs ;

« Attendu qu'il ne faut pas se méprendre sur la portée et les effets de la séparation de biens judiciaire et croire qu'elle est un remède efficace et préventif à tous les maux et à tous les dangers auxquels une femme est exposée, lorsqu'elle a contracté une union mal assortie ; qu'à la différence de la séparation de corps, qui altère gravement la puissance maritale, qui procure à la femme une position indépendante, qui la soustrait à l'habitation commune, la séparation de biens a toujours été définie une simple dissolution de la communauté ordonnée par jugement ; qu'elle est assimilée et restreinte, dans ses effets civils, à la séparation de biens contractuelle ; qu'il suit de là que le jugement de séparation, de même que le contrat de mariage stipulant la séparation de biens, laisse au mari toute son autorité dans l'intérieur de la maison conjugale ; qu'il faut, dès lors, que la femme accepte les conséquences de cet état de choses, nonobstant les inconvénients qu'elle peut éventuellement prévoir ou en ressentir ; qu'elle se contente d'avoir mis à l'abri sa dot qui était en péril, d'avoir soustrait à son mari l'administration de ses biens, la disposition de ses capitaux, la perception de ses revenus ; que, pour le surplus, elle continue à se soumettre au joug de l'autorité maritale, et qu'en s'abstenant de disposer seule et en maître de la portion de ses revenus destinée aux besoins communs, elle conserve à son conjoint le rang qui lui appartient chez lui, et ne l'usurpe pas elle-même ; que si, par suite de cette nécessité de mariage, et si, malgré la précaution autorisée par le jugement dont est appel de ne livrer à son mari que mois par mois, et par douzième, sa part contributive à l'alimentation commune, celui-ci aggravait ses torts et ses dissipations au point de la laisser manquer du nécessaire et de ne plus lui procurer une habitation convenable, le remède à cet état de choses, devenu alors intolérable, se trouverait dans la séparation de corps fondée sur l'injure grave et résultant de l'inexécution coupable des obligations imposées au mari par le droit naturel et par le texte précis des articles 212 et 214 du Code. »

297. Quelques auteurs ont pensé que la femme pouvait être autorisée à retenir sa part contributive et à se libérer directement entre les mains des fournisseurs et des maîtres de pension, s'il y a de justes motifs de craindre que les fonds ne soient détournés de leur destination (1).

On cite dans ce sens un arrêt de la Cour de Paris du 5 août 1807, et un autre de la Cour de cassation du 6 mai 1835.

Mais ces décisions ne sauraient appuyer d'une manière un peu solide l'opinion que nous venons d'indiquer.

L'arrêt de la Cour de Paris fut l'objet d'un pourvoi, que la Cour de cassation admit par l'arrêt du 28 juillet 1808 que nous avons déjà cité (2), et qui est rapporté par Merlin, sur les conclusions remarquables duquel il fut rendu.

______

(1) Chardon, *Puiss. marit.*, n° 337; Odier, 1, n° 401; Rodière et Pont, n° 875; Troplong, n° 1435; Dalloz, n° 1945.
(2) Précédent numéro.

Cet arrêt fort bien motivé décide que, dans tous les cas, la part contributive de la femme doit être versée entre les mains du mari (1). S'il ne fut pas statué par la chambre civile, c'est que, peu de temps après l'arrêt de la chambre des requêtes, un jugement de divorce mit fin au procès.

Quant à l'arrêt de la Cour de cassation du 6 mai 1835 (2), il juge simplement que si le mari, qui est sans moyen d'existence et sans habitation, s'est volontairement séparé de sa femme, celle-ci ne saurait être tenue de lui remettre sa part contributive des dépenses du ménage ; qu'elle peut être seulement condamnée à payer une pension annuelle à son mari jusqu'à ce qu'il ait un logement convenable à lui offrir, et que jusque-là elle peut garder l'administration exclusive des biens qu'elle a apportés en mariage.

On voit que cet arrêt est loin d'avoir la portée générale qu'on lui attribue.

298. Pour nous, il nous répugne d'admettre que le mari puisse, pour un motif quelconque, perdre la direction des affaires domestiques et cette qualité de chef de l'association conjugale, qui est indélébile tant que les liens du mariage ne sont ni rompus ni même relâchés. Nous aimons mieux décider, avec Merlin (3) et la Cour de Nancy (4), que, si le mari fait un mauvais usage des revenus qui lui sont remis par sa femme, cette dernière, privée par ses dissipations de ce qui est nécessaire pour les besoins de la vie, aurait à se plaindre d'une infraction au devoir le plus sacré (art. 214, Cod. Nap.), infraction qui constituerait à son égard cette injure grave, ces excès et sévices sur les-

______

(1) *Adde* Dalloz, n° 1951.
(2) D.P., 35.1.405.
(3) *Loc. cit.*
(4) Arrêt cité au précédent numéro; *adde* Benoît, 1, n° 323.

quels elle peut fonder une demande en séparation de corps.

Sans doute, c'est réduire la femme à une mesure bien rigoureuse, mais c'est sauvegarder du moins la dignité du mari ; c'est éviter le spectacle d'une triste dégradation. Il vaut mieux voir le mari abandonné par sa femme qu'avili auprès d'elle. Du reste, c'est prévenir un autre inconvénient : en reconnaissant à la femme séparée de biens le droit de retenir la part pour laquelle elle doit contribuer aux dépenses du ménage, quand le mari fait un mauvais emploi des revenus, on ouvre la voie des exigences, des plaintes et des tracasseries incessantes. Dès que l'emploi des revenus ne sera pas conforme aux désirs ou aux caprices de la femme, le mari pourra se voir attaqué dans l'exercice de son autorité ; c'en sera fait de son indépendance. Au contraire, la femme, n'ayant d'autre remède que la séparation de corps, réfléchira avant de l'employer, et elle ne s'y résoudra que dans le cas d'une nécessité absolue : alors le mari aura mérité la rigueur qui viendra le frapper.

299. Mais, s'il n'y avait pas seulement mauvaise gestion du mari, s'il avait abandonné sa femme, s'il ne pouvait lui fournir aucune habitation, ou s'il n'avait à lui offrir qu'un logement indigne de sa position dans la société, nous comprendrions que la femme conservât la disposition exclusive de ses revenus et que son obligation de contribuer aux dépenses du ménage se traduisît en une pension annuelle qu'elle paierait au mari dans la proportion de ses ressources et des besoins de ce dernier (1). Dans ce cas, le mari, vivant loin de sa femme, n'est pas exposé à se trouver sous la dépendance de celle-ci, et, d'ailleurs, il n'a plus à faire maintenir la qualité de chef du ménage, qu'il a abdiquée.

---

(1) Cassation, 9 janv. 1826 (D.P., 26.1.21); *Id.*, 6 mai 1835 (cité plus haut); *Id.*, 11 avril 1842 (Dalloz, n° 1954); Troplong, n° 1436.

15.

300. Nous croyons qu'il a été bien jugé que la femme séparée peut se libérer directement, entre les mains de son enfant devenu majeur, de sa part contributive à la pension alimentaire qui a été attribuée par un jugement à ce dernier, et qu'elle n'a pas besoin de remettre cette part au mari (1). L'enfant majeur étant affranchi de la puissance paternelle, sauf les cas exceptionnels prévus par la loi, est capable de recevoir lui-même ses revenus, et l'intermédiaire du père serait sans aucune utilité. Du reste, ce paiement direct ne porterait nullement atteinte à l'autorité maritale, qui n'a pas à s'exercer en pareille circonstance.

301. Nous n'admettons pas que les fournisseurs puissent s'adresser à la femme séparée de biens pour le paiement de leurs fournitures, même dans le cas où le dénûment du mari lui fait l'obligation de subvenir aux dépenses du ménage. C'est le mari qui est chargé d'appliquer les revenus de la femme à ces dépenses : chef du ménage, malgré la séparation, il doit être seul connu des fournisseurs. C'est à ceux-ci de prendre leurs précautions, s'ils ont quelque défiance. Leur reconnaître le droit de s'adresser à la femme, ce serait proclamer la suprématie de cette dernière, qui, nous le répétons, est incompatible avec l'association conjugale (2). Suivant nous, les fournisseurs ne peuvent avoir d'action contre la femme que dans le cas où, ayant été abandonnée par son mari, elle est autorisée à faire face elle-même à toutes ses dépenses. Ici seulement nous sommes d'accord avec M. Troplong (3).

302. En ce qui concerne les aliments et les frais d'édu-

_____

(1) Rouen, 8 juin 1824 (Dalloz, n° 1953).
(2) *Contrà*, arrêt de la Cour de Paris du 21 avril 1830 (D.P., 30.2.196); Troplong, n° 1440; Dalloz, n° 1959.
(3) N° 1436.

cation des enfants, il faut se montrer moins absolu. Chacun des époux contracte, par le fait du mariage, l'obligation de nourrir, entretenir et élever les enfants communs (art. 203, Cod. Nap.). Ici, c'est cette obligation sacrée qui domine, et il en découle des conséquences distinctes de celles que produit la disposition de l'art. 1448. Comme chef du ménage, le mari est seul tenu du paiement des dépenses vis-à-vis des tiers. Mais, sous le rapport de la nourriture, de l'entretien et de l'éducation des enfants, il n'y a de supériorité d'aucun côté. Nous ne saurions donc approuver l'usage où l'on était, dans l'ancienne jurisprudence, d'ordonner qu'une partie de la dot resterait entre les mains du mari pour être employée à l'entretien et à l'éducation des enfants communs (1). L'obligation est la même pour les deux époux, et c'est évidemment une obligation solidaire. Il faut conclure de là que la femme séparée de biens est tenue, en cas d'insolvabilité de son mari, de supporter intégralement les frais d'aliments et d'éducation de leurs enfants, alors même que ces frais ont été faits antérieurement au jugement de séparation de biens (2).

L'obligation solidaire de la femme est si absolue qu'elle existe indépendamment de tout engagement formel de sa part, de telle sorte que la femme est tenue, lorsque le mari est insolvable, d'acquitter tous les frais d'éducation de leurs enfants, bien que le mari les eût placés seul dans la maison d'éducation où les frais ont été faits (3).

303. La femme est-elle obligée de recourir à l'intermé-

---

(1) Denizart, vo *Séparation*, nos 37 et 38.
(2) Grenoble, 28 janv. 1836 (D.P., 36.2.134); Paris, 13 juin 1836 (D.P., 37.2.24); Agen, 13 juillet 1849 (D.P.49.2.168); *Id.*, 18 juin 1851 (D.P., 51.2.228).
(3) Agen, 18 juin 1851, déjà cité.

diaire de son mari pour acquitter les frais d'éducation de leurs enfants entre les mains des maîtres de pension ?

Oui, en général, parce que la direction de l'éducation des enfants appartient au mari, et qu'il est dès lors naturel qu'il en acquitte lui-même les frais. C'est un privilége qui est dû au chef de la famille (1).

Mais il y a exception dans le cas où la femme séparée de biens ne vit pas avec son mari et a été autorisée à gérer seule ses revenus (2).

304. Nous avons dit que, malgré la séparation de biens, le mari conservait, comme chef de la famille, le droit de diriger l'éducation de ses enfants ; mais, si le mode d'éducation qu'il aurait choisi entraînait des dépenses qui ne fussent pas en rapport avec les ressources de la femme, celle-ci serait incontestablement admise à critiquer ce mode d'éducation et à réclamer contre l'abus que le mari ferait de son autorité. Alors la justice interviendrait pour prescrire une éducation moins dispendieuse (3).

305 Il pourrait arriver que, de son côté, le mari eût des craintes sur l'accomplissement de l'obligation qui est imposée à la femme de contribuer aux dépenses du ménage et aux frais d'éducation des enfants dans la proportion de ses ressources. Pourrait-il exiger de la femme une garantie pour assurer cette contribution ?

En principe, la négative n'est pas douteuse (4). La loi ne soumet la femme à fournir aucune sûreté, elle s'en remet à

---

(1) Arg. arrêt de Rouen du 8 juin 1824, cité au n° 300.
(2) Caen, 8 avril 1851 (D.P., 52.2.127).
(3) Même arrêt.
(4) Delvincourt, t. 2, p. 111, note 8; Benoît, n° 324; Odier, t. 1, n° 400; Troplong, n° 1438; Dalloz, 13, n° 1955; Poitiers, 17 fév. 1842 (D.P., 42.2.80).

sa bonne foi. Il y aurait donc quelque chose d'arbitraire et d'injurieux pour la femme à lui imposer la condition d'une garantie.

306. Toutefois, il ne faudrait pas autoriser les abus. Si le mari n'avait pas seulement des craintes plus ou moins vagues, s'il était constaté que la femme eût dissipé ses revenus, au lieu de leur donner cette destination sacrée, de subvenir aux besoins de la famille, comment refuser au mari le droit de se plaindre et de réclamer une garantie ? Ne serait-il pas juste, en pareil cas, d'ordonner, par exemple, soit que la part contributive de la femme serait touchée par un parent qui la remettrait au mari, soit que la femme verserait à la caisse des dépôts et consignations les sommes suffisantes, ou bien d'autoriser le mari à recevoir lui-même directement ces sommes des débiteurs de la dot, ou à faire pratiquer des saisies-arrêts (1) ? Si la femme parvenait à rendre ces mesures illusoires, il resterait au mari la ressource de demander la séparation de corps pour injures graves, excès et sévices. Mais nous ne voulons parler ici que de dissipations folles et non d'obligations plus ou moins sérieuses, car on verra plus loin (2) que la femme séparée ne peut aliéner ou engager son mobilier que dans la mesure d'une sage administration. Le mari serait donc autorisé à faire annuler les aliénations ou obligations qu'elle consentirait en dehors de cette limite.

307. Sous le régime dotal, une garantie de plus appartient au mari, car alors les revenus de la dot participent du caractère de la dot elle-même, en tant du moins qu'ils sont nécessaires aux besoins de la famille, de telle sorte

______

(1) M. Benoît, *loc. cit.*
(2) N° 336.

que, pour la portion correspondant à ces besoins, ils sont inaliénables et insaisissables comme la dot. La séparation de biens, qui ne fait pas cesser la dotalité (1), ne change rien à ce résultat parfaitement logique. Si la femme aliénait tous ses revenus, elle serait obligée, pour subvenir aux besoins de la famille, de recourir à l'aliénation du fonds dotal, et les précautions prises dans son contrat de mariage deviendraient sans portée. Il est donc sage de frapper d'inaliénabilité la portion des revenus de la dot que doivent absorber les besoins du ménage. Pour l'excédant seulement, la femme conserve son droit de disposition (2).

Du reste, les tribunaux ont l'appréciation souveraine du point de savoir quelle est la portion des revenus dotaux qui est nécessaire aux besoins de la famille, et quelle est, au contraire, celle qui, excédant ces besoins, peut être aliénée par la femme ou saisie par ses créanciers (3).

Cette inaliénabilité de la portion des revenus dotaux destinée au ménage peut prévenir de graves abus au point de vue de la contribution de la femme aux dépenses que l'administration du ménage nécessite. Mais si la femme, sans engager ses revenus par des obligations, les détournait de leur destination naturelle en les employant à de folles dépenses, il est évident que la garantie résultant de l'inaliénabilité serait sans effet : il faudrait alors appliquer les principes que nous avons exposés au numéro précédent.

308. La femme ne pourrait abandonner à son mari, à titre de contribution aux charges du ménage, l'administration et la jouissance de ses propres pendant la durée du mariage : cette convention serait nulle comme constituant

---

(1) Voy. *infrà*, n° 415.
(2) Voy. *infrà*, n°ˢ 416 et suiv.
(3) Cassation, 3 juin 1839 (D.r., 39.1.218).

soit un rétablissement irrégulier du régime détruit par la séparation de biens, soit une vente illicite entre époux ou une donation non revêtue de la forme légale (1).

309. On demande si le mari, débiteur des intérêts de la dot, peut les compenser avec la part contributive de la femme dans les frais du ménage. L'affirmative ne peut souffrir de difficulté quand la part contributive de la femme a été déterminée, puisqu'il s'agit alors de deux dettes également liquides (2). Mais quand cette part n'a pas été réglée, en est-il de même? La Cour de Bordeaux a jugé négativement par arrêt du 1ᵉʳ février 1845 (3), et M. Troplong approuve cette décision (4). Il est vrai qu'en principe rigoureux, la compensation ne s'opère pas de plein droit entre deux dettes dont l'une n'est pas liquide ; mais il a été apporté un tempérament à cette rigueur, et l'on a décidé que la compensation avait lieu, quoique l'une des dettes ne fût pas actuellement liquide, si le chiffre pouvait en être déterminé facilement et sans retard préjudiciable pour la partie à qui la compensation était opposée (5). Or, il nous semble qu'on devrait admettre ce tempérament dans l'hypothèse que nous examinons, car la base de la contribution de la femme étant établie par la loi, il ne s'agit plus que de vérifier le chiffre de sa fortune, ce qui, dans les cas ordinaires, ne peut être ni long, ni difficile. D'ailleurs, ici la compensation est en quelque sorte commandée par la situation respective des parties. Si le mari était obligé de

---

(1) Bordeaux, 25 mars 1848 (D.P., 48.2.192).
(2) Troplong, n° 1437.
(3) D.P., 45.4.469.
(4) *Loc. cit.*
(5) Toulouse, 14 août 1818 (S., 19.2.221); Cassation, 3 fév. 1819 (S., 19.1.279); *Id.*, 17 juillet 1832 (D.P., 32.1.358); Toullier, 7, n° 371; Zachariæ, t. 2, § 325, note 10.

payer intégralement les intérêts de la dot à sa femme, celle-ci serait tenue de les lui restituer jusqu'à concurrence de sa part contributive dans les dépenses du ménage, suivant ce que nous avons établi plus haut (1). N'est-il pas naturel d'éviter ce circuit en décidant que le mari compensera les intérêts de la dot à concurrence de la part contributive de la femme, et qu'il ne sera tenu de lui payer que l'excédant (2) ?

Nous ne refuserions la compensation que dans le cas où la détermination de la part contributive de la femme dans les dépenses du ménage n'aurait pu se faire qu'après de longues opérations, par exemple, dans le cas où des complications auraient fait traîner en longueur le partage de la communauté.

310. Terminons sur ce point en faisant observer que, relativement à la contribution aux charges du mariage, les époux séparés de biens n'ont pas besoin, l'un à l'égard de l'autre, d'établir leur libération mutuelle par des quittances en bonne forme, et que si l'un des époux laisse écouler un temps considérable sans former de réclamation contre son conjoint, il y a présomption de plein droit que celui-ci s'est libéré dans l'intervalle. C'est ce que la Cour de Paris a jugé en matière de séparation de biens contractuelle (3), et sa décision s'applique tout aussi exactement à la séparation de biens judiciaire (4).

§ 2. — **De l'obligation pour la femme séparée de résider au domicile conjugal, et pour le mari de recevoir sa femme.**

311. Du principe que la séparation de biens n'enlève

---

(1) N° 296.
(2) Riom, 11 fév. 1815 (Dalloz, n° 1957).
(3) 3 messidor an 11.
(4) Dalloz, n° 1962.

point au mari la puissance que la loi lui reconnaît sur la personne de sa femme, découlent encore plusieurs conséquences très-graves.

D'abord, la femme séparée de biens reste soumise à l'obligation d'habiter avec son mari et de le suivre partout où il juge à propos de résider (Arg., art. 214, Cod. Nap.) (1).

C'était déjà un principe certain dans l'ancienne jurisprudence, ainsi que l'attestent plusieurs arrêts rapportés par Denizart (2).

312. La femme ne pourrait se soustraire à cette obligation en offrant au mari une pension alimentaire (3).

De même, l'engagement qu'elle prendrait de laisser dans une maison qui lui appartient en propre des meubles suffisants pour que son mari puisse s'y retirer, mais sous la réserve expresse qu'elle ne serait pas forcée de l'y suivre, serait nul comme subordonné à une condition contraire à l'ordre public (4).

313. Cependant, la Cour de Rouen a jugé que la femme séparée de biens pourrait être dispensée d'habiter avec son mari, s'il ne lui offrait pas une demeure convenable (5). Nous ne croyons pas que cette décision doive être suivie. Tant que la vie commune subsiste, la femme ne saurait, sous aucun prétexte, s'affranchir de l'obligation que lui impose formellement la loi d'habiter avec son mari, en quel-

______

(1) Colmar, 12 juillet 1806 (D.P., 2.702); Caen, 14 août 1848 (D.P., 50.2.185); Toullier, n° 109; Bellot, t. 2, p. 148; Vazeille, *du Mariage*, t. 2, n° 294; Chauveau sur Carré, quest. 2942 *bis*; Dalloz, 13, n° 2016.

(2) V° *Femme*, n° 23, et v° *Séparat.*, n°s 3 et 4; *adde* Merlin, *Rép.*, v° *Séparat. de biens*, sect. 2, § 5, n° 1, et v° *Mari*, § 2, n° 1.

(3) Bruxelles, 12 juillet 1806.

(4) Caen, 8 avril 1851 (D.P., 52.2.127).

(5) 24 novembre 1812 (D.P., 12.2.41); *adde* Chauveau sur Carré, *ubi supra.*

que lieu qu'il plaise à celui-ci de résider. Que si la demeure que lui donne le mari n'est pas convenable, elle est en droit de se plaindre d'une injure grave et même, suivant les circonstances, d'excès et sévices. Elle peut donc demander la séparation de corps (1), qui lui permettra de fixer sa résidence où elle jugera à propos. Mais la séparation de biens ne saurait, dans aucun cas, l'autoriser à abandonner le domicile conjugal. Cette désertion serait même, pour le mari, une cause suffisante pour obtenir la séparation de corps (2).

314. Si la femme séparée de biens abandonnait le domicile conjugal, comment le mari pourrait-il la contraindre à le réintégrer? Sur ce point, il faut consulter les principes généraux.

Dans l'ancien droit, le mari dont la femme avait déserté le domicile conjugal faisait ordonner que, si cette dernière ne rentrait pas auprès de lui, elle serait déchue des conventions matrimoniales et réléguée dans un couvent. Lorsqu'elle ne se retirait pas elle-même dans ce couvent, qui était désigné par un prélat, le mari pouvait, après un court délai, *la faire arrêter partout où il la trouverait*, pour l'y faire conduire (3).

Comme on va le voir, la jurisprudence moderne a emprunté quelque chose à cette rigueur ; elle y a été amenée par la nécessité de faire respecter la puissance maritale.

315. On avait d'abord pensé que le mari devrait se borner à obtenir un jugement qui mettrait la femme en demeure de remplir son obligation de réintégrer le domicile conjugal (4).

---

(1) Bruxelles, 8 fruct. an 13 (S., 7.2.904); Angers, 8 avril 1829 (D.P., 29.2.115); Duranton, t. 2, p. 385; Massol, p. 147; Cubain, n° 18.

(2) Duranton, t. 2, n° 555; Massol, p. 147; Paris, 23 fév. 1837 (*Journ. du Pal.*, t. 1, 1847, p. 435).

(3) Denizart, v° *Femme*, n° 23, et v° *Séparat.*, n°ˢ 3 et 4.

(4) Bruxelles, 13 août 1806 (D.P., 7.2.28).

On a bien vite reconnu l'insuffisance d'une pareille mesure, mais, pour corriger cette insuffisance, on est tombé dans un excès, en décidant que la femme pouvait être contrainte par corps à venir habiter avec son mari (1).

Ce mode de contrainte n'a pas tardé à être repoussé comme contraire soit à nos mœurs, soit à la loi, qui ne l'établit nulle part (2).

316. Cependant il fallait reconnaître que force doit rester au mari. Aussi la Cour de cassation a-t-elle jugé (3) que le mari qui a fait vainement signifier à sa femme un jugement par lequel cette dernière est condamnée à réintégrer le domicile conjugal est autorisé à employer contre elle la force publique, moyen d'exécution que l'on ne doit pas confondre avec la contrainte par corps, celle-ci s'emparant de la personne pour lui enlever sa liberté en l'emprisonnant, celle-là ne faisant qu'accompagner la personne pour la mettre en état de remplir ses devoirs, et même de jouir de ses droits, toujours en pleine liberté. La Cour de cassation justifie cette mesure rigoureuse par la nécessité de « ne « pas faire dépendre du caprice, et quelquefois même du « crime de l'épouse, un nouveau genre de séparation de « corps, subversif tout à la fois et des droits particuliers « de l'époux, et des droits généraux du corps social. »

Cette doctrine, formellement approuvée par quelques auteurs (4), a été consacrée aussi par les Cours d'Aix

---

(1) Paris, 29 mai 1808; Pau, 12 avril 1810; Turin, 17 juillet 1810 (Dalloz, 1re édit., t. 10, p. 117, 118).

(2) Toulouse, 24 août 1818 (D.P., 22.2.23); Cassation, 6 janv. 1829 (D.P., 29.1.93); Delvincourt, t. 1, p. 155; Duranton, t. 2, n° 440; Chardon, *Puiss. marit.*, n°s 10 et suiv.; Cubain, n° 116.

(3) 9 août 1826 (D.P., 26.1.447).

(4) Toullier, 13, n° 109; Favard, v° *Femme*, n° 4; Zachariæ, t. 3, § 471, n° 7; Marcadé, art. 214, n° 2.

(1) et de Dijon (2). Mais elle a été proscrite par la Cour de Colmar (3) et par les Cours provinciales de la Gueldre (4) et de la Hollande méridionale (5), soit comme insuffisante, soit comme trop rigoureuse. L'une de ces Cours a décidé que le mari pouvait seulement refuser des aliments à sa femme et faire saisir ses revenus (6). Une autre ne reconnaît au mari que le droit de former contre sa femme une action en dommages-intérêts (7).

317. Tout cela est trop absolu.

L'emploi de la force publique n'a rien d'illégal : seulement nous reconnaissons que, dirigé contre une femme, il répugne quelque peu à nos mœurs, et que, du reste, il peut être sans résultat, puisque, à la différence de la contrainte par corps, la force publique, après avoir accompagné la femme dans le domicile conjugal, lui laisse la liberté de le quitter de nouveau. Toutefois, nous ne repoussons pas complétement ce moyen pour y substituer la saisie des revenus ou l'action indemnitaire.

D'abord, l'action indemnitaire nous semble pour le mari un moyen odieux d'acquérir, et nous ne croyons pas qu'elle doive trouver faveur auprès des tribunaux (8). Quant à la

---

(1) 29 mars 1831 (D.P., 33.2.66); 23 mars 1840 (D.P., 41.2.30).

(2) 25 juillet 1840 (D.P., 40.2.224).

(3) 10 juillet 1833 (D.P., 34.2.105).

(4) 6 juin 1849 (D.P., 52.2.105).

(5) 16 janv. 1850, *ibid.*

(6) Conf., Nîmes, 11 juin 1806; Riom, 13 août 1810 (Dalloz, 1re édit., 10, 119); Toulouse, 24 août 1818 (D.P., 22.2.23); Paris, 14 mars 1834 (D.P., 34.2.143); Aix, 29 mars 1831 et 23 mars 1840, cités au n° précédent; Caen, 14 août 1848 (D.P., 50.2.185); Delvincourt, t. 1, p. 331; Vazeille, t. 2, n° 291; Zachariæ, t. 3, § 471, note 5; Chardon, n° 13; Cubain, n° 16.—*Contrà*, Marcadé, art. 214, n° 2; Duranton, t. 2, n° 440.

(7) Conf., Duranton, *loc. cit.*

(8) Conf., Colmar, 4 janv. 1817 (D.P., 17.2.49); Odilon Barrot, *Encyclop. du droit*, v° *Abandon d'époux*, n° 2; Zachariæ, § 471, note 4.

saisie des revenus, que l'on a regardée comme un moyen beaucoup plus conforme à nos mœurs, elle ne nous semblerait justifiable qu'autant qu'elle ne deviendrait pas encore, pour le mari, une occasion de lucre. Nous pensons donc, avec M. Odilon Barrot (1), qu'elle ne devrait être autorisée que sous la condition que les revenus seraient versés entre les mains d'un séquestre. Mais cette mesure peut être impossible à cause de l'indigence de la femme ; alors l'emploi de la force publique se trouve justifié.

318. Il faut reconnaître que la loi n'ayant indiqué aucun mode particulier d'exécution pour le cas qui nous occupe, les tribunaux ont un pouvoir discrétionnaire à cet égard (2) ; mais il est bien entendu que ce pouvoir ne doit s'exercer que dans les limites tracées par l'humanité et les convenances.

On proscrira donc tout à fait, soit la contrainte par corps et l'action indemnitaire (3), soit la saisie des vêtements (4).

Les tribunaux pourront, au contraire, autoriser, suivant les circonstances, la saisie des revenus ou l'emploi de la force publique, avec les tempéraments que nous avons indiqués.

On oppose que l'emploi de la force publique n'est pas de nature à déterminer la femme à demeurer auprès de son mari. Cela est vrai : aussi n'approuvons-nous ce moyen que pour le cas où tout autre serait inefficace ; alors il ne faudra peut-être pas en attendre un rapprochement entre les époux, quoiqu'il puisse être quelquefois une menace propre à ramener la femme au devoir par la crainte de l'éclat que

---

(1) *Loc. cit.*, nᵒˢ 3 et 5.
(2) Aix, 23 mars 1840, cité au nᵒ 316.
(3) Voy. *suprà*, nᵒˢ 316, 317.
(4) Toulouse, 24 août 1818, cité au nᵒ 316.

sa conduite peut produire dans la société ; mais il servira du moins à constater solennellement la résistance de la femme et à légitimer, de la part du mari, une demande en séparation de corps (1).

319. Il a été jugé que le mari ne peut contraindre sa femme à venir habiter avec lui qu'autant qu'il lui offre un domicile convenable (2). Mais nous ne pensons pas que la femme puisse opposer une résistance indéfinie et donner ainsi lieu à une espèce de séparation volontaire : il faudra que cette résistance soit justifiée par une demande en séparation de corps (3).

La femme serait fondée dans sa résistance, si, par exemple, le mari ne lui abandonnait qu'une portion de l'appartement qu'il occupe, et s'il refusait de l'admettre à sa table, de la laisser servir par ses propres domestiques, et même de la laisser pénétrer dans la partie de l'appartement qu'il se serait réservée : il importerait peu qu'il mît une servante à sa disposition exclusive et qu'il lui accordât une somme déterminée pour ses besoins (4). Le mari ne peut apporter aucune restriction au devoir qui lui est imposé de recevoir sa femme (art. 214, Cod. Nap.).

320. On s'est demandé si, dans le cas où le mari résisterait à l'accomplissement de ce devoir, la femme pourrait entreprendre de vaincre son refus à l'aide de la force publique.

Nous pensons que les tribunaux ne devraient pas autori-

---

(1) Dijon, 25 juillet 1840, cité au n° 316.

(2) Nancy, 14 avril 1811 (D.P., 2.703; Colmar, 14 janv. 1812 (D.P., 23.2.172); Cassation, 9 janv. 1826 (D.P., 26.1.121); Pau, 15 fév. 1839 (D.P., 40.2.75).

(3) Voy. *suprà*, n° 313.

(4) Cassation, 19 janv. 1830 (D.P., 30.1.607).

ser un semblable moyen. La femme qui ne se ferait admettre dans le domicile conjugal qu'à l'aide de la force armée s'exposerait aux mauvais traitements de son mari. Il faut prévenir ce danger (1).

321. La femme ne serait pas non plus admise à faire condamner son mari à des dommages-intérêts. Ce moyen doit lui être refusé comme pouvant cacher une odieuse spéculation. Nous ne saurions encore ici partager l'opinion contraire de M. Duranton (2).

322. Les tribunaux pourraient-ils condamner simplement le mari à payer à sa femme une pension annuelle ?

On a décidé l'affirmative (3), mais ce n'est pas notre opinion. Nous verrions encore là un principe de séparation volontaire, prohibée par la loi (4).

323. Mais les tribunaux peuvent, sur la demande de la femme, donner au mari le choix de fournir à celle-ci une habitation convenable, ou de venir habiter avec elle une maison dont elle a la propriété (5).

324. On remarquera que le point de savoir si la femme est reçue convenablement par son mari ne constitue pas simplement une question de fait. La Cour de cassation s'est réservé le droit de censure à cet égard (6).

§ 3.—De la capacité de la femme séparée de biens.

ART. 1er.—*Pour quels actes l'autorisation maritale est nécessaire.*

325. Une autre conséquence du principe que la sépara-

---

(1) Toullier, 13, n° 110.
(2) T. 2, n° 434.
(3) Cassation, 12 janv. 1808 (D.P., 8.1.77); Lyon, 30 nov. 1811.
(4) Conf., Colmar, 12 juillet 1806 (D.P., 2.702).
(5) Cassation, 6 janv. 1808 (D.P., 8.1.105).
(6) Même arrêt.

tion de biens n'enlève pas au mari sa puissance sur la personne de sa femme, c'est que cette dernière ne peut faire des actes de disposition d'une certaine importance sans l'autorisation maritale.

M. Troplong (1) dit fort bien qu'on ne peut voir à ce sujet un précédent décisif dans les lois romaines, qui ne permettaient pas à l'épouse séparée de disposer de sa dot et lui en rendaient simplement l'administration (2). Ce n'était pas la nécessité d'obtenir l'autorisation du mari, c'était l'inaliénabilité de la dot, survivant à la séparation de biens, qui enchaînait la liberté de la femme à cet égard. L'autorisation maritale, telle que nous l'entendons aujourd'hui, n'était pas connue à Rome.

Il faut remonter jusqu'à notre ancien droit pour trouver la question de l'autorisation maritale, après séparation de biens, agitée et résolue.

326. Quelques coutumes se montraient fort larges. Celles de Montargis (3), de Dunois et de Sedan, permettaient indéfiniment à la femme de contracter et d'aliéner, comme si elle n'avait jamais été soumise à l'autorisation maritale. Telle était aussi la jurisprudence des provinces de la Belgique (4). Dans le duché de Bourgogne, il était d'usage, lorsqu'on prononçait une séparation de biens, d'autoriser la femme à contracter et à aliéner, comme si elle n'avait pas été mariée ; mais si le jugement de séparation de biens ne conférait pas ce pouvoir à la femme, tout ce qu'elle faisait sans l'autorisation de son mari était nul (5).

---

(1) N° 1406.
(2) Justinien, L. 20, C., *de Jure dotium.*
(3) Chap. 8, art. 9.
(4) Merlin, *Rép.*, v° *Séparat. de biens*, sect. 2, § 5, n° 9.
(5) Raviot sur Perrier, quest. 251, n° 68, qui cite un arrêt de Dijon du 1er juillet 1849.

327. Les Placités de Normandie reconnaissaient à la femme le droit de vendre et hypothéquer sans permission du juge et sans le consentement de son mari, ses meubles, de quelque valeur qu'ils fussent, ainsi que les immeubles qu'elle avait acquis depuis sa séparation (1). Mais quant aux immeubles qui lui appartenaient lors de sa séparation ou qu'elle avait hérités depuis, elle ne pouvait les vendre ou les hypothéquer sans permission de justice et avis de parents. Toutefois, les actes de disposition qu'elle avait faits pouvaient être exécutés sur ses meubles et sur les revenus de ses immeubles (2).

328. Du reste, aux yeux des jurisconsultes belges et même de plusieurs jurisconsultes français, tels que Dumoulin (3), Chopin (4), Coquille (5), Gousset (6), la séparation de biens faisait cesser les effets civils du mariage et dépouillait le mari de tous les droits que les coutumes lui donnaient sur la personne et sur les biens de la femme. D'où la conséquence nécessaire que la femme séparée de biens était affranchie complétement de l'autorisation maritale.

329. Loyseau (7) était d'un avis différent : il pensait que le mari, malgré la séparation de biens, conservait sa puissance sur la personne de sa femme, qu'il continuait à être son chef. Cette opinion était conforme au droit commun.

330. D'après la coutume de Paris (8) et la nouvelle cou-

---

(1) Art. 126. Voy. Caen, 3 août 1826 (Dalloz, 13, n° 1974).
(2) Art. 127.
(3) Sur la coutume du Bourbonnais, art. 170.
(4) *De Moribus Parisiorum*, lib. 2, tit. 1, n° 15.
(5) Sur la coutume du Nivernais, tit. 23, art. 6.
(6) Sur la coutume de Chaumont, art. 66, n° 7.
(7) *Déguerpiss.*, liv. 2, chap. 4, n° 11.
(8) Art. 234.

16.

tume d'Orléans (1), la femme séparée ne pouvait aliéner ses immeubles ni les engager sans l'autorisation de son mari. Il est vrai que ces coutumes lui donnaient le droit de s'obliger personnellement sur ses meubles sans être autorisée; mais la jurisprudence, corrigeant ce que cette latitude pouvait avoir d'abusif, limita le droit de la femme aux seuls actes d'administration (2).

331. Le système qui formait le droit commun avant notre nouvelle législation a également prévalu dans l'esprit des auteurs du Code Napoléon. Les articles 217 et 1449 l'ont consacré d'une façon toute particulière.

L'article 217 dispose que « la femme, même non commune ou séparée de biens, ne peut donner, aliéner, hypothéquer, acquérir à titre gratuit ou onéreux, sans le concours du mari dans l'acte ou son consentement par écrit. »

Aux termes de l'article 1449, « la femme séparée soit de corps et de biens, soit de biens seulement, en reprend la libre administration. — Elle peut disposer de son mobilier et l'aliéner. — Elle ne peut aliéner ses immeubles sans le consentement du mari, ou sans être autorisée en justice à son refus. »

Cette nécessité de l'autorisation maritale est facile à justifier.

Si la séparation de biens retire au mari l'administration de la fortune de sa femme, elle ne lui enlève ni la qualité de chef de l'association conjugale, ainsi que nous avons eu déjà plusieurs fois l'occasion de le dire, ni l'intérêt qu'il a

---

(1) Art. 196.

(2) Lebrun, liv. 2, ch. 1, sect. 1; Renusson, 1re part., ch. 9, nos 28 et 36; Basnage sur Normandie, art. 538; Pothier sur Orléans, art. 296; Dulaurière sur Loysel, liv. 1, tit. 2, n° 24; Brodeau sur Louet, lettre F, somm. 30; Cassation, 29 déc. 1817 (S., 18.1.229).

naturellement à ce que la dot de la femme, qui est destinée à supporter les charges du mariage, ne soit pas diminuée. Pour s'être montré mauvais administrateur, il n'a pas perdu le droit de s'opposer à ce que la femme compromette elle-même sa dot.

332. Mais comment faut-il concilier les dispositions des articles 217 et 1449 qui semblent en contradiction, puisque l'une exige l'autorisation maritale dans tous les cas, et que l'autre en affranchit la femme pour la disposition de son mobilier ? On peut y parvenir sans trop de peine.

333. Et d'abord, on s'accorde à reconnaître que, malgré l'étendue du mot *disposer*, la femme ne peut, sans autorisation, faire aucune donation entre-vifs de son mobilier (1). C'est qu'en effet l'art. 905 confirme à cet égard l'article 217. Il refuse à la femme mariée le pouvoir de donner entre-vifs sans l'assistance ou le consentement spécial de son mari, ou sans y être autorisée par la justice. Ses expressions sont tellement générales et tellement formelles, qu'elles ne permettent pas de distinction entre les femmes communes et les femmes séparées, entre le mobilier et les immeubles. Pour qu'un principe posé d'une manière aussi ferme pût recevoir une exception quelconque, il faudrait qu'un texte précis y eût apporté une dérogation expresse. C'est ce qui ne se rencontre pas dans l'article 1449. Du reste, ce principe a son explication dans cette considération fort grave, que le mari, même après la séparation de biens, est moralement intéressé à connaître les motifs des donations faites par sa femme. Nous ne parlons pas de l'intérêt qu'il a toujours à ce que celle-ci ne se dépouille point.

---

(1) Grenier, t. 1, n°s 109 et suiv.; Duranton, t. 8, n° 208; Zachariæ, t. 3, p. 484; Rodière et Pont, n° 881; Odier, n° 403; Dalloz, 13. n° 1967.

Il faut donc déjà conclure que l'article 1449 ne dispense la femme séparée de biens de l'autorisation de son mari que pour les aliénations à titre onéreux de son mobilier.

334. Mais lui attribue-t-il la faculté de faire ces aliénations d'une manière indéfinie ? La disposition si absolue de l'article 1449 ne doit-elle pas encore être restreinte dans sa portée pour s'harmoniser avec celle de l'article 217 ?

A cet égard, trois opinions se sont successivement produites.

Dans le principe, on a rigoureusement appliqué l'article 1449, sans se préoccuper de l'article 217. Ainsi, la jurisprudence même de la Cour de cassation validait, sans distinction aucune, les obligations souscrites par les femmes séparées, sans autorisation de leurs maris ou de la justice, en tant qu'elles n'affectaient que le mobilier (1).

On a ensuite distingué entre les aliénations directes du mobilier et les engagements qui n'en renferment qu'une aliénation indirecte, comme les emprunts. L'on a reconnu à la femme la faculté d'aliéner directement son mobilier, de conformité à l'article 1449; mais, restreignant la portée de ce texte par la disposition de l'article 217, l'on a décidé que la femme ne pouvait faire des aliénations indirectes, sans être autorisée, qu'autant que, par leur destination ou leur modicité, elles paraîtraient rentrer dans la catégorie des actes d'administration (2).

---

(1) Cassation, 16 mars 1813; *Id.*, 18 mai 1819 (Dalloz, 13, n° 1970); Conf., Colmar, 8 août 1820 (S., 21.2.266); Besançon, 31 janv. 1827; Paris, 3 mars 1832 (Dalloz, *loc. cit.*).

(2) Paris, 2 mai 1810 (Dalloz, n° 1980); *Id.*, 7 août 1820; *Id.*, 1er juin 1824; Nîmes, 4 juillet 1823; Aix, 25 juin 1824 (Dalloz, n° 1971); Besançon, 31 janv. 1827 (D.P., 27.2.136); Montpellier, 10 juin 1830 (Dalloz, *loc. cit.*); Grenoble, 14 juin 1825 (S., 26.2.38); Merlin, *Rép.*, v° *Autor. marit.*, sect. 7, n° 7; Odier, n° 404; Rodière et Pont, n° 882.

Enfin, d'après une troisième opinion, la femme ne peut aliéner son mobilier ni directement ni d'une manière indirecte, si ce n'est pour des actes d'administration. Dans ce système, on ne distingue pas entre l'aliénation immédiate et l'engagement (1).

335. Quel système faut-il préférer ?

Il nous semble tout d'abord évident que l'on doit repousser celui qui permet à la femme d'aliéner ou d'engager indéfiniment son mobilier. Ce serait pour la femme une cause de ruine. Le législateur n'a pu vouloir lui donner une faculté aussi exorbitante, et il est sans doute permis de tempérer ce que les termes de l'article 1449 ont de trop absolu par le rapprochement de l'article 217, qui réfléchit sur toutes les situations.

Le tribun Gillet s'exprimait ainsi, dans son rapport au Tribunat, à l'occasion de l'article 217 du Code Napoléon :

« Le droit coutumier considérant les femmes, même lorsqu'elles sont séparées ou non communes en biens, comme placées sous la puissance du mari, ne leur accorde, sur leurs propriétés particulières, *que la perception des revenus, jointe à un simple droit d'administration ;* et il réserve au mari l'autorité nécessaire pour qu'aucune aliénation, aucune hypothèque, aucun engagement, ne puissent grever ces propriétés sans son concours.

« Le droit écrit, au contraire, permettait à la femme d'a-

---

(1) Rouen, 18 nov. 1825 (D.P., 26.2.98); Cassation, 12 fév. 1828 (Dalloz, n° 1971); *Id.*, 5 mai 1829 (D.P., 29.1.237); *Id.*, 7 déc. 1830 (D.P., 31.1.13); *Id.*, 3 janv. 1831 (D.P.31.1.260); Caen, 6 mars 1844 (D.P., 45.2.110); Paris, 28 juin 1851 (D.P., 52.2.22); Duranton, t. 2, n° 492; Zachariæ, t. 3, p. 482; Valette sur Proudhon, t. 1, p. 463; Massol, *Sép. de corps*, ch. 4, n° 20; Demolombe, t. 4, p. 185; Marcadé, t. 5, p. 504; Troplong, n° 1417; Dalloz, n° 1972.

voir des biens distincts de sa dot, qui, sous le nom de biens paraphernaux, étaient entièrement hors de la dépendance du mari, de telle sorte qu'elle pouvait seule, et de son chef, faire, relativement à ces biens, toute espèce de dispositions.

« C'est cette dernière jurisprudence qu'on a voulu empêcher de se perpétuer dans des mariages futurs. »

D'un autre côté, on lit dans le discours du tribun Siméon au Corps législatif, à propos de la disposition de l'article 1449 :

« La communauté étant dissoute par séparation de corps ou de biens, la femme recouvre la libre administration de ses biens, mais elle ne peut les aliéner sans le consentement de son mari ou sans l'autorisation de la justice. La séparation ne détruit pas la puissance maritale, elle en diminue seulement les effets : *la femme séparée est à l'instar d'un mineur émancipé, qui peut gérer ses biens, consommer ses revenus, mais sans disposer du fonds.* »

Ne voilà-t-il pas la pensée du législateur clairement révélée ?

L'article 1449 rend à la femme séparée la libre administration de sa fortune, mais il s'accorde avec l'article 217 pour lui enlever le droit absolu de disposition. Le législateur voudrait presque l'assimiler au mineur émancipé.

Il faut donc interpréter la disposition de l'article 1449 d'une manière tout à fait restrictive.

336. Mais dans quelles limites cette disposition devrat-elle être restreinte ?

La distinction qui a été faite entre l'aliénation directe, actuelle, et les engagements, les obligations, est-elle bien fondée ? La femme, dit-on, sera plus facilement portée à s'obliger qu'à aliéner directement. Elle n'apercevra pas les conséquences éventuelles d'un emprunt, d'un mandat, tandis qu'elle sent la privation immédiate résultant de l'aliénation directe. C'est ainsi que, d'après la jurisprudence, le droit d'aliéner l'immeuble dotal, accordé par le contrat de mariage, n'emporte pas le droit de l'hypothéquer. C'est ainsi encore que, dans le droit romain, la loi *Julia* permettait l'aliénation et non l'hypothèque du fonds dotal, et le sénatus-consulte Velleïen empêchait la femme de cautionner un tiers, bien qu'elle pût payer sa dette.

On ne saurait nier la différence qui existe entre l'aliénation immédiate et l'obligation : celle-ci est incontestablement plus dangereuse que celle-là. Mais pourquoi placer la question sur ce terrain ? A quoi tendent les analogies que l'on prend tant de soin de rechercher ? Le point de la difficulté n'est pas dans le plus ou moins de danger qui s'attache à l'un ou à l'autre des deux modes d'aliénation : il faut simplement se demander si l'aliénation même directe de son mobilier ne peut pas être pour la femme une cause de ruine. Qu'elle recoure moins facilement à l'aliénation directe, c'est possible : mais cette voie doit-elle lui être ouverte ?

S'il fallait se décider par les analogies, n'en rencontrerait-on pas une décisive dans les dispositions de la loi (art. 1536, 1576, Cod. Nap.), qui ne permettent à la femme séparée de biens contractuellement ou mariée sous le régime paraphernal d'aliéner son mobilier sans autorisation que dans la mesure que comporte son droit d'administration et de jouissance? Pourquoi la femme séparée de biens judiciairement aurait-elle une capacité plus étendue?

Du reste, on ne trouve dans aucune disposition de la loi l'origine ou même le prétexte de la distinction que l'on a arbitrairement faite entre l'aliénation directe et les engagements. Aussi la Cour de cassation a-t-elle solennellement consacré ce principe général, « que la faculté accordée à « la femme séparée de disposer de son mobilier et de l'a-

« liéner, doit être restreinte aux actes qui ont pour cause l'ad-
« ministration de ses biens. » En effet, quoique l'aliénation
directe offre sous certains rapports moins de danger, elle est
aussi un moyen d'amoindrir et de dissiper les ressources du
ménage : si on l'autorisait, la femme, qui ne pourrait pas
s'obliger, et qui cependant voudrait, par exemple, se procurer de l'argent, y aurait certainement recours ; elle céde-
rait des créances, des revenus à échoir, etc., etc. Si la loi
a voulu que la femme séparée de biens contractuellement
ne pût aliéner son mobilier en dehors des besoins de l'administration, à combien plus forte raison doit-il en être
ainsi pour la femme séparée judiciairement qui, à cause de
l'insuffisance probable des biens du mari, est tenue de contribuer dans une proportion plus forte aux charges du mariage,
ou même de les supporter seule (art. 1537, 1448, C. Nap.)?

Reconnaissons donc que la séparation de biens judiciaire
ne donne à la femme le pouvoir soit d'aliéner directement,
soit d'engager son mobilier, sans autorisation du mari, que
dans la mesure des besoins de son administration. Les termes de l'art. 1449 ne résistent nullement à cette interprétation. Le deuxième paragraphe de cet article, qui permet
à la femme séparée de disposer de son mobilier, n'est que
le corollaire du premier paragraphe, qui rend à la femme
le droit d'administrer sa fortune. On peut dire, dès lors,
que c'est uniquement comme conséquence de ce droit d'administration que l'art. 1449 accorde à la femme séparée la
faculté d'aliéner son mobilier.

337. Ainsi, pour donner quelques exemples, on doit
annuler les dons de capitaux mobiliers faits par la femme
sans l'autorisation de son mari (1), à moins qu'il ne s'a-

---

(1) Paris, 28 juin 1851 (cité au n° 334).

gisse de dons à titre rémunératoire faits avec ses économies sur ses revenus (1), et, d'ailleurs, peu considérables : car les revenus ne doivent pas être détournés de leur destination légale, et même il est d'une bonne administration d'en capitaliser l'excédant.

Un emprunt fait par la femme séparée serait nul pour défaut d'autorisation, s'il ne se rattachait pas à l'administration de ses biens (2), quoique la somme empruntée par la femme ne représentât pas une année de ses revenus (3); et la preuve que l'obligation excède la simple administration peut résulter non-seulement du rapprochement de cette obligation avec le montant des revenus de la femme, mais encore de ce que, dans peu d'années, la femme aurait souscrit un grand nombre d'autres obligations dont la masse excèderait de beaucoup ses revenus actuels (4).

On a annulé avec raison des lettres de change souscrites par une femme séparée de biens, sans nécessité pour l'administration de son patrimoine et alors qu'elle avait déjà fait de nombreux emprunts pour des sommes considérables (5).

On a dû prononcer également la nullité d'un transport de fermages échus fait par la femme avec la promesse d'en garantir le remboursement au cessionnaire, alors qu'elle avait déjà cédé ces mêmes fermages à un autre individu (6).

338. Il faut observer que les tribunaux ont un pouvoir souverain pour rechercher et décider si l'obligation con-

---

(1) Même arrêt.
(2) Caen, 6 mars 1844 (cité au même numéro).
(3) Paris, 2 mai 1810 (*ibid.*).
(4) Aix, 25 juin 1824 (cité au n° 334).
(5) Nîmes, 4 juillet 1823 (*ibid.*).
(6) Cassation, 3 janv. 1831 (*ibid.*).

tractée par la femme séparée, sans autorisation de son mari, rentre dans les limites de l'administration (1).

339. Mais il ne faudrait pas que cette souveraineté d'appréciation rendît les tribunaux trop faciles. C'est ce qui est arrivé dans quelques circonstances.

Ainsi, il a été jugé à tort, suivant nous :

1° Qu'une femme séparée avait pu, sans autorisation, cautionner une dette de sa sœur, parce que cette dette avait pour objet des frais de nourriture et de logement, qu'elle ne s'élevait pas au sixième des revenus de la femme, et que celle-ci avait stipulé de longs délais pour le paiement (2);

2° Qu'une femme marchande publique, séparée de corps et de biens, peut, sans autorisation, pour une somme déterminée (3,000 fr.) et pour fait étranger à son commerce, cautionner son gendre failli, qui a obtenu sa liberté sous caution (3).

Il est évident que dans ces deux cas l'obligation de la femme n'était pas justifiée par les besoins de l'administration de sa fortune. Quelque louable que fût le motif qui l'avait provoquée, cette obligation non autorisée par le mari ne devait point être maintenue: car, si la femme séparée pouvait, sous le prétexte de venir en aide à sa famille, se placer en dehors de l'exception que nous avons signalée, son imprudence et sa faiblesse compromettraient facilement les biens dont l'administration lui a été rendue. Quel inconvénient y a-t-il, au contraire, à exiger qu'elle demande l'autorisation de son mari, ou, si son mari se montre injuste, l'autorisation de la justice?

---

(1) Cassation, 18 mars 1829 (D.P., 39.1.185); *Id.*, 21 août 1839 (D.P., 39.1.339).

(2) Paris, 23 août 1825 (Dalloz, 13, n° 1978).

(3) Paris, 7 déc. 1824 (Dalloz, n° 1977).

On regardera, dès lors, comme conformes aux vrais principes, les décisions qui ont déclaré nul le cautionnement donné par la femme à une obligation échue de son frère, pour soustraire celui-ci à la contrainte par corps, bien que la dette, de 3,000 fr. seulement, eût été contractée pour remplacement militaire, qu'un autre frère l'eût cautionnée solidairement par le même acte, et que le créancier eût accordé de longs délais (1).

340. M. Troplong (2) croit que la femme peut faire, sans autorisation, le partage d'une succession mobilière, parce que le partage est déclaratif des droits de la femme, et qu'il a seulement pour résultat de fixer sa part dans une chose commune. Il lui paraît difficile qu'on puisse le ranger dans la classe des actes d'aliénation défendus à la femme. Quant à nous, il nous semble que l'on doit se demander uniquement si le partage d'une succession mobilière est pour la femme un acte de pure administration, et nous pensons qu'il faut s'arrêter à la négative. Si, par une fiction de la loi, le partage n'est que déclaratif des droits de la femme, il n'en est pas moins certain que, dans un partage amiable, la femme peut être amenée à faire des concessions fâcheuses, à accepter dans son lot de mauvaises créances, à reconnaître au profit de ses cohéritiers des avantages qui lèsent ses intérêts et qu'on aurait pu faire réduire ou annuler, etc. A ce point de vue, le partage renferme une espèce d'aliénation. C'est pour cela qu'à l'égard des mineurs et de leurs tuteurs, la loi, ne faisant aucune distinction entre le partage des immeubles et le partage du mobilier, a exigé la même autorisation dans l'un et l'autre cas (art. 817, Cod.

____

(1) Paris, 21 nov. 1827; Cassation, 7 déc. 1829 (Dalloz, n° 1971).
(2) N° 1421.

Nap.) (1). D'un autre côté, l'art. 818, Code Nap., en refusant au mari le droit de provoquer, sans le concours de sa femme, le partage des objets qui ne tombent pas en communauté, et qui, par conséquent, sont la propriété de celle-ci, indique bien, ainsi que le fait remarquer M. Chabot (2), que le législateur n'a pas considéré le partage comme un acte de pure administration, mais qu'il l'a regardé comme un acte touchant à la propriété.

341. Plusieurs auteurs avaient enseigné, avant M. Troplong, que la femme séparée de biens peut, sans autorisation, faire le partage d'une succession mobilière (3) ; mais c'était à une époque où l'on tenait pour constant que l'article 1449 du Code Napoléon donnait à la femme le pouvoir absolu d'aliéner son mobilier ; et tel est en effet le point de départ de la solution adoptée par ces auteurs.

Dès l'instant où l'on décide, au contraire, que la femme séparée de biens ne peut aliéner son mobilier directement ou indirectement que dans la mesure des besoins de l'administration, on ne saurait lui reconnaître le droit de faire sans autorisation le partage d'une succession mobilière, qui ne rentre point dans cette mesure, ainsi que nous venons de l'établir.

Dans le système opposé, un pareil droit n'appartiendrait à la femme qu'autant que le partage ne serait pas judiciaire, puisque l'autorisation lui est toujours indispensable pour ester en jugement (art. 215, Cod. Nap.). Or, ne serait-il pas contradictoire que la femme eût besoin d'autorisation

----

(1) Voy. Chabot de l'Allier, *des Success.*, sur l'art. 817, Cod. Nap., n° 2 ; Toullier, t. 4, n° 408.

(2) Sur l'art. 818.

(3) Toullier, t. 4, n° 408 ; Chabot, sur l'art. 818, n° 9 ; Duranton, t. 7, n° 128 ; Vazeille, *des Success.*, sur l'art. 818.

pour un partage judiciaire, et qu'elle en fût dispensée pour un partage amiable qui offre infiniment moins de garantie?

Nous ne pouvons donc adopter l'opinion à laquelle il est regrettable que M. Troplong ait attaché son autorité, et nous estimons que la femme séparée de biens ne peut pas mieux procéder, sans autorisation, à un partage amiable qu'à un partage en justice d'une succession mobilière.

Elle pourrait encore moins céder à un tiers ses droits dans une succession de cette nature; en pareil cas, l'aliénation est flagrante (1). On ne s'arrêtera pas à un arrêt de la Cour de Colmar qui a décidé le contraire (2).

342. Mais nous ne doutons pas que la femme ne puisse, sans autorisation, faire apposer les scellés sur les effets d'une succession mobilière qui lui est échue, et requérir l'inventaire de cette succession, car ce sont là des actes purement conservatoires et qui sont loin dès lors d'avoir aucun caractère d'aliénation (3).

343. Le mari est intéressé, au point de vue moral comme sous le rapport matériel, à ce que sa femme n'accepte pas de donations à son insu. Les libéralités faites à la femme peuvent avoir une source suspecte; elles peuvent aussi être subordonnées à des charges compromettantes. Pour cette acceptation, la femme séparée a donc besoin d'être autorisée par son mari (art. 217, 934, Cod. Nap.).

Il en est de même pour l'acceptation d'une succession (art. 217, 776).

344. Comme conséquence nécessaire de son droit d'administration, la femme séparée de biens peut non-seulement passer les baux, toucher les prix de ferme, percevoir

---

(1) Paris, 9 mai 1844 (*Journ. du Palais*, t. 1, 1844, p. 778).
(2) 8 août 1820 (Dalloz, 13, n° 1988).
(3) Dijon, 15 fév. 1844 (Dalloz, 13, n° 1987).

les fruits en nature, les vendre ou les faire consommer dans le ménage, mais encore exiger le paiement de ses capitaux, en donner quittance et consentir la mainlevée des inscriptions hypothécaires qui assuraient ses créances. Le jugement de séparation de biens, pour ces diverses mesures qui n'en sont que l'exécution, l'habilite d'une manière toute spéciale (1).

345. Mais il importe d'examiner quelques hypothèses particulières.

La femme peut-elle, sans autorisation, placer ses capitaux à rente viagère? Le contrat de rente viagère renferme incontestablement une aliénation ; c'est la vente d'un capital moyennant une rente. M. Troplong le reconnaît parfaitement (2), et néanmoins il accorde à la femme séparée la faculté de faire un semblable contrat. Elle ne se dépouille pas, dit-il, elle remplace une valeur par une autre. Nous sommes encore forcé d'émettre une opinion contraire à celle du savant auteur. Si l'on cédait à son argumentation, il faudrait décider que la femme séparée peut dans tous les cas vendre ou céder son mobilier, car il n'est pas de vente ou de cession qui ne suppose un prix, c'est-à-dire une valeur en remplaçant une autre, pour reproduire les expressions de M. Troplong. La femme, ajoute-t-il, place son argent, elle administre sa fortune, il est juste de lui laisser une certaine latitude. Nous croyons, en effet, que la femme ne doit pas être gênée dans son administration, mais toutefois en tant que cette administration ne dégénère pas en actes d'aliénation compromettants pour elle et pour sa famille. Ne peut-il pas se faire, par exemple, qu'elle aliène un capital sûrement placé au profit d'un tiers peu solvable, et qui lui

____

(1) Troplong, n° 1423.
(2) N° 1422, et *Rente viagère*, n° 216.

fera inexactement ou qui ne lui fera pas du tout le service de la rente qu'elle aura voulu se procurer? Faudra-t-il consacrer une spéculation aussi fâcheuse? Nous ne saurions l'admettre, et nous pensons que le contrat de rente viagère fait par la femme ne pourrait être validé qu'autant que, constituant pour elle un avantage certain, il rentrerait dans les limites des actes d'administration.

M. Troplong invoque en faveur de son opinion un arrêt de la Cour de Paris, du 17 mai 1834 (1); mais cet arrêt prend pour base le principe, repoussé par M. Troplong comme par nous, que la femme séparée a le droit absolu de disposer de ses capitaux. Il peut uniquement se justifier, ainsi que le fait observer M. Dalloz (2), par cette circonstance que, dans l'espèce, le placement opéré par la femme lui était très-avantageux, et qu'il y avait lieu d'appliquer la règle : *mulier restituitur non tanquàm mulier, sed tanquàm læsa.*

346. La femme séparée ne peut, sans autorisation, donner un immeuble à antichrèse; ce serait une aliénation des fruits de l'immeuble (3). Les besoins de l'administration ne peuvent motiver ce contrat. En outre, si l'abandon des fruits de l'immeuble était fait pour un temps indéterminé, par exemple, pour tout le temps nécessaire à l'acquittement de la créance de l'antichrésiste, il serait annulé comme constituant une aliénation immobilière qui excède la capacité de la femme séparée de biens (4).

347. La femme n'a pas besoin d'autorisation pour poursuivre le recouvrement de sa dot, soit qu'elle agisse seule-

---

(1) D.P., 34.2.153.
(2) *Rec. pér.*, 34.2.153.
(3) Troplong, n° 1420.
(4) Cassation, 22 nov. 1841 (D.P., 42.1.44).

17

ment contre son mari (1), soit que des tiers se trouvent intéressés à la poursuite, en ce que, par exemple, elle se présente dans un ordre ouvert entre les créanciers de son mari pour la distribution du prix des immeubles de ce dernier (2).

Le jugement qui prononce la condamnation, a fort bien dit la Cour suprême, autorise nécessairement à en poursuivre l'exécution.

348. A nos yeux, la femme séparée ne peut pas, sans autorisation, donner mainlevée de l'inscription de son hypothèque légale, à moins encore qu'elle n'agisse dans les limites d'une sage administration. Sans doute, comme le dit M. Troplong (3), l'inscription n'est pas un immeuble dans le sens de l'article 526 du Code Napoléon ; mais on sait que l'art. 1449 ne donne pas à la femme séparée un droit absolu de disposition sur son mobilier. Nous ne sommes donc ni de l'avis de MM. Tarrible, Grenier et Persil, qui exigent dans tous les cas l'autorisation du mari, ni de celui de MM. Delvincourt, Dalloz et Troplong, qui dispensent la femme de cette autorisation sans aucune réserve.

349. Il s'est présenté la question de savoir si la femme séparée de biens peut former une surenchère sans être autorisée par son mari.

Ici, il est indispensable de faire une distinction.

Si la surenchère est formée sur le prix d'un immeuble frappé de l'hypothèque légale de la femme, et qu'elle tende à assurer le recouvrement de la dot, elle doit être validée, puisque nous venons de voir que le jugement de séparation

---

(1) Grenoble, 17 juin 1815; Cassation, 11 avril 1842 (Dalloz, 13, n° 1994); Bourges, 25 août 1838; *Id.*, 25 fév. 1840 (D.P., 41.2.2).

(2) Colmar, 3 avril 1816 (Dalloz, 1re édit., t. 10, p. 820); Nîmes, 12 juillet 1831 (D.P., 31.2.216); Troplong, n° 1423.—*Contrà*, Paris, 27 juillet 1850 (D.P., 51.2.168).

(3) *Hyp.*, t. 3, n° 738 *bis*, p. 282.

de biens habilite suffisamment la femme pour tous les actes qui sont faits en exécution de ce jugement. Il importe peu que l'immeuble ait été vendu par le mari ou par un acquéreur de ce dernier (1).

Mais, quand il ne s'agit point pour la femme d'exécuter le jugement de séparation de biens, il ne saurait lui appartenir de former une surenchère sans être autorisée, car un acte de surenchère n'est pas un acte de pure administration, il renferme de la part du surenchérisseur un engagement d'une haute portée (2).

350. Mais le défaut d'autorisation pourrait-il être opposé par le tiers détenteur de l'immeuble surenchéri ?

La Cour de Grenoble (3) et la Cour de cassation (4) ont fort bien jugé, selon nous, que la nullité qui résulterait du défaut d'autorisation de la femme ne peut être opposée, conformément à l'article 225 du Code Napoléon, que par la femme, le mari ou leurs héritiers. M. Troplong (5) est d'un avis contraire. A la vérité, dit-il, l'incapacité de la femme et celle du mineur sont relatives, mais que résulte-t-il de là? C'est qu'une fois l'engagement formé, celui qui a con-

---

(1) Orléans, 25 mars 1831 (D.P., 31.2.168); Bourges, 25 août 1838; Id., 25 fév. 1840 (Dalloz, 13, n° 1996); Cassation, 29 mars 1853 (D.P., 53.1.103); Troplong, *Hyp.*, t. 4, n° 952); Petit, *de la Surenchère*, p. 353. —*Contrà*, arrêt de Grenoble du 30 août 1850 (D.P., 53.1.103), cassé par l'arrêt précité du 29 mars 1853.

(2) Montpellier, 22 mai 1807; Cassation, 14 juin 1824 (D.P., 24.1.233); Toullier, 13, n° 107; Duranton, 20, n° 403; Zachariæ, 2, § 294, note 19; Troplong, *loc. cit.*

(3) 11 juin 1825 (D.P., 26.2.27). Cette Cour a rendu, le 30 août 1850 (D.P., 53.1.103), une décision contraire, évidemment inspirée par l'opinion de M. Troplong, que nous réfutons ci-après.

(4) 11 avril 1842 (Dalloz, 13, n° 1994); 14 juin 1843 (D.P., 43.1.220); Conf., Rouen, 6 janv. 1846 (D.P., 46.2.201); Maleville, sur l'art. 225, Cod. Nap.; Demolombe, n° 350.

(5) *Hyp.*, t. 4, n° 955; *Conf.* Duranton, *loc. cit.*

tracté avec la femme et le mineur ne peut plus se dégager sous prétexte de leur incapacité (art. 112, Cod. Nap.); mais lorsque l'engagement n'est pas parfait, lorsqu'au contraire il est à former, on peut toujours opposer au mineur ou à la femme le défaut d'autorisation, et refuser de les reconnaître, tant qu'ils ne se seront pas conformés à la loi.— M. Troplong ne se serait pas livré à cette argumentation, plus spécieuse en elle-même que juste, s'il s'était souvenu de l'article 225 du Code Napoléon. L'article 1125, mal à propos invoqué par la Cour de Grenoble, l'a seul préoccupé.

351. Au surplus, la nullité ne saurait disparaître devant une autorisation donnée tardivement, c'est-à-dire après l'expiration du délai de la surenchère. Les termes formels des articles 2185 et 2186 démontrent que la loi n'a voulu accorder qu'un délai de rigueur. Il ne peut donc être prolongé sous aucun prétexte : l'intérêt de l'acquéreur et des créanciers s'y oppose (1).

352. On a soutenu et fait décider que la femme séparée de biens ne pouvait pas, même avec l'autorisation de son mari, former une surenchère lorsqu'elle était mariée sous le régime dotal. Nous résoudrons cette question en examinant la situation particulière de la femme séparée sous ce régime (2).

353. Quand la femme s'oblige seule pour les besoins de son administration, nous croyons, contrairement à l'opinion de quelques auteurs (3), consacrée par la Cour de Besançon (4), que son engagement n'est exécutoire que sur son

____

(1) Cassation, 14 juin 1824 (cité au n° 349); Grenoble, 30 août 1850, cité au n° précédent, à la note ; Troplong, *loc. cit.*, n° 954.

(2) Voy. *infrà*, n°ˢ 425 et suiv.

(3) Duranton, t. 2, p. 492; Valette sur Proudhon, 1, p. 403; Rodière et Pont, n° 883; Dalloz, n° 2005.

(4) 31 janv. 1827 (*Journal du Palais*, à cette date).

mobilier et nullement sur ses immeubles. N'oublions pas que le droit de disposer de son mobilier ne lui est accordé que comme conséquence de son droit d'administration, et que c'est la seule latitude que la loi lui ait donnée (1).

354. En effet, l'art. 1449 se hâte d'ajouter que la femme séparée ne peut aliéner ses immeubles sans le consentement du mari, ou sans l'autorisation de la justice, à son refus.

Cette prohibition s'étend nécessairement à tous les actes qui rentrent dans la classe des actes d'aliénation, par exemple, aux hypothèques conventionnelles ou judiciaires, aux concessions de servitudes, aux emphytéoses ou baux à long terme.

355. La loi ne distingue pas entre les immeubles qui étaient propres à la femme avant le mariage et ceux qu'elle peut avoir recueillis dans la communauté. La prohibition est générale.

356. On a jugé, malgré cette prohibition, que les aliénations d'immeubles faites par une femme séparée, avec autorisation de justice et pour payer ses dettes, peuvent être maintenues, bien qu'elles aient excédé les dettes à payer, si elles sont avantageuses à la femme et augmentent ses moyens d'existence, en reconnaissant toutefois au mari, qui demeure obligé à des aliments envers sa femme, en cas d'indigence de celle-ci, le droit de demander que les fonds excédant les dettes payées soient placés de manière à en prévenir la dissipation (2). Cette décision peut trouver une excuse dans les circonstances favorables de la cause, mais elle ne doit pas constituer un précédent. Une défense aussi absolue que celle de l'art. 1449 n'admet pas de tempérament.

ART. 2. — *Nécessité de l'autorisation maritale pour ester en justice.*

357. La femme, quoique séparée de biens, ne peut ester en justice sans l'autorisation de son mari (art. 215, Cod. Nap.).

---

(1) Zachariæ, p. 484, nº 55; Marcadé, t. 5, p. 595.
(2) Angers, 6 mars 1828 (Dalloz, 13, nº 2002).

C'est là une prohibition absolue et d'ordre public (1).

A cet égard, en effet, le conseiller d'Etat Portalis s'exprimait ainsi dans l'exposé des motifs du titre *du Mariage* :

« La femme ne peut ester en jugement sans l'autorisa-« tion de son mari. *Il n'y a d'exception à cette règle que lorsque* « *la femme est poursuivie criminellement ou pour fait de police.* « Alors l'autorité du mari disparaît devant celle de la loi, « et la nécessité de la défense naturelle dispense la femme « de toute formalité. »

358. De là découlent plusieurs conséquences.

Dès l'instant que la défense faite à la femme d'ester en jugement sans l'autorisation de son mari est d'ordre public, le défaut d'autorisation peut être opposé par elle en tout état de cause, même pour la première fois devant la Cour de cassation (2).

359. La prohibition existe pour le cas où la femme comparaît en défendant, tout aussi bien que pour celui où elle est demanderesse (3). Les paroles de Portalis ne permettent aucun doute à cet égard.

360. Mais l'autorisation du mari cesserait-elle d'être nécessaire à la femme dans le cas où l'action exercée par celle-ci ou dirigée contre elle se réfère à un acte rentrant dans les limites de son droit de libre administration ?

Pour l'affirmative, on dit : La liberté d'agir emporte le droit et l'obligation de répondre de ses actes. L'autorisation maritale est exigée par respect pour l'autorité du mari, auquel doit rester la direction des affaires ; mais ce motif cesse d'être applicable d'une manière aussi absolue après la sépa-

---

(1) Cassation, 13 nov. 1844 (D.P., 45.1.33).

(2) Cassation, 7 août 1815 (Dalloz, 1re édit., 7, p. 686); *Id.*, 5 août 1840 (D.P., 40.1.291); *Id.*, 13 nov. 1844 (cité à la note 1).

(3) Cassation, 13 nov. 1844 (cité au n° 357).

ration de biens. La loi permet alors à la femme d'administrer ses propres affaires ; pour tout ce qui touche à cette administration, elle la soustrait à l'autorité du mari. Lorsqu'elle accomplit de tels actes, la femme n'a plus besoin d'être protégée : aucun lien de puissance maritale ne l'enchaîne.

Il y a là quelque chose de spécieux, mais nous n'y voyons rien de décisif.

Quand la loi rend à la femme séparée de biens la libre administration de sa fortune, elle la dispense expressément de l'autorisation de son mari pour les actes relatifs à cette administration : c'était indispensable, parce que les actes d'administration (peu importants d'ailleurs) sont trop minutieux et trop multipliés pour être individuellement soumis au préalable de l'autorisation. Mais la loi n'a nullement dispensé de cette formalité la femme séparée de biens qui veut ester en justice ; et l'on ne saurait suppléer à son silence, en présence surtout des expressions si impératives de l'orateur du Gouvernement, que nous avons reproduites plus haut. Du reste, autre chose est d'administrer, autre chose est de soutenir un procès, même relativement à un acte d'administration. Plaider est toujours une entreprise de quelque gravité ; un procès peut amener des conséquences désastreuses. Il est donc juste d'exiger que la femme recoure, dans tous les cas, à l'autorisation de son mari pour ester en justice (1). Son droit d'administration ne peut en souffrir, parce que, dans cette limite, les occasions de plai-

---

(1) Colmar, 31 juillet 1810 (D.P., 11.2.17); Cassation, 6 mars 1827 (D. P., 27.1.163); *Id.*, 13 nov. 1844 (cité aux nᵒˢ 357 et 359); Dalloz, *Rec. pér.*, 45.1.33, note 1; Zachariæ, t. 3, p. 484, et note 56. — *Contrà*, Merlin, *Rép.*, vᵒ *Sép. de biens*, sect. 2, § 5, nᵒ 10, qui ne motive pas son opinion.

der ne se présentent pas fréquemment, et qu'au surplus, si le mari opposait un refus mal fondé, la justice accorderait elle-même l'autorisation. Il n'y a, dès lors, aucune raison de faire fléchir le respect dû à l'autorité maritale.

361. Comme corollaire de ce principe, on a dû décider que la femme séparée de biens ne peut, sans autorisation de son mari, ni interjeter appel (1) ou se pourvoir en cassation (2), alors même qu'elle aurait été autorisée à plaider en première instance (3), ni se désister d'un appel déjà formé (4), ni acquiescer à un jugement, quoiqu'il validât les offres de restitution de la dot faites par le mari (5).

362. Il faut également reconnaître que la femme séparée de biens ne peut valablement compromettre sans l'autorisation de son mari, même à l'égard des actes d'administration, et sur les objets dont la libre disposition lui est accordée. L'arbitrage n'est-il pas une juridiction, et n'est-ce pas plaider que de compromettre? Ici, la disposition de l'art. 1003 du Code de procédure civile, qui permet de compromettre sur tous les droits dont on a la libre disposition, est dominée par celle de l'art. 215 du Code Napoléon, qui, dans un intérêt d'ordre public, défend à la femme de plaider sans l'autorisation de son mari (6).

---

(1) Rennes, 21 juillet et 17 nov. 1819 (*Journ. du Pal.*); Cassation, 12 fév. 1828 (D.P., 28.1.127); Duranton, t. 2, n° 459.— *Contrà*, Montpellier, 1er mars 1825 (D.P., 25.2.190); Bourges, 17 nov. 1829 (D.P.,30.2.80).

(2) Cassation, 22 octobre 1807 (D.P., 8.2.1).

(3) Cassation, 25 mars 1812 (D.P., 12.1.326).

(4) Cassation, 12 fév. 1828 (cité à la note 1).

(5) Paris, 16 mars 1839 (D.P., 39.2.115).

(6) Pigeau, t. 1, 57, note; Thomine-Desmazures, t. 2, n°s 1007 et 1207; Rodière, *Proc. civ.*, t. 3, p. 7; Bioche, *Dict. de proc.*, v° *Arbitrage*, n° 43; Chauveau sur Carré, quest. 3252. — *Contrà*, Carré, *ibid.*; Bellot des Minières, *Arbitrage*, t. 1er, p. 87; Boitard, 3, p. 410; Caen, 28 août 1845 (*Journ. du Pal.*, t. 2, 1848, p. 22).

363. Si l'action intentée par la femme séparée de biens était nulle pour défaut d'autorisation, la mort de son mari, survenue depuis, ne saurait avoir pour effet de la valider (1).

364. Il est bien entendu que la prohibition d'ester en justice sans autorisation est levée, à l'égard de la femme, par le jugement de séparation de biens, en tant que son action a pour objet le recouvrement de ses droits matrimoniaux (2).

365. Au surplus, l'autorisation d'ester en justice peut n'être que tacite et résulter, par exemple, de ce que le mari a plaidé conjointement avec sa femme contre un tiers (3) : il importerait peu que les époux eussent des intérêts distincts (4).

366. Sous la coutume de Paris, en matière personnelle, la signification faite à la femme séparée de biens était valable, encore qu'elle n'eût pas été faite en même temps au mari (5). Mais il en est autrement sous l'empire de la législation actuelle. Une jurisprudence constante a consacré la règle que, lorsque la femme séparée de biens procède en justice pour un droit qui lui est personnel, et que son mari est en cause pour l'assister, il doit être donné à chacun d'eux copie de l'exploit, sous peine de nullité (6).

---

(1) Cassation, 11 juin 1818 (*Journ. du Pal.*).

(2) Voy. *suprà*, n° 347.

(3) Cassation, 22 avril 1808 (D.P., 8.1.227); *Id.*, 21 juillet 1828 et 3 juin 1835 (D.P., 35.1.271, et la note); Montpellier, 2 janv. 1811 (D.P., 23.2.173, n° 4); Toulouse, 5 fév. 1817 (D.P., 2,703, n° 3); Pau, 7 avril 1819 (D.P., 2.703, n° 3); Dalloz, 1re édit., 10.126, n° 5. — *Contrà*, Bordeaux, 25 août 1810 (D.P., 11.2.188); Colmar, 25 avril 1817 (D.P., 18. 2.24).

(4) Cassation, 10 juillet 1811 (D.P., 11.1.395); Grenoble, 21 fév. 1832 (D.P., 32.2.143).

(5) Paris, 8 fév. 1808 (*Journ. du Pal.*).

(6) Cassation, 7 sept. 1808 (D.P., 8.1.438); *Id.*, 17 nov. 1823 (D.P.,

Cette règle doit être appliquée, à plus forte raison, lorsque le mari n'est pas seulement en cause pour autoriser la femme, mais qu'il agit conjointement avec celle-ci, dans un intérêt distinct (1).

§ 4.—Autres effets divers de la séparation de biens.

367. La séparation de biens judiciaire ouvre à la femme, comme la dissolution de mariage elle-même, l'exercice de toutes les actions en paiement ou en revendication de sa dot : cela est conforme aux anciens principes (2).

Il en résulte que, lorsque la dot a été comptée au père du mari, avec stipulation de sa part qu'il ne serait tenu de la rendre qu'à la dissolution du mariage ou à son décès, sans intérêts, la femme, en cas de séparation de biens judiciaire, peut en exiger le remboursement, nonobstant cette clause, qui est nulle comme dérogatoire à un principe d'intérêt public (3).

368. Ainsi encore, la femme qui a stipulé un préciput auquel elle aurait droit lors de la dissolution de la communauté, peut en exiger la délivrance après la séparation de biens (4).

Il en serait ainsi, à plus forte raison, si le préciput avait été stipulé pour tous les cas de dissolution de la communauté (5).

23.1.433); *Id.*, 10 janv. 1826 (D.P., 26.1.191); Bordeaux, 17 mai 1831 (D.P., 31.2.126); Nancy, 7 juin 1833 (*Journ. du Pal.*).

(1) Cassation, 12 juillet 1843 (D.P., 43.1.352); *Id.*, 15 mai 1844 (D.P., 44.4.182, n° 5); Orléans, 6 août 1848 (D.P., 49.2.20); Bioche, v° *Femme mariée*, n° 45.

(2) Bordeaux, 9 janv. 1839 (D.P., 39.9.133).

(3) Nîmes, 6 août 1833 (Dalloz, nouv. édit., 13, n° 2010).

(4) Limoges, 6 août 1849 (D.P., 50.5.71, n° 11).

(5) Cassation, 6 janv. 1808 (D.P., 8.105); Merlin, v° *Précip. convent.*, § 1, n° 1; Toullier, 13, n° 398.

Dans ces diverses hypothèses, le préciput n'a pas le caractère d'un gain de survie et n'est pas soumis, dès lors, à l'application de l'art. 1452 du Code Napoléon (1).

369. De même, la femme est fondée, après la séparation de biens, à exiger que dans la liquidation de ses droits soient comprises les indemnités auxquelles elle peut prétendre à raison des dettes qu'elle a contractées solidairement avec son mari, quoique ces dettes n'aient pas encore été acquittées (2).

370. Au reste, le mari ne peut imputer sur les reprises dues à sa femme, ni le montant du mobilier dont il lui a fait l'abandon avant le jugement de séparation de biens, ni les paiements qu'il lui a faits à compte durant l'istance en séparation, la fiction de l'art. 1445 du Code Napoléon ne conférant pas à la femme capacité pour recevoir ces paiements avant que la séparation de biens soit prononcée (3).

371. En général, les ventes entre époux sont prohibées (art. 1595, C. Nap.), parce qu'elles pourraient cacher des avantages proscrits par la loi (art. 1099), et rendre irrévocables des dons qu'elle soumet à une condition perpétuelle de révocabilité (art. 1096).

Cependant le Code a fait exception pour divers cas, parmi lesquels se trouve celui de la séparation de biens. Le mari peut, après la séparation prononcée, transmettre ses biens à sa femme pour la remplir de ses droits (art. 1595). C'est un moyen d'exécuter le jugement de séparation de biens (4).

______

(1) Voy. *infrà*, nᵒˢ 402 et suiv.
(2) Bourges, 5 mai 1830 (Dalloz, 13, nᵒˢ 2014, 1053).
(3) Grenoble, 28 août 1847 (D.P., 48.2.137). Voy. *suprà*, chap. 2, § 6.
(4) Voy. *suprà*, nᵒ 185.

372. Une pareille vente, si elle n'est pas frauduleuse, ne saurait être attaquée par les créanciers du mari intervenus antérieurement dans l'instance en séparation, sous le prétexte que cette intervention aurait placé sous la main de la justice les biens de leur débiteur et aurait enlevé à celui-ci le droit d'en disposer à leur préjudice. L'intervention des créanciers ne saurait produire ce dessaisissement : elle n'a pour effet que de les mettre en mesure de déjouer les manœuvres frauduleuses qui pourraient être pratiquées à leur détriment par les époux (1). Il ne faut donc pas regarder comme pouvant faire jurisprudence un arrêt de la Cour d'Angers, du 1er février 1850 (2), qui décide que, dans les circonstances que nous venons de signaler, la cession du mobilier du mari à sa femme est inopposable aux créanciers. Cet arrêt perd, du reste, toute sa portée juridique en présence de la circonstance de fait qui l'a déterminé, car il constate que, pour arriver à cette cession, le mari et la femme avaient retardé le règlement de la créance du créancier intervenant.

Ainsi, tenons pour certain que c'est seulement en prouvant la fraude des époux que les créanciers pourraient faire annuler la vente intervenue entre ceux-ci (3).

373. Malgré la séparation de biens, tous les meubles qui se trouvent dans le domicile conjugal sont présumés, jusqu'à preuve contraire, la propriété du mari : c'est une conséquence du principe que la séparation de biens ne fait pas cesser la puissance maritale (4). Ainsi, lorsque la femme, pour exécuter le jugement de séparation, se fait céder des

______

(1) Voy. *suprà*, nos 238, 239.
(2) D.P., 50.2.28.
(3) Arg. Bordeaux, 29 juin 1848 (D.P., 150.2.25).
(4) Voy. *suprà*, no 296.

meubles par son mari en paiement de ses reprises, elle doit exiger qu'ils soient spécifiés en détail dans l'acte de cession, afin que la propriété ne puisse pas lui en être plus tard contestée. Elle agirait donc imprudemment, si elle se faisait adjuger en masse, et sans désignation détaillée, tous les meubles qui composaient la communauté. Quand la femme séparée fait personnellement des acquisitions de mobilier, elle doit avoir encore la précaution de se faire délivrer par le vendeur des quittances régulières et ayant date certaine : autrement, elle s'exposerait à des difficultés de la part des créanciers du mari (1).

374. Mais la présomption de propriété qui existe au profit du mari peut cesser par la force des circonstances.

Par exemple, le jugement de séparation de biens ayant pour effet incontestable d'autoriser la femme à faire un commerce distinct et séparé de celui de son mari, elle devient propriétaire du mobilier acquis avec les bénéfices de son commerce et le produit de ses économies. Et même il y a présomption que les meubles trouvés dans une habitation louée par elle ont cette origine, s'il est d'ailleurs constant que le mari n'avait aucun mobilier après la séparation de biens. C'est une juste application de la maxime : *en fait de meubles, la possession vaut titre* (2).

Ainsi encore, dans le cas où le mari aurait été marchand et où la femme se serait fait adjuger toutes les marchandises vendues contre lui, les marchandises qui ne seraient pas comprises dans le procès-verbal de vente seraient néanmoins présumées appartenir à la femme, si, depuis la sé-

---

(1) Paris, 6 fruct. an 11 (Dalloz, 13, n° 2019, 2°); Toullier, 13, n°ˢ 112 et suiv.

(2) Caen, 4 déc. 1844 (D.P., 45.4.470, n° 3); Arg. Paris, 19 mars 1836 (Dalloz, 13, n° 2019, 1°).

paration, elle avait continué le négoce et qu'elle eût, sous son nom, des livres réguliers (1) et une patente (2).

Enfin, la femme qui, après sa séparation de biens, s'est retirée dans sa propriété et en a pris l'administration, est présumée propriétaire des effets mobiliers, tels que chevaux et charrettes servant à l'exploitation du domaine. Il importerait peu que la plaque des charrettes portât seulement le nom du mari : il ne faudrait voir là qu'une concession faite par la femme à l'amour-propre de ce dernier (3).

375. Le mari peut certainement provoquer l'interdiction de sa femme séparée de biens, car l'art. 490 du Code Napoléon, qui permet aux époux de provoquer l'interdiction l'un de l'autre, ne distingue pas si la femme est séparée ou non. Du reste, on comprend qu'après la séparation de biens le mari est plus intéressé encore à faire interdire sa femme, puisque celle-ci, ayant la libre administration de sa fortune, pourrait facilement la compromettre.

376. On s'était demandé si le mari avait également le droit de faire pourvoir sa femme d'un conseil judiciaire à raison de sa prodigalité. On faisait naître le doute de ce que cette mesure, en pareille circonstance, paraissait tout à la fois inutile et contraire à la puissance maritale : inutile, parce que les art. 215 et 217 du Code Napoléon interdisent à la femme séparée de faire, sans l'autorisation de son mari ou de la justice, les actes mêmes qu'on voudrait l'empêcher d'accomplir sans le concours d'un conseil judiciaire ; — contraire à la puissance maritale, parce que le mari verrait passer entre les mains d'un étranger, devenu le conseil de la femme, les droits de surveillance qui lui sont conférés sur

(1) Toullier, 13, n⁰ˢ 112 et suiv.; Battur, *Communauté*, n° 659.
(2) Arg. Paris, 19 mars 1836 (cité *suprà*).
(3) Caen, 15 janv. 1849 (D.P., 49.2.181).

la personne et les biens de celle-ci, et dont l'art. 1388 du Code Napoléon ne permet pas qu'il puisse être dépouillé. L'art. 514 dispose bien que la défense de procéder sans l'assistance d'un conseil judiciaire peut être provoquée par les personnes qui ont droit de demander l'interdiction ; mais le ministère public est aussi compris, pour certains cas, dans la nomenclature des personnes qui peuvent agir en interdiction, et cependant on ne saurait lui reconnaître la faculté de poursuivre la nomination d'un conseil judiciaire.

377. La jurisprudence a sagement repoussé ces raisonnements (1).

Il est impossible d'admettre, en présence des termes généraux de l'art. 514 du Code Napoléon, que le législateur ait voulu exclure le mari du nombre des personnes qui peuvent provoquer la nomination d'un conseil judiciaire. Cet article se réfère évidemment à l'art. 490, qui reconnaît aux parents et aux époux le droit de se faire interdire les uns les autres. Au contraire, il ne pouvait pas se référer à l'art. 491, qui impose au ministère public le droit de poursuivre l'interdiction en cas de fureur, et lui attribue en même temps la faculté de la provoquer, en cas d'imbécillité ou de démence, contre un individu qui n'a ni conjoints ni parents connus. Cette disposition spéciale, commandée par des motifs d'intérêt public ou d'humanité, ne pouvait s'appliquer au cas du conseil judiciaire. Ce n'est donc pas l'art. 491, mais bien l'art. 490, où la base générale est établie, que le législateur a eu en vue lorsqu'il a édicté l'art. 514. Du reste, le droit conféré au mari de provoquer la nomination d'un conseil judiciaire à sa femme, séparée de biens ou non,

---

(1) Cassation, 4 juillet 1838 (D.P., 38.1.338); Rennes, 17 déc. 1840 (D.P., 41.2.183); Montpellier, 14 déc. 1841 (D.P., 42.2.192).

n'offre pas les inconvénients que l'on avait paru redouter.
Sans doute, la demande du mari pourrait être repoussée
pour défaut d'intérêt, si la femme, non séparée, ne possédait aucune fortune dont elle eût la disposition, parce que,
dans ce cas, les effets de sa prodigalité ne seraient pas à
craindre. Mais cette particularité ne saurait être érigée en
principe. La nomination d'un conseil judiciaire sera toujours efficace quand la femme aura des capitaux mobiliers
à recevoir. Alors, en effet, ses prodigalités peuvent devenir
désastreuses pour la famille, car, si l'autorisation du mari
est nécessaire pour les actes d'aliénation, la femme conserve
la liberté de dissiper ses capitaux. Or, qui ne comprend l'intérêt du mari à empêcher que la femme n'absorbe par de
folles dépenses une fortune mobilière qui est peut-être la
seule ressource de la famille ? Et certes, le mari n'abdiquera
pas la puissance que la loi lui a donnée sur la personne et
les biens de sa femme, en faisant nommer à celle-ci un
conseil judiciaire : il suppléera seulement à ce que cette
puissance a d'insuffisant. La liberté d'action de la femme
sera diminuée ; quant à lui, il conservera toute son autorité
comme chef de l'association conjugale.

378. En principe, la prescription court, au profit des
tiers, contre la femme mariée (Arg. des art. 2251, 2254
Cod. Nap.) (1), à moins toutefois que l'action de la
femme ne soit de nature à réfléchir contre le mari (art.
2256, 2°).

379. Dans l'ancienne jurisprudence, on pensait généralement que la séparation de biens faisait disparaître cette
cause de suspension du cours de la prescription, mais une
semblable opinion ne saurait être admise sous le Code Na-

(1) Troplong, *Prescript.*, nos 745 et suiv.

poléon ; elle a été repoussée d'une manière constante (1), malgré le dissentiment de M. Vazeille (2), qui s'est approprié la doctrine d'un grand nombre des anciens auteurs. M. Troplong démontre fort bien que cette doctrine est incompatible avec les termes si généraux de l'art. 2256 du Code Napoléon. Il est d'ailleurs facile de concevoir que les rédacteurs de ce Code ne l'aient pas adoptée. La séparation de biens ne relâche pas les liens du mariage. C'est une sauvegarde à laquelle les époux recourent souvent de concert pour se préserver d'un avenir fâcheux, et sous laquelle, dans tous les cas, la femme ne s'abrite que par une rigoureuse nécessité, sans que l'affection qu'elle porte à son mari reçoive par là quelque atteinte. Une fois cette précaution prise dans l'intérêt commun, il lui répugne toujours de se livrer à des poursuites qui exposeraient son mari à des procès ruineux. Le législateur n'a pu vouloir la contraindre à vaincre une hésitation aussi honorable.

380. Ainsi, l'on a eu raison de décider que l'action hypothécaire que la loi accorde à la femme pour la restitution de sa dot contre les tiers détenteurs de biens vendus par son mari est imprescriptible pendant le mariage, malgré la séparation de biens (3).

381. Nous verrons plus loin que la séparation de biens

---

(1) Cassation, 24 juin 1817 (S., 17.1.304); *Id.*, 11 juillet 1826 (D.P., 26.1.414); *Id.*, 18 mars 1830 (D.P., 30.1.243); *Id.*, 7 juillet 1830 (D.P., 30.1.373); *Id.*, 17 nov. 1835 (D.P., 36.1.321); Grenoble, 28 août 1829 (D.P., 30.2.150); Bordeaux, 26 fév. 1835 (D.P., 35.2.171); Toulouse, 14 déc. 1850 (D.P., 51.2.85); Tessier, *de la Dot*, t. 2, note 799; Troplong, *Prescript.*, n°s 778 et suiv.; *Contr. de mar.*, n° 3581; Dalloz, 1re édit., 11, 276, n° 19.

(2) T. 1, n° 292.

(3) Cassation, 28 juin 1817; *Id.*, 18 mai 1830; Grenoble, 28 août 1829 (cités au n° 379).

fait cesser l'imprescriptibilité même des immeubles dotaux (1).

§ 5.—De la responsabilité du mari quant aux immeubles aliénés par la femme.

382. La séparation de biens donne à la femme le droit
de ressaisir une administration devenue périlleuse entre les
mains du mari, mais elle ne saurait l'affranchir de l'influence que ce dernier exercera toujours sur ses actions ; elle
ne peut la soustraire à l'empire de l'attachement, non plus
qu'à l'habitude de la déférence et aux défaillances de la
faiblesse. Il sera donc facile au mari d'obtenir de sa femme
séparée de biens qu'elle vende ses immeubles, et il pourra
en toucher le prix, se l'approprier, le dissiper... Un danger
aussi grave devait frapper l'attention du législateur ; il fallait le prévenir, ou du moins en diminuer autant que possible l'importance.

Aussi a-t-il été dit, dans l'art. 1450 du Code Napoléon,
que le mari est garant du défaut d'emploi ou de remploi du
prix de l'immeuble que la femme a vendu en sa présence et
de son consentement, ou même qu'elle a vendu avec l'autorisation de la justice, quand il a concouru au contrat ou
que le prix lui a profité.

Voilà donc le mari responsable du défaut d'emploi ou de
remploi, bien qu'il soit déchu du droit de disposition et
d'administration. Au premier abord, cette responsabilité
semble exorbitante (2), mais les observations que nous venons de présenter la justifient complétement (3).

On en trouve l'origine dans la jurisprudence que le par-

(1) Nos 459 et suiv.
(2) Elle étonne M. Odier, t. 1, no 411.
(3) Voy. d'ailleurs Benech, p. 377 et suiv.; Troplong, no 1445.

lement de Paris avait adoptée pour les pays de coutume (1). Le défaut d'emploi faisait supposer que le mari s'était approprié le prix de la vente des immeubles de la femme : on présumait facilement cet abus de la puissance maritale.

383. La responsabilité que le Code Napoléon fait lui-même peser sur le mari découle également de la présomption que le prix des immeubles vendus a passé entre les mains de ce dernier ; mais le seul défaut d'emploi n'engendre pas cette présomption : elle naît de circonstances que la loi a pris soin d'indiquer.

Entrons donc dans l'examen de ces circonstances.

384. Quand le mari a participé à la vente et y a donné son adhésion, la loi le déclare garant du défaut d'emploi du prix, parce qu'elle suppose qu'il n'a consenti à l'aliénation que pour en profiter 2. En effet, s'il avait voulu, au contraire, que le prix demeurât intact, il aurait veillé à ce qu'il en fût fait emploi. Mais il faut bien observer que l'art. 1450 ne soumet pas le mari à la condition d'emploi pour assurer la conservation du prix de vente dans l'intérêt de la famille : car il dispose formellement que le mari n'est point garant de l'utilité de l'emploi. Cet article a seulement pour objet d'imposer au mari une responsabilité dont le défaut d'emploi est le motif (3). Dès qu'il a été fait un emploi quelconque au profit de la femme, la présomption que le mari s'est prévalu du prix n'est plus possible, et cela suffit pour qu'il cesse d'être responsable (4). Tout ce que la loi

____

(1) Arrêts des 24 mars 1744 et 30 juillet 1744; Pothier, *Communauté*, n° 605; Lebrun, p. 304, n° 16; Merlin, *Rép.*, v° *Remploi*, § 2 ; Maleville, sur l'art. 1450, t. 3, p. 256.

(2) Lebrun, *loc. cit.*

(3) Dalloz, nouv. édit., 13, n° 2027. — *Contrà*, Rodière et Pont, n° 893.

(4) Benech, p. 394.

18.

a voulu, c'est empêcher que le mari n'abusât de l'influence qu'il peut exercer sur sa femme pour s'emparer du prix de ses immeubles. Elle n'a pas pu vouloir l'assujettir à employer ce prix utilement, à une époque où il ne lui est plus permis de s'immiscer dans la gestion des affaires de sa femme. Il n'est donc point garant de l'insolvabilité, même actuelle, de l'emprunteur, à qui le prix a été remis par cette dernière. Il ne saurait mieux répondre de l'insolvabilité de l'acquéreur, existât-elle au moment de la vente. Le motif qui a dicté la disposition de l'art. 1450 ne saurait engendrer une responsabilité de cette nature. Il ne faut, dès lors, attacher aucune importance à cette pensée, exprimée par quelques auteurs (1), que l'autorisation maritale doit être un acte de protection pour la femme. Chargée seule de l'administration de sa fortune, la femme séparée de biens doit être, seule aussi, responsable des conséquences de ses actes. Les Cours de Paris et de Toulouse, dans leurs observations sur le projet du Code Napoléon, avaient demandé le rejet de cette disposition de l'art. 1450, qui affranchit le mari de toute responsabilité relativement à l'utilité de l'emploi (2); mais il ne pouvait être fait droit à une pareille réclamation, qui n'aurait pas été élevée, si l'on avait compris la portée de l'art. 1450.

385. Mais le mari pourrait être recherché dans le cas où il se serait rendu complice d'une fraude (3) ; et même, s'il avait profité du prix par suite d'une entente avec l'acquéreur, la femme aurait le droit de faire annuler la vente, sans que l'acquéreur pût exiger d'elle la restitution de ce prix (4).

---

(1) Rodière et Pont, n° 894.
(2) Fenet, 3, p. 614.
(3) Dalloz, 13, n° 2033.
(4) Cassation, 9 nov. 1826 (D.P., 27.1.43).

386. Bien que l'art. 1450 semble exiger, pour qu'il y ait lieu à la responsabilité du mari, la double condition *de la présence* de ce dernier à la vente et *de son consentement*, il ne nous paraît pas douteux que son consentement suffît (1). L'assistance du mari au contrat n'ajoute rien à sa participation. Dès l'instant qu'il a déclaré consentir à la vente, elle devient en quelque sorte son œuvre, quoiqu'elle soit passée en son absence, et il doit veiller à ce qu'il soit fait emploi du prix par la femme : autrement la présomption d'où dérive sa responsabilité se produit avec une grande apparence de justice.

Nous ne pouvons donc admettre, comme l'ont fait des auteurs (2), que la présomption cesserait, si le mari absent avait donné son consentement par l'intermédiaire d'un procureur fondé.

387. Faut-il distinguer entre le *consentement* donné d'une manière expresse à la vente et la simple *autorisation* de passer ce contrat ? D'ordinaire, l'autorisation donnée par le mari à sa femme séparée de biens n'est qu'un préalable commandé par le respect dû à la puissance maritale, et l'on ne peut y voir dès lors la source d'une responsabilité pour le mari. Mais il est vrai de dire aussi que, dans les cas où le mari a intérêt à donner l'autorisation, elle a toute l'énergie d'un consentement ; ce n'est plus simplement un acte d'habilitation, une pure formalité : c'est encore une espèce de participation au contrat. Or, quand le mari autorise sa femme séparée de biens à vendre ses immeubles, on ne peut pas

---

(1) Rolland de Villargues, *Rép.*, v° *Remploi*, n° 80; Battur, n° 653; Rodière et Pont, n° 894; Troplong, n° 1447; Dalloz, n° 2035; Cassation, 1er mai 1848 (D.P., 48.1.220).

(2) Bellot des Minières, t. 2, p. 156; Duranton, t. 14, n° 429; Taulier, t. 5, p. 139; Odier, t. 1, p. 386, à la note; Benech, p. 391, n° 148, 2°.

admettre qu'il soit sans intérêt, et l'on suppose aisément qu'il n'a donné son autorisation que dans l'espoir de profiter du prix de la vente. Il faut donc le déclarer responsable du défaut d'emploi (1).

388. Si, pour demeurer étranger à la vente et échapper ainsi à la responsabilité que l'art. 1450 lui impose, le mari refuse son autorisation à la femme, celle-ci est obligée de se faire autoriser par la justice. Alors, il n'est plus permis de présumer que le mari a touché le prix, et notre article déclare, en effet, qu'il n'est point garant du défaut d'emploi.

Mais d'autres abus pourraient se produire. Le mari refuserait ostensiblement son autorisation pour faire croire qu'il n'entend point participer à la vente ; puis, l'autorisation de la justice une fois accordée, il viendrait concourir au contrat, afin de pouvoir exiger le prix de l'acquéreur ; ou bien, plus adroit encore, il laisserait sa femme passer seule l'acte de vente, et, par un moyen indirect, il réussirait néanmoins à s'emparer du prix. La loi ne pouvait abandonner la femme à de semblables piéges. Bien que la vente ait été faite en vertu de l'autorisation de la justice, le mari devra répondre du défaut d'emploi , soit qu'il ait concouru à l'acte, soit qu'il ait reçu le prix ou l'ait fait tourner à son profit (art. 1450).

389. Ainsi, lors même que le mari serait demeuré complétement étranger à la vente, la femme pourra toujours prouver qu'il a touché le prix ou qu'il en a profité.

Si, au contraire, le mari a participé au contrat d'une manière quelconque, la femme n'a aucune preuve à faire : la présomption établie par la loi suffit pour rendre le mari responsable.

---

(1) Cassation, 1er mai 1848 (cité au n° précédent); Troplong, n° 1447.

390. Mais le mari pourrait-il détruire cette présomption en prouvant lui-même qu'il n'a pas reçu le prix de vente et n'en a pas profité? M. Benech lui reconnaît ce droit (1). Au contraire, le mari, suivant M. Troplong (2), « ne peut échapper à ce dilemme : ou il a reçu les fonds, et il en doit compte ; ou il ne les a pas reçus, et il devait obliger sa femme à faire emploi ou remploi ; il est coupable d'avoir été négligent. » Cette dernière partie de l'argument est inexacte : car, ainsi que nous l'avons fait observer, la loi n'a pas voulu soumettre le mari à une condition d'emploi. Elle a simplement tiré de ces deux circonstances, que le mari a participé à la vente et qu'il n'a pas été fait emploi du prix, la présomption que ce prix a été touché par lui, ou, tout au moins, lui a profité : elle a supposé un abus de la puissance maritale, et elle a voulu le prévenir. Mais, si le mari parvient à prouver qu'il n'a pas commis cet abus, pourquoi le déclarerait-on encore responsable ? Parce qu'il n'a pas obligé la femme à employer l'argent qu'elle a reçu ? Mais il n'a pas à s'ingérer de son administration, et l'on ne peut par conséquent lui faire aucun reproche de négligence : c'est pour cela que la loi l'exempte de toute responsabilité relativement à l'utilité de l'emploi 3). Enfin, on ne saurait dire que la présomption légale qui a déterminé la disposition de l'art. 1450 soit au nombre de celles qui excluent toute preuve contraire (art. 1352, Cod. Nap.).

391. Mais il est bien certain que cette présomption ne saurait céder devant les déclarations que l'acte de vente renfermerait et qui porteraient, par exemple, que le prix a été payé antérieurement, ou qu'il a été touché par la femme

______

(1) P. 393, 5°.
(2) N° 1451.
(3) M. Dalloz, n° 2030.

seule. Ces déclarations, inspirées peut-être par le mari, ne méritent aucune confiance ; du reste, elles pourraient dégénérer en clauses de style, et c'est un danger qu'il faut prévenir (1).

392. Pour échapper aux difficultés d'une preuve toujours chanceuse, le mari peut fort bien s'opposer à ce que la femme reçoive le prix de la vente sans en faire emploi (2). Il peut même, suivant l'expression de Pothier (3), tenir les deniers arrêtés chez le notaire.

393. La femme ne saurait elle-même faire résulter la preuve que le mari a profité du prix, dans le cas où la vente a été autorisée par la justice, de ce qu'il a assisté à la quittance passée plus tard par elle à l'acquéreur (4) : ce n'est pas là un indice suffisant.

394. La Cour de Poitiers a très-judicieusement décidé (5) que, lorsque la femme a été autorisée par justice à procéder au partage et à la liquidation d'une succession, et que plus tard le mari a figuré, *au besoin seulement* et pour l'autoriser, au jugement qui ordonne la licitation des immeubles, il y a là, de la part du mari, une intervention purement conditionnelle et surabondante, qui ne le rend pas garant du défaut d'emploi de la portion du prix revenant à la femme, alors surtout que, dans tous les actes postérieurs, y compris le procès-verbal d'adjudication, la femme n'a procédé que comme autorisée par la justice.

Nous l'avons déjà dit, la responsabilité du mari, qui est

----

(1) Benech, p. 391; Dalloz, n° 2032.
(2) Poitiers, 28 fév. 1834 (D.P., 34.2.135); Troplong, n° 1452.
(3) N° 605.
(4) Benech, p. 392; Dalloz, n° 2039.
(5) 28 fév. 1834 (arrêt cité au n° 392).

placer le premier. Faire emploi du prix, c'est lui donner simplement une destination avantageuse, sans qu'il y ait à cet égard de limites précises ; c'est le faire servir, par exemple, à payer des créances privilégiées ou hypothécaires, à acheter des rentes et actions, etc. Les termes de notre article indiquent suffisamment que la responsabilité du mari cesse dans le cas où il a été fait simplement emploi du prix, comme dans celui où il en a été fait remploi.

401. Les dispositions de l'article 1450 étant connues et appréciées dans leurs détails, il importera de décider si elles appartiennent exclusivement au régime de la communauté, ou si elles sont applicables au cas de séparation de biens sous le régime dotal. La solution de cette question trouvera sa place dans le paragraphe 7.

§ 6. — Des effets de la séparation de biens relativement aux gains de survie.

402. La séparation de biens ne donne pas ouverture aux gains de survie qui ont pu être stipulés dans le contrat de mariage au profit de la femme : celle-ci conserve seulement le droit de les réclamer lors du décès du mari (art. 1452, Cod. Nap.).

En effet, les époux, en stipulant ces avantages, n'ont certainement pas prévu le cas de la séparation de biens. D'ailleurs, l'expression même de *gains* ou *droits de survie* ne renferme-t-elle pas une indication suffisante de l'époque de leur exigibilité ? Enfin, les avantages promis à la femme étaient soumis à une condition, le prédécès du mari : or, dans le contrat de mariage, les conditions doivent s'accomplir d'une manière rigoureuse. Les termes du statut matrimonial, que rien ne peut modifier (art. 1395, Cod. Nap.), ne sauraient recevoir une extension qui aurait toute la portée d'un changement.

L'article 1452 fait bien un peu violence à ces raisons, en assimilant la mort civile du mari à la mort naturelle, comme point de départ de l'ouverture des gains de survie : car il est difficile d'admettre que les époux aient eu en vue la mort civile, conséquence d'un grand crime, quand ils ont stipulé de tels droits dans leur contrat de mariage. Mais, en cette circonstance comme en beaucoup d'autres, la loi a vu dans la mort civile une image exacte de la mort naturelle, quant aux effets civils qu'elle produit. Il n'en pouvait être ainsi à l'égard de la séparation de biens, parce que la même identité n'existe pas.

403. Dans l'ancien droit, on ne s'accordait pas sur ce point. La jurisprudence avait longtemps varié, sans arriver à s'établir d'une manière uniforme. Dans l'origine, le parlement de Paris ne faisait aucune difficulté d'adjuger à la femme séparée de biens le même douaire qu'à la femme veuve (1). Plus tard, il la réduisit à un *demi-douaire* (2), et cette jurisprudence se maintint jusqu'à un arrêt du 11 juillet 1616, qui, rétablissant les vrais principes, déclara la femme séparée de biens non recevable à réclamer son douaire (3). D'autres arrêts furent rendus postérieurement dans le même sens (4). Toutefois, dans le Hainaut, on avait conservé l'usage du *demi-douaire* (5). Enfin, les coutumes

---

(1) Arrêts des 18 et 19 déc. 1576, et autre de 1577 (Chenu, cent. 1, quest. 42); Conf. d'Argentré sur Bretagne, art. 433; Basnage sur Normandie, art. 399; Brodeau sur Louet, lett. I, somm. 10; Rousseaud de Lacombe sur Despeisses, t. 1, part. 1.

(2) Arrêt du 20 mars 1593 (Filleau, part. 4, quest. 46).

(3) Auzanet sur Paris, art. 238.

(4) 27 mars 1684 (*Journ. des Audiences*); Parlement de Flandres, 12 fév. 1699 (Desjaunaux); *Adde* Pothier, *Commun.*, t. 2, part. 2, ch. 1, art. 2 et 3, et *du Douaire*, n° 157; Merlin, *Rép.*, v^{is} Douaire, sect. 2, § 1, n° 2, et *Sép. de biens*, sect. 2, § 5, n° 6.

(5) Chartes générales, ch. 3, art. 7.

du Nivernais, du Maine et de Normandie, accordaient intégralement son douaire à la femme séparée (1).

Mais, comme les statuts locaux ne faisaient produire cet effet à la séparation de biens que relativement au douaire, les autres droits de survie ne s'ouvraient qu'au décès ou à la mort civile du mari (2).

404. Ajoutons que ce n'était pas sans quelque difficulté qu'à cet égard la mort civile était assimilée à la mort naturelle (3).

405. Dans le ressort du parlement de Grenoble, on décidait qu'après la séparation de biens et avant la dissolution du mariage, la femme pouvait se faire attribuer pour son augment, dans l'ordre ouvert contre son mari, une collocation éventuelle dont elle jouissait à titre d'aliments, mais qui devait disparaître, si le mari lui survivait (4).

406. Au contraire, dans le Lyonnais, la femme ne pouvait, malgré la séparation de biens, obtenir la jouissance de son augment avant la dissolution du mariage (5). A Toulouse, il en était de même. Dans quelques autres pays de droit écrit, si l'on accordait à la femme séparée une collocation éventuelle pour son augment, elle n'en pouvait toucher le revenu que jusqu'à concurrence des besoins de la famille ; l'excédant était attribué aux créanciers du mari (6).

---

(1) Cassation, 25 therm. an 13; *Id.*, 12 fév. 1817; *Id.*, 26 mai 1830 (Dalloz, 13, n° 2063); Bourges, 23 mess. an 10 (Dalloz, 13, n° 1757); Merlin, *Quest. de droit*, v° *Douaire*, § 6.

(2) Arrêt précité de Bourges du 23 mess. an 10; Dalloz, n° 2060.

(3) Lebrun, p. 345, n° 16.

(4) Arrêts des 25 juin 1808, 1er fév. 1809 et 10 août 1813 (Villars, p. 123); Duport-Lavillette, *Quest. de droit*, v° *Augment*, n° 76; Benoît, *Dot*, 1, p. 37.

(5) Lyon, 25 mars 1820 (D.P., 24.2.87).

(6) Même arrêt.

407. Le Code Napoléon a fait disparaître ces nombreuses dissidences.

Mais la disposition de l'art. 1452 ne saurait produire un effet rétroactif. Ainsi donc, l'ouverture des droits de survie stipulés dans un contrat de mariage antérieur à la promulgation du Code Napoléon doit être réglée par la loi contemporaine de ce contrat, et non point par l'art. 1452. C'est ce que la Cour de cassation a décidé, par arrêt du 5 avril 1813 (1), et ce que l'on a constamment pratiqué dans le ressort de la Cour de Grenoble (2). Il faut repousser comme illégal l'arrêt de la Cour de Lyon, du 25 mai 1820, que nous avons cité au numéro précédent pour une autre disposition, en ce qu'il place dans l'art. 1452 le point de départ de l'ouverture des gains de survie qui ont pris naissance sous l'ancien droit.

408. Quoique la femme séparée de biens ne puisse pas se faire adjuger actuellement ses gains de survie, elle est fondée à réclamer pour cet objet une collocation éventuelle dans l'ordre ouvert contre son mari (3), et il est d'usage, dans la pratique, de lui accorder cette collocation, dont les intérêts profitent au mari ou à ses créanciers (4).

409. La femme peut, du reste, prendre des mesures conservatoires, dès l'époque de la séparation de biens, pour assurer le paiement de ses gains de survie, comme il lui serait permis de le faire à l'égard de toute autre créance con-

---

(1) Dalloz, 13, n° 2061.

(2) Duport-Lavillette, v° *Augment*, n° 76, p. 195; Arrêt de Grenoble du 9 avril 1824 (*Journ. de cette Cour*, t. 1, p. 104).

(3) Metz, 18 juillet 1820 (*Journ. du Palais*, à cette date); Bordeaux, 9 juillet 1841 (*Journ. du Palais*, t. 1, 1842, p. 13); *Id.*, 27 août 1847 (*Journ. du Palais*, t. 1, 1848, p. 212).

(4) Duport-Lavillette (*loc. cit.*).

ditionnelle (art. 1180, Cod. Nap.) (1). Toutefois, la femme ne jouirait pas de cette faculté, si le gain de survie avait le caractère d'une institution contractuelle, puisqu'en pareil cas, le donateur conserve le droit de disposer des objets donnés, sauf à titre gratuit (art. 1093 et 1083, Cod. Nap., combinés). D'ailleurs, le gain de survie ne constituant plus alors pour la femme une créance, la disposition de l'art. 1180 cesserait de lui être applicable (2).

410. Il peut arriver que le mari affecte une somme d'argent à la sûreté des droits de survie de la femme : rien n'est plus licite ; mais la femme ne serait pas autorisée pendant le mariage, et même après la séparation de biens, à conserver cette somme placée en son nom et comme lui appartenant, sous la seule condition d'en payer les intérêts à son mari. Ce dernier demeurerait propriétaire du gage qu'il aurait ainsi accordé à sa femme, pour la garantie de ses droits éventuels (3).

411. La Cour de Limoges, s'inspirant des anciens principes, a décidé (4) qu'il appartient aux tribunaux d'autoriser les époux à consacrer les gains de survie, quoique non encore ouverts, à l'éducation de leurs enfants. On ne saurait critiquer cette décision, en tant qu'elle suppose le consentement du mari, qui peut évidemment renoncer au bénéfice de l'art. 1452.

412. De son côté, la femme peut, après la séparation de biens, transiger sur son gain de survie et s'en départir, par exemple, moyennant une somme d'argent actuellement

---

(1) Rodière et Pont, n° 907; Troplong, n° 1486; Dalloz, n° 2071.
(2) Rodière et Pont (*loc. cit.*); Dalloz (*loc. cit.*).
(3) Cassation, 18 mars 1846 (D.P., 51.5.483, n° 5); Troplong (*loc. cit.*); Dalloz, n° 2072.
(4) 28 fév. 1821 (Dalloz, n° 2073).

payée, puisque cet avantage constitue pour elle une créance, et qu'elle a la libre disposition de ses droits (1).

Mais il en serait autrement, si le gain de survie n'était au fond qu'une institution contractuelle : la convention dont il ferait l'objet aurait tout le caractère d'un pacte sur succession future, formellement prohibé par la loi (art. 791, Cod. Nap.).

Cette distinction a été consacrée par la jurisprudence (2) et la doctrine (3).

413. La renonciation à son droit de survie que la femme ferait en dehors de toute convention demeurerait sans effet, conformément à ce principe du droit romain : *quod quis, si velit, habere non potest, id repudiare non potest* (4). La femme pourrait toujours manifester une volonté contraire, parce qu'il n'y aurait de droit acquis en faveur de personne (5).

414. L'art. 1452 du Code Napoléon a eu pour objet de substituer une règle générale et logique aux décisions divergentes et plus ou moins arbitraires qui fixaient l'ouverture des gains de survie dans l'ancien droit ; mais évidemment il n'a pas entendu attacher à cette règle un caractère d'ordre public. Les époux peuvent donc y déroger, en stipulant, par exemple, que le préciput conventionnel autorisé par l'art. 1515 du Code Napoléon sera touché par la femme dans tous les cas de dissolution de la communauté, ou spé

---

(1) Lyon, 27 mai 1829; Cassation, 22 fév. 1831 (D.P., 31.1.102); Toullier, t. 13, n° 122; Troplong, n° 1485, Dalloz; n° 2068.

(2) Lyon, 16 janv. 1838 (D.P., 38.2.233); Cassation, 16 août 1841 (D. P., 41.1.340).

(3) Rodière et Pont, n° 907; Troplong (*loc. cit.*); Dalloz (*loc. cit.*).

(4) L. 174, § 1, D. *de Reg. jur.*

(5) Toullier, t. 13, n° 122.

cialement en cas de séparation de biens, et alors même qu'elle renoncerait à la communauté (1). L'art. 1452 n'est ni limitatif, ni restrictif, comme l'a fort bien dit la Cour de cassation (2).

§ 7. — Des effets particuliers de la séparation de biens sous le régime dotal.

415. Il est aujourd'hui constant que la séparation de biens ne change pas la nature de la dotalité des biens de la femme, en ce qui touche l'inaliénabilité de la dot. La doctrine contraire, admise par un arrêt de la Cour de Nîmes, du 23 avril 1812 (3), et enseignée par MM. Toullier (4) et Delvincourt (5), a été bientôt abandonnée (6).

En effet, elle ne repose sur rien de sérieux. Pour conclure à la cessation de l'inaliénabilité de la dot, on s'appuyait sur l'art. 1561 du Code Napoléon, qui porte que la séparation de biens rend prescriptibles les fonds dotaux, et sur l'art. 1563, qui, relativement à la séparation de biens sous le régime dotal, renvoie aux art. 1443 et suivants, par-

---

(1) Cassation, 6 janv. 1808 (D.P., 8.105); Limoges, 6 août 1849 (D.P., 50.5.71); Merlin, v° *Préciput convent.*, § 1; Troplong, n° 1483; Dalloz, n° 2067.

(2) Arrêt précité du 6 janv. 1808.

(3) S., 13.2.209.

(4) T. 14, n° 253.

(5) T. 3, p. 343.

(6) Aix, 18 fév. 1813 (S., 13.2.275); Rouen, 25 juin 1818 (S., 18.2.287); Cassation, 19 août 1819 (S., 20.1.19); *Id.*, 9 avril 1823 (S., 23.1.321); *Id.*, 9 nov. 1826 (D.P., 27.1.43); *Id.*, 28 mars 1827 (D.P., 27.1.186); *Id.*, 18 mai 1830 (D.P., 30.1.242); *Id.*, 7 juillet 1830 (D.P., 30.1.373); Merlin, *Rép.*, v° *Dot*, § 2, n° 5; Grenier, *Hyp.*, t. 1, n° 31; Benoît, *Dot*, t. 1, p. 319; Duranton, t. 15, n° 520; Tessier, t. 1, p. 301; Vazeille, *Mariage*, t. 2, n° 320; Zachariæ, t. 5, § 537, note 2; Seriziat, *Régime dotal*, n°s 133 et 204; Rodière et Pont, n° 885; Odier, n° 1368; Troplong, *Hyp.*, t. 2, n° 461; *Contrat de mar.*, t. 4, n° 3598.

mi lesquels se trouve l'art. 1449, attribuant à la femme séparée le pouvoir d'aliéner ses immeubles avec le consentement
de son mari ou l'autorisation de la justice. Mais à cette argumentation spécieuse on a répondu, avec une force péremptoire, que l'ancienne jurisprudence maintenait l'inaliénabilité de la dot pendant toute la durée de l'association conjugale, malgré la restitution de cette dot amenée par la déconfiture du mari (1); que l'art. 1554 du Code Napoléon
prohibe l'aliénation des immeubles dotaux *pendant le ma-*
riage, sauf certaines exceptions prévues par l'art. 1558, et
au nombre desquelles ne figure pas le cas de la séparation de
biens; que l'art. 1553 ne renvoie pas nominativement à
l'art. 1449, mais simplement aux dispositions des art. 1443
et suivants, relatives aux formes à suivre pour arriver à la
séparation de biens; qu'une exception à un principe aussi
grave que celui de l'inaliénabilité de la dot ne se suppose pas,
et que le législateur l'aurait formellement exprimée, s'il eût
voulu l'admettre, mais qu'il ne pouvait en être ainsi, parce
que la garantie de l'inaliénabilité de la dot est plus nécessaire
encore après la séparation de biens qu'auparavant, la femme, dont la faiblesse est en maintes circonstances proclamée
par le législateur, se trouvant désormais abandonnée à elle
seule pour la gestion de sa fortune; que la prescriptibilité
des immeubles dotaux après la séparation de biens trouve
sa justification dans le pouvoir qui est donné à la femme
séparée d'interrompre la prescription; que, d'ailleurs, il y
a loin de perdre par la prescription à aliéner volontairement, et qu'on ne saurait conclure d'un cas à l'autre (2).
On peut ajouter que, s'il y a quelque chose d'anormal dans

---

(1) L. 29, C. *de Jure dotium.*
(2) Voy. particulièrement Benoit et Scriziat (*loc. cit.*).

cette concomitance de l'inaliénabilité et de la prescriptibilité des immeubles dotaux (1), il faut néanmoins accepter ce résultat consacré par la loi, et qu'il n'est pas permis d'en faire disparaître l'anomalie par une usurpation sur le pouvoir du législateur.

416. Mais l'inaliénabilité s'étend-elle aux revenus, de telle sorte que la femme mariée sous le régime dotal ne puisse nullement en disposer et qu'ils soient insaisissables ?

Nous avons déjà indiqué plus haut la négative (2). Il s'agit de justifier et de limiter cette solution.

417. D'abord, observons ceci : la femme séparée reprend l'administration de sa dot. Or, comment lui refuser le droit de disposer de ses revenus et de les aliéner pour les besoins de son administration ? Cette faculté ne lui est pas refusée par la loi, car elle ne porte aucune atteinte au principe de l'inaliénabilité du fonds dotal ou du capital de la dot ; elle laisse à ce principe toute son autorité, et elle ne se produit que comme une conséquence nécessaire du droit d'administration conféré à la femme. Elle ne doit être restreinte que par la nécessité, plus absolue encore, de conserver à la famille la portion de revenus destinée à ses besoins (3).

Il est donc juste de décider que la portion de revenus des biens dotaux qui n'est pas nécessaire aux besoins du ménage peut être aliénée dans la mesure d'une sage administration (4). Et il ne faudrait pas suivre les décisions

---

(1) Voy. *infrà*, nº 459.

(2) Nº 307.

(3) Voy. *suprà*, *ibidem*.

(4) Cassation, 10 janv. 1820 (S., 20.1.152); *Id.*, 9 avril 1823 (S., 23.1.331); *Id.*, 28 mars 1827 (D.P., 27.1.186); *Id.*, 12 fév. 1828 (S., 28.1.356); *Id.*, 3 juin 1839 (D.P., 39.1.218); Paris, 7 août 1820 (S., 20.2.315); *Id.*, 1er juin 1824 (S., 25.2.66); *Id.*, 7 mars 1851 (D.P., 51.2.195); Nîmes, 4 juillet 1823 (S., 24.2.72); Aix, 25 juin 1824; Pau, 12 août 1824

qui proclament l'inaliénabilité absolue des revenus de la dot (1).

418. Mais faut-il aller plus loin et décider que les revenus dotaux sont aliénables sans restriction ?

M. Troplong enseigne que les fruits ne doivent pas, quant au droit de disposition, être assimilés aux immeubles (2). Sans doute, dit-il, si tous les fruits sont nécessaires pour l'alimentation de la famille, ils ne peuvent pas être détournés de cette destination. La femme reçoit les revenus grevés de l'obligation stricte de les employer, jusqu'à due concurrence, aux besoins du ménage (3); mais ce n'est pas là une conséquence de l'inaliénabilité des fruits, essentiellement aliénables de leur nature : il y a, à cet égard, destination obligée et non inaliénabilité radicale (4). Si donc il existe un surplus, pourquoi ne serait-il pas aliénable? La femme a repris la propriété des fruits ; elle peut consommer l'excédant. Pourquoi ne pourrait-elle pas l'engager ?

Un seul arrêt a décidé (5) que les fruits ou revenus des immeubles dotaux peuvent être aliénés sans aucune réserve par la femme séparée de biens. Cette décision se fonde sur ce que le droit des créanciers de la femme ne peut être sub-

____

(S., 26.2.38); Grenoble, 14 juin 1825 (S., 26.2.38); *Id.*, 24 fév. 1825 (*Journ. de cette Cour*, t. 1, p. 546); *Id.*, 5 août 1828 (*ibid.*, 4, 208); *Id.*, 13 déc. 1831 (*ibid.*, 5, p. 505; D.P., 32.2.88); Duport-Lavillette, *Quest. de droit*, t. 2, p. 532; Bellot, t. 2, p. 131; Dalloz, 1ʳᵉ édit., 10, 352 et suiv., n° 53; Tessier, 1, 362; Seriziat, p. 165, n° 135; Odier, 3, n° 368.

(1) Paris, 30 juin 1834 (D.P., 38.2.232); Poitiers, 20 fév. 1840 (D.P., 40.2.141).

(2) N° 3304.

(3) N° 1441.

(4) N° 3303.

(5) Rouen, 14 mai 1828 (S., 29.2.47).

ordonné à une distinction qui est de nature à provoquer constamment des difficultés.

Dans la jurisprudence, on a généralement distingué si l'obligation de la femme a été contractée antérieurement à la séparation de biens, ou si elle l'a été postérieurement. Dans ce dernier cas, on accorde que l'obligation de la femme peut être exécutée sur la portion des revenus dotaux qui excède les besoins du ménage (1). Mais on refuse le même effet à l'obligation contractée antérieurement à la séparation de biens, par le motif que les revenus échus depuis cette séparation participent de l'inaliénabilité des immeubles mêmes (2).

419. M. Troplong (3) critique vivement cette doctrine : « Il n'est pas vrai, dit-il, que les fruits de la dot soient inaliénables comme le fonds même : car, pour faire tourner ces fruits au profit du ménage, pour procurer à la famille l'entretien, l'éducation, les satisfactions de la vie, il faut les aliéner... On ne les perçoit que pour les aliéner, les dépenser, et rien n'est plus licite, pourvu que, d'après la jurisprudence, les époux ne les détournent pas de leur destination, de leur emploi légal, de la satisfaction des besoins de la famille. » Ceci posé, l'auteur constate que, s'il y a un excédant dans les fruits, la femme peut le dissiper en objets

____

(1) Cassation, 4 nov. 1846 (D.P., 47.4.174); Caen, 19 nov. 1847 (D.P., 49.4.84); Paris, 3 mars 1849 (D.P., 49.2.196); *Id.*, 7 mars 1851 (D.P., 51.2.195), et les autres arrêts cités à la note 4 du numéro précédent.

(2) Cassation, 24 août 1836 (D.P., 37.1.141); *Id.*, 11 fév. 1846 (D.P., 46.1.78), cassant un arrêt de Caen du 11 août 1843; Caen, 19 nov. 1847 (D.P., 49.2.84); Cassation, 4 nov. 1846 (D.P., 47.4.174); Caen, 26 mars et 22 déc. 1845 (D.P., 47.2.183 et 184); *Id.*, 11 fév. 1850 (D.P., 52.2.108); Paris, 28 août 1846 (D.P., 47.2.184); *Id.*, 3 mars 1849 (D.P., 49.2.196); Lyon, 17 fév. 1846 (D.P., 47.2.184); Zachariæ, t. 3, p. 582; Rodière et Pont, t. 2, nº 488.

(3) Nᵒˢ 3303 à 3310.

de luxe, en frivolités, tandis qu'elle ne pourrait s'en servir pour payer des dettes sérieuses et contractées de bonne foi... « Ne voilà-t-il pas, s'écrie-t-il, un système bien moral! »

Suivant lui, on objecte vainement que la femme n'a pu engager des fruits qui appartenaient au mari, car l'action des créanciers, ne se produisant qu'après la séparation de biens, s'exerce sur des fruits dont la femme a désormais la propriété : le mari n'a plus de droit sur les fruits. Et à quel titre la femme les conserverait-elle? Est-ce à titre d'accessoire inaliénable de la dot? Non ; elle peut les dissiper en caprices. Ce superflu n'est pas plus privilégié qu'un paraphernal.

M. Troplong n'admet pas non plus qu'on puisse argumenter de ce que la femme n'a agi que par condescendance pour son mari, et qu'il ne faut pas la réduire au strict nécessaire pour le reste de sa vie. Il serait permis de saisir le capital de ses paraphernaux, et le surplus de ses revenus dotaux serait insaisissable! « Si la femme n'a pas été libre, qu'on annule ses obligations; que ses obligations restent sans effet tant sur ses paraphernaux que sur ses revenus dotaux disponibles. Mais, si l'engagement subsiste pour les paraphernaux, pourquoi pas pour la partie des revenus appartenant au superflu? »

M. Marcadé exprime une opinion conforme (1).

420. Quant à nous, nous avouons franchement que ces raisons n'ont pu nous séduire.

Il n'est pas douteux, à nos yeux, que les fruits et revenus de la dot sont, en principe, inaliénables comme elle Certainement cette inaliénabilité n'est pas aussi absolue que celle du fonds dotal ou du capital de la dot, en ce sens que, pour utiliser les fruits et revenus, il faut le plus souvent les

____

(1) Sur l'art. 1554, 7°.

aliéner : cela tient à leur nature ; mais il ne s'ensuit pas qu'ils soient affranchis de cette indisponibilité dont la loi a enveloppé la dot comme d'une garantie indélébile. L'aliénabilité qui tient à leur nature doit être restreinte à leur destination. Ainsi, les fruits ou revenus dotaux pourront être aliénés pour les besoins de l'administration de la femme, à concurrence de la portion qui n'est pas nécessaire à l'alimentation de la famille ; c'est pour cela qu'on reconnaît à la femme le droit de s'obliger sur ses revenus, après la séparation de biens ; mais ils devront demeurer frappés d'indisponibilité pour tout ce qui dépasse cette limite. En effet, et c'est ce que M. Troplong n'a pas considéré, ces fruits et revenus, constituant un accessoire de la dot, sont destinés, comme elle, quelle que soit leur quotité, à supporter les charges du mariage, et, ainsi que le dit fort bien la Cour de Caen (1), « il n'est pas plus permis d'en soustraire une partie à cette destination spéciale, sous prétexte qu'ils excèdent les besoins rigoureux de la famille, qu'il ne serait permis de saisir, sous un semblable prétexte, une partie des immeubles dotaux eux-mêmes. Ce serait, dans l'un comme dans l'autre cas, une violation des principes du régime dotal. » M. Troplong s'est laissé abuser par la nature aliénable des fruits et revenus ; c'est moins leur nature que leur origine et leur destination qu'il faut consulter ici. Comment peut-il comparer les fruits et revenus dotaux au capital et aux fruits et revenus des paraphernaux ? Ne voit-il pas que les paraphernaux ne sont frappés par la loi d'aucune espèce d'indisponibilité, qu'ils ne sont affectés à aucune destination spéciale ?

Mais c'est surtout au point de vue de la moralité que cet auteur attaque la jurisprudence.

___

(1) Arrêt du 26 mars 1845 (cité à la note 3 du n° 418).

Les revenus dotaux ne sont pas, dit-il, un accessoire de la dot, puisque la femme peut les dissiper en caprices. Elle peut les dissiper en caprices, et elle ne pourrait pas s'en servir pour payer des dettes sérieuses !

Nous répondons que, si bien la femme peut dissiper follement ses revenus dotaux, ce n'est pas que la loi lui en attribue le droit, c'est parce que la loi est impuissante à lui en enlever la faculté. La loi veut que les revenus de la dot, qui sont nécessairement une partie de la dot elle-même, soient appliqués aux charges du mariage ; elle annule les contrats qui interviendraient en violation de ce principe, mais elle ne saurait faire plus. Et, comme les revenus sont aliénables de leur nature, si la femme, sans les engager par un contrat, en fait un mauvais usage, la loi est désarmée devant un résultat aussi fâcheux. Les prodigalités du mari ont trouvé un remède dans la séparation de biens ; celles de la femme, à qui cette mesure a fait passer l'administration, n'en trouveront pas, à moins qu'elles ne prennent des proportions de nature à motiver la nomination d'un conseil judiciaire.

Cela est assurément regrettable ; mais le législateur a dû penser qu'un pareil résultat se produirait bien rarement, et que l'inaliénabilité de la dot (fonds ou fruits, capital ou revenus) serait pour la famille une sauvegarde suffisante.

Il ne faut donc pas conclure d'un abus possible (mais nécessairement rare) à l'aliénabilité absolue des revenus dotaux. Il serait sans doute à désirer que la femme pût acquitter les dettes qu'elle a contractées avant la séparation de biens, mais, s'il était admis en principe que les revenus dotaux peuvent être appliqués à cet acquittement, la famille serait exposée à voir absorber par les créanciers de la femme une portion considérable des revenus d'une dot affectée exclusivement par la loi à la satisfaction de ses besoins. A quoi servirait l'inaliénabilité du fonds dotal ou du capital de la dot, si les fruits ou revenus pouvaient être aliénés par la femme? La loi n'a pas voulu que l'indisponibilité frappât seulement la portion de la dot nécessaire à l'alimentation de la famille : elle a étendu cette indisponibilité à la dot tout entière dans l'intérêt des époux et de leurs enfants, de telle sorte que, si les revenus excèdent les besoins du ménage, ils puissent être capitalisés, et viennent augmenter le patrimoine que les enfants auront un jour à recueillir. Pourquoi priver la famille de cet avantage? Pour permettre aux créanciers de la femme de recevoir leur paiement? Mais ces créanciers ne peuvent être préférés à la famille, eux qui ont eu l'imprudence de contracter avec une femme dotale et qui, ne prévoyant pas l'événement de la séparation de biens, n'ont pu compter sur les revenus dotaux. Les paraphernaux de leur débitrice, si elle en possède, sont leur unique gage.

Mais M. Troplong insiste, et, prétendant établir une différence entre les revenus du capital de la dot et les fruits du fonds dotal, il se demande (1) pourquoi le mari qui peut aliéner le capital mobilier de la dot ne pourrait pas engager les revenus. Nous croyons avec lui que le mari, tant qu'il conserve l'administration de la dot, peut disposer du capital mobilier et des revenus comme bon lui semble; que ses engagements peuvent être exécutés sur la totalité des revenus et non pas seulement sur la portion qui excède les besoins de la famille. C'est que l'inaliénabilité de la dot mobilière n'existe pas à l'égard du mari : il peut faire de cette dot ce qu'il juge convenable, parce que, s'il en était autrement, elle se trouverait frappée de stérilité entre ses mains, sauf à la femme le droit de se faire séparer de biens, si la

____

(1) N° 3311.

dot est détournée de sa destination. L'inaliénabilité de la dot mobilière ne se manifeste qu'à l'égard de la femme qui, créancière de son mari du capital dotal, ne peut compromettre le recouvrement de ce capital par aucune espèce d'engagement ou de renonciation (1). Il suit de là que, si bien le mari pouvait disposer des revenus du capital mobilier de la dot, comme il pouvait disposer du capital même, la femme séparée, à qui l'aliénation de ce capital est interdite, ne peut pas mieux en aliéner les revenus.

421. Nous pensons donc que les obligations contractées par la femme avant la séparation de biens, même avec l'autorisation du mari, ne peuvent être dans aucun cas exécutées sur les fruits et revenus dotaux : elles ne sauraient avoir pour objet un acte d'administration à une époque où l'administration n'appartient pas à la femme.

422. Quant aux obligations postérieures à la séparation de biens, nous croyons qu'elles peuvent être exécutées sur la portion des revenus dotaux excédant les besoins du ménage, comme conséquence du droit d'administration de la femme, et dans la mesure seulement de cette administration. C'est en ce sens qu'il faut entendre la jurisprudence qui permet à la femme séparée de biens de s'obliger sur ses revenus dotaux (2), et l'on doit repousser l'opinion d'après laquelle la femme pourrait engager l'excédant de ses revenus comme elle le jugerait convenable (3). Il n'est pas exact de

---

(1) Tessier, 1, p. 326; Troplong, 4, nᵒˢ 3226 et suiv., 3247; Marcadé, art. 1554; Cassation, 12 août 1846 (D.P., 47.1.296); *Id.*, 29 août 1848 (D.P., 48.1.214); *Id.*, 18 fév. 1851 (D.P., 51.1.81); Grenoble, 13 juillet 1848 (D.P., 49.2.52); Caen, même date (D.P., 50.2.199); Rennes, 26 janv. 1849 (D.P., 51.2.119); Bordeaux, 26 mai 1849 (D.P., 52.2.57); *Id.*, 18 fév. 1850 (D.P., 50.2.141); Paris, 18 déc. 1849 (D.P., 52.2.60).

(2) Conf. Seriziat, p. 163, nᵒ 134.

(3) Benoît, nᵒ 322; Odier, nᵒ 1368; Troplong, nᵒˢ 1441, 3310; Rouen, 14 mai 1828 (S., 29.2.47); Paris, 14 fév. 1832 (D.P., 32.2.85).

dire, ainsi que le fait M. Odier, que tous les actes de disposition de fruits sont des actes d'administration, et qu'à ce titre ils sont permis à la femme séparée, sans autorisation de son mari.

423. M. Tessier (1) voudrait laisser à l'arbitrage du juge l'appréciation du point de savoir si, eu égard aux circonstances, l'obligation de la femme antérieure à la séparation de biens constitue ou non une aliénation indirecte de la dot. Il ne croit pas les revenus dotaux inaliénables en principe, et il se borne à reconnaître que l'exécution sur ces revenus des obligations contractées par la femme avant la séparation de biens peut en certain cas fausser leur destination. La doctrine que nous avons embrassée n'admet pas cette restriction, qui est suffisamment repoussée par ce que nous avons dit plus haut.

424. Il est bien évident que la femme dotale n'a pas besoin de l'autorisation de son mari pour aliéner dans la mesure d'une simple administration la portion des revenus dotaux qui n'est pas nécessaire au ménage (2).

425. Il a été soutenu et jugé (3) que la femme mariée sous le régime dotal ne peut surenchérir, même avec l'autorisation de son mari, parce qu'elle s'exposerait par là à des conséquences fâcheuses, et que ce pourrait être un moyen indirect d'aliéner la dot. Mais l'engagement résultant pour la femme de l'acte de surenchère ne serait pas exécutoire sur les biens dotaux, auxquels il ne peut jamais être porté atteinte. La femme n'est pas même tenue sur ses biens dotaux du dommage résultant de sa folle enchère, laquelle

---

(1) T. 1, p. 361.
(2) *Voy.* ce que nous avons dit à l'égard de la femme commune, *suprà*, nᵒˢ 331 et suiv.
(3) Lyon, 27 août 1813 (D.P., 24.1.234, à la note).

ne constitue pas un quasi-délit, mais simplement une fausse spéculation dont les suites ne sauraient atteindre la dot (1). Le tiers détenteur et les créanciers, mis en présence d'une femme contre qui un recours personnel est à peu près illusoire, pourraient seuls songer à se plaindre, si la nécessité où la femme se trouve de donner une caution, dont ils sont admis à discuter la solvabilité, ne faisait disparaître pour eux toute crainte (2).

426. Toutefois, ceci ne s'applique qu'à la surenchère sur aliénation volontaire (art. 832, Cod. pr. civ.). Pour la surenchère sur adjudication publique, la loi n'exige pas qu'il soit donné de caution ; elle dispose seulement qu'en cas de folle enchère, le surenchérisseur sera tenu par corps de la différence entre son prix et celui de l'adjudication (art. 710, Cod. pr. civ.). Or, la femme n'est contraignable par corps que pour cause de stellionat (art. 2066, Cod. Nap.); elle ne saurait l'être pour le paiement de la différence du prix d'adjudication et de celui de la revente sur folle enchère (3). Dans cette hypothèse, nous pensons qu'il faut refuser à la femme le droit de surenchérir, même avec l'autorisation de son mari, à moins qu'elle n'ait des biens paraphernaux qui présentent une garantie au tiers détenteur et aux créanciers, ou qu'elle ne consigne le montant de la surenchère, ou encore qu'elle ne fournisse une caution solvable (4).

427. La femme dotale séparée de biens pourra surenchérir dans les limites qui viennent d'être indiquées, sans

____

(1) Cassation, 21 août 1848 (D.P., 48.1.211).
(2) Aix, 23 fév. 1807 (S., 15.2.158); Grenoble, 11 juin 1825 (D.P., 2.27); Troplong, *Hyp.*, n° 953.
(3) Lyon, 20 juin 1822 (D.P., 23.2.157).
(4) Carré, *Proc. civ.*, t. 2, quest. 2391.

recourir à l'autorisation de son mari, soit qu'il s'agisse pour elle d'exécuter le jugement de séparation de biens, soit même que la surenchère se produise en toute autre circonstance, parce que, à la différence de la femme commune (1), elle ne peut porter, par l'engagement qu'elle contracte, aucune atteinte à son patrimoine : toute la responsabilité pèse sur la caution. Cependant l'autorisation serait nécessaire à la femme séparée, si elle avait des biens paraphernaux : car elle ne peut les aliéner sans l'autorisation de son mari (art. 1576, Cod. Nap.).

428. Tout le monde reconnaît que la femme mariée sous le régime de la communauté peut, après la séparation de biens, recevoir ses capitaux sans être soumise à aucune précaution particulière, c'est-à-dire sans être tenue, par exemple, de fournir caution ou de faire emploi. Elle jouit à cet égard d'une liberté absolue : aucune entrave ne saurait être apportée à son administration.

Mais c'est une question controversée que celle de savoir si la femme dotale séparée de biens n'est pas tenue de faire emploi des capitaux qu'elle reçoit, et si les débiteurs qui se libèrent entre ses mains ne peuvent pas exiger d'elle l'accomplissement de cette condition.

429. Il faut d'abord écarter l'hypothèse où la condition d'emploi ou de remploi a été imposée au mari par le contrat de mariage. Dans ce cas, il n'est pas douteux pour nous que la femme, qui succède à l'administration du mari, la prend avec toutes les conditions qui y sont attachées : elle ne saurait administrer plus librement que le mari ne pouvait le faire lui-même. Elle sera donc tenue de faire, comme son mari, emploi de ses deniers dotaux

______

(1) Voy. *suprà*, n° 349.

ou remploi du prix de ses immeubles dotaux aliénés (1). Le contrat de mariage a voulu que la dot ne fût pas exposée à périr. La séparation de biens ne saurait effacer ce vœu du contrat de mariage. La femme n'a été autorisée à reprendre la gestion de sa fortune que pour empêcher le mari de la compromettre; et la séparation de biens, qui, sous le régime dotal, serait plus exactement appelée la séquestration de la dot (2), n'a pas pour effet de lui donner une liberté absolue d'administration : elle fait simplement passer entre ses mains une administration déjà compromise ou sur le point de l'être, afin qu'elle lui rende toute la sûreté nécessaire. Or, si la femme était affranchie de la condition d'emploi, qui ne voit que la dot serait plus exposée encore dans ses mains que dans celles du mari? La femme est plus faible, plus inexpérimentée. Du reste, le mari peut avoir des immeubles qui seraient une garantie pour la femme, puisque l'hypothèque légale de celle-ci viendrait les frapper à concurrence de la somme non employée. Si, au contraire, la dot est dissipée par la femme, elle l'est irrévocablement.

On objecte en vain que la condition d'emploi ou de remploi a été stipulée dans le contrat de mariage comme une mesure de précaution prise pour restreindre les droits du mari dont on n'a pas voulu suivre la foi, comme une garantie donnée à la femme contre le mari, et que la femme, investie de l'administration de la dot, n'a pas à prendre de mesure de précaution contre elle-même (3). Il suffit de ré-

_____

(1) Cassation, 23 déc. 1839 (D.P., 40.1.1); Rouen, 12 août 1844 (D. P., 45.4.453); Limoges, 16 déc. 1848 (D.P., 49.2.181); Troplong, n° 1427; Benech, p. 315; Rodière et Pont, n° 430.—*Contrà*, Grenoble, 28 fév. 1832 (D.P., 32.2.140).

(2) Bruneman, sur la loi 27, Cod. *de Jure dotium.*

(3) Grenoble, 28 fév. 1832 (D.P., 32.2.140).

pondre que les stipulations du contrat de mariage à cet égard n'ont pas été arrêtées en vue seulement de l'intérêt de la femme, mais bien en vue de l'intérêt de la famille entière, dont la dot est destinée à satisfaire les besoins.

430. Ajoutons que les débiteurs de la dot ou les acquéreurs des immeubles dotaux ont le droit et même sont obligés de veiller à l'exécution du contrat de mariage en ce qui concerne l'accomplissement de la condition d'emploi ou de remploi (1). Le contrat de mariage, qu'ils doivent se faire représenter avant de se libérer, a fait la loi pour eux aussi bien que pour les époux. Tout ce qui se rattache au principe de l'inaliénabilité de la dot milite contre eux. D'un autre côté, l'inobservation de la condition d'emploi autoriserait la femme à demander la nullité de la vente : il faut donc que les acquéreurs puissent exiger l'accomplissement de cette condition.

431. Toutefois, si la condition d'emploi, au lieu d'être prescrite par le contrat de mariage, avait été imposée par un donateur ou testateur comme charge de sa libéralité, elle ne pourrait enchaîner les tiers, qui ne sauraient non plus s'en prévaloir : car, dans cette hypothèse, la condition d'emploi ne fait plus partie intégrante du statut matrimonial : elle ne crée pas une position générale : c'est simplement une précaution prise pour les époux dans leurs rapports particuliers (2).

---

(1) Grenoble, 3 déc. 1824 (Dalloz, 1re éd., 10, 337); Agen, 28 mars 1832 (D.P., 32.2.141); Id., 5 janv. 1841 (D.P., 41.2.157); Cassation, 12 déc. 1833 (D.P., 34.1.40); Id., 23 déc. 1839 (D.P., 40.1.1); Id., 25 avril 1842 (D.P., 42.1.235); Rouen, 3 mars 1841 (D.P., 42.2.141); Caen, 3 déc. 1846 (D.P., 48.2.104); Bordeaux, 1er déc. 1847 (D.P., 49.5.340); Duranton, t. 15, p. 568, n° 484; Seriziat, n° 116; Troplong, n° 1427. — *Contrà*, Paris, 17 mars 1836 (D.P., 36.2.53); Id., 13 juillet 1837 (D.P., 40.2.54).

(2) Grenoble, 8 avril 1835 (D.P., 35.2.143); Troplong, n° 1430.

432. Il faut noter qu'après la séparation de biens, le mari, destitué de ses pouvoirs, ne saurait plus faire un remploi valable du prix des immeubles dotaux par lui aliénés : l'action révocatoire est ouverte à la femme, et rien ne saurait la lui enlever. L'acquéreur ne peut donc la lui faire perdre par l'offre de payer entre ses mains le prix de la vente (1). Il importe peu qu'aucune disposition de la loi n'ait formellement exigé que le remploi fût effectué avant la dissolution de la société civile des époux ; il importe peu que le capital de la dot soit intact. La femme peut avoir intérêt à reprendre ses immeubles, et la loi le lui permet dès l'instant que la vente en a été faite en dehors des conditions prescrites par le contrat de mariage (art. 1560, Cod. Nap.), conditions dont l'accomplissement n'est plus possible après la dissolution de la société en vue de laquelle elles avaient été stipulées. Quant à l'acquéreur, il ne saurait se plaindre : il n'est victime que de sa négligence. Ainsi, il est tenu de délaisser les immeubles au profit de la femme, et il doit en outre restituer les fruits à cette dernière à partir du jour de sa demande en séparation de biens (2).

---

(1) Toulouse, 22 déc. 1834 (D.P., 35.2.86); Rouen, 19 mai 1840 (D.P., 41.2.16); Limoges, 21 août 1840 (D.P., 41.2.74); Lyon, 25 nov. 1842 (D.P., 49.5.341); Agen, 5 janv. 1841 (S.-V., 41.2.639); Cassation, 27 août 1842 (D.P., 42.1.234); Lyon, 24 mars 1847 (D.P., 48.2.103); Toulouse, 14 juill. 1852 (D.P., 53.2.11); Duport-Lavilette, *Quest. de droit*, t. 3, p. 37; Benech, n° 88; Troplong, n° 3419.—*Contrá*, Merlin, *Quest. de droit*, v° *Remploi*, § 8, n° 2; Seriziat, n° 119); Caen, 27 mai 1840 (D.P., 40.2.107); *Id.*, 4 juillet 1842 (D.P., 45.4.453); *Id.*, 30 avril 1849 (D.P., 52.2.193,194). Cet arrêt n'a pas l'importance que semble y attacher M. Dalloz (*Rec. pér.*, 53.2.11, note 1), car il constate que la femme demanderesse n'avait conclu à son renvoi en possession qu'à défaut de remplacement fourni ou à fournir; Bordeaux, 17 déc. 1841 (D.P., 42.2.39); *Id.*, 21 août 1848 (D.P., 49.2.40); Nîmes, 9 août 1842 (D.P., 43.2.116).

(2) Cassation, 25 et 27 avril 1842 (D.P., 42.1.233, 234); Caen, 30 avril

433. Lorsque la condition d'emploi n'a été imposée au mari ni par le contrat de mariage, ni par aucun acte postérieur, la femme séparée de biens est-elle néanmoins tenue d'observer cette condition pour pouvoir toucher le capital de sa dot ?

La loi romaine ne l'exigeait pas. Elle disposait seulement que la femme séparée ne pourrait pas aliéner sa dot, et qu'elle serait tenue d'en consacrer les revenus aux besoins de la famille. *Ità tamen ut eadem mulier nullam habeat licentiam eas alienandi, vivente marito et matrimonio inter eos constituto ; sed fructibus earum ad sustentationem tàm suî quàm mariti, filiorumque, si quos habet, abutatur* (1).

Mais l'ancienne jurisprudence crut ne pas s'écarter de l'esprit de cette loi en prescrivant certaines précautions pour assurer la conservation de la dot après la séparation de biens. Elle décida donc que la femme séparée ne pourrait toucher le capital de sa dot que moyennant emploi ou bail de caution, par application de cet adage, *fragilis enìm et lubrica res est pecunia quæ facilè perire potest.* Ce principe, qui prévalut dans tous les pays où la dot était réputée inaliénable, avait été spécialement consacré par divers arrêts du parlement de Bordeaux (2). Il était en vigueur dans les ressorts des parlements de Provence, de Grenoble (3) et de Toulouse ; et il était enseigné par un grand nombre de jurisconsultes (4).

1849, Toulouse, 14 juillet 1852, précités; Seriziat, nº 186; Tessier, t. 2, nºˢ 776 et suiv.; Benech, nº 101.

(1) L. 29, Cod. *de Jure dotium*, liv. 5, tit. 12.

(2) 1700; 2 juillet 1708, 1733 (*Voy.* Salviat, p. 195, 196, 200); *Adde,* arrêt de Montpellier du 15 juillet 1834 (*Mémor. de jurisprudence,* t. 29, p. 356).

(3) Arrêt du 24 mars 1821 (Villars, p. 274).

(4) Salviat (*loc. cit.*); Serres, sur l'art. 9 de l'ordonn. de 1731, p. 44; Graverol sur la Roche-Flavin, liv. 2, tit. 4; Catelan, liv. 4, ch. 26, t. 2,

434. On a décidé fort justement que la femme mariée sous l'empire de la jurisprudence que nous venons de signaler ne peut, quoique séparée de biens sous le Code Napoléon, toucher le capital de sa dot qu'à la charge de faire emploi ou de donner caution (1).

435. Mais doit-il en être de même pour la femme mariée sous l'empire de la législation nouvelle ?

Les partisans de l'affirmative raisonnent ainsi :

Les droits du mari sur la dot ne doivent pas être la mesure de ceux de la femme séparée. C'est ce que l'ancienne jurisprudence avait considéré avec beaucoup de raison. La femme a contre son mari, pour la restitution des sommes qu'il a touchées, non-seulement une action personnelle, mais encore son hypothèque légale. Voilà des garanties de conservation de la dot qui disparaissent complétement quand c'est la femme séparée de biens qui reçoit elle-même ses capitaux. Or, qui répondra que la femme gardera la dot touchée par elle, pour en appliquer les fruits aux charges du mariage ; qu'elle ne la dissipera pas follement ; qu'elle ne la livrera pas à ses créanciers ; qu'elle ne se la laissera pas arracher par son mari ? L'emploi ou le bail de caution, seules garanties de nature à empêcher la dissipation de la dot, sont dans l'esprit de la loi, s'ils ne sont pas dans sa lettre. Le principe de l'inaliénabilité de la dot est tout aussi énergique sous le Code Napoléon que dans l'ancienne jurisprudence ; pourquoi donc aujourd'hui serait-il destitué des sûretés qu'autrefois on avait reconnues nécessaires ? Le vœu

---

p. 69 et suiv.; Julien, *Statuts de Provence*, t. 2, p. 570; Favre, Cod., liv. 5, tit. 7, déf. 2 et 27; Fontanella, *de Pact. nupt.*, claus. 7, glose 2, p. 3, n° 49.

(1) Bordeaux, 2 août 1813 (S., 15.2.106); Grenoble, 24 mars 1821 (cité à la note 3); Tessier, t. 1, p. 349.—*Contrà*, Montpellier, 26 nov. 1806 (S., 1807.2.55); Riom, 5 fév. 1821 (S., 23.2.23).

de la loi ne serait-il pas trompé, si la séparation de biens, qui a pour objet d'assurer la conservation de la dot, pouvait offrir à la femme la facilité de la dissiper? Sans doute l'administration est rendue à la femme séparée, mais sous la condition qu'elle respectera le principe de l'inaliénabilité des biens dotaux ; et comme ce principe est d'intérêt public, il importe de le sauvegarder en soumettant la femme à certaines précautions sans lesquelles il serait aisément compromis (1).

Pour la négative, on a répondu :

L'article 1549 du Code Napoléon qui confie au mari l'administration des biens dotaux, et par suite le droit de recevoir les capitaux de la dot mobilière, ne lui impose pas l'obligation d'en faire emploi. L'article 1550 porte, au contraire, que le mari n'est pas tenu de fournir caution pour la réception de la dot ; de telle sorte que le débiteur des deniers dotaux jouit sans restriction du bénéfice de l'article 1240. Or, la femme est substituée aux pouvoirs du mari par le jugement de séparation de biens, et l'art. 1449, qui dispose qu'elle reprend l'administration de sa dot, ne l'assujettit à aucune condition : il lui reconnaît le droit d'administrer librement. D'un autre côté, les immeubles acquis avec les sommes dotales ne sont pas eux-mêmes dotaux, lorsque la condition d'emploi n'a pas été imposée par le contrat de mariage (art. 1553, Cod. Nap.). L'emploi auquel on astreindrait la femme serait donc illusoire, puisqu'elle

---

(1) Tessier, t. 1, n° 550, p. 348 et suiv.; Bellot des Minières, t. 4, p. 228; Duport-Lavillette, *Quest. de droit*, p. 524 *in fine* et 525, qui énonce le principe sans le discuter; Benoît, 1, n° 321, qui s'appuie à tort sur les arrêts de Bordeaux, 2 août 1813, et Grenoble, 24 mars 1821 (cités au n° 434), lesquels ont statué pour le cas où la femme s'était mariée sous l'empire de l'ancienne jurisprudence; Benech, p. 326 et suiv.; Montpellier, 22 juin 1819 (S., 20.2.310); *Id.*, 24 mai 1823 (S., 24.2.318); Toulouse, 17 mai 1827 (S., 27.2.204); Montpellier, 29 nov. 1831 (D.P., 32.2.160); Limoges, 1er sept. 1834 (D.P., 38.2.224); Agen, 9 fév. 1849 (D.P., 49.2.89).

20.

pourrait revendre l'immeuble servant d'emploi, et obtenir ainsi de l'argent qu'elle aurait la faculté de dissiper : ce ne seraient plus des deniers dotaux, et il n'y aurait aucun prétexte pour en exiger un emploi. Enfin, soumettre la femme à fournir caution, ce serait en quelque sorte lui refuser le droit de recevoir sa dot mobilière : car elle rencontrerait bien difficilement une personne assez dévouée pour assumer la responsabilité de cette dot (1).

436. Nous nous rangeons sans hésiter à cette dernière opinion, et nous ne distinguerons pas, comme la Cour de Grenoble l'a fait dans l'un de ses arrêts (2), entre le cas où la femme poursuit le recouvrement de sa dot contre des tiers et celui où l'emploi est réclamé par le mari, les enfants ou le père de la femme séparée de biens. Nous ne voyons pas pourquoi, dans cette dernière hypothèse, l'emploi pourrait mieux être exigé que dans la première. Il faut reconnaître, au contraire, que le mari, débiteur de la dot, est obligé de la restituer sans condition, parce que, sous le prétexte d'obtenir cette garantie, il pourrait se ménager le temps de consommer la dissipation des sommes dotales qu'il a touchées. Pourquoi en serait-il autrement à l'égard des enfants ou du père de la femme séparée ? La capacité de

______

(1) Merlin, *Quest. de droit*, v° *Remploi*, § 10; Grenier, *Hyp.*, t. 1, p. 63; Duranton, t. 15, n° 488; Dalloz, 1re éd., 10, p. 350, n° 52; Zachariæ, t. 3, p. 595; Odier, n° 1368; Troplong, n° 1425; Grenoble, 29 mars 1816 (Villars, 271); Riom, 5 fév. 1821 (S., 23.2.23); Caen, 4 juillet 1821 (S., 26.2.25); Cassation, 25 janv. 1826 (D.P., 26.1.195); *Id.*, 23 déc. 1839 (D.P., 40.1.1); *Id.*, 11 avril 1842 (S.-V., 42.1.315); Grenoble, 22 juin 1827 (*Journ. de cette Cour*, t. 4, p. 127); *Id.*, 29 mars 1828 (*ibid.*); *Id.*, 22 juillet 1830 (D.P., 31.2.246); *Id.*, 14 nov. 1844 (*Journ. de cette Cour*, t. 11, p. 330); Riom, 10 fév. 1830 (D.P., 31.2.1); Bordeaux, 19 juin 1834 (D.P., 38.2.224); Caen, 9 déc. 1836 (D.P., 38.2.108); *Id.*, 18 juillet 1848 (D.P., 49.2.11); Nîmes, 29 juin 1840 (S.-V., 41.2.57); Paris, 25 fév. 1843 (S.-V., 43.2.261); Limoges, 16 déc. 1848 (D.P., 49.2.181).

(2) 29 mars 1828 (cité au numéro précédent).

celle-ci peut-elle varier suivant telle ou telle circonstance?

437. Proclamons donc d'une manière générale et absolue ce principe éminemment conforme aux dispositions de la loi, que la femme séparée de biens peut toucher les capitaux de sa dot mobilière sans faire emploi et sans fournir caution, quand ces sûretés, que le législateur n'exige pas, n'ont point été prescrites par le contrat de mariage. Nous aimons à chercher dans l'esprit de la loi l'explication de sa lettre; mais quand les textes sont positifs, nous ne saurions admettre qu'on y ajoute, sous le prétexte d'obéir à un vœu que le législateur n'a point exprimé : ce n'est plus alors de l'interprétation, mais de l'usurpation que l'on fait. L'inaliénabilité de la dot n'implique pas la nécessité de l'emploi. Il est sans doute fâcheux que la femme séparée puisse présenter moins de garantie que le mari lui-même pour la conservation des sommes dotales; mais cet inconvénient devait être prévu dans le contrat de mariage. Dès l'instant que ce contrat a laissé les débiteurs de la dot sous l'empire du droit commun, aucune circonstance postérieure ne saurait avoir pour effet de les soumettre à une responsabilité rigoureuse qu'ils n'ont pas entendu assumer. Nous ne sommes point ennemis des restrictions que le régime dotal apporte aux pouvoirs des époux; mais notre adhésion aux principes de la dotalité ne va pas jusqu'au fétichisme, et nous ne saurions y sacrifier soit le devoir de ne point suppléer aux dispositions de la loi, soit le respect qui est toujours dû aux droits des tiers.

Nous admirons les efforts qu'a faits M. Benech (1) pour démontrer que l'on peut, sans contrarier les dispositions du Code Napoléon relatives au régime dotal, imposer à la femme séparée de biens la condition d'emploi à laquelle elle

______

(1) *Loc. cit.*

était soumise dans les pays de droit écrit : ces efforts consciencieux témoignent d'un grand amour pour la dotalité ; mais ils sont fatalement condamnés à échouer contre la force irrésistible des simples considérations qu'on leur oppose. Du reste, M. Benech s'exagère les conséquences de la liberté qui est laissée à la femme séparée de biens. La femme est faible, sans doute, mais l'imagination ne prête-t-elle pas à cette faiblesse des défaillances qui se réalisent bien rarement ? Ne va-t-on pas trop loin quand on représente la femme comme toujours disposée à subir les influences qui peuvent l'entourer ? N'a-t-elle pas souvent aussi sa volonté inflexible ? Ne sait-elle pas se roidir devant les exigences injustes ou les inspirations perfides, quand il s'agit de sauvegarder le patrimoine de la famille, l'avoir de ses enfants ? L'amour maternel n'est-il pas la garantie la plus efficace ?

438. Du droit qu'a la femme séparée de recevoir le capital de sa dot sans condition découle celui de consentir la mainlevée de l'inscription qui garantissait le paiement des sommes dotales (1).

439. Si le contrat de mariage avait soumis le mari à fournir hypothèque pour sûreté du prix des aliénations des immeubles dotaux, comme la femme ne peut se donner hypothèque à elle-même, il est bien évident que cette condition serait sans effet à son égard et qu'elle pourrait recevoir le prix des aliénations sans donner aucune garantie (2). C'est une latitude que le contrat de mariage seul pouvait restreindre. Lorsque l'on contracte, on doit tout prévoir.

440. Il s'est présenté l'hypothèse suivante :

Une femme mariée sous le régime dotal s'est constitué

---

(1) Rouen, 13 janv. 1845 (D.P., 45.5, p. 107).
(2) Grenoble, 28 fév. 1832 (D.P., 32.2.141); Troplong, n° 1426.

tous ses biens présents et à venir, sans donner à son mari le pouvoir de les aliéner. Mais, par suite d'une saisie immobilière et après sa séparation de biens, des tiers se rendent adjudicataires d'immeubles indivis entre elle et son mari : elle a laissé consommer l'adjudication sans opposer la dotalité d'une portion des immeubles saisis. Un ordre s'ouvre pour la distribution du prix d'adjudication : elle s'y présente pour demander que le prix correspondant à ses biens dotaux lui soit exclusivement attribué comme dotal : elle obtient cette collocation et, en vertu du bordereau qui lui est délivré, elle en poursuit le paiement contre les adjudicataires. Ceux-ci ont résisté par le motif, entre autres, que, femme dotale, elle ne pouvait, quoique séparée de biens, recevoir le prix de ses immeubles dotaux indûment aliénés, sans faire emploi ou fournir caution.

La Cour de cassation a consacré ce système (1). Elle a distingué l'hypothèse que nous venons d'indiquer de celle où il s'agit pour la femme de recevoir le paiement du prix d'une aliénation qui était permise. Ici, l'aliénation était prohibée. La femme pouvait l'empêcher en opposant avant l'adjudication la nullité résultant de la dotalité de ses immeubles; mais son silence a entraîné contre elle une déchéance absolue. Il ne lui est plus resté que la ressource d'obtenir, à titre de réparation, la valeur de son immeuble mal à propos aliéné. Or, pour cette valeur, elle se trouve dans la même position qu'à l'égard de la portion du prix d'une aliénation autorisée par la justice, qui excède les besoins reconnus, portion dont l'article 1558 du Code Napoléon exige qu'il soit fait emploi au profit de la femme. Elle devait donc employer utilement la valeur qui lui avait été allouée, ou donner caution. Il en doit être d'autant

____

(1) 30 avril 1850 (D.P., 50.1.273).

plus ainsi, dit la Cour de cassation, que le silence des époux pourrait devenir le résultat de la fraude, s'il devait conduire nécessairement à la libre disposition de la valeur de l'immeuble dans les mains de la femme ou du mari. Ce raisonnement nous paraît péremptoire. Ici, on ne peut reprocher le silence du contrat de mariage qui, n'autorisant pas l'aliénation des immeubles dotaux, n'avait point à s'occuper de la condition d'emploi. Il ne faut pas permettre que par la faute et peut-être par le calcul des époux, les immeubles dotaux puissent être aliénés sans garantie de la conservation de leur valeur.

441. On doit, à plus forte raison, appliquer cette doctrine au cas où la femme demande, en vertu de son hypothèque légale, dans un ordre ouvert contre son mari, le prix de ses immeubles dotaux, que celui-ci a aliénés sans que le contrat de mariage lui en eût conféré le pouvoir.

Nous verrons (1) que la femme séparée de biens a l'option entre l'action révocatoire et l'action hypothécaire. Mais comme l'allocation qui lui est accordée n'est pas définitive et qu'elle peut l'abandonner à la dissolution du mariage pour revendiquer contre les tiers détenteurs ses immeubles aliénés, il faut bien assurer la restitution des sommes qu'elle aura reçues : elle ne pourra donc les toucher qu'à la charge de fournir des garanties (2). Mais, pour prévenir toute difficulté, il est d'usage de ne faire à la femme qu'une collocation provisoire (3).

442. Mais lorsqu'un jugement a autorisé une femme à recevoir tout ou partie d'une somme dotale, par exemple, pour subvenir aux besoins de sa famille, celui qui est tenu

---

(1) *Infrà*, nᵒˢ 447 et suiv.

(2) Arg., Cassation, 16 nov. 1847 (D.P., 48.1.46).

(3) Troplong, *loc. cit.*; Dalloz, 1ʳᵉ éd., 10, p. 345, nᵒ 45); Pau, 31 déc. 1834 (D.P., 35.2.83); Cassation, 28 nov. 1838 (D.P., 39.1.20).

d'effectuer ce paiement n'a ni le droit ni le devoir de s'enquérir de l'emploi que la femme peut faire de cette somme ; et,
par suite, le paiement ne cesse pas d'être valable, quoique
la somme soit employée par elle à un usage autre que celui
indiqué par le tribunal (1).

443. Sous le régime dotal comme sous celui de la communauté, la femme séparée de biens ne peut aliéner ses immeubles sans l'autorisation du mari ou de la justice (art.
1449, Cod. Nap.); on suppose, bien entendu, que l'aliénation en a été permise par le contrat de mariage, puisqu'en
principe les immeubles dotaux sont inaliénables après la séparation de biens comme avant.

444. Mais le principe de l'inaliénabilité de la dot ne doit-
il pas fléchir quand il s'agit du paiement des frais de l'instance en séparation de biens?

On reconnaît que c'est là une créance tout à fait favorable, puisque la séparation de biens a pour objet de conserver
la dot de la femme, mais on oppose les termes formels de
l'art. 1554 du Code Napoléon et le principe d'après lequel
on ne peut, en fait d'exception, raisonner par analogie (2).

Il faut répondre que le paiement des frais de l'instance
en séparation de biens rentre naturellement dans le cercle
des exceptions que l'article 1558 a apportées au principe
de l'inaliénabilité de la dot, puisque ces frais ont eu lieu
pour assurer, dans le présent ou dans l'avenir, la subsistance de la famille qui était compromise par la mauvaise
administration du mari. D'ailleurs, maintenir à cet égard
l'inaliénabilité de la dot, ce serait exposer la femme à ne pas

---

(1) Agen, 3 mars, 1846 (D.P.,49.2.137); *Addc* Tessier, t. 1, p. 356.
(2) Agen, 11 mai 1833 (D.P., 34.2.47); Limoges, 17 juin 1835 (D.P.,
36.2.31); Rouen, 12 mars 1839 (D.P., 39.2.223); Tessier, 1, p. 452 et
453, note 674.

trouver accès auprès des hommes de loi, dont le ministère lui est indispensable pour faire prononcer la séparation de biens, et qui ne consentiraient peut-être pas à faire pour elle des avances dont ils craindraient de n'être pas remboursés. Ce serait donc refuser en quelque sorte à la femme dotale une ressource sans laquelle elle ne saurait assurer la conservation de cette dot, qui est pour la loi l'objet d'une si grande sollicitude. Une conséquence aussi fatale n'est pas admissible. Au surplus, qu'on le remarque bien, dans notre système, ce n'est pas l'arbitraire qui se substitue à la loi ; c'est la force même des choses qui supplée au silence du législateur. Aussi, la jurisprudence et la doctrine tendent-elles fortement à s'établir dans ce sens (1).

445. Mais les frais de séparation de biens ne doivent être prélevés sur la dot qu'autant que la femme n'a pas d'autres ressources (2), et que, dans le cas où la séparation de biens a été prononcée, le mari ne possède pas d'immeubles ; car, comme celui-ci est alors débiteur des dépens, lesquels sont de véritables accessoires de la dot, ces dépens devraient être payés sur le prix de ses immeubles, au rang de l'hypothèque légale de la femme (3).

446. En dehors de l'hypothèse dont nous venons de nous occuper, la séparation de biens laisse complétement intact le principe de l'inaliénabilité de la dot.

La femme séparée a donc le droit de demander la nullité des aliénations de ses immeubles dotaux (art. 1560, Cod. Nap.).

---

(1) Toulouse, 20 mars 1833 (D.P., 33.2.115); Caen, 14 août 1837 (D.P., 38.2.44); *Id.*, 6 juillet 1842 (D.P., 43.2.82); Nîmes, 5 avril 1838 (D.P., 38.2.113); Benoît, 1, n° 237; Duranton, 15, n° 534; Proudhon, *Usuf.*, t. 3, n°s 1779, 1780; Troplong, 3334.

(2) Arrêts de Caen, 14 août 1837, et Nîmes, 5 avril 1838, cités au numéro précédent.

(3) Riom, 5 fév. 1821 (*Journ. du Palais*, à cette date).

447. Mais la femme peut-elle, au lieu d'exercer l'action en nullité et en revendication des immeubles dotaux illégalement aliénés, se borner à réclamer le prix de ces immeubles en vertu de son hypothèque légale?

Cette grave question ne se présente pas seulement dans le cas de séparation de biens, elle intéresse également la femme dotale non séparée : car, si cette dernière ne peut exercer l'action dont nous venons de parler, rien ne l'empêche de faire valoir son hypothèque légale dans l'ordre ouvert entre les créanciers de son mari. Aussi, c'est le plus souvent à un point de vue général que le débat s'est engagé dans la jurisprudence et parmi les auteurs. L'examen d'une pareille difficulté ne rentre donc pas nécessairement dans le cadre de notre sujet : il ne pourrait y recevoir tous les développements qu'il mérite. Nous exposerons néanmoins quelques idées sur ce point, et nous indiquerons la solution qui nous paraît devoir être admise.

448. Pour faire décider que la femme dotale ne peut pas, durant le mariage, exercer un droit hypothécaire sur les biens de son mari afin de se faire payer du prix de l'aliénation de ses immeubles dotaux, on se fonde sur ce qu'il n'appartient pas à la femme, tant que le mariage subsiste, de confirmer par l'exécution une vente prohibée par la loi (1). Les immeubles, dit-on, n'ont pas cessé de lui appartenir ; elle ne saurait avoir d'hypothèque à raison d'une vente qui n'a pour elle aucune existence légale. La ratification qui aurait lieu après la dissolution du mariage ne pourrait rétroa-

---

(1) Grenier, *Hyp.*, t. 1, p. 562; Benoît, t. 1, p. 369; Bellot des Minières, t. 4, p. 164; Nîmes, 29 août 1826 (D.ᴘ., 27.2.172); Grenoble, 8 mars 1827 (D.ᴘ., 28.2.9); *Id.*, 31 août 1827 (D.ᴘ., 28.2.144); *Id.*, 31 juillet 1828 (D.ᴘ., 29.2.7); *Id.*, 12 janv. 1835 (D.ᴘ., 35.2.66); *Id.*, 7 avril 1840 (D.ᴘ., 41.2.104); Poitiers, 14 déc. 1830 (S., 31.2.215); Montpellier, 7 janv. 1831 (D.ᴘ., 31.2.222); Caen, 5 déc. 1836 (D.ᴘ., 37.2.158).

gir à l'égard des tiers (art. 1338). La vente ne serait donc validée qu'à partir du jour de la dissolution du mariage, époque à laquelle la femme ne peut plus acquérir d'hypothèque sur les biens de son mari. L'art. 2135, qui donne une hypothèque à la femme à raison de sa dot ou de ses conventions matrimoniales, n'a trait qu'aux objets mobiliers de la femme ou aux obligations du mari envers elle qui pourraient se résoudre en dommages-intérêts. Il fixe la date de l'hypothèque pour la vente d'un propre au jour de l'aliénation seulement ; s'il avait voulu donner une hypothèque à la femme pour le prix de l'immeuble dotal aliéné, il aurait aussi fixé la date de l'hypothèque à l'époque de l'aliénation : nulle raison de différence. Mais il ne s'occupe pas de cette hypothèse. — Les art. 551 de l'ancien Code de commerce et 563 du nouveau Code expliquent la pensée de de l'art. 2135 du Code Napoléon : or, ils ne mentionnent point le cas de l'aliénation des immeubles dotaux. Il aurait été inconséquent que la loi, après avoir établi le principe de l'inaliénabilité, accordât hypothèque pour le prix de l'immeuble aliéné pendant le mariage.

449. Le système contraire a été embrassé par la majorité des auteurs (1) et consacré par un grand nombre d'arrêts de diverses Cours d'appel et de la Cour de cassation (2).

---

(1) Merlin, *Quest. de droit*, v° *Remploi*, § 9; Favard, v° *Hyp.*, p. 718; Delvincourt, t. 3, p. 331; Battur, *Hyp.*, t. 2, p. 358; Troplong, *Hyp.*, t. 2, n°ˢ 612 et suiv.; Dalloz, 1ʳᵉ éd., t. 10, p. 345, n°ˢ 44, 45; Tessier, t. 2, p. 62, n° 750.

(2) Cassation, 24 juillet 1821 (D.P., 21.1.449); *Id.*, 27 juillet 1826 (D.P., 26.1.431); *Id.*, 28 nov. 1838 (D.P., 39.1.20); *Id.*, 12 août 1839 (D.P., 39.1.319), cassant deux arrêts de Grenoble; *Id.*, 16 nov. 1847 (D.P., 48.1.46); Rouen, 28 mars 1823 (S., 34.2.10); Grenoble, 30 juin 1825 (D.P., 25.2.182); Aix, 1ᵉʳ fév. 1826 (D.P., 27.2.172); Bordeaux, 28 mai 1830 (D.P.31.2.120); Pau, 31 déc. 1834 (D.P.,35.2.83); Riom, 6 déc. 1848 (D.P., 49.2.140).

450. Le véritable point de la difficulté est de savoir si la femme a une hypothèque légale remontant, suivant l'art. 2135 (§ 1er du n° 2), à l'époque de son mariage, pour le prix de ses immeubles dotaux aliénés. Si cette hypothèque existe, nul doute que la femme ne puisse, après la dissolution du mariage, la préférer à l'action en revendication et abandonner celle-ci, par suite qu'elle n'ait, durant le mariage, le droit de se faire colloquer provisoirement dans l'ordre ouvert contre son mari.

En droit romain, la femme séparée de biens avait la faculté de faire révoquer l'aliénation de ses immeubles dotaux, ou de se faire mettre en possession des immeubles de son mari à elle hypothéqués, sans que ce dernier parti nuisît à son droit de se faire restituer sa dot en nature (1).

Dans l'ancienne jurisprudence, la femme pouvait se faire colloquer sur le prix des immeubles saisis contre son mari, sous la condition que le capital serait placé d'une manière sûre (2). L'opinion de Despeisses a été mal à propos invoquée à l'appui du système contraire. M. Troplong (3) démontre fort bien que Despeisses ne traite que des cas où la restitution de la dot est demandée après la dissolution du mariage.

Dans le Code Napoléon, nous ne trouvons pas de disposition formelle; mais les dispositions des articles 2121, 2135 et 2195 sont générales. La *dot* de la femme, ses *droits*, comprennent ce qui est immobilier comme ce qui est mobilier. La femme a hypothèque légale pour tous ses droits:

---

(1) Cujas, *Recit. solenn.*, *Cod. de Rei uxor. act.*, § dernier; Troplong, *Hyp.*, n°s 615 et suiv., dont il faut lire la dissertation lumineuse.

(2) Boniface, vol. **1**, *Traité des dots;* arrêt du parlement de Provence du 14 nov. 1644, cité par cet auteur.

(3) *Loc. cit.*, n° 619.

n'est-il pas juste d'en conclure qu'elle a hypothèque pour le prix de ses immeubles dotaux aliénés ?

Pourquoi, dès lors, ne lui serait-il pas permis de se faire colloquer provisoirement au rang de cette hypothèque ? Une semblable allocation ne tranche rien ; c'est une mesure de précaution, voilà tout. A la dissolution du mariage seulement, la femme sera libre de se contenter de cette allocation ou de revendiquer ses immeubles. Alors, mais uniquement alors, elle pourra mobiliser sa dot immobilière.

On dit que la ratification de la femme ne peut rétroagir vis-à-vis des tiers qui ont contracté avec le mari, mais c'est une grave erreur. L'hypothèque légale existant pour tous les droits de la femme, les tiers ont eu à redouter de la voir se produire dans le cas d'une aliénation des immeubles dotaux.

Les objections tirées des articles 2135, 3ᵉ paragraphe, du Code Napoléon, et 563 du Code de commerce, sont sans portée. D'abord, il n'y a pas identité entre les propres et les biens dotaux. Pour les propres, le mari ne devient débiteur de la femme que par l'aliénation qu'il la force à en faire ; mais le mari qui vend le fonds dotal viole le contrat de mariage qui le soumettait à en respecter l'inaliénabilité : dès le moment du contrat, il est devenu responsable, et la garantie que la femme trouve dans son hypothèque a pris naissance (1). Quant à l'article 563 du Code de commerce, il faut observer qu'il n'emploie pas les mots *propres aliénés*, comme l'article 2135, mais l'expression de *biens aliénés*, qui comprend tout, les biens dotaux comme les propres ; de telle sorte que cet article renferme plutôt un argument en faveur du système qui reconnaît à la femme séparée l'ac-

______

(1) Cassation, 27 juillet 1826 (D.P., 26.1.432) ; Grenoble, 6 janv. 1831 (D.P., 32.2.90) ; Troplong, *Hyp.*, n° 589 *bis.*

tion hypothécaire indépendamment de l'action révocatoire.

451. Ainsi, nous repoussons le système qui refuse à la femme dotale le droit de réclamer par la voie hypothécaire, durant le mariage, le prix de ses immeubles dotaux illégalement aliénés. Nous ne nous dissimulons pas ce que cette solution a de fâcheux pour le mari, qui pourra difficilement contracter avec les tiers, puisque ceux-ci auront toujours à craindre l'hypothèque légale de la femme naissant de l'aliénation des immeubles dotaux. Mais l'intérêt de la dot n'est-il pas supérieur à l'intérêt du mari ? A la vérité, la femme peut reprendre ses immeubles dotaux ; mais n'auront-ils pas perdu de leur valeur ? Enfin, la situation du mari n'est-elle pas la même lorsque la femme apporte en mariage une dot mobilière qui excède la valeur des immeubles qu'il possède ?

452. Lorsque la femme séparée de biens a obtenu l'autorisation d'aliéner un immeuble dotal dans les cas prévus par l'article 1558 du Code Napoléon, les paiements faits par l'acquéreur, soit à la femme, soit à ses créanciers, en dehors des hypothèses en vue desquelles l'autorisation a été accordée, peuvent être déclarés nuls sur la demande de la femme ou de ses héritiers (1).

453. L'immeuble donné par le mari à sa femme, après séparation de biens, en paiement de sa dot constituée en argent, devient-il dotal et par suite inaliénable ?

En principe, la chose achetée avec les deniers dotaux n'est pas dotale, et il en est de même de la chose reçue en paiement des deniers dotaux (art. 1553, Cod. Nap.). C'est ce que décidaient déjà les lois romaines (2). En effet, l'origine des deniers ne saurait être attributive de propriété. Le Code

____

(1) Cassation, 9 janv. 1828 (D.P., 28.1.85).
(2) L. 12, C., *de Jure dotium*; L. ult. C., *de Serv. pignor. dat.*; L. 55, D., *de Donat. inter vir. et uxor.*; L. 49, D., *de Furtis.*

Napoléon n'admet d'exception que pour le cas où le contrat de mariage a exigé un emploi des deniers dotaux (même article). Pendant la durée du mariage, nul pacte ne saurait avoir pour effet de dotaliser des immeubles acquis par les époux (1), parce que les statuts matrimoniaux ne peuvent recevoir aucune modification (art. 1395, Cod. Nap.). Le droit romain disposait bien, à la différence de notre législation, que les époux, au moyen d'un accord même postérieur au mariage, pouvaient dotaliser telle chose que bon leur semblait (2); mais il ne reconnaissait point de subrogation virtuelle et forcée dans l'achat fait par la femme ou dans la dation en paiement acceptée par elle, *nomine proprio*, comme l'ont inexactement soutenu un grand nombre de jurisconsultes (3). La Cour de cassation a tranché nettement, par arrêt du 20 février 1849 (4), les doutes qui pouvaient rester sur ce point. Ils naissaient des termes un peu vagues de la loi 54, D, *Soluto matrmionio* (5), mais la Cour de cassation fait très-bien observer que cette loi n'est pas en contradiction avec les autres dispositions du droit romain que nous avons citées plus haut; qu'elle parle, non de la dotalité proprement dite, mais d'une assimilation à la dotalité; que cette assimilation s'interprète comme ayant créé la dotalité subsidiaire accordée à la femme, en cas d'insolvabilité du mari, sur l'immeuble acheté par ce der-

---

(1) Bordeaux, 27 nov. 1832 (D.P., 33.1.286); Cassation, 23 avril 1833 (*ibid.*); Tessier, 1, p. 219; *Adde*, Merlin, Toullier, Duranton.

(2) L. 25, 26, 27, D., *de Jure dotium*; L. 21, D., *de Pact. dotalib.*; Pau, 14 avril 1831; Cassation, 23 août 1832 (D.P., 32.1.389).

(3) Voy. les autorités citées par MM. Tessier, 1, p. 217, note 386, et Troplong, *Cont. de mariage*, n° 3184.

(4) D.P., 49.1.87.

(5) Elle est ainsi conçue : *Res quæ ex dotali pecuniâ comparatæ sunt dotales esse videntur.*

nier en son nom avec les deniers dotaux, et qui lui permettait de revendiquer cet immeuble jusqu'à concurrence de sa dot.

454. Puisque, malgré une certaine obscurité des dispositions du droit romain, le principe qui vient d'être exposé a prévalu, à combien plus forte raison n'en doit-il pas être ainsi sous l'empire du Code Napoléon, dont l'article 1553 renferme une règle si claire et si générale.

Cependant l'application de cette règle à l'hypothèse qui nous occupe ne s'est pas faite sans difficulté.

Quelques arrêts ont décidé que l'immeuble donné par le mari à sa femme en paiement de la dot de celle-ci, après séparation de biens, est dotal et inaliénable ; que l'art. 1553 n'est pas applicable en pareille hypothèse ; qu'il ne dispose que pour le cas où le paiement de la dot est effectué par un étranger qui la doit, et non pas pour celui où c'est le mari qui la rend ; que s'il en était autrement, la femme ne trouverait qu'un remède inefficace dans la séparation de biens (1).

La Cour d'Aix avait, par un premier arrêt (2), refusé le caractère de dotalité à l'immeuble donné en paiement par le mari à la femme séparée de biens. Cet arrêt ayant été attaqué par la voie de la requête civile pour *ultrà petita*, la même Cour s'est prononcée pour l'opinion contraire (3). Sa nouvelle décision, fondée uniquement sur ce que l'immeuble reçu en paiement de la dot mobilière est la représentation de celle-ci, a été déférée à la censure de la Cour suprê-

---

(1) Rouen, 26 juin 1824 (D.P., 25.2.21) ; Montpellier, 17 nov. 1830 (D. P., 32.2.3) ; Toulouse, 19 sept. 1829 (D.P., 30.2.148); Nîmes, 31 sept. 1832 (D.P., 33.2.104) ; Seriziat, n° 127.
(2) 21 mars 1839 (D.P., 39.2.151).
(3) 24 juillet 1840 (D.P., 42.1.61).

me. Le rapport de M. Troplong tendait énergiquement à la cassation, mais le pourvoi fut rejeté par un motif étranger à la question de dotalité (1).

La Cour de Rouen a jugé, sans motiver sa décision (2), que le mobilier cédé par le mari à sa femme, en paiement des reprises dotales de celle-ci, est dotal, et que, par suite, il ne peut être saisi par les créanciers de la femme.

Mais la Cour de cassation et diverses Cours d'appel se sont prononcées contre la dotalité (3); leur doctrine est aussi celle de presque tous les auteurs (4). Il faut donc regarder ce point de droit comme désormais constant (5).

455. Mais il en est un autre qui s'y rattache et qui est peut-être plus délicat.

L'immeuble reçu par la femme en paiement de sa dot mobilière, après la séparation de biens, n'est pas dotal;

---

(1) Voy. Dalloz, *Rec. pér.*, 42.1.61.

(2) 18 nov. 1846 (D.P., 47.4.419).

(3) Cassation, 25 fév. 1817 (D.P., 17.1.278); Bordeaux, 5 fév. 1829 (D.P., 29.2.198); Aix, 21 mars 1839 (D.P., 39.2.151); Poitiers, 5 juillet 1839 (D.P., 40.2.53); Riom, 8 août 1843 (D.P., 45.2.148); Grenoble, 1er juillet 1846 (D.P., 47.4.419).

(4) Merlin, *Rép.*, v° *Dot*, § 10; Dalloz, 1re édit., 10, p. 310, n° 31; Duranton, t. 15, p. 515; Tessier, t. 1, p. 246 et 247, note 410; Zachariæ, t. 3, p. 575, note 7; Troplong, n°s 3183 et suiv.

(5) Nous avons vu agiter la question de savoir si, après la séparation de biens, l'immeuble acheté des deniers dotaux ou donné par le mari à sa femme en paiement des reprises de cette dernière, est affranchi du caractère de dotalité même dans le cas où la femme s'est constituée en dot tous ses biens présents et à venir. Cette question n'en est pas une. Il est évident que, dans cette hypothèse, l'immeuble acquis par la femme est dotal, puisqu'elle ne saurait avoir de biens extra-dotaux. Ici, aucune atteinte n'est portée au principe de l'immutabilité des conventions matrimoniales : le caractère de dotalité ne devait-il pas, d'après ces conventions mêmes, affecter tous les biens que pourrait posséder la femme? L'article 1553 n'a eu en vue que le cas où la femme s'est fait une constitution particulière de dot : alors seulement on peut redouter une transformation contraire au principe de l'immutabilité du pacte matrimonial.

mais cet immeuble tient lieu à la femme de sa dot mobilière, qui était inaliénable. Si l'on décide d'une manière absolue que la femme pourra aliéner l'immeuble par elle reçu en paiement de sa dot, ne consacrera-t-on pas une infraction au principe de l'inaliénabilité de la dot mobilière ?

M. Tessier, frappé de cet inconvénient, voudrait faire admettre que les deniers dotaux, reposant sur l'immeuble reçu par la femme, restent inaliénables, de telle sorte qu'au cas de vente de cet immeuble, il y aurait lieu, par exemple, à assurer la conservation de la partie du prix correspondant au montant de la dot (1).

Quelques-uns des arrêts que nous avons cités au numéro précédent ont admis une restriction analogue. Ainsi, l'arrêt de la Cour de cassation, du 25 février 1817, tout en décidant que le créancier hypothécaire de la femme peut saisir l'immeuble qui lui a été affecté, permet à celle-ci de faire valoir ses créances dotales sur le prix de cet immeuble. Il résulte également de l'arrêt rendu par la Cour de cassation, le 31 janvier 1842, sur le pourvoi dirigé contre l'arrêt de la Cour d'Aix, du 24 juillet 1840, que si bien la femme peut vendre l'immeuble par elle reçu en paiement de sa dot mobilière, le prix de la vente est dotal, qu'il doit être affecté aux charges du mariage, que rien ne saurait le détourner de cette destination essentielle, et que, par conséquent, les acquéreurs, qui se trouvent en même temps créanciers de la femme, ne peuvent le faire tourner à leur profit.

La Cour de Riom, partant du même principe, a décidé que le créancier hypothécaire de la femme, qui avait bien pu faire saisir l'immeuble reçu par cette dernière en paiement de sa dot, puisqu'il n'était pas dotal, ne serait recevable dans ses poursuites, qu'à la condition de faire porter le prix assez

---

(1) P. 248, note 410.

haut pour que la femme fût intégralement payée de sa dot mobilière, dont il fallait assurer la conservation.

Enfin, la Cour de Grenoble a jugé que si les immeubles livrés à la femme par son mari en remboursement de sa dot, ne sont pas dotaux en ce sens que la femme pourrait en opérer volontairement la vente, pour placer le prix en provenant de toute autre manière, ou pour le conserver par devers elle sans être assujettie à une condition d'emploi, ils sont dotaux en ce sens qu'ils représentent la dot mobilière, et que les créanciers ne peuvent pas plus les soumettre à leurs exécutions qu'ils ne seraient fondés à y soumettre la dot mobilière elle-même.

456. M. Troplong (1) s'élève fortement contre cette jurisprudence : sa critique peut se résumer en quelques mots.

S'il s'agit d'un acquéreur qui se trouve en même temps créancier de la femme depuis la séparation de biens, pourquoi lui refuserait-on le droit de compenser son prix avec ce qui lui est dû par la femme? En prêtant son argent à cette dernière, n'a-t-il pas fait ce qu'aurait fait le mari, si, conformément au contrat de mariage, il avait restitué la dot en argent, au lieu de la payer en immeubles? Sera-t-il permis à la femme d'exiger encore ce qu'elle a reçu déjà?

Quant au créancier qui n'est pas acquéreur, qui pourra l'empêcher de saisir l'immeuble reçu par la femme en paiement de sa dot, et de se rembourser sur le prix de l'argent qu'il a prêté à la femme postérieurement à la séparation de biens? La femme ne peut l'écarter en faisant valoir son droit à être payée de sa dot mobilière: car elle en a été payée (au moins à concurrence) par l'argent que le créancier a versé entre ses mains, et qu'elle a reçu de lui

____

(1) Nos **3190** et suiv.

au même titre que si son mari lui avait restitué sa dot en deniers, suivant les termes du contrat de mariage.

457. Ces observations ne laissent pas d'être fort ingénieuses, mais elles nous semblent manquer d'exactitude.

Et d'abord, les créanciers de la femme peuvent être antérieurs à la séparation de biens. Leur sera-t-il permis de se prévaloir, au préjudice de la femme, du prix de l'immeuble reçu par cette dernière en paiement de sa dot? Dans cette hypothèse, les raisonnements de M. Troplong perdent toute leur portée ; il le reconnaît lui-même (1). Il est impossible de prétendre que le créancier de la femme l'ait payée de sa dot, aux lieu et place du mari, à une époque où la dot ne pouvait pas être restituée. Pour ce cas donc, la jurisprudence combattue par M. Troplong doit être reconnue sage.

Mais lorsque c'est postérieurement à la séparation de biens que le droit des créanciers a pris naissance, le système de M. Troplong est-il plus juste? Si le mari avait restitué à la femme sa dot mobilière en argent, rien n'aurait été changé à l'inaliénabilité de cette dot. Les sommes qu'elle aurait reçues n'auraient pu devenir l'objet d'aucun acte de disposition de sa part. Au contraire, l'argent qui lui a été prêté n'a rien de dotal : elle a pu en faire tel emploi qu'elle a voulu ; rien n'en garantit la conservation dans ses mains. Comment donc l'assimiler à la dot mobilière? Du reste, la dette de la femme ne peut-elle pas avoir une cause autre qu'un prêt d'argent? Ne peut-elle pas résulter, par exemple, d'un cautionnement? Alors encore l'argumentation de M. Troplong s'évanouit. Or, comme il ne peut pas dépendre de la femme d'enlever à sa dot mobilière le caractère d'inaliénabilité qui s'y attache, en recevant un immeuble en

____

(1) N° 3191.

paiement, il est tout à la fois raisonnable et juridique de décider qu'en cas de vente volontaire ou forcée de cet immeuble, le prix en sera affecté d'abord au remboursement de ses créances dotales, et que le surplus seulement, si surplus il y a, pourra profiter aux créanciers de la femme. Au reste, il est tout à fait inexact de dire qu'elle sera payée deux fois : ses créanciers conserveront leurs droits pour les faire valoir sur ses biens extra-dotaux, si elle en possède. Que si tous ses biens sont frappés de dotalité, les créanciers ont à se reprocher d'avoir contracté avec une femme qui n'avait pas la libre disposition de sa fortune ; et c'est à tort que M. Troplong se récrie contre cette incapacité de la femme dotale. Les entraves de la dotalité sont certainement gênantes pour les tiers, mais elles protégent la famille, qui mérite bien un peu de sollicitude. La dotalité n'est pas un vain prétexte; c'est une sauvegarde souvent précieuse.

458. Il nous semble incontestable que l'on doit appliquer au régime dotal l'article 1450 du Code Napoléon, qui déclare le mari responsable du défaut d'emploi ou de remploi du prix de l'immeuble que la femme séparée a aliéné, lorsque la vente a eu lieu en sa présence et de son consentement, ou même lorsque, la vente ayant été autorisée par la justice, il a concouru au contrat ou a profité du prix.

Nous avons vu, en effet (1), que cette responsabilité a son fondement dans la présomption que le mari, par un abus de l'influence qu'il exerce sur sa femme, s'est approprié le prix de la vente des immeubles de cette dernière. Or, que les époux soient mariés sous le régime de la communauté ou sous le régime dotal, l'ascendant du mari sur sa femme n'est-il pas le même? N'y a-t-il pas toujours lieu de craindre que le mari ne donne son adhésion à la vente

_____

(1) *Suprà*, n°ˢ 383, 384.

des immeubles de sa femme que dans la pensée de s'en attribuer la valeur? La nécessité de le rendre garant du défaut d'emploi n'est-elle pas aussi impérieuse? D'ailleurs, la loi ne distingue point si la femme est mariée sous le régime de la communauté ou sous un autre régime. Il est vrai que l'article 1450 est placé dans le chapitre *de la Communauté;* mais on est obligé de faire plus d'un emprunt à ce chapitre pour compléter les dispositions relatives au régime dotal, qui, ayant été introduit après coup dans le Code Napoléon, sur les réclamations des représentants du midi de la France, n'y obtint pas tous les développements qu'il comportait (1). Au surplus, l'article 1563, qui appartient au chapitre *du Régime dotal,* ne renvoie-t-il pas, pour ce qui concerne la séparation de biens, aux dispositions du chapitre *de la Communauté,* parmi lesquelles se trouve celle de l'article 1450?

Cette solution, conforme à l'opinion des auteurs (2), peut également s'appuyer sur la jurisprudence.

Ainsi, la Cour de Poitiers a posé en principe, par arrêt du 24 mars 1825 (3), que la simple autorisation de vendre l'immeuble dotal, donnée par le mari à sa femme séparée de biens, le rend responsable des suites de la vente; et le pourvoi dirigé contre cet arrêt a été rejeté par la Cour de cassation le 11 juillet 1826 (4).

Enfin, la Cour de Nîmes a rendu, le 7 mai 1829 (5), dans une hypothèse où la vente avait été passée par la femme avec le consentement du mari, une décision dont nous n'acceptons pas tous les motifs, mais qui consacre le même principe en termes formels.

---

(1) Benech, p. 386.
(2) Seriziat, n° 228; Troplong, n° 1458; Dalloz, n° 2054.
(3) D.P., 25.2.164.
(4) D.P.,[26.1.414.
(5) D.P., 29.2.218.

459. Nous avons eu déjà l'occasion de dire que la séparation de biens rendait les immeubles dotaux prescriptibles (1). C'est la disposition formelle de l'article 1561 du Code Napoléon. Quant aux meubles dotaux, ils sont toujours susceptibles de prescription. La propriété mobilière ne se conçoit pas sans liberté. Si la dot mobilière est inaliénable, c'est en ce sens que la femme dotale ne peut la compromettre par des engagements ou par une renonciation aux garanties destinées à assurer la conservation de cette dot (2); mais elle est aliénable en ce que le mari ou la femme séparée peuvent en faire tel emploi qu'il leur plaît.

Au contraire, les immeubles sont frappés d'une inaliénabilité absolue, dont l'imprescriptibilité paraît être une conséquence naturelle. Cependant le législateur n'a pas cru que la prescriptibilité des immeubles dotaux fût incompatible avec leur inaliénabilité. Il fait dériver l'imprescriptibilité de l'incapacité qui frappe la femme avant la séparation de biens, plutôt que de l'inaliénabilité du fonds dotal (3). Dès que la femme obtient par la séparation de biens la liberté d'agir, il enlève au fonds dotal son caractère d'imprescriptibilité, permettant ainsi à la femme de compromettre par sa négligence la fortune immobilière dont elle ne peut disposer par ses actes. Nous ne pouvons nous empêcher de voir là une espèce d'anomalie; mais il faut s'incliner devant la volonté du législateur, qui peut trouver sa justification dans la nécessité de rendre la propriété stable.

460. Quoi qu'il en soit, voyons quelle est précisément l'étendue de la prescriptibilité qui atteint le fonds dotal après la séparation de biens. Le frappe-t-elle dans tous les cas indistinctement ?

---

(1) *Suprà*, n⁰ˢ 381, 415.
(2) *Suprà*, n⁰ 420, *in fine*.
(3) L. 16, D., *de Fundo dotali*.

Ici commence une vive controverse dans la jurisprudence et dans la doctrine.

Inspirons-nous d'abord des principes proclamés à cet égard par le droit romain et l'ancienne jurisprudence.

La loi **30**, au Code, *de Jure dotium*, disposait formellement que le fonds dotal était prescriptible à partir du moment où la femme pouvait agir, *ex quò possunt actiones movere ;* c'est-à-dire à partir, soit de la dissolution du mariage, soit de la séparation de biens qui rend à la femme le libre exercice de ses droits. Cette règle fut plus tard recueillie par un grand nombre de jurisconsultes (1) et consacrée par tous les parlements, sauf ceux de Guienne et de Normandie (2). On regardait la femme séparée de biens comme capable d'interrompre la prescription, et par conséquent on la soumettait à la déchéance qu'elle avait le pouvoir d'éviter. La maxime, *Contrà non valentem agere non currit præscriptio,* cessait d'être applicable.

461. Le Code Napoléon a-t-il voulu déroger aux principes de l'ancien droit ?

Quelques auteurs (3) et la Cour suprême (4) ont proclamé l'existence de cette dérogation, en ce sens qu'à leurs yeux les immeubles dotaux ne deviennent prescriptibles après la séparation de biens qu'à l'égard de la possession de ces immeubles ou de la nullité d'un titre non émané des époux :

---

(1) Dumoulin, sur Bourbonnais, *Des presc.*, art. 28, et sur Auvergne, art. 45 ; Brodeau sur Louet, lettre P, somm., n° 5 ; Cujas, sur le Cod., *de Jure dotium ;* d'Argentré sur Bretagne, art. 427 ; Basnage, t. 2, p. 429, et autres cités par M. Tessier, note 806.

(2) Voy. Lapeyrère, lettre P, n° 87 ; Houard, *Dict. de droit normand,* v° *Presc.;* Merlin, *Quest.,* v° *Presc.,* § 6, art. 5 ; *Adde* arrêts de Nîmes du 15 août 1823, et de Toulouse du 5 juin 1827, cités par M. Tessier, *loc. cit.*

(3) Duranton, t. 15, n° 526 ; Rodière et Pont, t. 2, n° 603 ; Dalloz, *Rec. pér.*, 47.1.209.

(4) 31 mars 1841 (D.P., 41.1.177) ; 1er mars 1847 (D.P., 47.1.209) ; 4 juillet 1849 (D.P., 49.1.330).

dans ce système, l'action en nullité de la vente du fonds dotal n'est prescriptible qu'à partir de la dissolution du mariage.

Nous transcrivons l'arrêt de la Cour de cassation du 1er mars 1847, qui résume toute l'argumentation sur laquelle ce système peut s'étayer :

« Attendu que l'article 1304, qui établit la prescription décennale contre la demande en nullité des actes passés par la femme mariée non autorisée, ne fait courir cette prescription que de la *dissolution du mariage* ; que cet article n'admet aucune distinction entre les actes consentis par les femmes non séparées de biens ou par celles qui ont obtenu leur séparation ; que cette distinction aurait d'ailleurs été contraire, en ce qui concerne l'aliénation des immeubles de la femme mariée, aux articles 217, 219, Cod. civ., aux termes desquels la femme même non commune ou séparée de biens ne peut donner ou hypothèquer ses immeubles sans le concours du mari dans l'acte ou son consentement par écrit, ou sans l'autorisation de la justice ;

« Que le droit accordé à la femme par l'article 1560 de faire révoquer, après sa séparation de biens, l'aliénation de son immeuble dotal, ne détruit pas la disposition générale de l'article 1304; que ce droit est une simple faculté qui n'opère pas la déchéance de l'action en nullité, lorsque la femme n'a pas formé sa demande avant la dissolution de son mariage ; que la ratification expresse donnée par la femme sans l'autorisation de son mari n'aurait aucune force; qu'ainsi, la prescription ayant pour unique objet son silence ou son exécution volontaire, ne peut courir contre elle tant que le mariage n'est pas dissous ;

« Que l'article 1561, qui déclare les biens dotaux de la femme prescriptibles après la séparation de biens, ne s'applique pas à l'action en nullité ou en rescision, spécifiée dans l'article 1304, mais à la prescription résultant de la possession ou d'un titre non émané de la femme elle-même ; que cela résulte manifestement de ces derniers mots de l'article 1561 : « Quelle que soit l'époque à laquelle la pres- « cription a commencé ; »

« Attendu, d'ailleurs, que l'article 2255 dispose que la prescription ne court pas pendant le mariage, à l'égard des aliénations d'un fonds constitué sous le régime dotal, conformément à l'article 1561 ; que cet article est aussi général et absolu que le deuxième alinéa de l'article 1304, et qu'il prend également pour seul point de départ de la prescription la dissolution du mariage ; qu'en présence des articles 1560 et 1561, le législateur n'aurait pas omis de faire une exception, s'il eût entendu que la prescription aurait son cours contre l'action en nullité de la femme dans le cas de séparation de biens ; que le mari peut, contre la volonté même de la femme séparée de biens, faire annuler la vente de l'immeuble dotal par elle consentie sans qu'il l'ait autorisée ou sans qu'elle ait obtenu l'autorisation de la justice ; que ce droit conféré par l'article 225 et par le § 2 de l'article 1560, Cod. civ., lui est attribué tout à la fois dans l'intérêt de la femme, dans son propre intérêt et dans celui de leurs enfants, et qu'il ne peut en être dépouillé par une prescription décennale qui s'acquerrait pendant le mariage et reposerait uniquement sur un acte fait à son insu et au mépris de l'autorité maritale ; que la prescription, qui ne pourrait être valablement opposée au mari agissant dans l'intérêt de sa femme et de leurs enfants communs, ne peut pas l'être davantage à celle-ci, tant que le mariage subsiste. »

462. Au premier abord, cette argumentation paraît concluante ; mais un examen sérieux des dispositions de la loi invoquées par la Cour de cassation elle-même fait reconnaître bientôt que là n'est point la véritable intérprétation de la volonté du législateur.

Posons bien nettement les termes de la difficulté.

Il est d'abord admis par tout le monde que, dans le cas où l'aliénation du fonds dotal a été consentie par la femme seule ou par la femme conjointement avec son mari, c'est la prescription décennale édictée par l'article 1304 du Code Napoléon qui doit être appliquée à l'action révocatoire ; car aux termes du premier paragraphe de cet article, dans tous les cas où l'action en nullité ou en rescision d'une convention n'est pas limitée à un moindre temps par une loi particulière, cette action dure dix ans. Cette disposition générale ne peut recevoir d'autres exceptions que celles qui ont été déterminées par la loi ; or, la loi n'en a fait aucune pour le cas de l'action en révocation ou en nullité de l'aliénation des immeubles dotaux (1).

Il est également incontestable que la prescription décennale de l'article 1304 s'applique indifféremment à la femme autorisée et à celle qui ne l'est pas. Si le deuxième paragraphe de l'article 1304 parle seulement des femmes mariées *non autorisées*, ce n'est pas pour modifier le principe général consacré par le premier paragraphe. Il dispose pour le cas qui paraît le plus ordinaire ; mais il n'exclut point l'hypothèse où la femme a agi sans autorisation. D'ailleurs, l'article 1560 accorde à la femme l'action révocatoire sans faire aucune distinction : pourquoi l'article 1304 en aurait-il fait une ? Est-ce que l'autorisation du mari ajoute quelque chose au résultat ? N'est-elle pas comme non avenue (2) ?

---

(1) Cassation, 9 janv. 1828 (D.P., 28.1.85) ; *Id.*, 31 mars 1841 (D.P., 41.1.177) ; Delvincourt, t. 3, p. 341, note 4 ; Toullier, t. 14, n° 232 ; Duranton, t. 15, n°ˢ 521 à 526 ; Dalloz, 1ʳᵉ édit., t. 10, p. 345, n° 43 ; Solon, *des Nullités*, n° 472 ; Tessier, note 806 ; Troplong, *Cont. de mariage*, n° 3584.

(2) Cassation, 31 mars 1841, cité à la note précédente ; Toullier, 14, n° 233 ; Duranton, 15, n° 529.—*Contrà*, Rodière et Pont, n°ˢ 601 et 604.

La question est donc seulement de savoir si la prescription décennale qui atteint l'action en nullité de l'aliénation du fonds dotal, consentie par la femme séparée de biens, avec ou sans l'autorisation de son mari, court à partir de la séparation de biens ou seulement de la dissolution du mariage.

463. Les termes des articles 1560 et 1561 du Code Napoléon permettent difficilement de supposer que le législateur ait voulu déroger aux principes du droit ancien ; car leurs dispositions paraissent consacrer formellement ces principes. D'après l'article 1560, la femme peut, après sa séparation de biens, exercer l'action en nullité de l'aliénation du fonds dotal : l'article 1561 ajoute immédiatement, comme pour compléter cet ordre d'idées, que la séparation de biens fait cesser l'imprescriptibilité des immeubles dotaux. Ne faut-il pas conclure de là que, dès le moment de la séparation de biens, la femme, qui a repris le libre exercice de ses droits, encourt la prescription de l'action révocatoire ?

C'est une conséquence forcée. Mais on y a vu apparemment quelque chose de trop rigoureux, et l'on a tâché d'arriver à une déduction plus favorable, à l'aide de textes conçus en termes plus généraux, mais qui ne permettent pas néanmoins de méconnaître le vœu si clairement exprimé du législateur.

On oppose, en premier lieu, l'article 1304 qui ne fait courir que *de la dissolution du mariage* la prescription de la demande en nullité des actes passés par la femme mariée. Cette objection, qui est la plus spécieuse, parce qu'elle repose sur une disposition de la loi, ne saurait cependant nous arrêter. Il faut presque toujours se défier du rapprochement de dispositions qui n'appartiennent pas au même titre, parce que, n'ayant pas été édictées en même temps, elles ne peuvent avoir cette corrélation qu'on veut bien leur prêter pour le besoin d'un système. L'article 1304 se trouve au titre *des Contrats et obligations*, qui a été décrété avant le titre *du Contrat de mariage*, où figurent les articles 1560 et 1561. Il ne faut donc point s'étonner si les termes de l'article 1304 ne concordent pas très-exactement avec les dispositions de ces derniers textes. En le rédigeant, les auteurs du Code ne se sont pas préoccupés du changement que la séparation de biens pourrait apporter à la capacité de la femme mariée : ils n'ont eu en vue que les cas généraux. Mais plus tard, ayant à traiter de l'action en nullité de l'aliénation du fonds dotal, ils ont reconnu la nécessité de modifier le principe posé dans l'article 1304 : de là, les dispositions des articles 1560 et 1561, § 2ᵉ. Dans les situations ordinaires, l'action en nullité des actes passés par la femme mariée ne se prescrira qu'à partir de la dissolution du mariage ; mais la séparation de biens, qui rend à la femme sa liberté d'action, introduira une exception à cet état de choses. Les immeubles dotaux, quoique inaliénables, deviendront prescriptibles ; et, par conséquent, la prescription de l'action de la femme mariée en nullité de l'aliénation du fonds dotal commencera à courir.

Comprendrait-on que le droit accordé à la femme par l'article 1560 de faire révoquer, après sa séparation de biens, l'aliénation de ses immeubles dotaux fût, comme le dit la Cour de cassation, une simple faculté n'opérant pas la déchéance de l'action en nullité, lorsque la femme n'a pas formé sa demande avant la dissolution du mariage ? Quoi ! la femme pourrait exercer son action en nullité à partir de sa séparation de biens, et cette action ne deviendrait prescriptible qu'à la dissolution du mariage, c'est-à-dire peut-être trente ou quarante ans après ! Mais ce serait le bouleversement de toutes les idées reçues. La liberté d'agir et le droit de prescrire sont essentiellement corrélatifs, comme l'indique suffisamment la maxime, *contrà non valentem agere non currit præscriptio*. Qu'on eût refusé à la femme le droit d'exercer l'action en révocation avant la dissolution du mariage, nous le comprendrions et nous le préférerions. Mais dès l'in s tant que la séparation de biens l'investit de ce droit, il est logique de décider que la prescription commence en même temps à courir. Si le législateur avait voulu établir une règle exceptionnelle pour la femme mariée, il l'aurait fait en termes exprès; mais bien loin de là, l'article 1561, qui n'est que le complément de l'article 1560, fait disparaître tous les doutes en disposant que les immeubles dotaux deviennent prescriptibles à partir de la séparation de biens.

Mais on a entrepris de donner à cet article une étrange signification. Il ne s'applique pas, dit-on, à l'action en nullité ou en rescision spécifiée dans l'article 1304, mais à la prescription résultant de la possession ou d'un titre non émané de la femme elle-même. On en trouve la preuve manifeste dans ces derniers mots de l'article 1561, « quelle que soit l'époque à laquelle la prescription a commencé. »

Cette manière de raisonner ne prouve qu'une chose, c'est que, même avec un esprit éclairé, l'on finit souvent par s'aveugler quand on s'attache à développer une idée préconçue. Pour faire triompher cette idée, on accumule les arguments sans s'apercevoir de leur vice.

Ainsi, on ne veut faire aucune restriction à la disposition générale du § 2ᵉ de l'article 1304, malgré les termes formels des articles 1560 et 1561, § 2ᵉ ; et l'on prétend, au contraire, restreindre la portée de ce dernier texte, malgré sa généralité et l'absence de toute disposition modificative. Mais où puise-t-on la distinction que l'on essaie de faire entre les actes émanés de la femme et ceux qui lui sont étrangers? Pourquoi la femme séparée de biens serait-elle capable d'interrompre la prescription dans une hypothèse et non dans l'autre ? On ne s'est jeté dans cette distinction que parce qu'il était impossible d'éviter le deuxième paragraphe de l'article 1561, auquel il fallait bien donner un sens. Mais ce paragraphe ne dit-il pas de la manière la plus absolue que les immeubles dotaux deviennent prescriptibles après la séparation de biens ? Et ces mots qu'il ajoute, *quelle que soit l'époque à laquelle la prescription a commencé*, démontrent eux-mêmes qu'il entend parler de la prescription à tous les points de vue, et par conséquent de la prescription acquisitive comme de toute autre.

Mais il y a plus : l'art. 2255, qui s'applique bien à la prescription de l'action révocatoire, porte que cette prescription ne court point pendant le mariage, *conformément à l'art.* 1561. Voilà donc l'art. 1561 chargé de régler le point de départ de la prescription de l'action révocatoire. Or, on sait que cet article déclare les immeubles dotaux imprescriptibles pendant le mariage, sauf le cas de séparation de biens, qui fait disparaître leur imprescriptibilité. L'action révocatoire devient donc aussi prescriptible après la séparation de biens.

C'est encore une conclusion nécessaire, et pourtant les partisans du système opposé croient pouvoir s'appuyer eux-mêmes sur l'art. 2255, parce qu'il dispose d'une manière générale, comme l'art. 1304, que la prescription ne court pas *pendant le mariage*. Ils ne veulent pas voir que cet article, placé dans une condition plus favorable que l'art. 1304, puisqu'il a été édicté à une époque où les effets de la séparation de biens relativement à l'action révocatoire de la femme étaient déterminés, se réfère à la disposition de l'art. 1561, qui lui sert de commentaire. Ainsi, nous puisons l'un de nos arguments les plus décisifs dans le texte même qu'on nous oppose.

Il ne reste plus que l'objection tirée de la puissance maritale. La femme, dit-on, ne peut, même après la séparation de biens, aliéner ses immeubles sans l'autorisation du mari ou de la justice (art. 217, 219, Cod. Nap.) : comment le silence qu'elle garderait pendant dix années pourrait-il avoir pour effet de consacrer cette aliénation ? D'un autre côté, le mari a lui-même le droit de faire révoquer, pendant le mariage, l'aliénation des immeubles dotaux (art. 1560) ; il ne saurait être dépouillé de ce droit par la prescription décennale que la femme laisserait accomplir à son insu.

Quand un système qui s'élève contre des textes formels ne se soutient que par des considérations de cette nature, il tombe de lui-même. En effet, nous n'avons pas à juger la loi. Il s'agit de rechercher sa volonté, et quand elle nous est connue, encore une fois, nous devons l'accepter, quelque inconvénient qu'il surgisse. Or, ici le vœu de la loi n'est pas douteux : on vient de s'en convaincre. Il est manifeste que les rédacteurs du Code Napoléon ont voulu reproduire les principes du droit ancien. Nous le répétons, ils auraient pu mieux faire, à notre sens ; mais nous nous soumettons devant leur décision clairement formulée ; ils ont cru que les prérogatives de la dotalité et de la puissance maritale devaient s'évanouir en présence d'une autre nécessité d'ordre public, celle d'assurer à la propriété une stabilité sans laquelle elle pourrait devenir une cause de ruine plutôt qu'une source de fortune.

Donc, nous repoussons énergiquement, avec M. Troplong (1) et quelques autres estimables auteurs (2), la doctrine que la Cour de cassation a cru devoir consacrer.

______

(1) *Contr. de mar.*, nᵒˢ 3575 et suiv.; *Prescript.*, nᵒ 779.

(2) Toullier, t. 14, nᵒˢ 232, 233 ; Vazeille, *Prescrip.*, nᵒ 289 ; Odier, *Contr. de mariage*, nᵒ 1258 ; conf., Grenoble, 2 juill. 1842 (D.P., 43.2, 122), arrêt cassé par celui de la Cour de cassation du 1ᵉʳ mars 1847.

464. Mais il faut observer que la prescription ne pourrait courir contre la femme pendant le mariage, si l'action était de nature à réfléchir contre le mari (art. 2256, Cod. Nap.). Nous avons déjà démontré, à l'égard de la femme commune, que la séparation de biens ne fait pas disparaître cette cause de suspension de la prescription (1).

Ainsi, dans le cas où le mari a garanti la vente du fonds dotal, comme partie contractante, la séparation de biens n'a pas eu pour résultat de faire courir la prescription contre la femme (2).

Mais, si la femme avait elle-même vendu un immeuble dotal, sans garantie de la part de son mari, quoique avec son assistance, la prescription pourrait être invoquée contre elle par l'acquéreur, car, en pareil cas, ce dernier n'aurait pas de recours à exercer contre le mari (3).

465. Sous le régime dotal, comme sous le régime de la communauté, la séparation de biens donne, au profit de la femme, ouverture à toutes les actions en reprises qu'elle a le droit d'exercer (4).

Par conséquent, la femme qui, mariée sous le régime dotal, avec société d'acquêts, a stipulé dans son contrat de mariage qu'à la dissolution de cette société elle aurait le droit d'y renoncer et de reprendre, à son choix, ou le mobilier constitué en dot, ou la valeur estimative de ce mobilier, peut exiger la restitution de ses meubles dotaux après la séparation de biens (5).

466. Il faut appliquer à la femme dotale séparée de biens ce que nous avons dit au précédent paragraphe relativement

---

(1) Voy. *suprà*, n° 379.
(2) Bordeaux, 26 fév. 1835 (D.P., 35.2.171).
(3) Nîmes, 4 juin 1835 (D.P., 36.2.9).
(4) Rennes, 26 janv. 1849 (D.P., 51.2.119).
(5) Rennes, 26 janv. 1849 (D.P., 51.2.119).

aux gains de survie (1). Toutefois, il convient d'observer qu'à la différence de la femme mariée sous le régime de la communauté, la femme dotale ne pourrait transiger sur son gain de survie, s'il faisait partie de sa constitution de dot, puisque, malgré la séparation de biens, la dot mobilière demeure inaliénable pour la femme (2).

---

(1) Nᵒˢ 402 et suiv.
(2) Nᵒˢ 420, *in fine*, 459.

CHAPITRE QUATRIÈME.

De la cessation de la séparation de biens.

———

467. La séparation de biens est une rupture toujours fâcheuse de l'association civile des époux ; elle fait sortir ces derniers de la voie normale où le mariage les avait placés, et, comme nous l'avons dit plusieurs fois, pour justifier ce grave changement, il ne faut rien moins qu'une nécessité tout à fait impérieuse. Mais, si les circonstances qui l'avaient rendu nécessaire viennent à cesser, le retour aux anciens rapports des époux sera-t-il impossible ? Le remède violent qu'il a fallu employer dans un moment de crise, et qui est plus funeste qu'efficace à l'époque où le péril a disparu, ne pourra-t-il plus être repoussé ? Le législateur n'a pas voulu offrir aux époux une sauvegarde qui pourrait devenir un piége. Le rétablissement de l'ancien état de choses, alors que la ruine n'est plus à craindre, mérite trop de faveur pour que la loi ne l'autorise pas. L'administration de la femme emprunte à la faiblesse de celle-ci une hésitation qui exclut souvent la prospérité. Le mari n'a été peut-être que malheureux ; revenu à meilleure fortune, qu'il puisse ressaisir d'une main ferme la direction d'une société dont la dissolution est désormais sans cause : l'avantage de la famille en dépend.

468. Dans l'ancienne jurisprudence, on reconnaissait généralement aux époux le droit de faire cesser la séparation de biens. Bourjon (1) était d'un avis contraire, qu'il ap-

———

(1) T. 1, p. 606, n⁰ˢ 12 et 13.

puyait sur la jurisprudence du Châtelet, et qu'il motivait par la crainte que le rétablissement de la communauté ne dissimulât un avantage indirect de la part de la femme au profit du mari. Denizart (1) partageait cette opinion. Mais on répondait ave raison que le « rétablissement de la com-
« munauté se faisant à l'occasion d'un plus heureux pro-
« grès qu'on aperçoit dans les affaires du mari, il ne doit
« pas passer pour un avantage indirect ; » que « c'est un
« retour au droit commun que le droit a traité favorable-
« ment en la loi 19, D., *Solut. matrim.*, et en la loi 3, D.,
« *de Divortiis.* » (2)

La coutume d'Orléans autorisait en termes formels le rétablissement de la communauté (3).

469. Mais de quelle manière le rétablissement devait-il s'opérer ? Suffisait-il d'une renonciation de la part de la femme au bénéfice de la séparation de biens, ou fallait-il le consentement des deux époux ? La jurisprudence était unanime à cet égard : elle exigeait rigoureusement une adhésion mutuelle (4).

470. Quant à la forme que cette adhésion devait revêtir, on faisait une distinction.

Dans le cas où la séparation de biens n'était que la conséquence de la séparation de corps, la réunion publique des

____

(1) *Décisions*, vº *Séparat.*, nº 54.

(2) Lebrun, p. 282, nº 16; *adde* Charondas, Ricard, Tronçon, Auzanet, Le Maistre, Duplessis, Chopin, Boucheul; Renusson, *Communauté*, ch. 9, nº 62; Pothier, *Communauté*, nºˢ 523, 524; Merlin, *Rép.*, vº *Sép. de biens*, sect. 2, § 4, nº 1; arrêt du parlement de Paris du 4 fév. 1601 et ceux qui sont cités aux nºˢ 469 et 470.

(3) Art. 199.

(4) Arrêts du parlement de Paris des 4 sept. 1721, 6 août 1723, 29 août 1725, 3 mars 1752 (Denizart, vº *Sépar.*, nºˢ 57, 58); Rouen, 24 fév. 1644 (Basnage sur Normandie, art. 538); Merlin, *loc. cit.*

époux avait pour effet d'opérer le rétablissement de la communauté (1).

Au contraire, quand la séparation de biens avait été prononcée directement, on exigeait une déclaration précise et authentique de la part des époux ; cette déclaration devait être faite au greffe ou devant notaire (2). Il ne pouvait pas y avoir de rétablissement tacite de la communauté (3).

471. Le Code Napoléon a consacré les principes du droit ancien, sauf qu'il n'a point admis la distinction que nous venons de signaler.

L'art. 1451 porte : « La communauté dissoute par la séparation soit de corps et de biens, soit de biens seulement, peut être rétablie du consentement des deux parties. — Elle ne peut l'être que par un acte passé devant notaires et avec minute, dont une expédition doit être affichée dans la forme de l'art. 1445. — En ce cas, la communauté rétablie reprend son effet du jour du mariage : les choses sont remises au même état que s'il n'y avait point eu de séparation, sans préjudice néanmoins de l'exécution des actes qui, dans cet intervalle, ont pu être faits par la femme en conformité de l'art. 1449. — Toute convention par laquelle les époux ré-

---

(1) Boucheul sur Poitou, art. 229, n° 97; Pothier, *Comm.*, n° 524; Merlin, *loc. cit.*, n° 2; Bruxelles, 27 mars 1818 (Dalloz, 13, n° 2076).

(2) Lebrun, p. 283, n° 28; Pothier, n° 525; Renusson, *Comm.*, ch. 9, n° 62; arrêtés de Lamoignon, art. 88; Boucheul, *loc. cit.*; Basnage sur Normandie, art. 391; Ferrière sur Paris, art. 234; Duparc-Poullain sur Bretagne, art. 424; Houart, *Dict.*, v° *Femme*, sect. 2; Merlin, *Rép.*, v° *Sép. de biens*, sect. 2, § 4, n° 2; arrêts du 22 fév. 1521 (Boucheul), et du 12 fév. 1621 (Brodeau, lettre S, § 16).

(3) Colmar, 18 nivôse an 11 (D.P., 2.731). Brillon, *Comm.*, n° 31, cite un arrêt du parlement de Paris du 15 mai 1706, qui avait jugé en sens contraire, mais il laisse ignorer si, dans l'espèce de cet arrêt, les époux étaient séparés de corps, ou s'ils étaient seulement séparés de biens, comme le fait observer Merlin, *loc. cit.*

tabliraient leur communauté sous des conditions différentes de celles qui la réglaient antérieurement est nulle. »

La réconciliation des époux séparés de corps ne suffirait donc pas pour faire cesser les effets de la séparation de biens : dans tous les cas, un acte solennel et public est absolument nécessaire (1). Le législateur a exigé l'accomplissement de cette condition par divers motifs.

D'abord, il importe que les tiers soient toujours avertis de la cessation de la séparation de biens, et l'on conçoit que la réconciliation des époux séparés de corps peut être ignorée d'eux (2).

D'un autre côté, comme le remarque Pothier (3), un acte public est nécessaire pour éviter les contestations qui pourraient s'élever sur le caractère des faits constitutifs du rétablissement de la communauté : « La dissolution de la communauté par séparation ayant une cause qui peut cesser, disait le tribun Siméon au Corps législatif (4), la communauté peut revivre entre les époux rapprochés, pourvu qu'ils en conviennent par un acte, qui devra être authentique, afin de prévenir les contestations et les fraudes. »

Enfin, le rapprochement des époux s'opérerait quelquefois avec moins de facilité, s'il devait nécessairement mettre un terme à la séparation de biens. Dans certains cas, la femme ne pourrait-elle pas désirer ou accepter une réconciliation, sans vouloir rendre l'administration de sa fortune à un mari dissipateur (5)?

---

(1) Grenoble, 4 juin 1840 (D.P., 41.2.97).
(2) Rodière et Pont, t. 2, n° 910 ; Odier, t. 1, n° 422 ; Troplong, n° 1466.
(3) *Communauté*, n° 524.
(4) Rapport sur le titre *du Contrat de mariage*.
(5) Pothier, *loc. cit.* ; Troplong, n° 1468.

472. Il est bien évident que, pour faire cesser la séparation de biens, la femme mineure n'a pas besoin du consentement de ses ascendants ou du conseil de famille (1), comme dans le cas où il s'agit d'apporter quelque changement au statut matrimonial (art. 1396, Cod. Nap.). Au lieu de déroger à la loi du mariage, elle fait disparaître une grave modification que cette loi avait subie. Elle rentre dans la voie d'où le législateur ne lui permet qu'avec regret de s'écarter : « Le retour à la loi du contrat est toujours favorable, disait le tribun Duveyrier (2). La réunion des intérêts rend au mariage son lustre toujours terni et ses affections toujours refroidies par une séparation de biens. » Du reste, la femme mineure peut, sans autre autorisation que celle du président du tribunal, laquelle est obligée, faire prononcer la séparation de biens, qui modifie si profondément la loi du mariage (3) : ne serait-il pas étrange qu'elle eût besoin du consentement de sa famille pour rétablir la situation que le législateur lui avait faite ?

473. On a agité la question de savoir si, lorsque la communauté a été dissoute par la mort civile du mari, la rentrée de celui-ci dans la vie civile par suite d'une amnistie et sa réunion avec sa femme pourraient opérer le rétablissement de la communauté. La négative ne nous paraît pas souffrir la moindre difficulté sous l'empire du Code Napoléon : les termes de l'article 1451 sont formels (4).

474. Cet article exige que l'acte qui fait cesser la séparation de biens soit passé *devant notaires et qu'il en reste minute.* On comprend, en effet, que le rétablissement du ré-

----

(1) Rodière et Pont, n° 911; Dalloz, n° 2079.
(2) Rapport au Tribunat sur le titre *du Contrat de mariage.*
(3) Voy. *suprà*, n°s 107, 108.
(4) Troplong, n° 1477.

gime adopté par les époux dans leur contrat de mariage doit avoir la même fixité que ce contrat. Il ne faut pas que les époux puissent, à leur gré, en faire disparaître les traces. Les droits des tiers y sont intéressés.

Toutefois, il n'est pas indispensable que deux notaires concourent à la confection de cet acte, car il n'est pas au nombre de ceux pour lesquels la loi du 21 juin 1843 (sur la forme des actes notariés) exige, à peine de nullité, la coopération de deux notaires (art. 2). D'ailleurs, d'après cette loi même, la présence du second notaire peut être suppléée par celle de deux témoins (même article) (1).

475. L'article 1451 veut, de plus, qu'une expédition de l'acte dont il s'agit soit affichée dans la forme de l'article 1445, lequel détermine la publicité que doit recevoir le jugement de séparation de biens.

Mais les dispositions de ce dernier texte sont complétées par celles de l'article 872 du Code de procédure, qui exige que le jugement de séparation soit affiché, même à l'égard des époux non commerçants, non-seulement au tribunal civil, comme le prescrit l'article 1445, mais encore au tribunal de commerce et aux chambres des avoués et des notaires.

476. L'observation de ces dernières formalités est-elle nécessaire pour rendre valable la cessation de la séparation de biens? Si elles étaient omises, les tiers auraient-ils le droit de considérer encore les époux comme séparés?

L'affirmative, enseignée par MM. Toullier (2) et Duranton (3), a été consacrée par un arrêt de la Cour de Rouen

---

(1) Troplong, n° 1477.
(2) T. 13, n° 118.
(3) T. 14, n° 430, note.

du 6 novembre 1835 (1). Elle se fonde sur ce que l'article 872 du Code de procédure est le complément de l'article 1445 du Code Napoléon, et ne peut en être détaché.

Mais la négative a été proclamée par un arrêt de la Cour suprême du 17 juin 1839 (2), portant cassation de l'arrêt de Rouen, et cette nouvelle jurisprudence a été accueillie par plusieurs auteurs (3). Voici sur quels motifs elle repose :

« Attendu que l'article 1451 du Code civil ne soumet les actes qui font cesser la séparation de biens et rétablissent les conventions matrimoniales dans leur force originaire, qu'au mode de publicité établi par l'article 1445 du même Code, lequel prescrit seulement l'affiche dans un tableau placé dans la principale salle du tribunal de première instance ;

« Attendu que l'article 872 du Code de procédure civile, qui a introduit de nouvelles formalités de publicité, ne les a prescrites que pour les jugements de séparation ; qu'il n'a pas étendu ses dispositions aux actes qui annulent les séparations ; que cet article 872 se réfère uniquement à l'article 1445 du Code civil, et ne fait aucune mention de l'article 1451 ; que les rédacteurs du Code de procédure, qui ne pouvaient ignorer la disposition portée dans cet article 1451, s'ils avaient eu l'intention de comprendre les actes sur lesquels cet article avait disposé dans les nouvelles conditions de publicité qu'ils créaient, auraient désigné ces actes par un texte formel, inséré dans cet article 872. »

On a regardé cette argumentation comme victorieuse : nous ne partageons point cet avis, et nous sommes d'autant

---

(1) D.P., 36.2.181.
(2) D.P., 39.1.224.
(3) Rodière et Pont, n° 904 ; Marcadé, t. 5, p. 601 ; Troplong, n° 1467.

plus enhardi à nous écarter de la doctrine de la Cour suprême, que sa décision n'a été rendue qu'après une longue
hésitation, ainsi que nous l'apprend l'arrêtiste (1).

477. Il est incontestable que l'art. 872 du Code de procédure a eu pour objet de compléter les dispositions de l'art.
1445 du Code Napoléon, dont il est ainsi devenu partie intégrante.

A cet égard, l'orateur du Gouvernement, M. Berlier (2),
s'exprimait en ces termes :

« ...Il est aussi du devoir du législateur de rendre la
fraude plus difficile, en appelant surtout la surveillance de
ceux qu'elle peut blesser.

« Notre projet tend à ce but. Mais le *complément* de la
garantie réclamée sur ce point par l'ordre public se trouve
dans les formes mêmes qui seront employées pour arriver à
la séparation de biens ; et ce travail n'a pu qu'être *renvoyé
au Code de la procédure civile.* »

Ainsi, lorsque le législateur, voulant déterminer la publicité que doivent recevoir les actes qui font cesser la séparation de biens, a rappelé les dispositions de l'art. 1445 du
Code Napoléon, il a évidemment entendu, par là même,
renvoyer aux dispositions du Code de procédure qui vien-
draient compléter les premières : à ses yeux, les unes et les
autres ne devaient former qu'un seul et même tout. Et comment aurait-il pu avoir une autre pensée ? Il n'avait qu'un
but, celui de donner à l'acte qui détruit les effets du jugement de séparation de biens la même publicité qu'à ce jugement : car les tiers ne sont pas moins intéressés à connaître
le rétablissement du statut matrimonial que le changement

---

(1) *Après un long délibéré en chambre du conseil,* dit M. Dalloz,
loc. cit.

(2) Exposé des motifs du titre *du Contrat de mariage.*

qui y avait été apporté. On ne peut donc supposer que les rédacteurs de l'article 1451 n'aient voulu prescrire, pour l'acte qui annule la séparation de biens, que la publicité incomplète de l'art. 1445, et qu'ils aient entendu établir, entre la publicité de cet acte et celle du jugement de séparation, une différence que rien ne saurait justifier.

Lorsque, plus tard, le législateur a édicté l'art. 872 du Code de procédure, destiné à compléter l'art. 1445 du Code Napoléon, il n'a pas dit que les nouvelles conditions de publicité devaient s'appliquer à l'acte par lequel les époux font cesser la séparation de biens : mais cela était-il nécessaire? Non, sans doute, car tout ce qui était ajouté aux formalités prescrites par l'art. 1445 devenait une dépendance de cet article, et, encore une fois, l'art. 1451, en se référant à l'art. 1445, avait nécessairement renvoyé aux dispositions que l'on savait, dès lors, devoir en devenir le complément. Du reste, il est également impossible de croire que le silence de l'art. 872 à l'égard des actes qui font cesser la séparation de biens ait été volontairement observé, afin d'affranchir ces actes des nouvelles conditions de publicité exigées pour les jugements de séparation. Où trouver la raison de cette différence, et comment méconnaître, au contraire, la nécessité de prescrire les mêmes formalités?

Nous pensons donc que le silence de l'art. 872 ne peut avoir la portée qu'on lui attribue, et qu'il faut appliquer les dispositions de cet article à l'acte qui fait cesser la séparation de biens, comme au jugement qui la prononce.

478. La nullité résultant du défaut de publicité du rétablissement des conventions matrimoniales ne peut, suivant nous, être opposée par les époux l'un à l'autre, ni aux tiers : ceux-ci ont seuls le droit de s'en prévaloir. En effet, la publicité n'est exigée que pour révéler aux tiers le retour des époux à la loi originaire du mariage; si ce changement, qu'il

leur importe au plus haut point de connaître, n'a pas été rendu public, il est juste qu'ils puissent le faire considérer comme non avenu. Mais, quant aux époux, la publicité n'ajoute rien à la manifestation de leur volonté ; dès qu'ils ont exprimé d'une manière formelle et authentique l'intention de faire cesser la séparation de biens, ils n'ont aucune raison de demander la nullité de l'acte qui opère ce changement. Du reste, concevrait-on que les époux fussent autorisés à se prévaloir vis-à-vis des tiers, ou l'un vis-à-vis de l'autre, de la négligence qu'ils auraient mise, peut-être avec une arrière-pensée de fraude, à remplir les conditions de publicité prescrites par la loi ? Quels fâcheux abus n'en pourrait-il pas résulter ? L'un des époux, par exemple, se serait reposé sur l'autre du soin de faire publier l'acte de rétablissement des conventions matrimoniales ; mais celui-ci, ayant intérêt à ne pas opérer ce rétablissement, omettrait les formalités nécessaires, et plus tard, quand son conjoint invoquerait contre lui la loi du mariage, il opposerait perfidement la nullité de l'acte qui avait eu pour objet de faire cesser la séparation de biens (1). Ou encore les époux, après avoir induit les tiers, par une publicité incomplète, à croire que la communauté était rétablie, se fonderaient sur la nullité de ce rétablissement pour soustraire leurs biens aux exécutions de ces tiers, devenus leurs créanciers.

Il ne faut pas que de pareilles fraudes puissent se réaliser.

479. M. Troplong (2) objecte que, si les époux ne pouvaient se faire un moyen l'un contre l'autre du défaut de publicité de l'acte de rétablissement des conventions matrimoniales, ce rétablissement manquerait de fixité et de base ;

----

(1) Rodière et Pont, t. 2, n° 915.
(2) N° 1468.

qu'il faudrait le rechercher dans des faits difficiles à prouver et se jeter dans le domaine des inductions. C'est une grave erreur échappée à cet éminent jurisconsulte. Si la publicité n'ajoute rien à la force intrinsèque de l'acte, l'absence de publication ne saurait lui faire perdre cette force. Nous savons bien qu'un acte officiel a été exigé par le législateur pour prévenir les contestations qui pourraient s'élever sur le caractère des faits constitutifs du rétablissement des conventions matrimoniales (1), mais il ne faut pas confondre l'authenticité de l'acte avec sa publicité. La première seule est nécessaire pour donner une base solide au rétablissement du régime adopté par les époux.

480. L'art. 199 de la coutume d'Orléans déterminait ainsi les conséquences de la séparation de biens : « ... Rentreront dans ladite communauté les meubles et acquêts immeubles, même ceux échus et acquis pendant ladite séparation, comme si elle ne fût advenue, demeurant néanmoins bon et valable tout ce qui a été contracté pendant la séparation. »

L'article 1451 reproduit cette disposition en termes différents : « La communauté rétablie reprend, dit-il, son effet du jour du mariage ; les choses sont remises au même état que s'il n'y avait point eu de séparation, sans préjudice néanmoins de l'exécution des actes qui, dans cet intervalle, ont pu être faits par la femme en conformité de l'article 1449. »

Ainsi, à l'égard des époux, la séparation de biens une fois détruite ne laisse plus de traces. C'était une rupture nécessaire, mais en même temps regrettable, de leur association civile. On doit supposer qu'elle n'avait que la portée

----

(1) Voy. *suprà*, n° 471.

d'une précaution provisoire (1). Le rétablissement de cette association est, au contraire, un événement heureux, dont aucun fâcheux souvenir ne doit combattre la bienfaisante influence. Les rapports civils des époux se manifesteront donc désormais comme si la loi primitive du mariage n'avait pas cessé un seul instant d'y présider. Par conséquent, tous les immeubles acquis pendant la durée de la séparation de biens par l'un ou l'autre des époux, et tout le mobilier qui leur est échu, feront partie de la communauté, si tel est le régime auquel ils s'étaient soumis. La femme devra restituer le préciput conventionnel dont elle aurait obtenu la délivrance lors de la séparation de biens, conformément à une clause de son contrat de mariage (2).

481. Mais les tiers ne peuvent souffrir du changement de volonté des époux. S'ils ont contracté avec la femme sur la foi de la séparation de biens, le rétablissement du pacte matrimonial ne saurait avoir pour effet de porter atteinte à leurs droits acquis. Ainsi, tous les actes que la femme a passés à leur profit, alors qu'elle en avait la capacité, sont irrévocables. S'il en était autrement, les intérêts de la femme elle-même seraient compromis, puisque nul ne voudrait contracter avec elle durant la séparation de biens, et qu'elle n'aurait plus qu'un droit d'administration complétement stérile.

482. Ce n'est pas seulement au point de vue des actes passés par la femme séparée que l'effet rétroactif du rétablissement des conventions matrimoniales ne peut atteindre les tiers. Il en est de même pour les droits que ceux-ci ont pu acquérir par le seul fait de la cessation de la séparation

----

(1) Lebrun, p. 282, n°s 15 et 16.
(2) Voy. *suprà*, n° 368.

de biens. Si, par exemple, le mari avait donné caution pour la dot en la recevant, et que la caution eût été déchargée par suite de la restitution de la dot faite à la femme en conséquence de la séparation de biens, le rétablissement des conventions matrimoniales ne ferait pas revivre le cautionnement (1).

Si un tiers avait constitué une dot à la femme en stipulant que la somme constituée lui ferait retour dans le cas d'une séparation de biens judiciaire survenue entre les époux, la réversion produite par cette séparation de biens ne saurait disparaître, au préjudice du donateur, par l'effet du rétablissement des conventions matrimoniales (2). Mais nous croyons que, si le retour avait été simplement stipulé *pour le cas de dissolution de la communauté*, ces expressions devraient s'entendre de la dissolution du mariage, parce qu'elles ne font pas supposer que le cas de la séparation de biens ait été prévu, à une époque, du reste, où l'on est loin de s'en préoccuper. La séparation ne conférerait pas alors au donateur le droit de répéter la somme constituée (3).

Enfin, si, à la suite de la séparation de biens, la femme avait été intégralement payée de ses reprises, son hypothèque légale se serait éteinte (art. 2180, Cod. Nap.); et la cessation de la séparation de biens ne saurait avoir pour résultat de faire rétroagir cette hypothèque sur les immeubles que le mari aurait aliénés dans l'intervalle (4).

483. L'effet rétroactif que l'article 1451 attribue, vis-à-

---

(1) Lebrun, p. 283, n° 20 ; Troplong, n° 1473 ; Dalloz, n° 2087.

(2) L., 63 D., *de Jure dotium*, 23, 3 ; Lebrun, *loc. cit.*; Pothier, n° 529 ; Toullier, t. 13, n° 120; Odier, t. 1, n° 427 ; Troplong, n° 1474; Dalloz, n° 2087.

(3) *Contrà*, Troplong, n° 1474.

(4) Rodière et Pont, 2, n° 918 ; Dalloz, n° 2088.

vis des époux, au rétablissement de la communauté dissoute par la séparation de biens, ne s'applique pas évidemment au cas de la mort civile, cette autre cause de dissolution de la communauté. Si donc le mari avait été frappé de mort civile, l'amnistie qui lui rendrait l'exercice de tous ses droits, et qui serait suivie du rétablissement de la communauté, ne produirait d'effets que pour l'avenir. Par conséquent, les immeubles que la femme aurait acquis dans l'intervalle demeureraient des propres. C'est ainsi que l'a fort bien jugé la Cour de cassation par arrêts des 10 juin 1806, 12 novembre 1810 et 10 août 1842 (1). La cessation de la séparation de biens produit un effet rétroactif entre les époux, parce qu'on doit croire qu'une telle dissolution de leur association civile n'a jamais eu qu'une portée temporaire (2). Mais la mort civile, image de la mort naturelle pour tout ce qui concerne les rapports civils des époux, est une cause de dissolution tellement radicale, qu'elle ne laisse pas même l'espoir d'un retour au statut matrimonial. C'est en dehors de toute prévision que ses effets viennent à cesser. Du reste, la rétroactivité établie par l'article 1451 est quelque chose de trop grave pour qu'il soit permis de l'étendre à une hypothèse que cet article n'a pas prévue.

484. Nous avons dit que le retour à la loi originaire du mariage était regardé d'un œil favorable par le législateur. Mais il était à craindre que la cessation de la séparation de biens ne devînt le prétexte ou l'occasion d'un abus fort grave. Des époux, mécontents des stipulations de leur contrat de mariage, auraient pu, en empruntant les formes judiciaires, se séparer volontairement, pour rétablir ensuite leur asso-

---

(1) D.P., 6.1.503, 11.1.172, 42.1.321; *adde* Rodière et Pont, 1, n° 756, note; Troplong, n° 1476; Dalloz, n° 2094.

(2) Voy. *suprà*, n° 480.

ciation civile sur d'autres bases ; ou bien, alors même que la séparation serait sérieusement intervenue, ils auraient pu, dans la suite, profiter de cette circonstance pour faire un contrat de mariage tout différent du premier (1). Un pareil résultat ne pouvait être autorisé, puisqu'un principe d'ordre public veut que les conventions matrimoniales soient immuables (art. 1395, Cod. Nap.).

L'article 1451 déclare donc nulle toute convention par laquelle les époux rétabliraient leur association sous des conditions différentes de celles qui la réglaient antérieurement. Le contrat primitif est réputé n'avoir point cessé de régir leurs rapports civils.

485. Mais on s'est demandé si la nullité frappe seulement la clause qui déroge au contrat primitif, ou si elle atteint dans son entier l'acte destiné à faire cesser la séparation de biens.

Pour justifier l'opinion d'après laquelle la clause dérogatoire seule serait frappée de nullité, on argumente du texte même de l'art. 1451, qui n'annule que la convention renfermant des conditions différentes de celles du contrat primitif. On invoque du reste l'autorité de Pothier (2).

Nous devons dire que cette opinion est embrassée par le plus grand nombre des auteurs (3).

On objecte, à l'appui du système contraire, que les termes de l'art. 1451 ne peuvent se prêter à une interprétation aussi étroite ; que cet article annule la convention portant

---

(1) Pigeau, 3ᵉ édit., p. 546, n° 3.

(2) N° 529. Cet auteur cite lui-même Lebrun, mais c'est par erreur, comme le fait observer M. Troplong, n° 1470, note 4.

(3) Duranton, 14, n° 431 ; Duvergier sur Toullier, t. 13, n° 118 ; Zachariæ, t. 3, § 519, note 59 ; Taulier, t. 5, p. 142 ; Rodière et Pont, t. 2, n° 920 ; Odier, t. 1, n° 424 ; Marcadé, t. 5, p. 603.

rétablissement de la communauté, et non pas seulement la clause dérogatoire au contrat de mariage. On ajoute que les époux ayant stipulé certaines conditions pour le rétablissement des conventions matrimoniales, ce serait faire violence à leur volonté que de supprimer les conditions et de donner néanmoins effet au rétablissement (1).

486. Ces raisons nous paraissent décisives.

Sans doute, la loi favorise le retour au pacte matrimonial, mais elle suppose que ce retour est complétement libre et spontané ; elle ne veut pas de surprise. Elle tend la main aux époux qui, après une séparation provisoire, cherchent à réunir de nouveau leurs intérêts, mais ce n'est pas pour les attirer dans un piége. Le rétablissement de l'association primitive ne serait plus un événement désirable, s'il devait être suivi de déceptions et de regrets pour les époux. Comment donc supposer que le législateur ait voulu maintenir le rétablissement des conventions matrimoniales opéré avec des conditions dont il prononce la nullité ? Ces conditions n'ont-elles pas pu être la cause déterminante du consentement des époux ? Si, en les faisant disparaître, on laisse subsister néanmoins l'acte qui détruit la séparation de biens, ne court-on pas le danger d'imposer aux époux une situation qui ne leur convient nullement ? Le législateur n'a certainement pas entendu consacrer un inconvénient aussi grave. De quelle manière s'est-il exprimé dans l'art. 1451 ? Il n'a pas prononcé simplement la nullité des clauses dérogatoires que renfermerait l'acte de rétablissement du régime primitif. Il a déclaré nulle toute convention par laquelle les époux *rétabliraient leur communauté* sous des conditions différentes

---

(1) Delvincourt, t. 3, p. 46 ; Battur, *Communauté*, t. 2, nº 660 ; Glandaz, *Encyclopédie du droit*, vº *Comm. conjug.*, nº 299 ; Troplong, nº 1470.

de celles qui la réglaient antérieurement. C'est donc l'acte même de rétablissement qui est nul, et la lettre de la loi est parfaitement en harmonie avec son esprit.

487. Quelques-uns des partisans de la doctrine que nous combattons (1) reculent devant les conséquences inacceptables de cette doctrine et se retranchent dans un tempérament. Suivant eux, l'acte de rétablissement doit être maintenu en principe, malgré l'annulation des clauses dérogatoires qu'il renferme ; mais il doit être lui-même annulé, s'il est reconnu d'une manière certaine que les clauses en ont été pour les époux la condition déterminante. Mais quelle voie ouverte à l'arbitraire ! Et d'ailleurs, pourquoi l'acte de rétablissement serait-il maintenu de préférence dans le cas où il y aurait incertitude sur la volonté des époux ? Est-il permis de supposer qu'ils ont voulu faire cesser la séparation de biens, alors même que les modifications qu'ils ont apportées au contrat primitif ne seraient pas conservées ? Ne doit-on pas plutôt présumer qu'ils n'ont consenti à réunir leurs intérêts qu'à la faveur de ces modifications ? Dans tous les cas, la cessation de la séparation de biens est un acte trop important pour qu'on puisse le faire résulter d'une manifestation douteuse de la volonté des époux.

488. L'art. 1451 ne parle que du rétablissement de la communauté. Est-ce à dire que, si les époux étaient mariés sous un autre régime, par exemple, sous le régime dotal, ils ne pourraient pas faire cesser la séparation de biens et rentrer dans les conditions réglées par le contrat de mariage ? Une pareille conséquence est inadmissible (2). L'art.

---

(1) Duranton, 14, n° 431 ; Rodière et Pont, 2, n° 921.
(2) Rodière et Pont, n° 922 ; Troplong, n° 1475 ; Dalloz, n° 2091.

1451 est au nombre des textes qui, rédigés d'abord pour le régime de la communauté, sont devenus applicables au régime dotal, introduit après coup, et sans tous les développements nécessaires, dans le Code civil. Le retour aux conventions primitives du mariage est toujours vu favorablement, quel que soit le caractère de ces conventions. A cet égard, le législateur ne peut avoir de préférence ; ce qu'il désire, c'est que l'association civile des époux conserve toute la stabilité possible.

489. Mais ce vœu doit céder devant les nécessités majeures. Il n'est donc pas douteux qu'après le rétablissement des conventions matrimoniales, la femme pourrait demander de nouveau la séparation de biens, si le péril de la dot ou le désordre des affaires du mari l'obligeaient de recourir une seconde fois à cette grave mesure (1).

---

(1) Pigeau, 3ᵉ édit., p. 546, nº 5 ; Bioche, vᵒ *Sép. de biens*, nº 120.

FIN DU TRAITÉ.

TABLE SOMMAIRE

DES MATIÈRES.

FIN DE LA TABLE SOMMAIRE.

TABLE ANALYTIQUE ET ALPHABÉTIQUE

DES MATIÈRES.

A

ABANDON du domicile conjugal. Voy. *Domicile conjugal.*

ABSENCE. — L'absence du mari est une cause de séparation de biens quand, le mari ayant laissé une procuration, il s'est écoulé dix ans depuis sa disparition ou ses dernières nouvelles, et même avant, si la procuration vient à cesser. La femme n'a aucun délai à observer pour demander sa séparation de biens, si le mari n'a laissé aucune procuration. Nᵒˢ 90, 91.

La jouissance rendue à la femme par suite de l'absence de son mari cesse au retour de ce dernier. Nᵒ 91.

ABUS. — La femme peut obtenir sa séparation de biens malgré la suffisance des ressources du mari, et quoiqu'elle n'ait elle-même qu'une dot immobilière, si le mari abuse de son droit d'administration sur les immeubles dotaux. Nᵒ 74.

ACQUÉREUR. — L'acquéreur d'un fonds dotal peut intervenir dans l'instance en séparation de biens. Nᵒ 146.

L'acquéreur d'immeubles vendus par la femme séparée n'a d'action contre le mari, en vertu de l'art. 1450, Cod. Nap., qu'autant que celui-ci a participé à la vente par son assistance ou son consentement formel. L'autorisation de vendre donnée par le mari ne suffirait pas pour le rendre responsable. Nᵒ 398. Voy. *Responsabilité.*

L'acquéreur des immeubles dotaux est obligé de veiller à l'exécution du contrat de mariage en ce qui concerne l'accomplissement de la condition d'emploi et de remploi. Nᵒ 430. Il n'est pas responsable du non-accomplissement de cette condition, lorsqu'elle a été imposée par un donateur ou testateur en dehors du contrat de mariage. Nᵒ 431. La condition d'emploi ne pouvant plus être remplie après la séparation de biens, l'acquéreur des immeubles dotaux ne saurait échapper à l'action révocatoire de la femme, en offrant à celle-ci de payer le prix entre ses mains. Nᵒ 432. Voy. *Emploi.*

Les paiements faits par l'acquéreur des immeubles dotaux, soit à la femme non autorisée, soit aux créanciers de la femme pour des dettes que celle-ci a contractées sans autorisation, peuvent être déclarés nuls sur la demande de la femme ou de ses héritiers. Nᵒ 452.

ACQUIESCEMENT.—L'acquiescement donné par le mari au juge-ment qui prononce la séparation de biens contre lui ne produit point l'effet d'une séparation volontaire. N° 25.

ACTE AUTHENTIQUE. L'acte authentique exigé par la loi pour l'exécution du jugement de séparation de biens peut consister dans un compromis intervenu entre les époux, dans la quinzaine de la prononciation du jugement, sur la liquidation des reprises de la femme. N° 188. Mais il ne faut pas considérer comme un acte authentique, dans le sens de l'art. 1444 du Cod. Nap., le commandement dans lequel l'huissier constate que le mari a payé les reprises de sa femme. N° 190.

ACTE D'EXÉCUTION. L'acte d'exécution volontaire ou forcée du jugement de séparation de biens doit absolument être authentique : un acte sous seing privé, même enregistré, serait insuffisant. N° 187. L'acte notarié par lequel la femme établirait ses reprises en l'absence de son mari ne serait pas obligatoire pour ce dernier et ne constituerait pas un acte d'exécution du jugement de séparation de biens. N° 189. Est un acte suffisant d'exécution le compromis authentique qui intervient entre les époux, dans la quinzaine de la prononciation du jugement, sur les reprises de la femme. N° 188. Voy. *Acte authentique, Avoué, Exécution, Poursuites.*

ACTES CONSERVATOIRES. —Pendant l'instance en séparation de biens, la femme peut faire des actes conservatoires de ses droits. N°ˢ 131, 132. Définition des actes conservatoires permis à la femme pendant l'instance en séparation. N° 132. Exemples. N°ˢ 134, 137. La disposition de l'art. 270, Cod. Nap., est applicable en matière de séparation de biens comme en matière de séparation de corps. N°ˢ 136, 292. La femme n'a pas besoin de provoquer contradictoirement avec son mari les mesures provisoires autorisées pour la conservation de ses droits. N° 139. Mais le mari peut obtenir la mainlevée des oppositions qui gêneraient son administration sans nécessité pour la femme. *Ibidem.* Voy. *Consignation, Saisie-arrêt, Saisie-gagerie, Scellés, Séquestre.*

ACTION EN BORNAGE.—Le mari ne peut, dans l'intervalle de la demande au jugement de séparation, exercer l'action en bornage appartenant à la femme, si elle doit soulever quelque difficulté. N° 277.

ACTION HYPOTHÉCAIRE.—L'action hypothécaire de la femme contre le tiers détenteur d'immeubles vendus par le mari est imprescriptible pendant le mariage, malgré la séparation de biens. N° 380. Voy. *Action en nullité de l'aliénation des immeubles dotaux, Prescription.*

ACTION en nullité du jugement de séparation de biens. Voy. *Nullités du jugement de séparation de biens.*

ACTION en nullité ou en révocation de l'aliénation des immeubles dotaux.—La femme, séparée ou non, a l'option entre l'action en nullité de l'aliénation des immeubles dotaux et l'action hypothécaire tendant au paiement du prix de cette aliénation : toutefois son option n'est définitive qu'à la dissolution du mariage. Elle ne peut, avant cette époque, obtenir qu'une allocation éventuelle dans l'ordre ouvert contre son mari. N°s 447 et suiv. Voy. *Prescription*.

ACTIONS POSSESSOIRES. — Le mari ne peut, dans l'intervalle de la demande au jugement de séparation de biens, exercer les actions possessoires de la femme. N° 277.

ACTIONS EN REPRISES. — La séparation de biens, sous le régime dotal comme sous le régime de la communauté, donne, au profit de la femme, ouverture à toutes les actions en reprise ou en paiement de sa dot qu'elle a le droit d'exercer. N°s 367, 465. Exemples. N°s 367, 368, 369, 465.

ACTION EN SÉPARATION DE BIENS. — Cette action ne peut être exercée que par la femme. N°s 29 et suiv. Les créanciers de la femme ne peuvent l'exercer malgré elle. N°s 32, 33. Mais la femme peut permettre à ses créanciers d'agir en séparation de biens. N°s 34, 35. Il lui est toujours libre néanmoins de leur retirer son consentement et d'anéantir ainsi l'instance engagée par eux. N° 36. Sa rétractation ne la soumet à aucun recours de la part de ses créanciers. N° 38. Les héritiers de la femme peuvent continuer l'instance en séparation de biens commencée par elle. N° 39. Les créanciers de la femme sont autorisés à faire valoir les droits de celle-ci contre son mari tombé en faillite ou en déconfiture ; mais ce n'est pas là une action en séparation de biens. Les créanciers ne peuvent donc, dans cette hypothèse, faire opérer le partage de la communauté. N°s 40 à 42.

En cas d'interdiction de la femme, l'action en séparation de biens est exercée par son subrogé tuteur. N° 43. Celui-ci n'a pas besoin, pour agir, d'être autorisé par le conseil de famille. N° 44.

L'action en séparation de biens de la femme ne pourrait être écartée par le motif que celle-ci aurait précédemment succombé dans une action de la même nature, si la nouvelle demande reposait sur des faits autres que ceux qui avaient servi de fondement à la première : dans ce dernier cas, il n'y aurait pas chose jugée. N° 46. Voy. *Moyens*.

ADMINISTRATION. — La mauvaise administration du mari est une cause de séparation de biens, lorsqu'elle est de nature à donner à la femme des craintes sérieuses, soit que le fonds ou le capital dotal ait été entamé, soit qu'il y ait lieu de redouter que la dot ne soit pas employée à supporter les charges du ménage. N° 58. Il importerait peu que le mari eût des biens plus que suffisants pour répondre de la dot. *Ibid.* Mais la femme ne serait pas fondée à se plaindre de la mauvaise administration du mari, si le capital de la dot n'avait reçu aucune atteinte et que les revenus en fussent appliqués aux besoins de la famille. N° 60. Il y a mauvaise administration, lorsque le mari acquitte ses dettes avec les revenus des propres de la femme ou des biens dotaux. Nᵒˢ 63 à 65. Toutefois, la femme ne pourrait se plaindre si, les revenus des propres ou des biens dotaux étant plus que suffisants pour faire face aux charges du ménage, le mari en avait employé l'excédant à l'acquittement de dettes qui auraient une cause honorable. Nᵒ 66. Voy. *Causes de la séparation de biens, Désordre des affaires du mari, Péril de la dot.*

Pendant l'instance en séparation de biens, le mari conserve son droit d'administration sur la communauté ou la dot, sauf à la femme le droit de faire annuler les actes d'administration qui seraient frauduleux ou contraires aux intérêts de la famille. Nᵒˢ 278, 279. Mais tout ce qui sort des limites de la simple administration est interdit au mari. Nᵒˢ 277, 280.

La femme séparée ne fait que succéder à l'administration du mari. Elle ne peut administrer plus librement que ce dernier, mais elle administre avec la même latitude. Nᵒˢ 428, 435, 436. Voy. *Emploi.*

Conséquences générales du droit d'administration de la femme séparée. Nᵒ 344. Voy. *Aliénation, Obligations, Surenchère.*

AFFAIRES DOMESTIQUES. — Malgré la séparation de biens, le mari garde la direction des affaires domestiques. Il ne peut, pour aucun motif, en être privé. Nᵒˢ 296, 298. Voy. *Contribution aux dépenses du ménage.*

AFFERMER. — Pendant l'instance en séparation de biens, le mari conserve le droit d'affermer les biens personnels de sa femme, pourvu que les baux ne soient pas faits en fraude des droits de celle-ci. Nᵒ 278. Voy. *Anticipation.*

AFFICHE. — Un extrait de la demande en séparation de biens doit être affiché dans l'auditoire des tribunaux de première instance et de commerce et dans les chambres des avoués et notaires, au moyen de l'insertion de cet extrait dans des tableaux à ce destinés. Nᵒ 114. L'extrait peut être simplement affiché contre un mur de l'auditoire ou de la chambre, mais non à la porte. Nᵒ 115. Un extrait du jugement de séparation de biens doit rester affiché de la même manière, pendant un an, dans l'auditoire des tribunaux de première instance et de commerce, et, s'il n'y a pas de tribunal de commerce, dans la principale salle de la maison commune, ainsi que dans les chambres des avoués et notaires. Nᵒ 151. Lorsque le mari est négociant, il n'est pas nécessaire que le jugement soit affiché en entier dans l'auditoire du tribunal de commerce; l'affiche d'un extrait suffit. Nᵒ 153. Cette affiche dans l'auditoire du tribunal de commerce est nécessaire, quoique le mari ne soit pas négociant. Nᵒ 154. L'inobservation des formalités prescrites pour l'affiche du jugement de séparation emporte nullité. Nᵒ 156. Lorsqu'il n'y a pas de tableaux, la simple affiche satisfait au vœu de la loi. Nᵒ 161. L'acte qui fait cesser la séparation de biens doit être affiché de la même manière que le jugement qui prononce cette séparation. N° 475. Voy. *Chambres des avoués et notaires, Cessation de la séparation de biens, Publicité, Tableau, Tribunal.*

ALIÉNATION. — Etat de l'ancien droit relativement au pouvoir de la femme séparée d'aliéner ses biens. N°s 326 et suiv. Sous le Code, la femme séparée ne peut aliéner son mobilier, sans autorisation de son mari, que dans la mesure des besoins de son administration. N°s 331 et suiv. Elle ne peut, sans cette autorisation, aliéner ses immeubles, alors même qu'il en résulterait un avantage pour elle. N° 354. Sans qu'il faille distinguer entre les immeubles qui étaient propres à la femme avant le mariage et ceux qu'elle a recueillis dans la communauté. N° 355. Décision dont il faut se défier. N° 356.

Le mari peut, pendant l'instance en séparation de corps, aliéner les immeubles de la communauté, pourvu que ce ne soit pas en fraude des droits de la femme. N° 288. Voy. *Action en nullité de l'aliénation des immeubles dotaux, Autorisation maritale, Inaliénabilité, Obligations, Revenus.*

ALIMENTS. — Si la femme demanderesse en séparation de biens ne trouve pas dans le domicile conjugal les aliments nécessaires, elle a droit à une provision. N° 141. La provision accordée à la femme demanderesse en séparation de biens n'a pas, comme créance alimentaire, un caractère privilégié qui la rende prélevable sur les biens du mari : la loi n'accorde de privilége, à l'égard des aliments, qu'aux marchands et maîtres de pension qui les ont fournis. *Ibid.* Voy. *Provision.*

En ce qui concerne les aliments dus aux enfants, l'obligation des époux est solidaire. En cas d'insolvabilité du mari, la femme séparée est tenue de supporter intégralement les frais d'aliments des enfants communs, lors même que ces frais seraient antérieurs au jugement de séparation. N° 302. Voy. *Education.*

Le mari peut refuser des aliments à sa femme qui a abandonné le domicile conjugal. N° 316.

Les frais de l'instance en séparation de biens ayant pour objet d'assurer des aliments à la famille, le paiement de ces frais rentre dans les exceptions apportées par la loi au principe de l'inaliénabilité de la dot. N° 444. Voy. *Responsabilité.*

AMNISTIE. — Voy. *Cessation de la séparation de biens.*

ANTICHRÈSE. — La remise faite par le mari à sa femme de ses immeubles pour en jouir à titre d'antichrèse est un acte d'exécution de la séparation de biens. N° 192. La femme séparée ne peut, sans autorisation, donner un immeuble à antichrèse. N° 346. Elle a le droit de répéter les fruits de ses immeubles donnés en antichrèse par son mari depuis la demande en séparation de biens. N° 285.

ANTICIPATION. — La femme est fondée à faire annuler le bail

toutes les suites de la demande en séparation. N° 106. V. *Habilitation.*

AUTORISATION MARITALE.—Elle n'était pas connue à Rome telle qu'on l'entend aujourd'hui : il faut remonter à notre ancien droit pour en trouver l'origine. N° 325. Dispositions des coutumes relativement à la nécessité de l'autorisation maritale pour la femme séparée. Nᵒˢ 326 à 330. D'après le droit commun, la femme ne pouvait faire, sans l'autorisation du mari, que les actes d'administration. N° 330. Système du Code Napoléon. Nᵒˢ 331 et suiv. La femme séparée ne peut aliéner ni engager son mobilier, sans autorisation du mari ou de la justice, que dans la mesure des besoins de son administration. N° 336. Exemples, Nᵒˢ 337, 344. Souveraineté du pouvoir des tribunaux pour décider si l'obligation de la femme séparée rentre dans les limites de l'administration. Nᵒˢ 338, 339. La femme séparée ne peut, sans autorisation, faire le partage d'une succession mobilière. Nᵒˢ 340, 341. Nécessité de l'autorisation maritale pour l'acceptation d'une donation ou d'une succession. N° 343. La femme séparée n'a pas besoin d'autorisation pour faire apposer les scellés sur les effets d'une succession mobilière, et requérir l'inventaire de cette succession, N° 342, ni pour poursuivre le recouvrement de sa dot, soit qu'elle agisse seulement contre son mari, soit que des tiers se trouvent intéressés à la poursuite. N° 347. Elle ne peut, sans autorisation, placer ses capitaux à rente viagère, ni donner un immeuble à antichrèse, Nᵒˢ 345, 346, ni consentir la mainlevée de son hypothèque légale, à moins qu'elle n'agisse dans les limites d'une sage administration. N° 348. Elle peut surenchérir, si c'est dans l'objet d'assurer le recouvrement de sa dot, mais non point en tout autre cas. N° 349. La nullité résultant du défaut d'autorisation ne pourrait être opposée par l'acquéreur. N° 350. Une autorisation tardive ne ferait pas disparaître la nullité. N° 351. La femme séparée ne peut, sans autorisation, aliéner ses immeubles, quels qu'ils soient et pour quelque cause que ce soit. Nᵒˢ 354 à 356. La femme dotale n'a pas besoin de l'autorisation de son mari pour aliéner, dans les limites de l'administration, la portion des revenus dotaux qui n'est pas nécessaire au ménage. N° 424. Elle peut former, sans cette autorisation, une surenchère sur aliénation volontaire. Nᵒˢ 425, 427. Elle ne peut surenchérir sur adjudication publique qu'autant qu'elle a des biens paraphernaux, et dans ce cas l'autorisation maritale lui est nécessaire. Nᵒˢ 426, 427. La femme dotale ne peut aliéner ses immeubles sans l'autorisation du mari, lorsque l'aliénation en a été permise par le contrat de mariage. N° 443. Elle ne peut non plus recevoir sans autorisation le prix d'un immeuble qu'elle a été autorisée à aliéner. N° 452. Voy. *Habilitation, Responsabilité.*

La femme séparée ne peut ester en justice sans l'autorisation de son mari. N° 357. La nullité résultant du défaut d'autorisation peut être opposée par la femme en tout état de cause. N° 358. L'autorisation est nécessaire, même lorsque l'action exercée par la femme ou dirigée contre elle se réfère à un acte d'administration. N° 360. Conséquences. N° 361 à 363. La prohibition n'existe pas pour la femme dont l'action tend au recouvrement de ses droits matrimoniaux. N° 364. L'autorisation peut n'être que tacite. N° 365. Quand le mari est en cause, il doit lui être donné une copie de l'exploit signifié à la femme. N° 366.

AVANTAGES entre époux.—La loi proscrit les séparations de biens volontaires, parce qu'elles pourraient être pour les femmes un moyen indirect d'assurer à leurs maris des avantages prohibés. N° 1. Voy. *Gains de survie.*

AVEUX. — Les aveux du mari ne peuvent être invoqués par la femme comme preuve des faits servant de fondement à la demande en séparation de biens. N° 122.

AVOUÉ. — L'avoué de la femme demanderesse en séparation de biens a droit à une vacation pour faire et remettre l'extrait de demande ou de jugement de séparation. N°s 119, 163. Il est responsable du défaut de publication du jugement dans la quinzaine, mais non du défaut d'exécution, à moins d'un mandat spécial. N° 173. Il ne peut faire insérer les extraits du jugement de séparation aux tableaux désignés par la loi, avant que ce jugement ait été enregistré. N° 172. L'avoué qui a fait à la femme l'avance des frais de séparation de biens peut en poursuivre le remboursement même sur les biens dotaux. N°s 141, 444. Si la femme n'a pas réclamé de provision, et qu'elle succombe dans sa demande, son avoué ne peut s'adresser au mari pour le paiement des frais. N° 142.

B

BAIL. — Pendant l'intervalle de la demande au jugement de séparation de biens, le mari peut affermer les biens personnels de sa femme, pourvu que les baux ne soient pas faits en fraude des droits de celle-ci ; mais un bail n'est pas suspect par cela seul qu'il a été passé après la publication légale de la demande en séparation. N° 279. Voy. *Anticipation.*

La femme séparée ne peut, sans l'autorisation de son mari, consentir des emphytéoses ou baux à long terme. N° 354.

BAIL en paiement. — L'immeuble donné par le mari à sa femme, après séparation de biens, en paiement de sa dot constituée en argent, ne devient pas dotal. N°s 453, 454. Néanmoins, cet immeuble représentant la dot mobilière, qui est inaliénable pour la femme, il ne peut pas mieux être soumis aux exécutions des créanciers de cette dernière que la dot mobilière elle-même. N°s 455 et suiv.

BESOINS.— La dot a pour destination légale de satisfaire aux besoins de la famille. N° 56. Dès que le mari cesse de l'employer à ces besoins, la séparation de biens peut être demandée par la femme. N° 59. Voy. *Autorisation maritale, Obligations, Revenus.*

C

CALENDRIER. — Le délai d'un mois qui doit s'écouler entre la demande et le jugement de séparation se calcule d'après le calendrier grégorien, c'est-à-dire de quantième à quantième. N° 127.

CAPACITÉ DE LA FEMME SÉPARÉE DE BIENS. — La femme séparée reprend la libre administration de sa fortune. Conséquences. N° 344. Mais elle ne peut faire des actes de disposition d'une certaine importance sans l'autorisation de son mari. N° 325. Jusqu'au jugement de séparation de biens, la femme n'a pas capacité pour recevoir sa dot et en donner quittance. N°s 10, 215, 370. Voy. *Administration, Autorisation maritale.*

CAPITAL DE LA DOT. — Il y a lieu à la séparation de biens dès que le capital dotal a été entamé pour une cause que la loi n'autorise point. N° 58. La séparation doit être également prononcée, bien que le capital de la dot soit intact, si les revenus dotaux sont détournés de leur destination légale. N° 59. Voy. *Dot, Péril de la dot, Revenus.*

CAPITAUX MOBILIERS. — La femme séparée peut, sans autorisation, toucher ses capitaux et en passer quittance. N° 344. A cet égard, elle n'est soumise à aucune précaution particulière. N°s 428 et suiv. Voy. *Emploi.*

CASSATION. — La femme n'a pas besoin de l'autorisation du président du tribunal pour se pourvoir en cassation contre le jugement rendu sur sa demande en séparation de biens. N° 106.

Malgré la souveraineté d'appréciation des tribunaux, la Cour de cassation qualifie les faits servant de fondement à la demande en séparation de biens, de même que les faits constitutifs de l'exécution de la séparation prononcée. N°s 98, 206.

CAUSES DE LA SÉPARATION DE BIENS. — D'après notre législation, comme d'après le droit romain, il y a deux grandes causes de la séparation de biens : le péril de la dot et la crainte de l'insuffisance des biens du mari. Dans l'ancienne jurisprudence, on suivait à cet égard les principes du droit romain. N°s 52 à 54. — Pour les causes particulières, Voy. *Absence, Abus, Collaboration, Contumace, Décret de prise de corps, Diminution de fortune, Economies, Emploi, Espérances, Faillite, Interdiction, Pauvreté, Produits, Succession, Usage.*

CAUTION. — Le mari peut, en fournissant caution, faire lever les saisies-arrêts pratiquées contre lui par la femme pendant l'instance en séparation de biens. N° 139.

La femme séparée n'est pas tenue de fournir caution pour recevoir sa dot mobilière, sous quelque régime qu'elle soit mariée. N°s 428 et suiv. Voy. *Emploi.*

CAUTIONNEMENT. — Exemples de cautionnements donnés par la femme séparée. N° 339. Voy. *Obligations.*

CERTIFICAT.—Les greffiers et secrétaires des chambres des avoués et notaires délivrent un certificat de la remise des extraits de demande et de jugement de séparation de biens. Timbre et enregistrement de ce certificat. Nos 119, 165. La preuve de la publication du jugement de séparation de biens à la maison commune résulte d'un certificat du maire. No 166.

CESSATION DE LA SÉPARATION DE BIENS.—Aujourd'hui, comme dans l'ancien droit, les époux peuvent faire cesser la séparation de biens. Nos 467 à 471. L'ancienne jurisprudence exigeait une adhésion mutuelle, manifestée par une déclaration authentique quand la séparation de biens était prononcée directement. Lorsqu'elle n'était que la conséquence de la séparation de corps, la réunion publique des époux opérait le rétablissement de la communauté. Nos 469, 470. Le Code Napoléon ne distingue pas. Il faut, dans tous les cas, un acte public. Pour quels motifs. No 471. Pour faire cesser la séparation de biens, la femme mineure n'a pas besoin du consentement de ses ascendants ou de son conseil de famille. No 472. Quand la communauté a été dissoute par la mort civile du mari, la rentrée de celui-ci dans la vie civile et sa réunion avec sa femme n'opèrent pas le rétablissement de la communauté. No 473.— Pourquoi il doit rester minute de l'acte de cessation de la séparation de biens. No 474. Il n'est pas indispensable que deux notaires concourent à la rédaction de cet acte. *Ibid.* Publicité qu'il doit recevoir. No 475. — L'art. 872, Cod. pr. civ., étant le complément de l'art. 1445, Cod. Nap., c'est la publicité prescrite par ces deux articles combinés que l'acte de cessation de la séparation de biens doit recevoir. Nos 475 à 479. Conséquences de la cessation de la séparation de biens entre les époux et vis-à-vis des tiers. Nos 480 à 482. L'effet rétroactif que la loi attribue, vis-à-vis des époux, au rétablissement de la communauté dissoute par la séparation de biens ne s'applique pas au cas où le mari qui avait été frappé de mort civile serait amnistié. No 483. Pourquoi la loi déclare nulle la convention par laquelle les époux rétabliraient leur association civile sous des conditions différentes de celles qui la réglaient antérieurement. No 484. Cette nullité atteint l'acte entier de cessation de la séparation de biens, et non point seulement la clause qui déroge au contrat primitif. Nos 485 à 487. Les époux peuvent faire cesser la séparation de biens, sous quelque régime qu'ils soient mariés. No 488. Après le rétablissement des conventions matrimoniales, la femme peut demander de nouveau la séparation de biens, si les circonstances l'exigent. No 489.

CESSION DE BIENS. — La cession de biens faite par le mari n'opère pas une interversion de nature à dispenser la femme d'exécuter le jugement de séparation de biens autant que l'état des choses le permet. No 204.

CHAMBRES DES AVOUÉS ET NOTAIRES. — Doivent être insérés aux tableaux à ce destinés dans les chambres des avoués et notaires, un extrait de la demande en séparation de biens et un extrait du jugement qui prononce cette séparation. L'extrait du jugement doit rester exposé pendant une année. N°s 114, 151. La femme n'est pas dispensée de l'insertion de l'extrait de la demande lorsqu'il n'y a pas de chambres de notaires dans le lieu même où siége le tribunal civil : il faudrait qu'il n'y en eût pas dans l'arrondissement. N° 120. La loi n'a pas exigé l'insertion de l'extrait du jugement de séparation au tableau exposé en la chambre des avoués et notaires dans le cas seulement où le lieu de la réunion de ces chambres serait en même temps celui du domicile du mari, comme pourraient le faire croire les expressions de l'art. 872, C. proc. civ. N° 159.

CHARGES DU MARIAGE. — Voy. *Contribution aux dépenses du ménage et aux frais d'éducation des enfants communs.*

CHOSE JUGÉE. — Voy. *Action en séparation de biens, Moyens.*

CLAUSE PÉNALE. — Est nulle la clause pénale stipulée contre l'époux qui n'exécuterait pas une séparation de biens volontaire. N° 24.

COLLABORATION. — Les ressources réalisées par la collaboration de la femme font partie de la dot, et il y a lieu à séparation de biens si elles sont compromises par la mauvaise administration du mari. N° 67.

COLLUSION. — La collusion des époux au préjudice des tiers n'étant pas présumable dans le cas de la séparation de corps, le retard apporté par la femme à faire exécuter cette séparation n'est pas une cause de nullité. N° 184. Voy. *Fraude.*

COMMANDEMENT. — La signification du jugement de séparation de biens accompagnée d'un commandement régulier est un acte suffisant d'exécution de ce jugement, lorsqu'il résulte des circonstances que tout autre acte serait sans utilité. N° 196. Voy. *Acte authentique.*

COMMERCE. — La séparation de biens a pour effet d'autoriser la femme à faire un commerce distinct de celui de son mari. N° 374.

COMMUNICATION AU MINISTÈRE PUBLIC. — La demande en séparation de biens doit être communiquée au ministère public. La nullité résultant du défaut de communication n'est pas relative pour la femme. N° 130.

COMPENSATION. — Voy. *Contribution aux dépenses du ménage.*

COMPÉTENCE. — Le seul tribunal compétent pour statuer sur la demande en séparation de biens est celui du domicile du mari. N° 100. Il importe peu que la demande émane d'une femme étrangère qui a épousé un Français, mais qui réside de fait dans le lieu de son origine. N° 101. La femme française mariée à un étranger doit saisir de sa demande les tribunaux du pays de son mari, si les lois de ce pays autorisent la séparation de biens. N° 102. Mais les tribunaux français peuvent connaître de la demande d'une femme française mariée à un étranger, si le mari ne décline pas leur juridiction. *Ibid.*

Lorsque la qualité des créanciers qui interviennent dans la liquidation des reprises de la femme est contestée par celle-ci, le tribunal qui a prononcé la séparation de biens est compétent pour statuer sur cette contestation. N° 258.

COMPROMIS.—Sous l'empire de la loi du 24 août 1790, qui autorisait le compromis entre mari et femme, on décidait que la demande en séparation de biens pouvait être soumise à des arbitres ; mais il n'en est pas de même sous la législation actuelle, parce qu'elle défend de compromettre sur les contestations qui sont sujettes à communication au ministère public, et que les demandes en séparation se trouvent dans ce cas. N° 21. Voy. *Acte authentique, Acte d'exécution, Arbitrage.*

CONCILIATION.—La demande en séparation de biens est dispensée du préliminaire de conciliation. N° 109.

La citation en conciliation donnée par la femme à son mari en exécution du jugement qui prononce la séparation de biens ne constitue pas un commencement de poursuites dans le sens de l'art. 1444 du Code Napoléon, si elle n'est suivie d'une demande en justice formée dans le le mois à compter de la non-conciliation ou de la non-comparution. N° 200.

CONDITIONS.—La séparation de biens ne peut être prononcée conditionnellement. N° 23.

Quand des époux séparés de biens ont rétabli la communauté sous des conditions qui dérogent au contrat primitif, on ne peut supprimer les conditions et maintenir le rétablissement. L'acte qui fait cesser la séparation de biens est nul dans son entier. N° 485. Voy. *Cessation de la séparation de biens.*

CONSEIL DE FAMILLE.—Le subrogé tuteur de la femme interdite n'a pas besoin de l'autorisation du conseil de famille pour exercer l'action en séparation de biens. N° 44.

La femme mineure n'a pas non plus besoin de cette autorisation pour faire cesser la séparation de biens. N° 472.

CONSEIL JUDICIAIRE. — Les prodigalités de la femme ne sont pas un obstacle à ce qu'elle obtienne sa séparation de biens ; seulement, si, après la séparation, elle continue à se montrer prodigue, le mari ou les parents lui font donner un conseil judiciaire. N° 81. Ce droit ne peut être contesté au mari sous le prétexte que la nomination d'un conseil judiciaire serait tout à la fois inutile et contraire à l'autorité maritale. N°s 376, 377. Voy. *Curateur.*

CONSENTEMENT.—Si, pendant l'instance en séparation de biens, la femme refusait son consentement à la vente d'un fonds de commerce dépendant de la communauté, les tribunaux ne devraient pas autoriser cette vente poursuivie à la requête du mari, lorsque, d'ailleurs, il n'y aurait pas urgence ou crainte de dépérissement des marchandises. N° 282.

Voy. *Action en séparation de biens, Ascendants, Cessation de la séparation de biens, Conseil de famille, Responsabilité.*

CONSIGNATION. — Lorsque le mari n'est pas solvable, et que ses habitudes de dissipation inspirent à son égard une juste défiance, la femme peut, pendant l'instance en séparation de biens, faire ordonner le dépôt à la caisse des consignations des sommes appartenant à la communauté ou des sommes dotales. N° 137. Si la femme séparée de biens détournait les revenus de la dot de leur destination, le mari pourrait faire ordonner qu'elle verserait à la caisse des dépôts et consignations le montant de sa part contributive aux dépenses du ménage. N° 306.

CONTRAINTE PAR CORPS. — Elle ne peut être prononcée contre la femme comme moyen de la forcer à réintégrer le domicile conjugal. Nᵒˢ 315, 318.

CONTRIBUTION aux dépenses du ménage et aux frais d'éducation des enfants communs. — Chacun des époux contribue, dans la proportion de ses ressources, aux dépenses du ménage : si le mari n'a rien, la femme les supporte seule. N° 294. Il en est de même pour les frais d'éducation des enfants communs; à cet égard, l'obligation des époux est solidaire. Conséquences. N° 302. La part contributive de la femme séparée se détermine d'après l'appréciation de ses facultés faite dans la supposition qu'elle habite le domicile commun, quoique en réalité elle vive séparée de son mari ; à moins que ce dernier ne lui offre pas un domicile convenable. N° 295. Le mari peut exiger que la femme verse entre ses mains le montant de sa part contributive. N° 296. La femme ne peut échapper à cette nécessité en se chargeant de fournir seule aux besoins du ménage. *Ibid.* Si le mari fait un mauvais usage des revenus qui lui sont remis par sa femme, celle-ci n'est pas autorisée à retenir sa part contributive pour se libérer directement entre les mains des fournisseurs et des maîtres de pension ; mais elle peut demander sa séparation de corps. Nᵒˢ 297, 298. Il en serait autrement si le mari avait abandonné sa femme ou s'il ne pouvait lui offrir une habitation convenable : la femme pourrait alors se borner à payer au mari une pension annuelle dans la proportion de ses ressources et de celles de ce dernier. N° 299. La femme séparée peut se libérer directement, entre les mains de son enfant devenu majeur, de sa part contributive à la pension alimentaire qui a été attribuée par un jugement à celui-ci. N° 300. Les fournisseurs ne peuvent s'adresser à la femme séparée pour le paiement de leurs fournitures, même lorsque le dénûment du mari l'oblige de subvenir seule aux dépenses du ménage. N° 301. Il n'en serait autrement que si la femme, abandonnée par son mari, avait été autorisée à faire face elle-même à toutes ses dépenses. *Ibid.* Mais pour les aliments et l'éducation des enfants communs, la femme est obligée de la même manière que le mari. Nº 302. Toutefois la femme doit recourir à l'intermédiaire de son mari pour acquitter les frais d'éducation de leurs enfants entre les mains des maîtres de pension, sauf le cas où la femme a été autorisée à gérer seule ses revenus. Nº 303. Le mari a la direction de l'éducation des enfants communs ; mais si le mode d'éducation qu'il aurait choisi entraînait des dépenses qui ne fussent pas en rapport avec les ressources de la femme, celle-ci pourrait faire prescrire par la justice une éducation moins dispendieuse. Nºs 303, 304. En principe, le mari qui a des craintes pour le paiement de la part contributive de la femme, ne peut exiger de celle-ci une sûreté pour assurer ce paiement. Nº 305. Mais s'il était constaté que la femme eût dissipé ses revenus, le mari pourrait réclamer une garantie, et si cette garantie devenait illusoire, provoquer la séparation de corps. Nº 306. Sous le régime dotal, le mari a une garantie de plus, l'inaliénabilité de la portion des revenus dotaux destinée au ménage. Nº 307. La femme ne peut abandonner à son mari, à titre de contribution aux charges du ménage, l'administration et la jouissance de ses propres pendant la durée du mariage. Nº 308. Le mari peut compenser les intérêts de la dot dont il est débiteur avec la part contributive de la femme dans les dépenses du ménage, à moins que cette part ne soit d'une liquidation difficile. Nº 309. Relativement à la contribution aux charges du mariage, les époux séparés de biens n'ont pas besoin d'établir leur libération mutuelle par des quittances en bonne forme. Nº 310.

CONTUMACE. — L'état de contumace du mari n'est pas une cause de séparation de biens pendant les cinq ans qui suivent l'exécution du jugement par effigie. Après cet intervalle, si le mari contumax ne se représente pas, il faut distinguer si la peine emporte la mort civile ou si elle ne l'emporte pas. Dans le premier cas, l'association conjugale est dissoute ; dans le second, il faut appliquer les mêmes principes que dans l'hypothèse de l'absence du mari. Nºs 92, 93.

COPIE. — Quand le mari est en cause avec sa femme séparée de biens, il doit lui être donné copie de l'exploit signifié à cette dernière. Nº 366.

CRÉANCES. — Le mari peut, dans l'intervalle de la demande au jugement de séparation, toucher les créances, même dotales, de sa femme. Nº 281.

CRÉANCIERS. — Les créanciers de la femme ne peuvent, malgré elle, exercer l'action en séparation de biens. Nºs 32, 33. Voy. *Action en séparation de biens.*

Aujourd'hui, les créanciers de la femme n'ont pas, comme dans l'ancienne jurisprudence, le droit d'intervenir dans l'instance en séparation de biens. Nº 149.

Quant aux droits des créanciers du mari, voy. *Intervention, Nullités du jugement de séparation de biens, Tierce opposition.*

CURATEUR. — La femme mineure n'a pas besoin de l'assistance d'un curateur soit pour former la demande en séparation de biens, soit pour recevoir sa dot après la séparation prononcée. Seulement, si elle fait un mauvais emploi de la dot, il pourra lui être nommé un conseil judiciaire. Nᵒˢ 107, 108.

D

DÉCHÉANCE. — Voy. *Délai.*

DÉCLARATION. — La responsabilité du mari résultant du défaut d'emploi du prix des immeubles aliénés par la femme séparée n'est par détruite par les déclarations que l'acte de vente renfermerait et qui porteraient que le prix a été payé antérieurement, ou qu'il a été touché par la femme seule. Nᵒ 391.

DÉCLINATOIRE. — Voy. *Compétence.*

DÉCONFITURE. — L'état de déconfiture ne peut être défini d'une manière invariable. Exemples. Nᵒ 41. Voy. *Faillite.*

DÉCRET DE PRISE DE CORPS. — N'est pas une cause de séparation de biens. Nᵒ 88.

DÉLAI. — Le délai de trois jours dans lequel l'extrait de la demande en séparation de biens doit être remis par l'avoué de la femme au greffier du tribunal, n'est pas prescrit à peine de nullité. Nᵒˢ 114, 116.

Il doit s'écouler un mois entre la publication de la demande et le jugement de séparation de biens. Avant l'expiration de ce délai, il ne peut être rendu aucun jugement, même interlocutoire ou préparatoire. Nᵒ 125. Le jour où la dernière formalité de publication a été remplie n'est pas compris dans le délai. Nᵒ 126. Le délai d'un mois doit être calculé de quantième à quantième. Nᵒ 127. Il est franc. Nᵒ 128. Mais il n'est pas susceptible d'augmentation à raison de la distance des lieux où les créanciers du mari ont leur domicile. Nᵒ 129.

La publication du jugement de séparation de biens doit avoir lieu avant l'expiration du délai de quinzaine à partir de la prononciation de ce jugement, sauf dans le cas où, avant l'expiration de la quinzaine, le jugement serait attaqué par la voie de l'opposition ou de l'appel. Nᵒ 170. Il y a ici dérogation à la règle d'après laquelle les jugements par défaut ne peuvent être exécutés avant l'expiration du délai de huitaine à compter de leur signification à avoué ou à partie. Nᵒ 171. Si le jugement n'était pas enregistré dans le délai de quinzaine, la femme ne serait pas responsable du retard de la publication, pourvu qu'elle eût mis le greffier en demeure de faire enregistrer le jugement avant l'expiration de ce délai. Nᵒ 173. L'avoué de la femme est responsable du défaut de publication du jugement de séparation de biens dans le délai de quinzaine, mais non du défaut d'exécution dans ce même délai, à moins d'un mandat spécial. *Ibid.*

Dans l'ancien droit, il n'y avait pas de délai fatal pour l'exécution du jugement de séparation de biens, mais cette exécution devait avoir lieu dans un délai raisonnable. N° 174. Aujourd'hui le jugement doit être exécuté dans la quinzaine de sa prononciation, à peine de nullité. N° 175. Justification de la brièveté de ce délai. N°s 174, 175. L'art. 672, C. pr. civ., n'étend pas à une année le délai de quinzaine prescrit par l'art. 144, p. 4, Cod. Nap. N° 176. Pourquoi ce délai ne part pas de la signification du jugement. N° 177. L'exécution commencée le seizième jour serait tardive. N° 180. La femme commune ne peut renvoyer l'exécution jusqu'après le délai de trois mois pour faire inventaire et délibérer. Elle doit commencer l'inventaire dans les quinze jours de la prononciation du jugement. N° 181. Le délai est le même, que le jugement soit par défaut ou contradictoire. N° 182. Il importe peu que le jugement ne comprenne pas la liquidation des reprises de la femme. N° 183.

Il y a interruption des poursuites tendant à l'exécution du jugement de séparation de biens, dans le sens de l'art. 1444, Cod. Nap., lorsque la femme est demeurée inactive après les délais à l'expiration desquels elle avait le droit de faire des actes d'exécution. N° 208. Mais on ne devrait pas considérer les poursuites comme interrompues, si les délais n'avaient été que très-peu excédés. *Ibid.*

L'action des créanciers du mari en nullité du jugement de séparation de biens pour défaut d'exécution dans la quinzaine, doit être exercée dans le délai de trente ans. N°s 222 à 224. Ce délai a pour point de départ l'époque à laquelle les créanciers ont eu connaissance du défaut d'exécution dans le délai légal, ou de l'acte d'exécution fait en fraude de leurs droits. N° 225.

Il faut appliquer les mêmes principes quant au délai de l'action en nullité du jugement de séparation de biens pour défaut de publication dans la quinzaine. N° 233.

Quand le jugement de séparation de biens a été régulièrement publié et exécuté, les créanciers du mari peuvent encore l'attaquer par la voie de la tierce opposition pendant le délai d'un an, durée de l'affiche. N° 237. On ne doit pas leur reconnaître le droit d'agir en tout temps, ni même pendant le délai de dix ans. N° 242. Le délai d'un an n'est de rigueur qu'à l'égard de la disposition du jugement qui déclare les époux séparés : pour attaquer soit la disposition relative à la liquidation des droits de la femme, soit le jugement ou l'acte authentique postérieur qui ont eu pour objet cette liquidation, les créanciers ont un délai de trente ans. N°s 243 à 248. La déchéance de l'art. 873, Cod. pr. civ., est inapplicable même dans le cas où le jugement postérieur de liquidation a été publié. N° 246. Cette déchéance n'est pas opposable aux créanciers du mari, lorsque la demande en séparation de biens a été portée devant un tribunal autre que celui du domicile de ce dernier. N° 250. Le délai de l'art. 873 est opposable au tiers détenteur de l'immeuble grevé de l'hypothèque légale de la femme, si ce tiers conteste la séparation de biens en elle-même ; mais non point s'il se borne à attaquer la disposition du jugement relative à la liquidation des reprises de la femme. N° 253. Si le mari est tombé en faillite pendant l'instance en séparation de biens, et que les syndics n'aient pas été appelés en cause, ceux-ci auront un délai de trente ans pour attaquer le jugement de séparation intervenu irrégulièrement. Voy. *Exécution, Interruption de poursuites, Nullités du jugement de séparation de biens, Publicité, Tierce opposition.*

DEMANDE EN SÉPARATION DE BIENS. — Voy. *Action en séparation de biens, Assignation, Autorisation, Conciliation, Faillite.*

DEMEURE CONJUGALE.—Voy. *Domicile conjugal.*

DÉPENSES.—Voy. *Contribution aux dépenses du ménage.*

DEPOT.—Tant que la séparation de biens n'a pas été prononcée, la dot est dans les mains du mari un dépôt qu'il ne peut valablement restituer à la femme. N°s 15 à 18.

Voy. *Enregistrement, Greffiers, Secrétaires.*

DÉSISTEMENT. — Le désistement du mari de l'opposition qu'il a formée ou de l'appel qu'il a émis envers le jugement de séparation de biens ne donne pas à la séparation le caractère de séparation conventionnelle. N° 26.

La femme peut se désister de sa demande en séparation de biens. N° 51.

DÉSORDRE DES AFFAIRES DU MARI. — Est, d'après notre législation comme dans l'ancien droit, une des deux grandes causes de la séparation de biens, lorsqu'il est de nature à faire craindre que les biens du mari ne soient insuffisants pour répondre des reprises de la femme. N°s 52 à 54, 71. Quand les craintes de la femme sont fondées. N° 71. Peu importe le désordre des affaires du mari si l'insuffisance de ses biens n'est pas à craindre. N° 72. A moins que le mari ne détourne les revenus de la dot. N° 73. La femme pourrait obtenir sa séparation, malgré la suffisance des biens du mari, et quoiqu'elle n'eût elle-même qu'une dot immobilière, si le mari abusait de son droit d'administration sur les immeubles dotaux. Exemple. N° 74. Le mari peut empêcher la séparation de biens en garantissant la restitution de la dot par le cautionnement d'un tiers, pourvu que sa mauvaise administration ne prive pas la famille des ressources qui lui sont nécessaires. N° 75. La femme ne serait pas fondée dans sa demande en séparation, si la dot avait été reçue par le père du mari, propriétaire d'immeubles suffisants pour en répondre, à moins que le désordre des affaires de son beau-père ne lui donnât des craintes pour le remboursement de ses reprises. N° 76. La femme qui n'a pas de dot actuelle, mais de simples espérances de fortune, est néanmoins fondée à demander sa séparation de biens sur le motif que le désordre des affaires du mari fait craindre l'insolvabilité prochaine de ce dernier. Nos 70, 77. Il en serait de même si la dot constituée à la femme n'était pas encore exigible. Nº 77. Il y a lieu à la séparation de biens, si le mari rend ses immeubles insuffisants en coupant les bois à blanc estoc, en aliénant les futaies, etc. Nº 78.

DESTINATION.—Voy. *Péril de la dot, Revenus.*

DETTES.—Voy. *Péril de la dot, Revenus.*

DIGNITÉ.—La séparation de biens ne peut avoir pour résultat d'enlever au mari sa dignité. Nº 298.

DIMINUTION DE FORTUNE. — La diminution de la fortune du mari n'est pas une cause de séparation de biens, si le mari n'est pas devenu plus pauvre qu'il ne l'était à l'époque du mariage. Nº 84.

DISPOSITION.—Le mari a la libre disposition de la dot mobilière, sous la condition d'en faire un usage profitable pour la famille. Nos 62, 420, 459. Il est privé de tout droit de disposition sur les biens de la femme pendant l'instance en séparation. Nos 277, 280. S'il a fait des actes de disposition depuis la demande en séparation de biens, mais avant la publication de cette demande, les tiers ne sont pas atteints par l'effet rétroactif du jugement. Nº 286. Voy. *Effet rétroactif.*

La femme séparée de biens ne peut disposer de son mobilier que dans la mesure des besoins de l'administration. Nos 331 et suiv. Voy. *Aliénation.*

Elle ne peut disposer d'une manière absolue de la portion des fruits et revenus des biens dotaux qui n'est pas nécessaire aux besoins du ménage. Nos 418 et suiv. Voy. *Revenus.*

DISSIPATION. — Il y aurait lieu à séparation de biens, si le mari, qui était sans fortune lors du mariage, mais qui se montrait économe à cette époque, était devenu dissipateur depuis. Il importerait peu que les habitudes de dissipation du mari eussent été connues de la femme avant le mariage. Nº 83.

Voy. *Conseil judiciaire, Péril de la dot.*

DISSOLUTION DE LA COMMUNAUTÉ.—Voy. *Préciput.*

DIVERTISSEMENT. — Le divertissement d'objets dépendants de la communauté ne rend pas la femme non recevable dans sa demande en séparation de biens. Nº 49. Voy. *Usage.*

DOMICILE.—Voy. *Publicité, Tribunal.*

DOMICILE CONJUGAL.—L'abandon du domicile conjugal ne rend pas la femme non recevable dans sa demande en séparat. de biens. Nº 48.

Quand la femme demanderesse en séparation de biens est dans l'impossibilité de demeurer dans le domicile conjugal, elle est fondée à réclamer une provision alimentaire. Nº 141.

Malgré la séparation de biens, la femme reste obligée de résider au domicile conjugal : elle ne peut se soustraire à cette obligation en offrant au mari une pension alimentaire. N°s 311, 312. Autres conséquences. N°s 312, 313. Moyens de contraindre la femme à réintégrer le domicile conjugal. N° 314 et s. Le mari ne peut forcer sa femme à venir habiter avec lui, qu'autant qu'il lui offre un domicile convenable ; mais la résistance de la femme doit être justifiée par une demande en séparation de corps. N° 319. Cas où la résistance de la femme est fondée. *Ibid.* Si le mari refuse de recevoir sa femme dans le domicile conjugal, celle-ci ne peut vaincre son refus. N°s 302 et suiv. Mais les tribunaux peuvent, sur la demande de la femme, donner au mari le choix de fournir à celle-ci une habitation convenable ou de venir habiter avec elle une maison dont elle a la propriété. N° 323. Le point de savoir si la femme est reçue convenablement par son mari n'échappe pas à la censure de la Cour de cassation. N° 324.

Après la séparation de biens, tous les meubles qui se trouvent dans le domicile conjugal sont encore présumés, jusqu'à preuve contraire, la propriété du mari. N° 373. Mais cette présomption peut cesser par la force des circonstances. Exemples. N° 374.

DOMMAGES-INTÉRÊTS.—Le mari ne peut former une action en dommages-intérêts contre sa femme qui refuse de réintégrer le domicile conjugal. N°s 316, 317. La femme ne peut non plus faire condamner son mari à des dommages-intérêts, parce qu'il refuse de la recevoir. N° 321.

DONATION.—La femme séparée ne peut, sans l'autorisation maritale, faire aucune donation, même de son mobilier. N° 333. Elle ne peut non plus accepter une donation sans le consentement de son mari. N° 343.

DOT.—Ce que c'est. N° 55. Elle comprend les fruits des immeubles propres et des immeubles dotaux, ainsi que les revenus de tous les capitaux que la femme s'est constitués ou qui sont tombés dans la communauté. N° 56. Elle comprend aussi les produits du travail de la femme : ce qu'il faut entendre par ces produits. N° 67. Sous le régime dotal, la dot ne comprend pas les paraphernaux. N° 57.

La femme qui ne s'est pas constitué de dot peut néanmoins demander sa séparation de biens. N°s 67, 68.

Voy. *Péril de la dot.*

Le mari a la libre disposition de la dot mobilière, qui est inaliénable seulement en ce sens, que la femme ne peut ni l'engager ni renoncer aux garanties qui en assurent la conservation. N°s 52, 420, 459. Voy. *Inaliénabilité.*

DOTALITÉ.—Voy. *Bail en paiement.*

DOUAIRE. — Dans l'ancien droit, quelques coutumes et quelques parlements accordaient à la femme séparée le même douaire qu'à la veuve ou un demi-douaire. Divers arrêts refusaient tout douaire à la femme séparée. N° 403.

E

ÉCONOMIES. — Les économies de la femme fort partie de la dot. Il y a donc lieu à séparation de biens, si elles sont compromises par la mauvaise administration du mari. N° 67. Voy. *Propriété.*

ÉDUCATION. — Voy. *Dépenses de ménage et frais d'éducation des enfants communs.*

EFFET RÉTROACTIF. — Pourquoi le jugement de séparation de biens et l'acte qui fait cesser la séparation ont un effet rétroactif. N°s 266, 267, 480.

Le jour de la demande est compris dans la période pendant laquelle le jugement de séparation doit produire ses effets. N° 268. La demande n'est considérée comme formée qu'à partir du jour de l'assignation donnée au mari. N° 270. Conséquences de la rétroactivité du jugement de séparation de biens. N° 269. La loi suppose que l'instance n'a pas été interrompue par le fait de la femme. N° 271. Les intérêts de la dot sont dus par le mari à dater du jour de la demande en séparation de biens, N°s 272, 273 ; à moins qu'il n'y ait eu suspension de poursuites de la part de la femme : dans ce cas, les intérêts courus pendant la suspension ne seraient alloués à la femme qu'autant qu'elle justifierait avoir été séparée de fait, et avoir fourni à ses besoins durant cet intervalle. N° 274. Autres hypothèses. N° 275. Il n'y a pas lieu de distinguer entre les intérêts de la dot et ceux des créances paraphernales touchées par le mari. N° 276. A partir de la demande en séparation de biens, le mari est privé du droit de disposition quant à la fortune de la femme et aux biens de la communauté. N° 277. Exemples. N° 280. Mais les mesures d'administration lui sont permises. N° 278. Cependant, les actes d'administration du mari n'engagent pas la femme, s'ils sont frauduleux ou contraires aux intérêts de la famille. Exemples. N° 279. La faculté de toucher les créances, même dotales, rentre dans le cercle des actes d'administration. N° 281. L'effet rétroactif que la loi attribue au jugement de séparation de biens se produit aussi lorsque cette séparation n'est que l'accessoire de la séparation de corps. N° 283. Cet effet rétroactif ne se produit pas vis-à-vis des tiers à l'égard des actes de simple administration. N°s 284, 285. Exemples. N° 285. Il ne se produit qu'entre les époux lorsque la séparation de biens est la suite de la séparation de corps. N° 287. Conséquences. N° 288. Mais la femme pourrait faire annuler la vente d'effets mobiliers dépendant de la communauté que son mari aurait passée frauduleusement à un tiers de mauvaise foi; durant l'instance en séparation de corps. N° 289. Hypothèse. N° 293. Voy. *Consentement, Disposition, Séparation de corps, Vente.*

Le rétablissement des conventions matrimoniales ne produit pas d'effet rétroactif vis-à-vis des tiers, soit en ce qui concerne les actes passés par la femme séparée, soit à l'égard des droits acquis aux tiers par le seul fait de la cessation de la séparation de biens. Exemples. Nos 481, 482. L'effet rétroactif que la loi attribue vis-à-vis des époux, au rétablissement de la communauté dissoute par la séparation de biens, ne s'applique pas au cas de la mort civile. Conséquences. N° 483. Voy. *Amnistie, Mort civile, Cessation de la séparation de biens.*

EMPLOI. — Ce que c'est. N° 400. Dans le cas où le contrat de mariage impose au mari l'obligation de faire emploi des sommes dotales, le défaut d'emploi ne pourrait être une cause de séparation de biens qu'autant que cette garantie aurait été stipulée pour suppléer à l'insuffisance des ressources du mari insolvable : alors il importerait peu que les affaires du mari ne fussent pas en désordre. Nos 85, 86. Mais le mari pourrait faire écarter la demande de la femme en réalisant l'emploi exigé par le contrat de mariage. N° 86.

Sous le régime de la communauté, comme sous le régime dotal, le mari est garant du défaut d'emploi ou de remploi du prix de l'immeuble que la femme a vendu en sa présence et de son consentement, ou même qu'elle a vendu avec l'autorisation de la justice, quand il a concouru au contrat ou que le prix lui a profité. Nos 382 et suiv., 458. Voy. *Responsabilité.*

La femme séparée de biens peut, sous quelque régime qu'elle soit mariée, recevoir ses capitaux sans être soumise à la condition de faire emploi ou remploi, Nos 428, 433 et suiv. ; à moins que le mari n'eût été lui-même soumis à cette condition par le contrat de mariage. N° 429. Dans ce cas, les débiteurs de la dot ou les acquéreurs des immeubles dotaux sont obligés de veiller à l'accomplissement de la condition d'emploi ou de remploi. N° 430. Mais si cette condition avait été imposée, en dehors du contrat de mariage, par un donateur ou testateur, elle ne pourrait enchaîner les tiers, qui ne sauraient non plus s'en prévaloir. N° 431. Après la séparation de biens, le mari ne peut plus faire un remploi valable du prix des immeubles dotaux par lui aliénés. N° 432. Hypothèses particulières où la femme peut être soumise à faire emploi. Nos 440, 441. Lorsqu'un jugement a autorisé une femme à recevoir une somme dotale, celui qui est tenu d'effectuer ce paiement n'a ni le droit ni le devoir de s'enquérir de l'emploi que la femme peut faire de cette somme. N° 442. Voy. *Acquéreur.*

EMPRUNT. — La femme séparée ne peut pas mieux, sans l'autorisation de son mari, engager son mobilier par un emprunt, qu'en faire une aliénation directe. Elle ne peut l'aliéner ni directement, ni indirectement, si ce n'est pour les besoins de son administration. Nos 334 et suiv. Exemples d'un emprunt nul. N° 337. Voy. *Aliénation, Obligations.*

ENGAGEMENT.— Voy. *Obligations.*

ENQUÊTE. — On avait pensé, sous l'empire des coutumes, qu'une enquête était indispensable pour établir les faits servant de base à la demande en séparation de biens. L'opinion contraire est aujourd'hui constante. N° 123. Voy. *Preuve.*

ENREGISTREMENT.— Ne sont pas soumis à la formalité de l'enregistrement les extraits de demande et de jugement de séparation de biens, non plus que l'acte de dépôt de ces extraits. N°ᵇ 118, 162, 164. Voy. *Avoué.*

ESPÉRANCES. — La femme qui n'a pas de dot, mais de simples espérances de fortune, ne peut demander sa séparation de biens qu'autant que les produits de son travail sont compromis par la mauvaise administration du mari, ou que le désordre des affaires de ce dernier fait craindre que ses biens ne soient insuffisants pour la remplir des droits dont elle jouira plus tard. N°ˢ 69, 70, 77. Voy. *Désordre des affaires du mari.*

ESTER en justice.—Voy. *Autorisation maritale.*

ETRANGER.—Voy. *Compétence.*

EXCEPTIONS.—Voy. *Nullités du jugement de séparation de biens.*

EXÉCUTION.— Pourquoi le jugement de séparation de biens doit être exécuté dans un bref délai. N°ˢ 174, 175. L'exécution du jugement ne peut précéder sa publication. N° 178. Mais la liquidation des reprises de la femme peut avoir lieu le jour même de la publication du jugement de séparation de biens. *Ibid.* Il n'y aurait pas de nullité si, avant la publication, les reprises de la femme avaient été l'objet d'une liquidation non suivie de paiement. N° 179. L'exécution du jugement de séparation de biens peut être volontaire. N° 185. Elle peut avoir lieu d'une manière amiable sur un point seulement, pourvu que la femme commence des poursuites en temps utile à l'égard du reste. N° 186. L'exécution du jugement de séparation de biens n'est pas effectuée par acte authentique dans le sens de l'article 1444, Code Nap., lorsque le paiement des reprises de la femme se trouve constaté par l'huissier sur le commandement adressé au mari afin d'arriver à cette exécution. N° 190. Quand la séparation de biens est exécutée par le paiement des reprises de la femme, il n'est pas indispensable que celle-ci reçoive le montant intégral de sa créance avant l'expiration du délai de quinzaine : il suffit que le paiement soit commencé dans ce délai. Il n'en serait autrement que si le mari avait remis à sa femme un à-compte dérisoire. N° 191. Il y aurait même exécution suffisante, s'il avait été accordé au mari un délai modéré pour le paiement des reprises de la femme liquidées dans la quinzaine. *Ibid.* L'exécution serait incomplète si le mari ne donnait en paiement à la femme qu'une partie de ce qu'il possède, ou si la femme n'épuisait pas par ses poursuites tous les biens du mari. Exemples. N° 193. Par quel moyen la femme peut exécuter le jugement de séparation de biens, lorsqu'elle n'a ni constitution dotale, ni reprises à réclamer. N° 205. Les tribunaux ont l'appréciation souveraine des faits constitutifs de l'exécution de la séparation de biens, sauf à la Cour de cassation le droit de caractériser ces faits. N° 206. Voy. *Acte d'exécution, Antichrèse, Cession de biens, Délai, Gage, Hypothèque légale, Poursuites.*

EXPLOIT. — L'huissier imprime un caractère authentique à son exploit relativement aux énonciations qui tiennent à l'essence même de l'acte, et dont la loi exige expressément l'observation : mais, quant aux énonciations qui ne sont pas formellement prescrites par la loi, ou qui ne rentrent pas dans le cercle naturel et légal des attributions de l'huissier, l'exploit ne fait pas foi complète ; il importerait peu que ces énonciations eussent été signées par la partie à qui on les oppose. N° 190.

EXTRAIT. — Les extraits de demande et de jugement de séparation de biens sont rédigés et signés par l'avoué de la femme. N° 118. Voy. *Affiche, Publicité.*

<h1 style="text-align:center">F</h1>

FAIBLESSE. — On ne peut méconnaître la faiblesse de la femme. N°ˢ 16, 382. Mais il ne faut pas en exagérer les conséquences. N° 437.

FAILLITE.—En cas de faillite ou de déconfiture du mari, les créanciers personnels de la femme peuvent exercer les droits de celle-ci jusqu'à concurrence du montant de leurs créances. N° 40. Voy. *Action en séparation de biens.*

La faillite n'opère pas la séparation de biens de plein droit. N° 97.

Lorsque le mari est en état de faillite, les syndics doivent être appelés dans l'instance en séparation de biens ; mais la demande ne peut pas être dirigée contre les syndics seuls. N° 111. La demande en séparation formée contre un mari qui depuis est tombé en faillite, ne peut être continuée sans que les syndics soient mis en cause. *Ibid.*, 148.

Pour exécuter la séparation de biens, la femme peut se borner à la signification du jugement dans le délai de quinzaine, lorsque le mari est en état de faillite. N° 196. Dans ce cas, il ne suffit pas à la femme de remettre aux syndics le jugement de séparation avec l'état de ses reprises et les pièces à l'appui. N° 198.

Quand la femme d'un failli a fait prononcer sa séparation de biens, les syndics seuls peuvent former tierce opposition au jugement. N° 254. Si le mari est tombé en faillite pendant l'instance en séparation de biens et que la femme ait omis d'appeler les syndics en cause, ceux-ci ont trente ans pour se pourvoir contre le jugement. N° 255. Hypothèse. N° 256.

FAUTE. — La demande en séparation ne peut être repoussée par le motif que la femme a perdu ses sûretés par sa faute. N° 80. Voy. *Dissipation.*

FORCE MAJEURE. — Ne peut motiver la résistance du mari à la demande en séparation de biens. N° 79.

FRAIS. — Le paiement des frais de l'instance en séparation de biens peut être prélevé sur la dot, lorsque la femme n'a pas d'autres ressources et que, dans le cas où la séparation a été prononcée, le mari ne possède pas d'immeubles. N°s 141, 444, 445. Voy. *Provision.*

FRAUDE. — Se présume facilement entre les époux. N°s 122, 174, 175, 191, 228. Voy. *Nullités du jugement de séparation de biens, Tierce opposition.*

FRUITS. — Les fruits des immeubles propres de la femme et ceux de ses immeubles dotaux font partie de la dot. N° 56. Il y a péril pour la dot, lorsque le mari, laissant intact le fonds dotal, en dissipe les fruits. N° 59. Voy. *Péril de la dot.*

Les fruits des immeubles dotaux sont, en principe, inaliénables comme le fonds même. N° 418. Voy. *Inaliénabilité, Obligation, Revenus, Séparation de biens.*

G

GAGE. — La femme n'exécute pas sérieusement la séparation de biens, lorsque, au lieu d'épuiser les biens du mari, elle le laisse dépositaire du gage affecté à sa dot. N° 193. Voy. *Gains de survie.*

GAINS DE SURVIE. — La séparation de biens ne donne pas ouverture aux gains de survie stipulés dans le contrat de mariage au profit de la femme. N° 402. — Variations de l'ancienne jurisprudence sur ce point. N°s 403 et suiv. L'ouverture des droits de survie stipulés dans un contrat de mariage antérieur à la promulgation du Code Napoléon doit être réglée par la loi contemporaine de ce contrat. N° 407. La femme peut réclamer pour ses gains de survie une collocation éventuelle dans l'ordre ouvert contre son mari. 408. Elle peut, dès l'époque de la séparation, prendre des mesures conservatoires pour assurer le paiement de ces gains, à moins qu'ils n'aient le caractère d'une institution contractuelle. N° 409. Quand le mari a affecté une somme d'argent à la sûreté des droits de survie de sa femme, il demeure propriétaire de ce gage. N° 410. Les époux peuvent consacrer les gains de survie, quoique non encore ouverts, à l'éducation de leurs enfants. N° 411. La femme séparée peut transiger sur son gain de survie, s'il n'a pas le caractère d'une institution contractuelle. N° 412. Les époux peuvent déroger à la règle de l'art. 1452, Cod. Nap. N° 414. — Ces principes sont applicables à la femme dotale, sauf que celle-ci ne peut transiger sur son gain de survie, s'il fait partie de ses constitutions dotales. N° 466. Voy. *Préciput, Renonciation.*

GREFFIERS. — Ils peuvent constater comme ils le jugent convenable la remise des extraits de demande et de jugement de séparation de biens. Un acte de dépôt n'est pas nécessaire. N°s 117, 164. Droits du greffier pour la délivrance du certificat constatant la publication de la demande et du jugement de séparation de biens. N°s 119, 163. Voy. *Publicité*.

<h2 style="text-align:center">H</h2>

HABILITATION. — L'autorisation du président du tribunal suffit pour habiliter la femme mineure à former sa demande en séparation de biens. N° 108.

Le jugement de séparation de biens habilite suffisamment la femme pour tous les actes qui sont faits en exécution de ce jugement, N°s 344, 347, 349.

L'autorisation donnée par le mari à sa femme séparée de vendre les immeubles de celle-ci n'est pas simplement un acte d'habilitation : elle équivaut au consentement exprès. N° 387. Voy. *Responsabilité*.

HABITATION. — Voy. *Séparation de corps*.

HÉRITIERS. — Les héritiers de la femme peuvent reprendre et continuer l'instance en séparation de biens commencée par celle-ci. N° 39.

HUISSIER. — Voy. *Acte authentique, Exploit*.

HYPOTHÈQUE. — La femme dont l'hypothèque légale frappe des immeubles d'une valeur plus considérable que le montant de ses reprises, et qui ne sont grevés ni de priviléges ni d'hypothèques antérieures, ne peut demander sa séparation de biens en alléguant le désordre des affaires du mari : il importe peu que celui-ci concède, par exemple, des hypothèques sur ses immeubles. N° 73.

La femme séparée ne peut pas, sans l'autorisation de son mari, donner mainlevée de l'inscription de son hypothèque légale, à moins qu'elle n'agisse dans les limites de l'administration. N° 348. Elle ne peut non plus, sans cette autorisation, soumettre ses immeubles à des hypothèques conventionnelles ou judiciaires. N° 354.

Si le contrat de mariage avait soumis le mari à fournir hypothèque pour sûreté du prix des aliénations des immeubles dotaux, cette condition serait sans effet à l'égard de la femme séparée. N° 439.

Quand la séparation de biens a été prononcée, les dépens de l'instance doivent être payés sur le prix des immeubles du mari au rang de l'hypothèque légale de la femme. N° 445.

La cessation de la séparation de biens ne fait pas rétroagir sur les immeubles aliénés par le mari depuis le paiement des reprises de la femme l'hypothèque légale de celle-ci éteinte par le paiement. N° 482. Voy. *Action en nullité de l'aliénation des immeubles dotaux, Délai*.

I

IMMEUBLES. — Voy. *Aliénation.*

INALIÉNABILITÉ. — La séparation de biens ne fait pas cesser l'inaliénabilité de la dot. Nᵒˢ 307, 415. Mais l'inaliénabilité ne s'étend aux revenus que dans une certaine mesure. Nᵒˢ 307, 416 et suiv. Voy. *Dot, Revenus.*

INCOMPÉTENCE. — Les créanciers du mari ont le droit d'intervenir dans une instance en séparation de biens introduite devant un tribunal autre que celui du domicile du mari, pour proposer l'exception d'incompétence. Nᵒˢ 100, 147.

INDEMNITÉ. — La femme est fondée, après la séparation de biens, à exiger que, dans la liquidation de ses droits, soient comprises les indemnités auxquelles elle peut prétendre à raison des dettes qu'elle a contractées solidairement avec son mari, quoique ces dettes n'aient pas encore été acquittées. Nᵒ 369.

INDUSTRIE. — Les produits de l'industrie de la femme font partie de la dot. La femme peut demander sa séparation de biens, s'ils sont dissipés par le mari. Nᵒ 67.

INSOLVABILITÉ. — En cas d'insolvabilité du mari, la femme séparée est tenue de supporter seule les charges du mariage. Nᵒˢ 294, 302.

INSCRIPTION. — La femme séparée peut consentir valablement la mainlevée des inscriptions qui garantissaient le paiement de ses créances même dotales. Nᵒˢ 344, 438. Voy. *Hypothèque.*

INSTANCE. — Voy. *Autorisation, Effet rétroactif, Incompétence, Intervention.*

INSTITUTION CONTRACTUELLE. — Voy. *Gains de survie.*

INSTRUCTION. — En matière de séparation de biens, la cause s'instruit suivant les formes ordinaires, sauf deux modifications, consistant l'une en ce que les aveux du mari ne peuvent servir de preuve à la femme, et l'autre en ce que le jugement ne peut être rendu qu'un mois après les formalités de publication. Nᵒˢ 121, 122, 125. Voy. *Délai.*

INTERDICTION. — En cas d'interdiction de la femme, l'action en séparation de biens est exercée par le subrogé tuteur de celle-ci. Nᵒˢ 43, 44.

L'état d'interdiction légale du mari est une cause de séparation de biens. Nᵒ 94.

Quand le mari est interdit judiciairement, la femme ne peut demander sa séparation de biens, si elle est tutrice de ce dernier. Dans le cas contraire, elle le peut, lorsque sa dot est menacée ; mais elle ne saurait fonder sa demande sur le seul motif que la dot n'est plus administrée par le mari. Nᵒˢ 95, 96.

Le mari peut provoquer l'interdiction de sa femme séparée de biens. Nᵒ 375.

INTÉRÊTS.—V. *Contrib. aux dépenses du ménage, Effet rétroactif.*

INTERRUPTION DE POURSUITES. — Pourquoi les poursuites tendant à l'exécution du jugement de séparation de biens ne doivent pas être interrompues. N° 207. On ne peut préciser d'une manière invariable les cas où il y a interruption. Appréciation des tribunaux, sous le contrôle de la Cour de cassation. N° 208. Règle et exemples. N°s 208, 209. Les tribunaux ne doivent pas se montrer trop faciles dans l'appréciation des circonstances. N° 210. Autres exemples. N°s 211, 212. Il n'y a pas interruption par cela seul que la femme a cessé d'agir directement contre son mari pour plaider contre un créancier qui avait fait saisir les immeubles frappés de son hypothèque légale, ou contre le tiers détenteur de ces immeubles : il n'est pas indispensable que les poursuites soient dirigées contre le mari. N° 213.

INTERVENTION.—Objet de l'intervention des créanciers du mari dans l'instance en séparation de biens. N° 143. Cette intervention ne peut être arrêtée sous le prétexte que l'affaire est en état. N° 144. Forme de l'intervention. N° 145. Ont le droit d'intervenir les tiers qui ne sont pas créanciers actuels, mais à qui la demande en séparation peut préjudicier éventuellement. N° 146. Les créanciers ne peuvent empêcher la séparation qu'en prouvant qu'elle est sans cause. *Ibid.* Les créanciers de la femme n'ont pas le droit d'intervenir dans l'instance en séparation de biens. Voy. *Créanciers, Faillite, Incompétence.*

INVENTAIRE.—Voy. *Autorisation maritale, Délai, Renonciation.*

J

JOURNAL. — Insertion de l'extrait de la demande en séparation de biens dans un journal. N° 114. L'extrait du jugement de séparation doit être inséré dans le même journal, sans que l'omission de cette insertion emporte nullité. N° 168.

JUGEMENT.—Un jugement n'est nécessaire à l'égard de la séparation de biens que pour empêcher que la femme n'opère sans cause la dissolution de la société civile existant entre elle et son mari ; mais cette dissolution est opérée par la demande de la femme et non par le jugement. N° 267.

L

LECTURE. — La lecture du jugement de séparation de biens au tribunal de commerce est certifiée par le greffier au pied de ce jugement ou par une déclaration séparée. N° 152. L'inobservation des formalités prescrites pour la lecture du jugement de séparation de biens emporte nullité. N° 156. Voy. *Publicité.*

LIEU.—Voy. *Tribunal.*

LOCUTION.—L'usage fait loi en matière de locution. N° 126.

M

MAISON COMMUNE. — Voy. *Affiche, Certificat, Publicité, Tribunal.*

MANDAT, MANDATAIRE. — Les créanciers de la femme à que celle-ci a permis d'exercer l'action en séparation de biens sont ses mandataires. Nos 34, 35. Mais le mandat que la femme leur a donné est révocable, et les règles ordinaires du mandat ne doivent pas recevoir ici une application rigoureuse. Nos 36 à 38. Voy. *Avoué.*

MARCHANDISES.—Voy. *Présomption de propriété.*

MARI.—Il ne peut demander la séparation de biens. Nos 29 à 31.

MÉNAGE. — Malgré la séparation de biens, le mari reste le chef de ménage. No 296.

MEUBLES. — Voy. *Domicile conjugal, Mobilier, Présomption de propriété, Vente.*

MOBILIER. — La femme dotale qui a stipulé dans son contrat de mariage qu'à la dissolution de la société d'acquêts formée entre elle et son mari elle aurait le droit d'y renoncer et de reprendre, à son choix, le mobilier constitué en dot ou la valeur estimative de ce mobilier, peut exiger la restitution de ses meubles dotaux après la séparation de biens. No 465. Voy. *Aliénation, Autorisation maritale, Obligations.*

MOYENS. — Des moyens nouveaux n'excluent pas l'autorité de la chose jugée, mais de nouvelles preuves dérivant de nouveaux faits ne constituent pas seulement d'autres moyens, elles engendrent une cause nouvelle. Application de ce principe. No 46. Voy. *Séparation de biens.*

N

NÉCESSITÉ.—La séparation de biens ne peut être prononcée qu'en cas de nécessité impérieuse. No 1.

NOTAIRES.—Voy. *Cessation de la séparation de biens, Chambres des avoués et notaires, Secrétaires.*

NOTORIÉTÉ.—Suffit pour constituer la preuve de l'état de déconfiture du mari. No 44. Voy. *Déconfiture, Saisie-arrêt, Saisie-gagerie.*

NULLITÉS du jugement de séparation de biens. — La nullité résultant du défaut d'exécution dans la quinzaine frappe tout à la fois le jugement et les procédures qui l'ont précédé. No 216. Elle peut être invoquée par les créanciers du mari antérieurs à la séparation de biens, mais non par les créanciers postérieurs. Nos 217, 218. Elle peut l'être aussi par le tiers devenu créancier du mari depuis le jugement de séparation de biens, mais avant l'expiration de la quinzaine, No 219, et non par celui qui a contracté après la quinzaine, quoique avant l'exécution du jugement. No 220. La nullité ne peut être invoquée par les créanciers antérieurs qui ont concouru aux actes d'exécution tardive. N° 221. Les créanciers ont trente ans pour exercer l'action en nullité de l'article 1144. N°s 222 à 224. Ils agissent directement ou par la voie de la tierce opposition ou de l'appel. N°s 225, 226. La nullité résultant du défaut d'exécution ne peut être opposée par les époux l'un à l'autre. N°s 227, 228. Les époux ne peuvent non plus l'opposer aux tiers. N° 229. Cette nullité est une exception péremptoire qui peut être proposée en tout état de cause et qui n'est pas couverte par la défense au fond. Elle peut même être proposée pour la première fois en appel. N° 230.

Les créanciers du mari postérieurs à la publication du jugement de séparation de biens ne peuvent attaquer ce jugement pour quelque cause que ce soit. N° 232. Mais les créanciers antérieurs ou postérieurs au jugement qui n'a pas été rendu public peuvent se prévaloir de la nullité résultant du non-accomplissement des formalités voulues par la loi. N° 233. L'art. 869, Cod. proc. civ., permet au mari d'opposer la nullité résultant du défaut de publicité, mais la femme n'en a pas le droit. N° 234. Les époux ne peuvent ni l'un ni l'autre attaquer le jugement de séparation de biens, lorsqu'il est entaché d'une irrégularité étrangère à la publication. N° 235. Pour pouvoir opposer la nullité résultant du non-accomplissement des formalités prescrites par la loi pour la validité du jugement, les créanciers du mari ne sont pas tenus de prouver que ce jugement leur cause un préjudice. N° 236. Voy. *Délai, Ordre public*.

O

OBLIGATIONS. — Des obligations contractées par la femme séparée de biens. N°s 334 et suiv. Il ne faut pas distinguer entre l'aliénation immédiate et l'engagement ou l'obligation. N° 336. La femme séparée ne peut s'obliger, sans autorisation, sur son mobilier, que dans la mesure des besoins de son administration. *Ibid.* D'où peut résulter la preuve que l'obligation de la femme excède la simple administration. N° 337. Exemples. *Ibid.* Pouvoir souverain des tribunaux pour décider si l'obligation contractée sans autorisation par la femme séparée rentre dans les limites de l'administration. N° 338. Réserve qu'il faut apporter dans cette appréciation. N° 339. Exemples. *Ibid.* L'obligation contractée par la femme seule pour les besoins de son administration n'est exécutoire que sur son mobilier. N° 353. Voy. *Revenus*.

OPPOSITION. — L'opposition faite par le mari, avant l'exécution complète du jugement de séparation de biens, à une saisie-brandon pratiquée sur les fruits des immeubles de sa femme par les créanciers de celle-ci, deviendrait nulle par l'effet de la complète exécution du jugement. N° 293. Voy. *Désistement*.

OPTION. — Voy. *Action en nullité de l'aliénation des immeubles dotaux*.

ORDONNANCE. — Voy. *Assignation.*

ORDRE PUBLIC. — La nullité des séparations de biens volontaires est d'ordre public. 27. La demande en séparation de biens intéressant l'ordre public, elle doit être communiquée au ministère public, et la nullité résultant du défaut de communication est une nullité absolue. N° 130. La nullité du jugement de séparation de biens résultant du défaut d'exécution n'est pas une nullité d'ordre public. N° 224. La défense faite à la femme d'ester en jugement sans l'autorisation de son mari est d'ordre public. N° 358. Voy. *Autorisation maritale.*

La règle établie par l'art. 1452, Cod. Nap., relativement à l'ouverture des gains de survie, n'a pas un caractère d'ordre public. Les époux peuvent y déroger. N° 414. Voy. *Gains de survie, Préciput.*

P

PAIEMENT. — Conséquences de la disposition de la loi qui veut que le paiement des reprises de la femme soit effectué jusqu'à concurrence des biens du mari. N°s 193, 194. Il n'est pas indispensable que la femme reçoive le montant intégral de sa créance avant l'expiration de la quinzaine : il suffit que le paiement soit commencé dans ce délai, pourvu que le mari ne remette pas à sa femme un à-compte dérisoire. N° 191. Voy. *Bail en paiement, Exécution.*

PARAPHERNAUX. — Ne font pas partie de la dot. La femme qui n'a que des paraphernaux ne peut donc invoquer le péril de la dot pour obtenir sa séparation de biens. N° 57. Hypothèses. *Ibid.*

PARTAGE. — La femme séparée ne peut faire, sans autorisation, le partage d'une succession mobilière. N°s 340, 341.

PARTICIPATION. — Voy. *Responsabilité.*

PAUVRETÉ. — La femme qui a épousé un mari sans fortune ne peut, dans la suite, motiver une demande en séparation de biens sur la pauvreté de celui-ci. N° 82. Voy. *Diminution de fortune, Dissipation.*

PÉRIL DE LA DOT. — Il provient des dissipations ou de la mauvaise administration du mari, et il est indépendant des ressources que possède ce dernier. N° 48. Quand il y a mauvaise administration. *Ibid.* La dot est en péril, quoique le fonds ou capital soit intact, si les fruits ou revenus sont détournés de leur destination légale, N° 59, mais non pas lorsque le désordre des affaires du mari donne seulement lieu de craindre que les revenus ne soient détournés de leur destination. N° 60. Si la dot de la femme était purement immobilière, ou que le paiement de la dot mobilière fût assuré par les immeubles du mari, et que ce dernier subvînt convenablement aux besoins de la famille, le désordre de ses affaires, les poursuites mêmes dirigées contre lui, ne pourraient motiver une séparation. N° 61. Mais il y a péril pour la dot dès que le capital a reçu quelque atteinte ou que les revenus ont été détournés de leur destination, quelles que soient les ressources du mari et la cause de sa mauvaise administration. N° 62. Il importerait peu que les revenus eussent été employés à payer les dettes du mari. N°ˢ 63 à 65. La plainte de la femme ne serait mal fondée que dans le cas où, les revenus étant plus que suffisants pour faire face aux charges du ménage, le mari en aurait employé l'excédant à l'acquittement de dettes ayant une cause honorable N° 66. Il y a péril de la dot, lorsque le mari compromet par sa mauvaise administration les produits du travail de la femme. N°ˢ 67, 68. La femme qui n'a pas apporté de dot ne peut se plaindre qu'autant qu'elle a procuré au mari une augmentation de ressources par sa collaboration. N° 69. Dans le cas contraire, elle ne pourrait alléguer le péril de la dot, quoiqu'elle eût des espérances de fortune. N° 70. Voy. *Collaboration, Dot, Espérances, Produits.*

POSSESSION. — Voy. *Prescription.*

POURSUITES. — Par quelles poursuites la femme doit exécuter la séparation de biens. N° 195. La simple signification du jugement avec sommation de s'y conformer ne suffit pas. Cependant, si tout autre acte devait être inutile, la signification du jugement suffirait, pourvu qu'elle fût accompagnée d'un commandement régulier. N°ˢ 196, 197. L'état de faillite du mari n'est pas un obstacle à ce genre d'exécution. N° 198. Hypothèse. N° 199. La poursuite en liquidation de ses reprises est, de la part de la femme, un commencement d'exécution. N° 202. Voy. *Cession de biens, Conciliation, Procès-verbal de carence, Saisie-arrêt.*

PRÉCIPUT. — La femme peut exiger, après la séparation de biens, la délivrance du préciput qu'elle a stipulé pour le cas de la dissolution de la communauté, ou pour tous les cas de dissolution de la communauté. N° 368. Voy. *Action en reprises.*

La cessation de la séparation de biens oblige la femme à restituer le préciput conventionnel qu'elle aurait exigé lors de cette séparation. N° 480.

Les époux peuvent déroger à l'art. 1452, Cod. Nap., en stipulant, par exemple, que le préciput conventionnel autorisé par l'art. 1515 sera touché par la femme dans tous les cas de dissolution de la communauté, ou spécialement en cas de séparation de biens, et alors même que la femme renoncerait à la communauté. N° 414. Voy. *Gains de survie.*

PRÉJUDICE. — Voy. *Nullités du jugement de séparation de biens, Tierce opposition.*

PRESCRIPTION. — Elle court contre la femme mariée au profit des tiers. N° 378.

La séparation de biens rend les immeubles dotaux prescriptibles. N°ˢ 381, 415, 459. Les meubles dotaux sont toujours susceptibles de prescription. N° 459. On a pensé à tort que les immeubles dotaux ne deviennent prescriptibles, après la séparation de biens, qu'à l'égard de la possession de ces immeubles ou de la nullité d'un titre non émané des époux. Nᵒˢ 461, 463. C'est la prescription décennale qui doit être appliquée à l'action en nullité de l'aliénation des immeubles dotaux. Nᵒ 462 La prescription ne court pas contre la femme séparée, lorsque l'action est de nature à réfléchir contre le mari. Nᵒˢ 379, 464. Exemples. Nᵒˢ 380, 464.

PRÉSIDENT. — Voy. *Autorisation, Requête.*

PRÉSOMPTION. — Voy. *Responsabilité.*

PRÉSOMPTION DE PROPRIÉTÉ. — Il y a présomption que les meubles trouvés dans une habitation louée par la femme séparée sont la propriété de celle-ci, alors d'ailleurs que le mari n'avait aucun mobilier après la séparation. Autres exemples. Nᵒ 374. Voy. *Domicile conjugal.*

PREUVE. — La vérité des faits servant de base à la demande en séparation de biens peut être établie soit par la preuve testimoniale, soit par toute espèce de preuve autre que les aveux du mari. Nᵒˢ 122, 123. Mais un jugement qui prononcerait la séparation de biens sans qu'aucune preuve eût été administrée par la femme serait nul. Nᵒ 124. Voy. *Responsabilité.*

PROCÈS-VERBAL DE CARENCE. — Un procès-verbal de carence fait au domicile du mari n'est pas une preuve complète de déconfiture. Nᵒ 41.

La femme exécute suffisamment le jugement de séparation de biens en faisant dresser dans la quinzaine un procès-verbal de carence au domicile du mari, lorsque celui-ci ne possède ni immeuble ni mobilier. Nᵒ 203.

PROCLAMAT. — Ce que c'était. Nᵒ 113.

PROCURATION. — Voy. *Absence, Mandat.*

PRODIGALITÉS. — Le mari ne peut repousser la demande en séparation de biens sous le prétexte que le désordre de ses affaires a été engendré par les prodigalités de la femme. Nᵒ 81. Il peut seulement faire donner à celle-ci un conseil judiciaire. *Ibid.*

PRODUITS. — Les produits du travail de la femme font partie de la dot, et il y a lieu à la séparation lorsqu'ils sont compromis par la mauvaise administration du mari. Nᵒ 67. Ce qu'il faut entendre par ces produits. *Ibid.*

PROPRIÉTÉ. — La femme séparée de biens devient propriétaire du mobilier acquis avec les bénéfices de son commerce et les produits de ses économies. Nᵒ 374.

PROVISION. — La femme demanderesse en séparation de biens a droit à une provision pour faire face aux frais de l'instance, lorsqu'elle n'est pas mariée sous un régime qui lui laisse l'administration d'une partie de sa fortune. Nᵒ 141. Mais elle n'a droit à une provision alimentaire que dans le cas où elle est dans l'impossibilité de demeurer dans le domicile conjugal. *Ibid.* Quand la femme ne peut obtenir le paiement d'une provision, l'avoué fait à la femme l'avance des frais. N° 141. Si la femme perd son procès, le mari peut exiger, lors de la dissolution de la société conjugale, la récompense de la provision qu'il lui a payée. Si la femme n'a pas réclamé de provision, les frais ne sont pas à la charge du mari. N° 142.

PUBLICITÉ. — Pourquoi la demande et le jugement de séparation de biens doivent être rendus publics. N°s 112, 151. Etat de l'ancien droit sur ce point. N°s 113, 150.

Prescriptions du Code de procédure sur la publicité de la demande en séparation. N° 114. Voy. *Affiche, Avoué, Certificat, Chambres des avoués et notaires, Délai, Enregistrement, Extrait, Greffiers, Journal, Secrétaires, Tableau, Tribunal.*

Prescriptions du Code Napoléon et du Code de procédure sur la publicité du jugement de séparation de biens. N° 151. L'insertion de l'extrait du jugement au tableau placé dans l'auditoire du tribunal de commerce doit avoir lieu, quoique le mari ne soit pas négociant. N° 154. En pareil cas, cette insertion est prescrite à peine de nullité. N° 155. Quand le mari a changé de domicile depuis la demande en séparation, il convient de faire faire la lecture et l'affiche du jugement, tant dans le lieu où la séparation a été prononcée, que dans celui du nouveau domicile du mari. Mais il suffit rigoureusement de faire remplir ces formalités dans le lieu où siége le tribunal qui a prononcé la séparation. N° 160. L'exposition de l'extrait du jugement doit avoir lieu pendant un an dans les chambres des avoués et notaires comme dans l'auditoire des tribunaux et dans la maison commune. N° 167. Voy. *Affiche, Appel, Avoué, Chambres des avoués et notaires, Délai, Enregistrement, Greffiers, Journal, Lecture, Nullités du jugement de séparation de biens, Secrétaires, Tribunal.*

Prescriptions de la loi sur la publicité de l'acte qui fait cesser la séparation de biens. N° 475. L'article 872, Cod. proc., étant le complément de l'article 1445, Cod. Nap., les formalités qu'il prescrit doivent être appliquées, sous peine de nullité, à l'acte de cessation de la séparation de biens. N°s 475 à 477. La nullité résultant du défaut de publicité du rétablissement des conventions matrimoniales ne peut être opposée que par les tiers. N°s 478, 479.

Q

QUITTANCE.— Voy. *Capacité.*

R

RECEL.— Le recel d'objets dépendant de la communauté ne rend pas la femme non recevable dans sa demande en séparation de biens. N° 49.

RÉCONCILIATION.—La réconciliation des époux séparés de corps ne suffit pas pour faire cesser les effets de la séparation de biens. N° 471. Voy. *Cessation de la séparation de biens.*

RECOUVREMENT de la dot.—Voy. *Autorisation maritale.*

REFUS.—Voy. *Domicile conjugal, Successio n.*

REMISE anticipée de la dot.—Voy. *Séparation de biens.*.

REMPLOI. — Ce que c'est. N° 400. Voy. *Emploi, Responsabilité.*

RENONCIATION. — La renonciation de la femme majeure au droit de poursuivre sa séparation de biens ne constitue pas une fin de non-recevoir contre la demande en séparation qu'elle forme néanmoins dans la suite. N° 50. La femme séparée de biens n'est pas obligée de renoncer à la communauté. N°s 259 et suiv. Comment la renonciation, qui est purement facultative, doit être faite. N° 262. La femme ne peut opposer le vice de forme de sa renonciation. N° 263. Malgré les exigences de l'art. 1444, Cod. Nap., la femme séparée conserve la faculté de faire inventaire et de délibérer. N° 264. La présomption de renonciation admise par l'art. 1463, Cod. Nap., n'est pas applicable à la femme séparée de biens. N° 265.

La femme mariée sous le régime dotal ne peut renoncer aux garanties qui assurent la conservation de sa dot. N°s 52, 420, 459.

La renonciation à son droit de survie que la femme ferait en dehors de toute convention demeurerait sans effet. N° 413. Voy. *Gains de survie.*

RENTE VIAGÈRE.—La femme séparée ne peut, sans autorisation, placer ses capitaux à rente viagère, à moins que ce placement ne constitue pour elle un avantage certain. N° 345.

REPRISES.—Voy. *Action en reprise, Exécution, Paiement.*

REQUÊTE. — La femme doit présenter en personne la requête qu'elle adresse au président du tribunal avant de former sa demande en séparation de biens. C'est abusivement que dans la pratique cette requête est présentée par l'avoué de la femme ; précaution que devrait au moins observer le président. N° 103. Voy. *Assignation.*

La demande des créanciers du mari en intervention dans l'instance en séparation de biens est formée par une requête signifiée d'avoué à avoué : la femme peut répondre à cette requête. N° 145.

REQUÊTE CIVILE.—La femme n'a pas besoin d'une autorisation du président pour attaquer le jugement de séparation de biens par la voie de la requête civile. N° 106. Voy. *Autorisation.*

RESPONSABILITÉ. —Origine et justification de la responsabilité imposée au mari relativement au défaut d'emploi ou de remploi des immeubles aliénés par la femme. N° 382. Cette responsabilité repose sur la présomption que le prix des immeubles vendus a passé entre les mains du mari ; mais le seul défaut d'emploi n'engendre pas cette présomption : elle naît de certaines circonstances. Nᵒˢ 383, 384. Pourquoi le mari n'est pas responsable de l'utilité de l'emploi. Nᵒ 384. Il en répond lorsqu'il s'est rendu complice d'une fraude, Nᵒ 385, ou bien lorsqu'il a fait lui-même le placement, qui n'a pas été agréé par la femme. Nᵒ 399. Le seul consentement du mari à la vente lui fait encourir la responsabilité : sa présence n'est pas nécessaire. Nᵒ 386. L'autorisation de vendre équivaut au consentement donné d'une manière expresse à la vente. Nᵒ 387. Lors même que le mari est demeuré étranger à la vente, la femme peut toujours prouver qu'il a touché le prix ou qu'il en a profité. S'il a participé au contrat d'une manière quelconque, la présomption établie par la loi suffit pour le rendre responsable. Nᵒ 389. Il peut détruire cette présomption par la preuve contraire, Nᵒ 390, mais non à l'aide des déclarations que l'acte de vente renfermerait. Nᵒ 391. Le mari peut s'opposer à ce que la femme reçoive le prix de la vente sans en faire emploi. Nᵒ 392. Hypothèses. Nᵒˢ 393, 394, 395. Le mari n'est pas responsable du défaut d'emploi, lorsque le prix de la vente a servi à procurer des aliments à la famille. Nᵒ 396. Il n'encourt non plus aucune responsabilité à raison du défaut d'emploi du prix de la vente du mobilier de la femme. Nᵒ 397. La responsabilité du mari n'existe vis-à-vis des tiers qu'autant qu'il a participé à la vente par son assistance ou son consentement formel. La simple autorisation ne produit pas le même effet. Nᵒ 398. La responsabilité imposée au mari par l'article 1450, Cod. Nap., est applicable au régime dotal. Exemples. Nᵒ 458. Voy. *Déclaration.*

RÉTABLISSEMENT des conventions matrimoniales. — Voy. *Cessation de la séparation de biens.*

RÉTROACTIVITÉ. — Voy. *Effet rétroactif.*

REVENUS. — La dot comprend les revenus de tous les capitaux que la femme s'est constitués ou qui sont tombés dans la communauté. Nᵒ 56. Il y a péril pour la dot, bien que le capital soit en sûreté, si les revenus sont détournés de leur destination légale. Nᵒˢ 59, 62. Mais la seule crainte que les revenus ne soient détournés de leur destination ne constitue pas le péril de la dot. Nᵒ 60. L'application des revenus de la dot au paiement des dettes du mari n'en justifie pas le détournement. Nᵒˢ 63 à 65. Toutefois, la femme ne pourrait se plaindre si, les revenus étant plus que suffisants pour faire face aux charges du ménage, le mari en employait l'excédant à l'acquittement de dettes qui auraient une cause honorable. Nᵒ 66. La femme serait fondée à se plaindre du détournement des revenus de la dot, lors même que son hypothèque légale frapperait des immeubles libres et d'une valeur beaucoup plus considérable que le montant de ses reprises. Nᵒ 73. Voy. *Fruits, Hypothèque, Péril de la dot.*

Pendant l'instance en séparation de biens, la femme peut saisir-arrêter les revenus de la communauté ou les revenus dotaux, lorsque le mari les détourne de leur destination, ou qu'il n'est pas assez solvable pour répondre de la portion de ces revenus qui excède les besoins du ménage. N° 135. Mais les oppositions de la femme ne peuvent porter que sur les revenus échus depuis la demande en séparation de biens. *Ibid.* Voy. *Saisie-arrêt.*

La portion des revenus dotaux qui n'est pas nécessaire aux besoins du ménage peut être aliénée par la femme séparée dans la mesure d'une sage administration. N°s 307, 417. Mais on ne peut décider que les revenus dotaux sont aliénables sans restriction. Ils sont en principe inaliénables comme la dot : l'aliénabilité qui tient à leur nature doit être restreinte à leur destination. N°s 418 à 420. Les obligations contractées par la femme avant la séparation de biens, même avec l'autorisation de son mari, ne peuvent être exécutées sur les fruits et revenus dotaux. N° 421. Les obligations postérieures peuvent être exécutées, sur la portion des revenus dotaux excédant les besoins du ménage, dans les limites seulement de l'administration. N°s 422, 423. La femme n'a pas besoin de l'autorisation de son mari pour aliéner, dans la mesure des besoins de l'administration, la portion des revenus dotaux qui n'est pas nécessaire au ménage. N° 424. Les tribunaux ont l'appréciation souveraine du point de savoir quelle est la portion des revenus dotaux qui est nécessaire à la famille, et quelle est, au contraire, celle qui, excédant ces besoins, peut être aliénée par la femme ou saisie par ses créanciers. N° 307.

L'inaliénabilité de la portion des revenus dotaux destinés aux besoins de la famille est une garantie pour le mari relativement à la contribution de la femme aux dépenses du ménage. *Ibid.*

S

SAISIE.—La saisie mobilière ou immobilière pratiquée contre le mari n'est pas par elle seule une cause de séparation de biens. N° 71.

SAISIE-ARRÊT, SAISIE-GAGERIE.—Aujourd'hui, comme dans l'ancien droit, la femme peut, pendant l'instance en séparation de biens, faire pratiquer des saisies-arrêts sur les sommes dues au mari ou à la communauté, ou des saisies-gageries sur les meubles garnissant la demeure conjugale, soit qu'ils dépendent de la communauté, soit qu'ils appartiennent au mari. N° 133. La saisie-gagerie peut même s'étendre aux effets vendus par le mari depuis la demande, si la vente a été concertée avec l'acheteur en fraude des droits de la femme. *Ibid.* Mais ces diverses saisies ne peuvent être autorisées qu'autant qu'il existe un commencement de preuve ou une espèce de notoriété du dérangement des affaires du mari. N° 134. Si les revenus doivent être en totalité appliqués aux besoins de la famille, et qu'ils reçoivent cette destination, la femme ne peut, par des saisies-arrêts, empêcher le mari de les percevoir, sous le prétexte du dérangement des affaires de celui-ci ou de son insolvabilité. N° 135.

Une saisie-arrêt ne constitue une exécution suffisante de la séparation de biens qu'autant qu'elle est suivie de la vente des effets du mari au profit de la femme ou de la remise des deniers entre les mains de celle-ci ; mais la saisie-arrêt seule doit nécessairement intervenir dans la quinzaine. N° 201.

L'effet rétroactif du jugement de séparation de biens rend nulles les saisies-arrêts pratiquées depuis la demande en séparation de biens par les créanciers du mari sur les fruits ou intérêts de la dot. N° 285.

Quand la femme séparée dissipe ses revenus, le mari peut les faire saisir-arrêter pour garantie de sa contribution aux charges du ménage. N° 306.

Le mari peut faire saisir les revenus de la femme pour contraindre cette dernière à réintégrer le domicile conjugal, sous la condition que les revenus seront versés entre les mains d'un séquestre. N° 317. Voy. *Caution.*

SCELLÉS. — La femme peut, pendant l'instance en séparation de biens, faire apposer les scellés sur les effets de la communauté, si les circonstances justifient cette mesure. N°ˢ 136, 296. Si, malgré l'apposition des scellés, le mari vendait les meubles de la communauté, la vente serait nulle, même vis-à-vis des tiers. N°ˢ 291, 292. Il en serait autrement dans le cas de séparation de corps. N° 291. Voy. *Autorisation maritale.*

SECRÉTAIRES des chambres des avoués et notaires. — Ils peuvent constater comme ils le jugent convenable la remise qui leur est faite des extraits de demande et de jugement de séparation de biens. N°ˢ 117, 164. Il ne leur est alloué aucun droit pour la délivrance du certificat constatant l'insertion de ces extraits aux tableaux voulus par la loi. N°ˢ 119, 163. Voy. *Certificat.*

SÉPARATION DE BIENS. — Son origine, page IV. Sa définition, page VI. Comment elle pourrait être plus justement appelée sous le régime dotal. N° 429. Pourquoi la séparation de biens ne peut être volontaire. N°ˢ 1, 2. Ancienne jurisprudence sur ce point. N°ˢ 3 à 6. Législation actuelle. N° 7. La nullité de la séparation de biens volontaire entraîne la nullité de la remise de la dot faite par le mari à la femme par suite de cette séparation. N°ˢ 8 à 16. Mais le mari serait à l'abri de toute répétition de la part de la femme, si cette dernière avait fait un emploi utile des sommes qui lui auraient été payées par anticipation. N°ˢ 17, 18. Le mari a le droit de se faire restituer tout ce qu'il a payé par anticipation à la femme, sauf les fruits consommés. N° 19. Conséquences de la nullité des séparations de biens volontaires. Nᵒˢ 22 à 26. L'art. 1443 du Code Napoléon, qui déclare nulles les séparations de biens volontaires, ne dispose que pour l'avenir. Nᵒ 28. Voy. *Acquiescement, Désistement, Ordre public.*

SÉPARATION DE CORPS.—Lorsque la séparation de biens est la suite de la séparation de corps, l'acquiescement donné pár le mari au jugement qui la prononce ne constitue pas une séparation volontaire. Nᵒ 25.

La femme est recevable à poursuivre sa séparation de biens, quoiqu'elle ait formé précédemment une demande en séparation de corps. Nᵒ 47.

L'effet rétroactif attribué par la loi au jugement de séparation de biens se produit même lorsque cette séparation est la suite de la séparation de corps. Nᵒ 283. Mais dans ce cas l'effet rétroactif ne peut pas être opposé aux tiers. Nᵒˢ 283, 287.

Si, pendant l'instance en séparation de corps, le mari mettait la dot en péril, la femme pourrait former une demande en séparation de biens qui serait distincte, et, dans ce cas, l'effet rétroactif se produirait vis à-vis des tiers. Nᵒ 290.

Quand le mari dissipe les revenus que la femme séparée lui a remis pour sa part contributive dans les dépenses du ménage, il y a lieu pour la femme à demander sa séparation de corps. Nᵒ 298.

Si la femme dissipe elle-même les revenus qu'elle doit consacrer aux dépenses du ménage, et qu'elle rende inutiles les mesures prises par le mari pour garantir le paiement de sa part contributive, la séparation de corps peut être également demandée par le mari. Nᵒ 306.

Lorsque la femme persiste dans son refus de réintégrer le domicile conjugal, le mari peut demander sa séparation de corps. Nᵒ 318.

Dans l'ancienne jurisprudence, lorsque la séparation de biens n'était que la suite de la séparation de corps, la réunion publique des époux opérait le rétablissement de la communauté. Nᵒ 470. Il n'en est pas de même aujourd'hui. Nᵒ 471.

Voy. *Aliénation, Cessation de la séparation de biens, Réconciliation, Scellés.*

SÉQUESTRE.— La mesure du séquestre ne rentre pas dans la catégorie des actes conservatoires permis à la femme pendant l'instance en séparation de biens. Nᵒ 138. Voy. *Contumace.*

SIGNATURE.—Voy. *Exploit.*

SIGNIFICATION.—Voy. *Poursuites.*

SOMMATION.—Voy. *Poursuites.*

SUCCESSION. — Le refus du mari d'autoriser sa femme à accepter une succession n'est pas une cause de séparation de biens. L'opinion contraire était autrefois reçue en Normandie. Nᵒ 89.

La femme séparée a besoin de l'autorisation maritale pour accepter une succession. N° 343.

SURENCHÈRE. — La femme séparée de biens peut, sans autorisation, former une surenchère sur le prix d'un immeuble frappé de son hypothèque légale, dans le but d'assurer le recouvrement de sa dot. Mais, en tout autre cas, elle ne peut surenchérir sans être autorisée. N° 349. Le défaut d'autorisation ne peut être opposé par le tiers détenteur de l'immeuble surenchéri. N° 350. L'autorisation donnée après l'expiration du délai de la surenchère ne fait pas disparaître la nullité. N° 351.

La femme dotale séparée de biens peut, sans autorisation, former une surenchère sur aliénation volontaire; cependant elle a besoin d'autorisation si elle possède des paraphernaux. Elle ne peut surenchérir sur adjudication publique qu'autant qu'elle a des paraphernaux, ou qu'elle consigne le montant de la surenchère, ou encore qu'elle fournit caution. N°s 425 à 427.

SYNDICS. — Voy. *Délai, Faillite.*

T

TABLEAU. — L'insertion des extraits de demande et de jugement de séparation de biens dans un tableau n'est pas de rigueur. N°s 115, 161. Voy. *Affiche, Chambres des avoués et notaires.*

TIERCE OPPOSITION. — Les créanciers du mari peuvent se pourvoir par tierce opposition contre le jugement de séparation de biens, quoique régulièrement publié et exécuté : l'exercice de ce droit est limité au délai d'un an. N° 237. Mais il ne suffit pas que le jugement soit préjudiciable aux créanciers pour qu'ils puissent l'attaquer : il faut qu'il soit intervenu en fraude de leurs droits, et ils doivent prouver la fraude. N°s 238 à 240. Hypothèse. N° 241. La liquidation des reprises de la femme ne faisant pas partie intégrante de la séparation de biens, l'acte ou le jugement qui la renferment peuvent être annulés sans que le jugement de séparation soit anéanti lui-même. N° 249. Le droit d'attaquer le jugement de séparation de biens par la voie de la tierce opposition appartient même aux tiers qui ne sont pas créanciers actuels du mari, mais à qui la séparation peut éventuellement préjudicier. N° 251. En cas de faillite du mari, les syndics seuls, s'ils n'ont pas figuré dans l'instance, peuvent former tierce opposition au jugement de séparation de biens : un créancier isolé ne le peut pas. N° 254. Hypothèse. N° 256. Est une véritable tierce opposition au jugement de séparation de biens, dans le sens de l'art. 873 du Code de procédure, l'opposition formée par l'acquéreur des biens du mari aux poursuites exercées contre lui par la femme après la séparation de biens, si cette opposition, intervenue dans le délai d'un an, est motivée sur la nullité du jugement de séparation. N° 257. Voy. *Délai, Nullités du jugement de séparation de biens.*

TITRE.—Voy. *Prescription.*

TRANSACTION.— Voy. *Gains de survie.*

TRAVAIL.—Voy. *Dot, Produit.*

TRIBUNAL. —Dans l'art. 872 du Code de procédure, il faut entendre par tribunal de commerce du lieu, tribunal de commerce du domicile, le tribunal de commerce de l'arrondissement dans lequel le maire est domicilié. N° 157. Lorsque le tribunal civil du domicile du mari remplit les fonctions de tribunal de commerce, l'extrait du jugement de séparation de biens doit être affiché non-seulement dans l'auditoire du tribunal, mais encore, et à peine de nullité, dans la principale salle de la maison commune. N° 158. Voy. *Affiche, Compétence, Incompétence, Publicité.*

TROUSSEAU. — La femme séparée de biens ne peut, comme autrefois, faire comprendre dans la liquidation de ses droits le prix de son trousseau, lorsqu'elle l'a reçu en nature; mais elle peut exiger une indemnité pour la dépréciation que son trousseau a subie depuis le mariage. N° 214.

U

USAGE.—Si la dot comprend des objets mobiliers qui, malgré l'usage, soient susceptibles de conservation, et que la propriété de ces objets ait été réservée à la femme dans le contrat de mariage, leur divertissement de la part du mari est pour la femme une cause de séparation de biens. N° 87. — *Secùs*, lorsqu'il s'agit d'objets qui se consomment par l'usage. *Ibid.*

L'usage fait loi en matière de locution. N° 126.

V

VENTE.—Le mari peut, pendant l'instance en séparation de corps, vendre les biens de la communauté, pourvu que la vente ne soit pas faite frauduleusement à un tiers de mauvaise foi. N°s 288, 289, 291. Voy. *Scellés, Séparation de corps.*

Il en est autrement en cas de séparation de biens. N° 292.

Le mari peut, après la séparation de biens prononcée, vendre ses biens à sa femme pour la remplir de ses droits. N° 371. Une pareille vente, si elle n'est pas frauduleuse, ne peut être attaquée par les créanciers du mari, sous le prétexte que celui-ci aurait perdu le droit de disposer de ses biens. N° 372.

FIN DE LA TABLE ALPHABÉTIQUE.

ERRATA.

Page 10, note 2, Louet, *lettres*, *lisez* : Louet, *lettre* S.

Page 13, ligne 28, de nouveaux, *lisez* : de nouveau.

Page 85, ligne 19, supposée, *lisez* : supposé.

Page 87, ligne 24, celui du mari, *lisez* : celui du domicile du mari.

Page 126, note, ligne 2 (D.P., 26.2.127), *lisez* : (D.P., 26.2.167).

Page 126, note, ligne 4, 17 mars 1851, *lisez* : 17 mars 1852.

Page 129, note 2, ligne 1 (D.P., 36.2.167), *lisez* : (D.P., 26.2.167).

Page 236, note 2, 23 février 1837, *lisez* : 23 fév. 1847.

Page 242, note 5, 1849, *lisez* : 1649.

Page 246, note 2, dernière ligne, sect. 7, n° 7, *lisez* : sect. 7, n° 5.

Page 252, note 1 (D.P., 39.1.185), *lisez* : (D.P., 29.1.185).

Page 266, note 2 (D.P., 39.9.133), *lisez* : (D.P., 39.2.133).

Page 268, note 3 (D.P., 150.2.25), *lisez* : (D.P., 50.2.25).

Page 281, ligne 13, sa famille, *lisez* : la famille.

Page 295, note (cité à la note 3 du n° 418), *lisez* : (cité à la note 2 de la page 293).

Page 314, note 3, *ajoutez* : Paris, 28 décembre 1822 (D.P., 23.2.181); Caen, 25 novembre 1824 (D.P., 2.438); Douai, 1er avril 1826 (D.P., 27.2.42); Grenier, *Hyp.*, 1, n° 231; Troplong, *ibid.*, 2, n° 418 *ter*. — *Contrà*, Rouen, 12 mars 1817 (D.P., 2.729).

Page 322, note 5, ligne 4, constituée, *lisez* : constitué.

Page 323, ligne 25, *supprimez la virgule qui est après le mot* acquéreurs, *et lisez* : les acquéreurs qui se trouvent.